文
景

Horizon

贸易打造的世界

1400年至今的社会、文化与世界经济

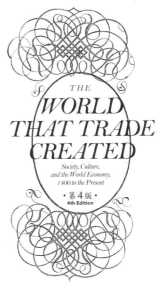

THE
WORLD
THAT TRADE
CREATED
Society, Culture,
and the World Economy,
1400 to the Present
·第4版·
4th Edition

[美] 彭慕兰 &
史蒂文·托皮克 著
Kenneth Pomeranz & Steven Topik

黄中宪 译

上海人民出版社

对于母亲 Lottie Pomeranz Spaeth（1924—2015），我要再度表达感谢；对于 Maureen，我的感激与日俱增。

——彭慕兰

以满心的爱将此书献给 Martha，因你高明的洞见、永远不减的耐心和无懈可击的文法。

——史蒂芬·托皮克

目 录

第 4 版中文版序

很高兴能为第 4 版《贸易打造的世界》的中文版作序。史蒂芬·托皮克和我开始在杂志上撰写日后成为此书核心内容的文章时，没想到超过二十五年后，还会有人读其中的任何一篇；此外，其中许多篇文章，最初是为一家几乎只有美籍读者的杂志而写。除了多年来常参与学术辩论，过去我们两人的确常在自己的其他工作上为美国境外的读者撰文；随着我们的文章集结成书，随着此书受到好评并被我们不时修订，我们开始更加系统性地思考如何向跨国的读者介绍此书。但在那些原始文章里，想必有一些东西不只打动了对跨国经济活动感兴趣的美国人，也打动了其他地方的人。

当然，本书能得到读者青睐，初版问世以来二十年的世局演变帮了大忙。这段期间的演变让人比以往任何时候更清楚地看出，金钱、人员、货物、观念大于以往的跨国界流动，乃是当世最显著的特色之一——对那些流动的反应（和往往的反对）亦然（如果说有什么主题比这些流动更值得大书特书，大概就是我们的经济活动对环境的影响——也是贯穿本书的主题之一）。这段期间的演变也一再表明：增长始终是个复杂过程，从中既产生赢家，也产生输家；某一新产品、科技或市场关系所带来的结果，可能隔了五年、十年、二十五年，或五十年，就大为改观。

与此同时，我猜本书的吸引力有一部分来自，史蒂芬和我都并非以"世界"历史学家的身份起家，更别提以"全球化"历史学家的身份起家一事。我们两人最初都专攻特定地区——他专攻拉丁美洲，我专攻东亚。这使我们更加相信地区的特殊性很重要，即使地区外的联结越来越多之际亦然。从某些方面来说，自成一体的地区，其重要性或许甚于数十年前。

拿大家称为东亚的这个地区来说。1980年代初期我开始读研究生时，理所当然地认为这类地区是重要单元；从日常角度来看，它们似乎在某些方面比"世界"还要真实——尽管或许不如国家单元那么真实。但那时，中国大陆与日本或韩国，或者中国大陆与台湾地区，接触甚少。中国台湾地区和韩国在几个方面与日本拴在一块儿，尽管就这三个社会来说，它们与美国这个地区外国家的联结，比它们彼此间的联结重要得多；不管从政治、经济联结的角度来看，还是从学生流动之类"较柔性"的角度来看皆然。简而言之，那时的东亚地区以知性建构物的身份存在，以地缘政治对立的场域的身份存在，以我们能指出过去影响力之重要流动的地方的身份存在；但如果某一"地区"是靠内部联结与相互影响结合在一块儿的空间，那么今日东亚就比那时远更称得上一个地区。如今东亚的内部联结比以往任何时期都更稠密，但那些联结朝四面八方流动——不只从北京、东京这两大中心往外流动。如今约有一百万的台湾人住在中国大陆；大陆境内的外国留学生以韩国人为最大宗，韩国境内的外国留学生则以中国学生为最大宗。2017 年，香港是中国内地最大的境外直接投资来源（但老实说其中许多投资来自数个地方，包括从中国内地本身经香港流入者）；新加坡、韩国、日本在这方面都超越美国，而中国台湾（当然比美国小了许多）也只稍逊于此。音乐、电影等大众文化朝四面八方流动，包括二三十年前即使没有政治壁垒也会是不可思议的流动（例如从韩国向日本的流动）。不管中国的"一带一路"倡议最终结果为何——如今预料其结果还为时太早——此倡议肯定会创造出更多地区性联结。

因此，不管日增的网络规模和密度有多重要，若认为这些网络都指向一个无缝联结的未来，那将是大错特错。非洲史学者弗雷德里克·库珀（Frederick Cooper）说得好："全球化"这个概念有两个问题，"全球"和"化"。就我的理解，他的观点是：如果我们把全球化当成指导概念死抓着不放，我们就是在认定照当前趋势走下去，不管人们是否想要一个每个地方都彼此相连的世界，最终必然会出现那样的世界。其实我们必须切记，凡是网络，都包含某些地方，而将其他地方拒于门外；网络的结构由人的自主选择，而非由不可抗拒的过程决定。

此外，即使某些网络的确几乎涵盖整个世界，若以为这使其他规模的网络或身份认同变得无关紧要，那就大错特错。许多美国人误以为美国或由美国主导的"西方"是世界的中心，误以为全球化就意味着其他每个人都日益接近（且越来越近似）那个中心，因而有时似乎未能理解这个道理。但这是个重要的道理，而且是从头至尾贯穿此书的道理。

此外，放眼历史，凡是适用于地区与世界的道理，也适用于国家与世界。全球经济与民族国家在数百年间同时出现。它们往往彼此冲突，但也往往互相强化，一如两者往往是在与多民族帝国、民族离散网络和其他社会单元、空间单元的有益性紧张关系中建立起来。事实上，本书阐明，典型的民族国家建构故事，是描述一个从自身国民取得税收、军人等打造有成效之国家所需资源的政府，但新兴的国家政府倚赖其他人的肯定和协助也是司空见惯（尤以 20 世纪为然）：外国放款机构、可能付出的矿物开采权使用费（如在某些波斯湾国家所见）、比国内税收高出甚多的外国公司、外籍劳工、提供安全保障的大国等。通过外部联结取得重要资源的政府，往往能在不需自己人民同意下幸存，乃至壮大，因此这样的过程能产生令人不乐见的结果；但即使如此，它们作为历史现象，其真实程度未因此稍低（当然，由国内力量推动的国家建造，往往也有其丑陋的一面）。

对身为观察者的我们来说，这表明全球层级的分析虽不可或缺，但光是这样的分析并不够；借由肯定国家、地区和其他层级之历史的重要性，我们也肯定了特定文化传统赓续不绝的重要性。事实上，我们一再强调，从特定时间、地点的视角，出于客观效用的考虑，而似乎能直接以可测量的物理特性为基础的东西，大多更复杂：使白米比糙米更受青睐者，使宝贝贝壳成为恢复财富的有效工具者，或者（举个极端例子），使马铃薯成为某些人即使在饥荒时都拒食的"奴隶食物"者（1770 年在那不勒斯就曾出现此一情况），乃是社会、文化过程。因此，把拇指般大小的蚕茧抽成约五百米长丝线的女人乃是"非专门技术"工人一说，也绝非客观，尽管晚近几百年她们一般来说被归类为这样的工人。价格反映了社会等级和文化价值观，因此，有些历史，必须予以理解，而非只是视为理所当然。

当各有自己之等级体系、价值观体系的不同社会以新方式相接触时，那些历史有时会变得特别复杂且有趣；有些社会，其成员除了通过某些物品与其他社会之成员少有接触，从而大体上不清楚左右另一端之供给和／或需求的因素，而当物品在这些社会之间移动时，也会发生上述变得复杂且有趣的情况。不管是在上述哪种历史情境里，价格和市场都会变动，资源会被重新分配，而做某些事所能得到的回报或许会彻底改变，从而使人的生活改头换面。简而言之，贸易不断改造世界，往往通过弥合较地方性的价值观体系间的歧异来改造；但同样真实不虚的、多元且先前就存在的世界，提供了某些信号，让人得以知道什么是值得拿来交易的东西。撰写此书时，我认定分析形形色色的例子——有些例子为任何读者所熟悉，有些则是读者所不熟悉的——或许有助于人们思考这两个道理，把这两个道理用在他们自己会经历的事情上。如果其中某些故事能让你会心一笑，那就再好不过了。

彭慕兰

芝加哥，伊利诺伊州

2019 年 3 月 1 日

2008 年中文版序 [1]

　　很高兴看到《贸易打造的世界》在中国出版。我一开始还担心写这样一本书会干扰自己研究中国历史的本职工作，但是，看到这本书中文版的问世，我想这其实也是一个很好的机会，能够让我们思考：中国的历史和世界贸易的历史已经通过各种途径交织在一起了。

　　不久之前，我刚刚访问了大英博物馆，在一个小时之内，我在馆内的不同陈列区看到了两件文物，它们均有助于阐明这一主题。一件是在非洲馆的来自埃塞俄比亚一个基督教堂的圣坛服装，年代大约为1700 年。这件衣服的料子是中国的丝绸，但是由来自也门的犹太织工织造的。另一件来自关于毛泽东事迹的展览。那里展出了一块墨西哥银圆，铸造于 1896 年。之后，在中国的一个通商口岸，有个中国商人在这块银圆上打下自己的印记，表明他以个人的声誉担保这块银圆的重量和成色。又过了一段时间，这块银圆被印上了"全世界工人阶

---

[1]　序言译者何帆，上海交通大学安泰经济与管理学院教授，兼任熵一资本首席经济学家。

级联合起来"的字样，变成了在中国共产党早期的一个革命根据地里流通的货币。这两件文物之所以引人注目，不仅仅是因为它们都跨越了漫长的地理距离且联结了不同的文化背景，更是因为它们所终止的地方也是让我们意想不到的。那不是我们认为是国际贸易枢纽的地方。上海人人都知道，但是江西的山区就不是我们能想得到的了。

事实上，我们在本书中尝试完成的一个目标就是将两种看似风牛马不相及的历史联系在一起。关于世界贸易和国际交往的历史，过去往往浓墨重彩描述的是著名的伟人们的事迹：马可·波罗、郑和、科恩（Jan Pieterszon Coen）[1]、亨利·福特。但是，在西方的大学里面开始流行的"自下而上的历史"观念（史蒂文·托皮克和我在 20 世纪七八十年代读研究生的时候都接受过这种教育），关注的却是国家内部、区域内部或社区内部的普通人，当时的学者认为，只有在非常本土的背景下，才能理解"普通人"的生活。而且，关于全球贸易的历史往往侧重于都市生活，这当然是可以理解的，然而，如果你想要写更典型的普通人的生活，需要关注的却应该是乡下人，除非你要写的是在非常接近当代的时期、在某一个小范围内的人们的生活。尽管这本书也写到了历史上的大人物（包括我刚刚提到的那几位），但是我们在叙述世界贸易的故事时，主要想讲那些不怎么有名的人，看看他们是怎样影响了世界贸易，又是怎样被世界贸易所影响。

我们想强调指出，普通的人们，包括那些穷苦和生活在乡下的人，并非仅仅对全球的影响逆来顺受，事实上，他们是全球贸易的积极参与者。当他们选择移民、选择新的农作物或布料纤维的时候，当他们

---

[1] 荷属东印度公司亚洲总部的创始人。——译注

抵制新的矿山或种植园侵占了他们的农田或清洁水源的时候，他们都改变了历史发展的结果。这些结果并非总是如人所愿。即使是当事人经过奋斗获得了成功，最后的结果却可能还是对其不利。比如，当长江和黄河流域的农民把森林砍掉，种上从美洲引进的农作物时，固然让他们有所收成，但是却带来了严重的环境恶化。凡人的努力可能事与愿违，伟人们也一样常干傻事。我们承认，很多人曾经经历了，而且很多人至今仍然在遭受着残酷的剥削，人们的选择往往难以出于己愿，而是面临着比别人更为苛刻的约束。我们在本书中的很多故事都说明，世界上某一个地方的财富创造，会带来其他地方的改变，让那里的人们生活状况恶化。但是我们要记住，很重要的一点是，在所有的地方，人们都在进行着积极主动的活动。在20世纪60—80年代，有一些学者提出了"依附理论"。他们非常正确地指出，某些地区的经济不发达状态是由于和强横的外来者交往造成的，而不是被现代经济增长所遗忘才难以发展。但是，这些理论的错误之处在于，"依附"这个概念预示着因果关系只发生在一个方向（好比我们在数学中所说的因变量一样）。

由于我们强调世界各地的人们的活动，因此我们也强调在其他关于世界贸易的研究中常常被忽视的三个方面：第一，我们认为，市场并非总是自然形成的。市场的出现依赖于社会习俗的形成，社会习俗有可能是由外部力量强加给某一人群的，也可能是由于在历史的某一特定时刻出现的偶然事件带来了深远的影响。而且，社会习俗既会出现，也会消亡，尤其是当大部分参与者认为习俗对其利益有损的时候。当代的狂热的"全球主义分子"应该牢牢记住这一事实。

第二点，我们认为文化是起作用的。文化总是能改变特定人群想要的东西，并且会让某一事物在不同地方的价值千差万别。这种差别会让那些能够跨越文化差异的商人获利不菲，也会让人们常常困惑不已：为什么自己钟爱的事物在别人那里却不被赏识。在有些致命的误解中，感到困惑的人会诉诸武力。英国商人以为，如果中国能够"开放"，就肯定会从他们那里购买大量的制造品，他们因此想借助武力迫使中国开放。那些殖民主义者也总是觉得，凡是不想得到挣工资的机会，不买新的消费品的"原住民"，都是"非理性的""迷信的"。在另外一些案例中，文化也是能够被改变的，比如通过移民、农作物的传播、法律改革和广告等。有时候，这种机制也会朝着相反的方向发生作用，比如统治者常常发现，他们最终不得不接受被统治的人们的习俗，最初他们本是想彻底摧毁本地习俗的，但最后却发现，为了让被统治的社会运转顺利，不得不"改邪归正"。

第三点，在制度和信念中凝结的因文化而异的偏好，和地理因素一起，创造出了不同的地区（region）。有时候，人们认为所谓的地区，只不过是通向一个真正"全球化"的世界的跳板，但是否如此，我们并不清楚。不同的地区过去一直是，而且现在也仍然是重要的纽带，联结了不同的社会和整个世界。比如说，在19世纪之前，东南亚的人口分布一直相当分散，因此对松散人口的控制，要比对广袤土地的控制更为重要，这一特征使得东南亚的战争策略、政治体系、农耕方式、手工技艺等与中国和日本等东亚国家差异极大，其盈利方式也非常不同（从某些方面来看，东南亚其实和非洲国家更相似，而不像东亚国家）。但是，在东南亚国家的旁边出现了高度发达的中国文明，出现了来自中国的奢侈品（如丝绸、瓷器和书籍等），出现了中国市场对东南亚珍奇木材和食物（鱼翅、海参）的需求，中国的皇帝乐于广为散发琳琅满目的礼品，以显示天朝大国对化外之民的统治，这一体制形成了"朝贡"形式的政府间贸易体系，后来又促进了规模更大的私人贸易，私人贸易得益于"朝贡体系"带来的信息和逐渐培育出来的共同的偏好。这些贸易网络后来对想要将贸易扩展到这一地区的欧洲人来说是至关重要的，中国和马来商人经常在东南亚以不赚钱的低价销售英国的机器制造的衣物，换取更多的当地货物，以便从东南亚的港口运到广州，获得非常可观的利润。不过，这种传统的贸易网络对欧洲人也是一个壁垒。荷兰人和英国人发现，如果不是通过西方的武力使得竞争的平台变得不平等，他们可能无法竞争过这些当地商人。然而，当荷兰人过分依赖武力之后，他们发现，曾经让巴达维亚[1]繁华一时的贸易却会突然凋零。到了 19 世纪末期和 20 世纪初期，东亚贸易体系又出现了新的角色，日本的企业家以及后来的一些中国沿海地区的企业家发现，他们对这一贸易体系更为熟悉，而且对当地的消费偏好更加了解，因此即使他们在技术上落后于欧洲，而且他们的国家缺乏制定关税的自主权（东南亚国家更缺乏对关税的控制权），但是，这些优势在很大程度上有助于他们占领本地区的轻工业产品市场。和市场的习俗一样，地区的形成，不仅仅是地理的结果，它们是历史演进的产物。然而，一旦它们形成了，就不会在一夜之间变得面目全非，尽管技术的进步能大幅度降低运输成本，尽管军事力量会企图强行撕破不合乎强权利益的旧的网络体系。

　　对今天的中国来说，地区的概念仍然有着相当的现实意义。从表面上看，中国近年的经济成功似乎说明地区是不重要的。中国的出口

---

[1] 雅加达的旧称。——译注

大部分是销往西方市场，中国对能源以及其他重要的原材料的需求，不是仅仅集中在邻近的地区，而是已经扩散到澳大利亚、非洲和拉丁美洲等地。尽管中国在几千年的历史上一直是一个农业国家，其统治者始终不热衷于远洋贸易，但如今中国的对外开放程度已经非常之高，其对外贸易占 GDP 的比重已经达到大约 80%。过去，能达到这样高比例的国家，要么是像比利时、荷兰或新加坡这样的小国，要么是主要依赖于一两种关键资源的出口的国家，如沙特阿拉伯，或 19 世纪末 20 世纪初期一些东南亚的殖民地。即使是我们认为对外开放程度非常高的大国，如英国和日本，其贸易占 GDP 的比重也无非在 20% 以下。但是，在中国的大量外商直接投资流入中，绝大部分仍然来自东亚和东南亚。这在很大程度上是因为华人的大量移民，华人移民遍布东亚和东南亚地区。中国内地引进的外资首先来自于香港（其中有一部分实际上是中国国内的资本，只是绕道境外重新进入内地），其次是来自中国台湾、新加坡、日本和韩国（值得注意的是，这只是最近几年东亚地区再度团结的一个方面，从过去的历史来看，影响力的传播是从中国大陆和日本流向诸如韩国和台湾这样的国家和地区，但不会出现方向相反的文化传播。如今，韩国和中国台湾的流行文化已经在上海或东京大行其道）。与此同时，中国在制造业方面的迅速崛起与其在产品设计和市场营销方面的缓慢进步形成鲜明的对比。从文化的角度打动目标客户的人心要比让产品满足顾客的实际"需求"更重要（本书的案例中讲述的土豆的缓慢传播和可口可乐的迅速流行，就说明了这一问题），而且产品设计和市场营销带来的利润空间远远大于简单的产品制造。有一些初步的证据表明，那些原本针对本国市场的中国企业，比向国外销售大部分产品的中国企业更容易在产品设计和市场营销方面上手。这和当年日本企业的经验颇为相似，这意味着中国企业其实具有巨大的潜力，它们应该一方面尽可能在全球范围内掌握较新的技术，同时要发挥自己对本土知识的了解，以便完成甚至推广这一必需的转变。

当然，我们的主要意图不是为了借古讽今。我们主要想说明，研究历史可以从多种视角出发。本书的有些章节讲述的某种商品在全球范围内的传播，比如白银、橡胶、花生、烟草等，我们试图解释它们是如何传播，并在不同的生态环境、经济社会体系中是如何演变的。另一些章节试图讨论一些在全球贸易中令人非常困惑的话题：如何才能确保我在海外的代理商能够如实执行我的指示？如果一个地方有潜在的盈利机会，但是其解决冲突的体制却令我无法信任，我该如何是好？这些问题在不同的时期和不同的地方一直困惑着人们。我们还试图挑战现有的迷思，有的社会并非像人们想象的那样，"总是"按照一种方式行为，一些大家普遍接受的规则，其起源也并非是如今人们习惯所认为的。我们研究了不同的职业的形成或不同的网络体系的演变：印度洋上的波斯金融家、东南亚的福建企业家等。本书还有一些内容是关于一些常被忽视的创新或奇怪的癖好是如何改变历史潮流的：为什么仓储业的改变会使得在北美洲定居变得有利可图；季风是如何帮助从南海到东非的贸易的；为什么让蚕推迟三个月孵化（这样养蚕就可以和农忙时间错开）的创新对明治时期的日本工业化十分重要等等。

通过提供观察全球经济增长的多重视角，我们希望能够让过去的一些看似奇怪的事情更加容易被人理解：为什么并不愚蠢的人们会找不到在我们看来是显而易见的解决方法？为什么人们会那么相信对我们来说是完全荒唐的事情？同时，我们也想让一些大家习以为常的事物显得更加新奇：那些时常被认为是符合逻辑甚至是自然发生的现代社会的惯例或关系，其实很容易就会变得完全不一样，现在亦然。不管怎么说，我们现在的世界有着前所未有的物质繁荣，但是也有着前所未有的收入不平等，暴力依然充斥着这个世界，而且人与人的联系、人与自然环境之间的关系比过去更加脆弱。贸易打造的世界是浑然一体的，我们的存在和我们的思维都无法置身其外，但是，"不识庐山真面目，只缘身在此山中"，如果我们想要使得全球贸易能为更多人的福祉服务，我们会更加迫切地需要从外部审视这一世界。在这一背景之下，我们将提供来自其他时间和地域的多重视角。

彭慕兰

2008 年 8 月于美国加州大学

前 言

　　15世纪，中国开始用白银取代贬值的纸钞和铜钱，随之引发深远效应，影响远及五大洲上穷乡僻壤的居民。中国人将丝卖给英国人、荷兰人，英国人、荷兰人，以西班牙比索（peso）支付。而这些西班牙比索乃是黑人奴隶在今日墨西哥和玻利维亚境内所铸造，铸币原料则是西班牙殖民当局通过适应当地的印加和阿兹特克帝国徭役制度，招募印第安原住民开采出来的。有些白银则是通过西班牙人马尼拉大帆船（Manila Galleon）上的菲律宾人，从墨西哥横越太平洋，以更直接的方式输入中国。欧洲海盗出没于美洲的加勒比海地区和太平洋沿岸、地中海地区、东非近海，而在东非近海，他们要奋力保护掠得的银货、丝、香料，以免遭阿拉伯和印度海盗抢走。

　　穆斯林和基督徒先后到也门的红海港口摩卡（Mocha）购买咖啡，也促成白银流入东方。当时摩卡是全球唯一的咖啡生产中心，独占咖啡出口生意百余年。赴麦加朝圣的信徒，将喝咖啡的嗜好从摩洛哥、埃及传播到波斯、印度、爪哇、奥斯曼帝国。最后，法国国王路易十四在其所举办的社交聚会上，将这一穆斯林饮料介绍给他的天主教贵族，他们以中国瓷器啜饮加了糖的咖啡，然后来根弗吉尼亚香烟，享受吞云吐雾之趣，而加在咖啡里的糖，产自非洲大西洋岛屿圣多美岛上的奴隶种植园（后来用巴西奴隶种植园的糖）。有些贵族更爱喝巧克力，英格兰人则爱上中国茶。巧克力是阿兹特克的贵族饮料，非常值钱，因而可可豆曾充当货币，而在西伯利亚等亚洲数个地方，茶叶也曾充当货币。最后，英国人把茶叶种植引入印度、锡兰（斯里兰卡）和肯尼亚之类的非洲殖民地。

许多地方、许多文化都卷入这一世界经济旋涡，但那不表示它们乖乖接受该经济的运作规则。1770年，有个在塞内加尔做生意的法国人，就受挫于当地的非洲贸易商。这些本地贸易商一点也不喜欢珠光宝气，即使对方拿法国家具来交换奴隶，他们也不愿意。非洲当地领导人要荷兰或英国的椅子、书桌，认为这些东西较为时髦。约略同时，在加拿大做大宗买卖的英国人，无法将弗吉尼亚烟草卖给易洛魁族印第安人（Iroquois），因为易洛魁人已对非洲奴隶所种的巴西烟草情有独钟。他们只接受英国人拿高雅的北欧衣物换取海狸毛皮。其他北美洲毛皮则输往中国，也有越来越多来自北太平洋的海豹毛皮和其他类毛皮输往中国；而在中国，它们与从俄罗斯远东走陆路运来的毛皮抢市场。

于此期间，在那不勒斯某次饥荒中，怒不可遏的消费者将一船马铃薯丢到海里，深信这些来自秘鲁的块茎有毒。与此同时，伦敦的时髦男女则小心翼翼地将磨碎的马铃薯撒进食物里，深信这种块茎食物有催情效果。

显然，世界经济将天涯海角的不同民族联结起来已有很长时间。全球化在当下达到前所未有的程度，但就日益全球化的"世界新秩序"

来说，其中勉强算得上新的部分其实并不多，多元化也不是晚近的新发现。本书的宗旨就在通过一连串故事，描述全球彼此相连这早已存在的关系。我们打算将从世界体系分析所得到的深刻见解（认为地方必须放到全球背景里去了解），与地方研究视角（认为差异和地方体制形塑了全球环境），熔于一炉。

本书所讲述的故事，最初是以专栏文章的形式刊登在商业杂志《世界贸易》（*World Trade*）的《回顾》专栏（Looking Back）。我们为该专栏撰文前后达十余年。该专栏以世界经济的历史和创造为主题，先后由史蒂文·托皮克、彭慕兰担任主笔。茱莉娅·托皮克（Julia Topik）受邀撰写了一篇特稿。但本书并不只是这些文章单纯凑合而成，毋宁是以几个中心论点为纲，有系统地编纂而成，而这些论点全围绕着世界经济本质和形塑世界经济的因素而发。我们扬弃以欧洲为中心的目的论，即欧洲人是首要推动者，其他人只能被动响应；主张世界经济存在已久，欧洲以外的人在世界经济的发展过程中扮演了关键角色。欧洲人所拥有的优势，往往既来自经济的早一步发展，也来自运用暴力或运气（例如欧洲人带来的疾病摧毁了美洲大陆的社会，使欧洲人有大片现成土地可供征服）。欧洲直到其历史的后期才明显享有生产技术上的优势，欧洲是否曾拥有独一无二的高创新精神或高社会适应能力，仍有待商榷。

因此，政治，一如经济，一直是左右国际贸易的主要力量。构成今日世界基础的市场结构，并非自然形成或势所必然的结果，并非自始就隐藏于某处而等着人们去"打开"；相反，市场，不管结果是好是坏，都是社会力量所建构，为社会力量所牢牢植入。市场要能运作，就得在度量衡、价值、支付方法、合约这些从来就不是普世通用、不是亘古不变的东西上，有一致的意见，且要在该卖什么东西、谁有资格卖那些东西、什么人可以在不致让邻人瞧不起的情况下讨价还价（并在不必拔剑相向下解决纷争）上，获致更不可或缺的共识。协商这些新行为准则的过程中，买卖的商品有时成为新的身份地位指标，承载了特定意义。于是，"本有的"用途、长处和人造意义相抵触（如过去数百万人不接受外来的马铃薯）时，原本根深蒂固于人心而让人觉得大概理所当然的关联意义，渐渐逆转，例如过了一段时间后，世人一想起巧克力，联想到的是小孩、甜美滋味、阖家天伦之乐，而非战士、准备上战场、宗教狂喜。换句话说，商品本身有其"社会生命"，在这"社会生命"里，商品的意义、用处、价值不断在改变；"供应"与"需求"，由具有爱、恨、瘾性的人通过文化力量来决定，而非由具体化的"市场力量"决定。

此外，我们不该认为浮华行径和角色扮演可以和据称更为根本层次的功利行为截然分割。因此，中国的朝贡制度协助界定了藩属上层阶级的品位，确立多种贸易的规则，给藩属统治者在这些交换活动中所得到的某些商品赋予崇高价值，进而让身为国内其他贵族之重要主子的藩属统治者，得到可赏赐给下属而有助于巩固他们统治地位的商品。朝贡制度所发挥的作用，和今日世界贸易组织乃至联合国所发挥的众多作用（联合国的作用之一，在于借由承认各统治者的身份，协助稳固他们的统治地位），有一部分相同，而朝贡制度能发挥这些作用，原因在于它也发挥了今日分别由时尚设计师、一流学府、国际传媒公司所发挥的其中某些作用。在这复杂的社会、政治、经济舞台里，成功落在努力有成者身上，但不必然落在最有才华、最苦干实干或最聪明的人身上。也就是说，世界经济向来不是特别讲究道德的领域。

奴隶买卖、海上劫掠、毒品贩卖，往往比生产粮食或其他基本食物，利润丰厚得多。最后，我们若欲评价某交易或某事件的重要性，不只应了解该交易或事件的国际背景，还应了解其发生所在地的特殊之处。

我们既摒弃欧洲中心观，同时也拒斥无知的反帝国主义观。也就是说，欧洲人和北美人既非特别天赋异禀，也非特别邪恶。我们不单单锁定在欧洲人与其他地方的贸易，或锁定某一地区，而是检视多个地区和这些地区间的互动。我们所要讲述的是世界经济创造过程中的盛衰消长，而且这世界经济的创造有不同文化的民族参与，而非从头至尾出于同一个经济体或出于资本之手。贸易准则的缔造、知识与目标上的差异、政治与经济的相连关系、社会组织、文化，我们全纳入关照。

彼此相关的事物越多，就越不可能通盘描述它们。欲全面描述过去六百年整个世界经济的发展，根本不可能，因此，我们不这么做，而是选定七个中心主题，以它们为核心，编排全书章节；凡是我们所认为与该主题有关的重大问题和争议，均铺陈于每一章最前面的导论性质文章里。然后，每一章里都有一组简短的个案研究，其用意在举例说明，而不在针对个案本身巨细靡遗地描述。这些个案研究往往立基于其他学者的深刻见解，但也有相当多源自我们自己的新研究或我们激烈辩论的"心得"。（我们在书末列了简短的参考书目。）我们没有针对任何主题提出"定论"，反倒希望打开讨论之门，鼓励大家从不同观点去思考我们往往视为理所当然或认为始终存在而只需予以"发现"的世界不同地区，并鼓励大家去质疑我们所普遍抱持（而往往未言明）的看法，亦即针对诞生于现代早期欧洲的新制造方式、新贸易方式，如何将原本各自独立且往往被认为互不往来的数个社会，整合成一个世界（不管这结果是好是坏）。相反的，我们强调，过去就已存在多中心的复杂跨文化网络，而这些文化网络受使用、重组，有时是摧毁的方式，乃是理解日后以阿姆斯特丹、伦敦、纽约或东京为中心的新网络之不可或缺的一环。

本书各章按主题和事件发生的年代先后编排，因此，书中首先探讨现代早期的市场，以及那些市场运作时所不可或缺的体制和准则。然后探讨暴力在资本积累、市场形成中所扮演的角色，由国家主导的压制行为、民间创新作为（private initiative）、海盗之流的"不法之徒"，因此纳入探讨之列。第三章聚焦于咖啡、烟草、鸦片之类致瘾性商品，以及它们促进长程贸易的贡献。接着检视后来成为期货的各种商品，从寻常可见的马铃薯、玉米到众所希望拥有的黄金、白银、丝织品，从日常可见但有用的工业原料（如橡胶）到稀奇古怪的东西（如胭脂虫），都在此列。第五章探讨运输工具改良对联结遥远市场、促进贸易的贡献。第六章思考现代世界经济的特色，例如金钱、度量衡、时间的标准化、贸易准则的诞生、企业。最后一章探讨工业化过程以及去工业化的几个事件。

彭慕兰学的是中国史，托皮克学的是拉丁美洲史；两人在更晚近时都已将事业扩及写作（学术与通俗兼具的著作），并将所教授的主题扩及中国、拉丁美洲之外。撰写此书时，我们让每位作者各自提出最了解的主题，自行决定在自己所写的个案研究里要强调的重点。我们发现各章本身有整体一致的观点（在联合撰写的各章导论里，我们就努力想统合出这种整体的一致），但我们未坚持各篇文章里的每个观点都百分之百一致，未坚持列出事例，要作者"一定"纳入。借此，我们希望能孕育出一组生动简洁而又可以个别阅读的短文；同时，篇幅较长、更富综合性的文章，又能表现出不只是本书几个局部加总的更深层观照，一如世界经济无疑由本身就值得各别探讨的各局部构成，但又不只是这些局部的加总。在地方与全球之间来回游走的过程中，每个局部的意义也得到充实。

我们撰写《贸易打造的世界》第4版，以扩大本书的地理广度和历史纵深。本版添加了十篇新文章和一篇涵盖全球且经大幅修订的文章，并且较小幅度地修订了其他文章，更新了"结语"。新文章谈的是把地中海世界与更广大世界连接起来的现代早期的两位欧洲冒险家：安东尼·雪利（Anthony Shirley）和佩德罗·特谢拉（Pedro Teixeira）（见5.4节）；沃尔特·雷利爵士（Sir Walter Raleigh）所想象的富裕之地圭亚那，和他笔下传颂一时但纯属虚构的黄金城所具有的多文化面貌（见4.5节）；探讨烟草从美洲迅速传到欧洲，传到中国，再传到非洲一事（包括雷利的作为），以及此一传播对烟草的多种用途的影响（见3.9节）。还有一篇文章描述了某位烟草供应者（奥斯曼卷烟业和后来埃及的卷烟业），如何在与英美烟草公司——在大部分讲述卷烟兴起的历史记述里扮演最重要角色者——竞争的情况下，反映且形塑了一种变动中的消费文化（见3.10节）。我们也通过一个分布甚广的侨商族群走访印度洋，这些侨商是信奉印度教的商人，来自出产纺织品的印度古吉拉特邦，他们所建构的网络把棉花化为象牙，同时把莫桑比克人纳为奴隶，要他们在马斯克林群岛和南美洲的甘蔗园、咖啡园工作（见1.13节）。

烟草等日常奢侈品（其中许多奢侈品是能改变精神状态、让人上瘾的东西），驱动了16至19世纪的许多贸易活动；事实上，它们所驱动的远不只是贸易。对烟草——和烈酒、鸦片之类常被视为坏东西的其他物品——课征的"罪恶税",曾是世界各地诸多扩张国力的国家不可或缺的岁入来源(见 3.7 节);在某些地方,它们至今仍是。但吊诡的是,这些害人的产品似乎也在某些学者所谓的"勤劳革命"里扮演了重要角色(见 7.2 节)。从 16 世纪起,又或许从 17 世纪起,世上数个地区的人开始更卖力、更长时间地工作,并且把更多工作时间用于为市场生产物品(而非为自家消费生产物品)。这一转变的原因错综复杂,但对糖、烟草之类来自异国的非民生必需品的需求日增,连相当穷的人都对此需求日增,似乎起了很大的作用。

但靠致瘾性食物无法活命;从某个角度来说,小麦、稻米之类的基本淀粉性食物,仍是世上最重要的商品,因为它们提供了大多数人所摄取之营养的大部分,占去他们预算的大部分(尽管占比慢慢减少)。但在 19 世纪之前,它们的销路一般来讲局限在产地,在一地区或顶多一国之内。6.4 节探讨了当此情况改变所发生的事:19 世纪中叶后,谷物市场走上全球化,对农民、消费者和谷物本身都产生了深远影响。

自 19 世纪末迄今,现代资本主义的扩散已催生出多种新商品。口香糖作为其中之一(见 6.12 节)成为劳动阶级男子的小奢侈品——甚至有许多人寄望它取代另一项广被使用的此类奢侈品——口嚼的烟草。不久,口香糖成为有品牌的国际性产品,许多人一想到它,就想到美国。与此同时,这项带有摩登意味的产品,得靠墨西哥犹加敦半岛上负责采树胶的本土玛雅人和其他墨西哥劳动者先后付出的血汗才有可能大为流行。

另一项新商品,对当今世界的重要性大上许多,那就是石油(见 7.12 节)。人类于 19 世纪中期首度开采石油,后来石油成了 20 世纪最重要的新能源、20世纪许多新问世的东西（包括塑料在内的石化产品）的原料、工业世界非常重要的战略原料。它甚至使一个偏远的沙漠摇身一变成为世上最富裕的地区之一。最后，本书谈到较晚近时我们极想入手的战略物资：所谓的稀土金属。稀土于19世纪晚期就开始被应用于某些用途，但在20世纪它们才变得较为重要；20世纪晚期，又变得更重要，因为它们的某些特性使得它们极适合用于计算机和其他精密复杂的电子设备。7.13节说明了稀土是什么样的东西，中国为何支配着稀土市场，为何对此现象的短暂忧心未在其他地方催生出大型且持久的竞争者。

诚如这些故事所表明的，更大范围的贸易故事和全球变迁继续在上演。于是，我们也增补了书末"结语"的内容——尽管我们未发现它有需要大幅修订之处。2012年以来发生了许多出人意表的大事，但某些历史模式却一如以往地切合我们的需要。

I

市场准则的形成

The Making of Market Conventions

•

经济活动是社会行为，

因此这类活动能聚拢不同群体的人，

而且这些群体往往因文化背景上的差异，

对生产、消费、买卖的理解大相径庭。

人或许是聪明的动物，但几无证据显示人是天生"经济理性"的动物，换句话说，人性是否真驱使人竭尽所能积累物质以追求个人最大的福祉，几无证据可资证明。许多人都记得亚当·斯密的名言："以物易物和实物交易"乃是极根本的人性之一。据他的说法，这一本性非常强烈，强烈到这倾向很可能是和说话能力一起发展出来。事实上，现代经济学已将这一观点视为分析人类行为的基本法则。但亚当·斯密将买卖与语言相提并论本身，隐隐表明奉他为宗师的现代人往往忽略了一点，即买卖就和说话一样，有时能用来表达人的内心情感或想法。不管是过去，还是现在，人类买入某物或将该物送人，除了为极尽可能满足自己的物质享受，有时还在借以表明某人或某群体既有的身份或希望取得的身份，表明自己与他人间既有或希望拥有的社交关系。经济活动是社会行为，因此这类活动能聚拢不同群体的人，而且这些群体往往因文化背景上的差异，对生产、消费、买卖的理解大相径庭。

没错，人类交换物品已有数千年历史，证据显示，在有史记载的更久之前，人类就跋涉到遥远异地交换贝壳、箭头、其他物品（因此已有特定地区专门生产特定产品的现象）。但大部分情形下，我们只能猜测做买卖的动机和方法，以及如何决定不同商品间的交换比例。已有证据显示，遥远的古代就已有一些市场，且有许多买家和卖家在这些市场上讨价还价，物价由供需来决定；但也有许多事例显示，交易虽已达相当大的规模，但也受到大相径庭的法则规范。凡是物价由供需决定的地方（例如在古希腊和约略同时的中国，许多商品似乎就一直由供需决定价格），商品的交换价值（能用来换取其他商品的价值）都变得比它们本有的实用价值或地位更为重要。但即使是具有决定价格作用的竞争性市场，仍不免受到人们认为这些市场只是几种交换方式之一的影响。公元前2世纪时，汉朝皇帝针对盐、铁之类重要物资如何贩卖对国家（还有人民，但他比较不关心人民）最为有利，在朝中召开辩论，辩论一方主张应收归国家专卖，另一方主张开放由商人自由贩卖。最后皇帝虽实行专卖，但这一政策，即使用在这些商品上，也从未能彻底落实。尽管如此，这一辩论在后来几世纪仍余波荡漾，左右了未受管制的贸易商和有意管制贸易商的官员，影响了他们对何种行为可以接受、何种行为不可接受的看法。

不管哪个地方，都花了很长时间才扬弃较传统的互惠观（得到多少商品和恩惠就回以等值的商品、恩惠）、地位交易（status bargaining，在众所认知彼此地位不平等的人士之间，这是较行礼如仪的交易）或亚里士多德的公正价格观（价格不由市场里的实物交易决定，而由道德经济的伦理贸易观决定），转而接受供需决定价格的观念。

有些人的观念类似行动疾迅如风的巴西戈塔卡族（Ouetaca）。诚如在1.8节会读到的，他们是今日我们所蔑称的送礼后又希望索回的那种人。追逐交易与交易本身一样重要。双方互不信任，财产有价的观念非常淡薄。

其他人则类似巴西的图皮南巴族（Tupinamba）。图皮南巴人认为，法国人远渡大洋，卖力工作，只为替后代子孙积累财富，实在是"一等一的大疯子"。根据某耶稣会神父的记述，图皮南巴人一有够用的物资，就转而将时间投注在"村子里喝酒，发动战争，大肆恶作剧"之上。北美西北太平洋岸的夸扣特尔人（Kwakiutl）则认为，借由大量分送个人财物，可以找到人亲眼见证自己升上更高地位（并把无力积聚够多财物而无法将财物够快分送出去的他人比下去），或者借此让对手难堪；但不管目的是为了表明彼此同一阵营或相互敌对，赠予者都是赢家，累积财物是为了在适当场合，将财物当仪式用礼物或圣诞礼物送掉。

即使是相互依存的大型文明，也往往不是建立在市场法则上的。史上有名的秘鲁印加帝国，国家富强，拥有广土（数千平方英里）众民（数百万人），却似乎没有市场，没有货币，没有首都。相反的，买卖是以人称阿伊鲁（ayllu）的家庭单位为基础，且受国家监管。他们看重互惠、重新分配更甚于获利与积累财物。墨西哥的阿兹特克人、玛雅人也建立了从事长程贸易的大帝国。阿兹特克人（见 1.7 节）在首都特诺奇蒂特兰（Tenochititlan，今墨西哥市）有一处大市集，市集里的贩子和顾客多达万人。另一方面，玛雅人的大城里似乎没有市集。两帝国在从今日美国墨西哥州到尼加拉瓜的广大地域内交换货物，距离相当于从欧洲的最北端到最南端。但长程贸易与阿兹特克城市的本地市集完全不相干。从事长程贸易者，以帝国贵族的特使身份，交易奢侈品。他们基本上是公务员。一旦帝国瓦解，欧洲贸易商到来，这些老练的长程贸易商随之完全消失。

亚洲的长程贸易是通过纵横交错且繁忙的海路，而非秘鲁、墨西哥那种路长且阻的陆路，因而民间贸易活络得多。如 1.4 节所描述的，远赴异乡从事贸易的中国人、穆斯林、印度人之类离散族群，合力打造出一个巨大而复杂的商业网 [1]。关于这些侨商，我们不久后就会再谈

---

[1] 根据人类学家 Abner Cohen 的定义，离散族群（diaspora）意指"由散居各地但在社会性上相互依赖的社群所构成的一个民族（nation）"。离散族群，有的是因受压迫而离乡背井，流落各地，如犹太人、黑奴、亚美尼亚人，有的是因受招募到海外出卖劳力，如印度工、华工，有的是为了出外讨生活做买卖，如东南亚华侨，有的是帝国所主动促成，如英国的东印度公司。——译注

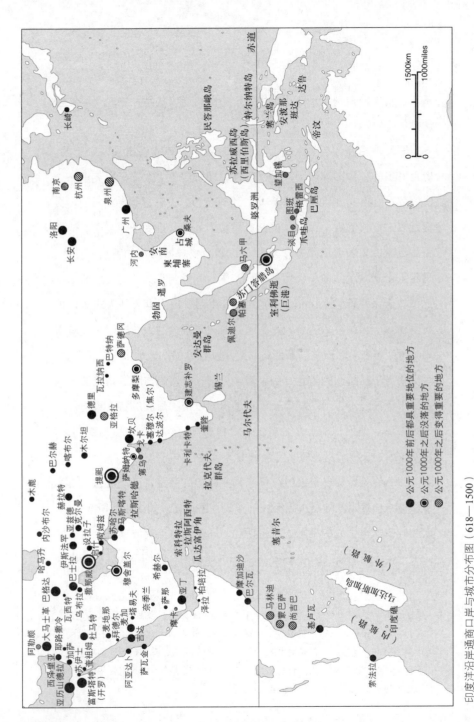

印度洋沿岸通商口岸与城市分布图（618—1500）

（译自 K. N. Chaudhuri, *Trade and Civilisation in the Indian Ocean: An Economic History*, 1985）

到。此外，中国的"朝贡制度"（见1.2节），为遍及东亚、东南亚的长程贸易，协助提供了一套可资依循的准则。朝贡制度的主要目的在政治、文化而非经济，但它协助提供了一个"国际"货币制度，使大片地区的人有共同的奢侈品品位，为许多商品立下质量标准，对何谓得体行为至少促成某些共同认知。侨商族群的领袖（见1.1节），为共通的贸易准则提供了其他元素；某些历史悠久的贸易中心，其长久积累下来的习惯也发挥了同样作用（这些贸易中心通常是城邦，且因为有固定的季风而成为东亚、东南亚便利的交流处，见2.1节）。这些贸易网与国家密切相关，但它们也有自己的独立生命，因此，16世纪欧洲人进入印度洋水域，试图夺占该区贸易时，碰到亚洲竞争者的顽强抵抗。诚如1.4和1.13两节所示，曾有很长时间，亚洲人只把欧洲人视为必须予以容忍而非臣服的另一个竞争者。亚洲贸易商较不倚赖所属国家，面对欧洲人的强大火炮，依然挺得住，甚至依旧生意兴隆，这点与美洲大陆的原住民贸易商有所不同。

亚洲贸易比印加或阿兹特克帝国的贸易更不受制于国家，但不表示亚洲贸易是在百分之百的经济领域里运作，不受政治、文化约束。相反的，就连"贸易商"，其从国家特许权、国家专卖事业得到的获利，也往往大于靠高明的企业经营所得。阿德斯塔尼（Muhammed Sayyid Ardestani，见1.12节）靠着包收税款和承包政府采购业务，积聚庞大财富。与政府官员建立良好关系，显然非常重要，即使是英国东印度公司的代表（见1.13节）亦然。为了让他们所打交道的印度土邦主不敢小看他们，该公司的代表不惜花费，时时过着和当地土邦主一样的生活，且频频展示武力。经商要成功，不只要懂得聚财，同时要不吝于花费，竭尽所能节省开销并非永远是最上策。

　　许多欧洲人在亚洲事业有成，还拜与当地人通婚之赐。荷属东印度公司代表娶马来人、爪哇人、菲律宾人，尤其是巴厘岛人为妻（见1.10节），以融入当地市场和社会。英国、荷兰的东印度公司是最早以股份有限公司形式组成的现代企业之一，但两公司的代表仍倚赖联姻这个传统的商业联盟办法拓展生意。欧洲的上流婚姻，通常是两"家族"的联姻，两家族都由男人掌控资本，且都借由交换女人（女人本身简直如同商品）经营生意，但在东南亚，拥有流动资金和经商头脑者往往是新娘本人（她的男性贵族亲人不屑从事这种讨价还价的事）。有些欧洲男人很高兴既得到家务的贤内助，又得到一起打拼生意的伙伴；但更多欧洲男人似乎恼火于这些女人的独立自主个性。但最终，若想发达致富，他们几乎别无选择，只能适应。事实上，这些欧洲侨民（和随他们而来的传教士），在抱怨这事的同时，往往间接凸显了这些女人的重要。这些男人不习惯于丛林生活，往往比"本地"妻子早死许多年；失去丈夫的这些女人，继承了土地，随之拥有更多可用于下一场冒险或下一桩婚姻的谈判筹码。

　　因为本身的体弱，以及规范商业行为的当地法律、传统习俗林林总总，欧洲人不得不在初接触的几世纪里"本土化"。国家、宗教、侨商族群三者的分殊多样，一致同意的商业法付诸阙如，成为滋生激烈争执的温床。诚如1.11节所说的，16、17世纪贸易的更趋蓬勃，促成更多接触，使不同地方的人有更多彼此认同的贸易法则。伊斯兰教的传播也为冲突的解决提供了道德性的基础。但不同习俗汇于一炉，并非势所必然。事实上，17世纪末期、18世纪初期的经济萧条，扭转了这一趋势，至少在现今构成印度尼西亚的那大片地区是如此；商业习俗再度变得更地方性，差异更大。

此外，"本土"（native）是相对性字眼。典型的亚洲港口，住着古吉拉特人 [1]、福建人、波斯人、亚美尼亚人、犹太人、阿拉伯人，一如欧洲贸易大城里住着各自成群的热那亚人、佛罗伦萨人、荷兰人、英格兰人、汉萨同盟贸易商。只有最短视的欧洲人才看不出这些族群各不相同。（19世纪欧洲人的势力大增，催生出这种短浅目光，且使更多欧洲人形成这种心态；但更早的欧洲贸易商，没有殖民母国的协助，若如此愚昧，就无法生存下来。）这些侨商族群的个别成员，可能没有就此定居的打算，但每个族群在侨居期间所累积的知识、人脉，以及所创造的经营方式，却会在侨居地流传得久远得多，有时比据称土生土长的"本土"当局所施行的法律还更为重要，传世更久远。

因此，在19世纪之前，侨居海外经商一直是组织欧亚非许多地区和美洲全境商业活动最有效率的方法，也就不足为奇。（见1.1，1.4，1.6，1.12，1.13，1.14诸节。）侨商的存在，从许多观点来看，都有其道理。在合同（特别是跨国合同）有时形同具文的时代，这让从事远地贸易的贸易商能在异地找到同乡侨民，从而有利于远地贸易的进行。你对同乡侨民的了解，很可能高过对当地人的了解，你和同乡侨民不只语言相通，还对何谓好商品、交易何时可取消（和何时不可取消）、碰到破产或意外之类难堪而不可避免的情形该怎么处置，有共通的认知。跟没有这些共通认知的人做买卖，碰上麻烦的概率就比较大，比如得应付当地王廷所订定的格格不入且有时还流于专断的规定。万一买卖伙伴想骗你，这时如果他们的亲人和你的亲人在故乡住得很近，就对你有帮助。碰上最糟的状况，有人可以让你发泄怒气，但更

---

[1] Gujarati，印度西北海岸古吉拉特邦的商民。——译注

常见的情况是，基于同乡之谊，彼此较不需有形的承诺，就能真诚相待。侨居海外的人，如果最终还是希望回乡，希望继承家业，或希望让小孩和家乡其他有头有脸的人家联姻，做坏事前就会考虑再三，再决定是否要干这种会损及老家在故乡名声的事。在某些例子里，这使位于家乡由商人组织起来的法庭得以发出他们的海外同乡会遵守的判决；例如，对来自新朱利法（New Julfa）的亚美尼亚裔商人来说就是如此，而且不管他们住在哪里皆然。在其他例子里，虽未有正式机构创立，但人们知道如果让老家的亲人颜面无光，自己得付出代价。

这些原则不只让赴海外做买卖的人（比如在马六甲或莫桑比克做生意的两个古吉拉特人）真诚相待，甚至还有更好的功用，即让其中任何一人都不致为了图利自己而危害伙伴或家乡雇主的利益。现代早期福建人有一习惯做法，特别倚赖家乡的社会地位为诱饵，以确保海外事业不致遭人搞鬼垮掉。大户商贾人家往往派契约仆役[1]出国，替他们管理位处最遥远地方的家族生意，特别是位于东南亚的生意。（这么做的理由之一，很可能是他们希望把亲生儿子留在家乡，而把儿子留在身边，可能是为了有人可以管理家业，可能是因为担心儿子在海外发生不测，可能是为了更早抱到孙子，也可能是为了让儿子管理家族土地或培养儿子当官以便保护家族其他利益。）契约仆役知道，如果（且只有）自己在海外干得好，光荣返乡，主人（才）会还他自由之身，收养他为义子，然后义父义母会替他找个上等人家的千金，完成他的终身大事。若事业无成，返乡没什么好处。

港埠的统治者还发现，以这方式处理贸易，也颇有用。比起让财

---

[1] 订约充当仆役若干年以偿付旅费、维持生活的异乡客。——译注

富集中在可能有王室血统和正确人脉而有资格争夺大位的本地贵族之类人手里，让财富集中在外族手里，威胁还比较小；如果许多外族人来自同一个地方，可以指派他们职务，以使彼此相安无事。就连以英格兰启蒙运动之子自居，宣称信奉法治而非人治的莱佛士（Stamford Raffles，见 2.6 节）都发现，将他于 1819 年所创立的新加坡组织为一连串不同民族的聚居区，每个区里由一些商场老大按他们所习惯的方式各别治理，统治起来事半功倍。在那二十五年后，在上海创办公共租界的洋人，最初希望创立的是一个由他们完全自治的纯白人聚居区；后来中国爆发内战，有钱的中国难民逃入租界，使租界内房租水涨船高，租界当局才打消种族隔离的念头，从而创造出一个由西方人治理而华人住民居多的聚居区。

在最理想的状况下，统治者甚至可能说服某个重要侨商支付一大笔钱，以换取"甲必丹"（Capitan）即侨民首领之位。统治者选对了人，能有金钱收入，有一名心存感激（且有钱）的追随者，且贸易商聚居区里有个完全不必他操心就管理良好的政府。侨商有这么多优点，因而，在 19 世纪成熟的殖民统治（和西方商业法）于全球许多地区确立之前，它们一直是组织贸易活动所不可或缺的凭借。而即使在那之后，乃至今日，侨商仍是全球贸易里重要的一环。许多西方社会理论指斥福建人、黎巴嫩人、犹太人、亚美尼亚人族群任人唯亲、不理性、"传统"（因而敌视创新），但这些族群仍继续通过族缘关系组织贸易，且仍继续与那些据称较理性的做生意方式竞争，成就斐然。"昔日旧作风"在今日依旧兴盛不坠，这清楚表示实际面绝非经济学家、社会学家在课堂上所画的图表那么简单。

即使在欧洲的法律标准和价值观已征服偏远地区之际，仍有许多障碍挡在欧洲人面前。1.9节揭露了一名英格兰商人，在1822年巴西独立后的头几年里，在该地面临了何等困难重重的经商环境。那时候，欧洲的军力远比现今强大得多，使欧洲人得以强行将某些民族（和那些民族的土地、商品）纳入他们所希望的市场形式。此外，欧洲在某些商品（如布料）的生产方法上取得长足进展，生产成本低，因而得以用非常优惠的价格将它们卖给任何想要那些商品的人。在这同时，与我们追求最大获利的观念相符合的贸易准则（和贸易观），已在欧洲蔚为主流，因而欧洲人更清楚理解自己想要巴西和其他地方接受什么样的市场准则。尽管如此，世界经济的创造离完成还很远。至于还有多远，在本书论及现代世界贸易之建制的第六章里，你将会得到解答。

1.1 福建侨商

过去，在世界各地，

贸易都是通过同一故乡出身的人所建构的人际网络来进行。

贸易商都知道人际往来至关重要。在没有电信、没有可强制施行的商业法则、没有统一度量衡的年代，与你的伙伴、代理商、其他港口里的同行建立无关生意往来的关系，更为重要。因此，过去，在世界各地，贸易都是通过同一故乡出身的人所建构的人际网络来进行。同一地方出身，意味着彼此间有一些能令彼此信赖的相关之处，包括讲同样的方言，骂同样的脏话。过去，热那亚人、古吉拉特人、亚美尼亚人、犹太人（但这时犹太人失去其共同"原乡"已久）和其他族群，散居世界各地，并将自己族裔所居的诸城市串联在一块儿。

以中国东南沿海省份福建为原乡的侨民，是人数最多、最经久不衰的离散族群之一。（1984 年，福建晋江县有刚刚超过 100 万的居民，海外已知的侨民却超过 110 万。）福建侨民还有一非常特别的特色。其他侨商大部分都住在城市，但福建人还送出数百万子弟去别的地方开垦耕种，这些地方包括从中国内陆地区到东南亚、加勒比海地区、加州等多处。但奇怪的是，这两类侨民在 19 世纪末之前几乎彼此没有关联，而在那之后，两者大部分都受到西方殖民者保护。

福建长久以来多岩崎岖而人口稠密，因而，就如某中国官员所说，"人以海为田"。福建作为造船、渔业、贸易中心已有千余年。即使森林遭砍伐而使造船业转移到泰国之类的地方，福建人仍是东南亚主要的船运业者和贸易商。许多福建人还在东南亚诸王国和后来欧洲人在该地区的殖民地里，担任收税员、港务长、金融顾问。随着运输工具于19世纪变得更为便捷，这些网络更形扩大，例如前往加州淘金的华人，大部分不是来自贫穷、暴力最严重的县份，而是来自福建、广东省里有人侨居海外的县份，这些县的年轻人因侨民所建构的商业网络之便，得以了解海外的最新动态，并取得赴海外创业所需的资本。经营这些海外活动的商号，通常是家族性商号，他们很能善用那些人脉。为了鼓励侨居海外的家庭成员努力赚钱，将一部分钱汇回故乡，他们常以返乡可娶个万中选一的美娇娘为诱因；有些孤苦伶仃的年轻男子则被委以艰巨的创业任务，并获告知只要事业有成返乡，就会正式成为养子。个别氏族往往专门从事特定种类的买卖，且将宝贵的经商技巧传授给氏族成员；个人资产、商号资产有时分际不明确，原本可能引发摩擦，但亲情和忠心大大降低了引发摩擦的可能。

在这同时，福建人中还出现农业性移民，散居于中国、东南亚各地。在这点上，老家同样扮演了挹注资源、协助创业的角色，重要的技能也可以转移到移居地。福建种甘蔗已有数百年，福建人将这作物（或种这作物的新方法）带到许多新地方，包括内地的江西、四川，台湾，海外的菲律宾部分地方、爪哇。事实上，福建人种甘蔗的本事名闻海内外，因而欧洲人还想方设法找他们到斯里兰卡、古巴、夏威夷等多个地方，替欧洲人所经营的蔗园效力。

只要有福建农工前往的地方，通常会有一些福建贸易商跟进前往，为同乡农工提供零售商品（包括合他们口味的米、辛辣调味品乃至鸦片）、信贷，协助他们汇款回家。但尽管华商团体在东南亚势力庞大，尽管当地有大片未开发的可耕地，尽管家乡地狭人稠，叫人惊讶的是，这两种侨民并没有更紧密地结合，特别值得注意的是，华商几乎未曾想过利用国内的劳力开发海外农地（但台湾的华商除外）。早在1600年时，马尼拉的中国城，规模就和日后1770年代时纽约或费城的中国城一样大，且附近有许多未开垦的农地，但乡间却未形成大型的华人聚落，原因何在？

有个简单但重要的因素，那就是中国政府不支持这类冒险事业。中国政府知道商业有助于维持华南的繁荣，但不信任那些离开中国这上国之邦而久久不归的人民。而折中之道就是禁止人民待在海外超过一年，对贸易商而言，这只是些许不便（贸易商有时在待了两个贸易季后得动用贿赂才能返乡），但对农民则是很有力的吓阻，因为农民得在国外待上更久的时间，才能赚回远道而来所花的旅费，抱着大把钱衣锦还乡（离乡背井讨生活者大多希望如此）。

还有一个同样重要的因素，那就是中国政府无意对外殖民，致使海外侨民几乎得不到祖国的安全保障。暴力排华活动频频发生，清朝政府虽偶尔表态支持暂时居留海外的"好"子民，对于离开祖国更久的"坏"子民，却连表态支持都不愿。华侨最佳的自保之道就是逃掉或贿赂，或两种办法双管齐下，对原本就比较居无定所的贸易商而言，这并非难事，但对于农民，即使是事业非常成功的农民，也困难得多。

中国政府不只不愿展示武力以施压侨民居住国保护其侨民，还不愿帮华商这么做。诚如大家都知道的，欧洲国家准许民营公司（例如东印度公司、西印度公司）自行动用武力，夺占海外地区，设立政府，移民垦殖；至于华商，诚如明末郑家所表现的，他们也有这样的本事。华商所欠缺的是鼓励他们这么做的诱因。欧洲公司开辟殖民地所费不赀，但它们有办法弥补这成本，因为只要是它们所生产出口的商品（烟草、糖之类），都绝对有国内市场可供消化。即使课征重税，利润率低，这些商品在欧洲几无对手与之抢食市场，因为财政窘迫的政府乐于阻挡其他国家殖民地的产品输入，且欧洲的气候、地理环境无法自行生产茶或糖。但中国政府增加岁收的需求较不迫切，因为邻国国力都不如中国，而且 1770 年代的大部分年份，中国有庞大的预算结余。即使中国有意和海外华商合力，源源不绝输入课以重税的殖民地产品，也会发现窒碍难行，因为中国境内有热带地区，生产许多糖和其他海外商品。面对国内竞争，将商品回销中国的华商不可能以高价销售，因此就没有理由冒着会赔大钱的风险，在海外从事最终会增加这些商品供应量的殖民开垦。

1850 年后，欧洲殖民统治更为稳固，日益工业化的欧洲母国，其内部需求遽增，情势随之改观。清一色白人的新一代投资人，开始从中国（和印度）招募许多精于农耕的人，引进到人口稀疏的热带地区（从刚刚排水抽干的湄公河三角洲到夏威夷等多个地方）。这些农人技术好，且低工资就可募得，因为他们在国内几乎无地可耕。福建贸易商再度参与其中，或担任劳力招募员，或开食品杂货店，或开当铺，或替出国工作的同胞撰写家书，但他们不是首要推动者，也不是从同胞血汗获利最多的人。这两种华裔离散族群失去了替自己创立新“家园”的机会，在下一个世纪里，将只能替那些够积极进取于创立“新家园”者，担任不可或缺但工资过低的助手——但非永远。

1.2 中国朝贡制度

> 朝贡制度的设计和基本运作力量,
> 源自对文化、政治、身份地位的关注,
> 而非源自对追求最大获利的关注。

---

19 世纪欧洲人前来敲中国大门时,他们最大声疾呼的要求之一,就是废除"朝贡制度"。在这种制度下,外国人必须以贡使姿态到北京朝觐,通过烦琐的觐见礼仪,才能获准和中国通商贸易。欧洲人敌视这种制度,有部分源于朝贡外交象征着他们与中国不是平起平坐的关系(当过美国国务卿、总统的亚当斯〔John Quincy Adams〕甚至表示,要求外国使节跪拜才是鸦片战争的"真正起因"),但他们也认为,朝贡制度替讲究实际的贸易事务强行套上礼仪的束缚,殊为可笑。19 世纪的西欧人,深信人天生就把追求经济收益视为第一要务,他们认为,中国压抑人的正常欲求乃是毋庸置疑的事实,若能"打开"中国眼界,使其接受自由放任(laissez-faire)的观念,必能造福中国,甚至为此动用武力亦未尝不可。

但在朝贡制度下,浮夸虚华和务实精神果真格格不入?更仔细检视可知,两者其实相辅相成,但前提是要承认,经济活动始终是文化、社会实践里牢不可分的一环。

在清廷眼中,"对外"贸易与"国内"贸易并不如今人所认知的那么泾渭分明。清廷眼中的世界，不是由主权各自独立，各有自己法律、习俗、相对较稳固疆界的国家所组成的世界。相反的，他们认为普天之下只有一个真正文明开化的国家，即中国这个天朝上国，中国屹立于世，倚赖的是适用于普天之下所有人的法则和代表天庭统治全人类的一个统治者（中国皇帝，即"天子"）。由皇帝本人和他所任免的文武百官直接治理的子民，构成人类世界的最内圈，他们按义务缴税，但也可能自愿（理论上这么说）"上贡"。在局部同化的土酋长或国王治下的人，则构成第二圈（即使他们住在中国本土境内的丘陵地里，周遭山谷里有中国人聚落和军营，亦然），这些人至少保有一部分自己的习俗、法律。他们常常派贡使进京上贡，中国政府也鼓励他们与中国进行民间贸易，且贸易品几乎涵括所有商品。更外面又有一圈，由同化程度更低的统治者统治，他们进贡的频率较低，收到中国所赏赐的回礼较少，民间贸易所受的限制较多。最外一圈是"夷人"，他们对于中国中心观连口头上的支持都不表示，遭完全排除于朝贡礼仪之外，若不是获准在一两处边关从事非常有限的贸易（18世纪的英国是广东，俄国是恰克图），就是通过让自己的商品混入别人贡品中，从事间接贸易。（例如葡萄牙商品可能由暹罗国王买去，纳入献给中国皇帝的贡品中。）

借由与贡使互换礼物，中国皇帝正式确认他们的统治者身份，但也清楚表明彼此的尊卑主从关系。来朝贡使一律得向他行跪礼，即使贡使由国王本人担任亦然，但中国皇帝不必向贡使行此礼。此外，双方交换的物品本身，带有浓浓象征意味。外国所进献的物品，应当是中国所没有的珍奇物品，且其价值来自拥有它们彰显了皇帝的身份，而不在于其本身有何实用价值，例如明朝皇帝将珍禽异兽纳进御兽园，借此强化他们天下主宰的身份。(与此同时，擒拿野生动物将它们送到北京宣示着朝贡者的勇敢和强壮，虽然称不上文明之典范，但也是德行。)皇帝所回赐的物品往往带有高雅、文明的象征意味，例如书籍（特别是儒家典籍）、乐器、丝织品、瓷器、纸钞（中国独一无二的发明，自12世纪问世以来已通行数百年）之类。许多赏赐对进贡国的统治者非常有用，可供他们再赏赐给自己的臣民，厚植政治势力，且借由提醒国内其他贵族，他们有特殊渠道可直达天朝（世上许多地方所盛行之高雅品位的界定者），更形巩固自己的统治地位。

因此，朝贡制度的设计和基本运作力量，源自对文化、政治、身份地位的关注，而非源自对追求最大获利的关注。但在这同时，这制度也为蓬勃的贸易立下基本准则。清朝认为，暹罗国将稻米运到广东（而非运来糖乃至鸦片之类无用、奢侈的商品），乃是"很文明的行为"，为示嘉许，清朝更形扩大贡品贸易（暹罗人为此受益更甚于稻米运输业者）。清朝借此奖励暹罗的忠心，而此举也促使华南粮价被压低了。

仔细检视进贡使节团本身，我们发现道德秩序和经济利润在许多方面密切相关。不只随进贡团进京的贸易商，带来可在北京期间私下销售的商品，就连皇帝赏赐的礼品也往往被迅速变卖出去。(事实上，中国贸易商和某些外国人一样，抱怨朝廷赐给外国人的东西不够多，他们深知外国人就借着将部分赏赐迅速变卖求现，以取得购买其他中国商品的资金。)借由以贡品交换赏赐，许多中国商品的价值得到确立，使它们成为在国外奇货可居的奢侈品，因为它们是皇帝所御赐的东西。

这现象不只适用于象牙筷子之类的物品（即使在用手吃饭的国家

里亦然），也适用于货币本身。中国政府印制过量纸钞时（常有的事），受赐纸钞的贡使，若拿纸钞换取中国境内的商品，获利甚微，但拿回国内，纸钞仍可以引来欣羡，因而备受重视（但其价值与其上所印的面额无关）。因此，将中国纸钞带回国的人，是在追求无实用价值的身份象征，或者如任何精明的贸易商一样，只是不想在纸钞已过剩的地方用掉纸钞？带回丝织品的人又与这有何不同？没错，中国的印花丝织品可以穿戴在身上，纸钞不行，但它们也和纸钞一样，具有众所公认的高价值，且是几乎和今日美钞一样难以伪造的价值；它们还是身份地位象征，即使从来不穿在身上亦然。因此，丝织品既是上层人士的织物，也是货币的一种；在许多地方，可以拿丝织品来抵缴部分税，甚至规定必须如此。（约略 1600 年之前，在中国本土确是如此，明朝皇帝常以大量的丝织品赠予蒙古人、其他潜在侵略者，换取彼此的和平相处。）因此，朝贡制度虽然明显未将经济利益放在首要考虑，却同时协助确立了一个广大的共同市场，赋予该市场共通货币，界定了主流品位（此品位有助于打造出值得为其生产供货商品的市场），创造了时尚、行为两者的标准（该市场里的上层阶级，借这些标准确认对方是可以交易的对象，而不致有损身份地位或冒太大的违约风险）。如今，这些功用或许分由许多看似不相关的市场参与者（从国际货币基金到圣罗兰公司）来行使，但我们并未摒弃其中任何一项功用。在贡品贸易集中于北京的时代，这种贸易不因仪式化而失却商业意涵，也不因具有通商贸易的实质而失却仪式意涵。

1.3 滥发通货，实质增长

便于使用的货币并不必然是复杂经济所需要的货币。

政府浮滥印制纸钞有何危险，历来探讨的书籍汗牛充栋。但千百年来，相反情况所导致的问题，一样处处可见：政府铸造的钱币（或合法钱币）往往不足，无法满足人民的需求。唐朝（618—907）、北宋（960—1127）都是现代早期以前最兴旺的经济体，两朝代遭遇货币不足的问题时，频频发挥巧思以为因应，其中就包括了以铅、陶片为材质铸造硬币，更且首开先河，推出世上最早的纸钞。令人惊讶的是，笨重的硬币反倒比看似先进的纸钞存世更久，这其中就隐藏了一个令人吃惊的历史教训：便于使用的货币并不必然是复杂经济所需要的货币。

基本症结不难理解。"中世纪"中国的经济增长太快，商业化太快，超乎政治体制和金属供应所能应付。到当时为止，中国人使用紫铜、青铜、（更稀有金属）黄金当钱币已有千百年历史，但经济改变的速度太快，意味着有太多汇兑是为了供应硬币而发生。光是11世纪，官方每年铸造的钱币，就增长了十一倍，另外还有为数不少的私铸钱币，但仍然不够用。铅币、铁币虽然使用不便，但铅、铁产量丰富的地方，仍使用这两种钱币；丝、茶等大宗奢侈商品则常充当"货币"

用于大型交易。然后，充当"货币"的大宗商品，运送起来耗成本又
有风险，为避开这些不利之处，收税员和长程贸易商开始印制以大宗
商品为本的纸钞，于是运盐到杭州的人，领到的货款不是丝或铜，而
是一张可在回家后据以换取丝或铜的纸[1]。然后，鉴于多种货币并行所
引发的混乱、诈欺、高交易成本，政府开始发行更多官方纸币，规定
它们可用以换取任何大宗商品，但贸易商只能使用这些纸钞，不得另
行印制。1024 年，中国政府已开始印制通行的纸钞（西方要再数百年
才有同样东西）。

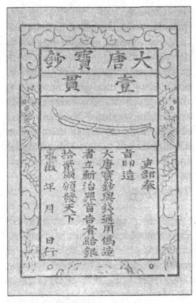

唐宋时期的纸钞样式

---

[1] 即"盐引"。——译注

只要再往前一步，即发行小额纸钞以取代大部分量大而样多的硬币，就可以创造出我们今日所习见的货币体制，但中国未再走向这一步，为什么？问题在于那时期的"货币"至少有三种功用，而这些功用往往彼此相冲突。"货币"是长距离大型交易的结账工具，即用纸钞来将税款从各省转送到京城、为军队供应军需、购买稀有奢侈品。在远比当时欧洲更为受市场驱动的社会里，"货币"又是每日数百万笔小额交易顺利进行所不可或缺的润滑剂。然后，因为中国印制纸钞的技术更优于东南亚和东亚其他国家（在印钞、铸币技术上它们都不如中国），中国纸钞又成为需求甚大的外销品。

纸钞是大规模国内交易的理想工具，有各种钱币所远不能及的优点。高质量铜币（和某些金币）很适合出口，因为比起纸钞，外国人检测其真伪纯杂更为容易，且可随己意熔掉重铸。因此，纸钞、金币、铜币都有从本地流通市场流失的趋势，特别是在从中国本土其他地方输入必需品（如盐）的地区，或无力上缴应缴税款的地区。这些地区频频面临现金不足的危机，于是眼前有需要就铸币，以兹因应。事实上，对这类地区而言，非常笨重的货币（铅、铁、陶），反倒是最理想的货币；因为将这类笨重货币带走不大合乎效益，对在这些市场贩卖商品的贸易商而言，还不如带大宗商品回家划算。因此"旧钱"（junk money）不只确保贫穷地区能留下一些钱，以利当地的兑换线路（circuits of exchange）能持续运行不辍，还为这些地区欲平衡"进口"所需要的"出口"提供见不到的补助。（在外销"盐"之类民生必需品的地区，"坏"钱不需要，且似乎较不普及得多。）因此，前仆后继的改革者欲抑制这些地方货币，却总以失败收场，也就势所必然，如果真让他们如愿，反倒会是场大灾难。事实上，在地方货币可用以兑换较正规货币（但兑换量有限制）的地区，的确发展出高度精细的市场，从而解决了大型互赖经济体的需要与较贫穷地区"保护本地利益"需要两者间平衡的问题。

长远来看，纸钞比笨重的钱币更为脆弱。纸钞要得到使用者足够的信赖，才能流通于广大地区，因此，加印纸钞所引起的定期性通货膨胀，对纸钞实用性的伤害，远大于过量铸造受损的当地货币所带来的伤害。纸钞设计来供长距离大型交易使用，因此，一旦政局动荡（特别是 14 世纪中期伴随元朝瓦解发生的战争），阻碍了长程贸易，纸钞的实用性就大大降低。长程贸易后来复苏，并于 16 世纪达到前所未有的蓬勃，但就在这时，新的交易媒介白银问世。输入中国的白银，最初来自日本、越南、缅甸，然后来自美洲，且从美洲输入的白银，数量之多前所未有。接下来的三百年，全球生产的白银，有 25%—30% 流入中国，供应铸币所需，这些白银与原有的地方货币一起流通于市面，并未取代后者，同时成为长程贸易的正规货币。在这期间，世界其他地方享用丝织品、瓷器和其他中国精品，若非中国的纸钞实验以失败收场，他们不可能买到这些东西。

直到 19 世纪鸦片贸易逆转了白银流向，中国政府才又开始印制纸钞。随着较贫穷地区再度陷入白银、紫铜短缺困境，青铜币、铁币、其他地方货币再度暴增，令外国人大为惊愕。西方人认为中国政府对贸易从来不够用心，无力创造出可靠货币，因此造成这场货币混乱。然而事实并不尽然，中国是个由多级经济构成的复杂经济体，这所谓的乱象，其实只是在重拾过去就有的机制，即能以任何单一货币都无力办到的方式，促成各级经济平顺运作的机制。

1.4 当亚洲就是世界经济

以亚洲为中心的世界经济，

自 7 世纪伊斯兰教兴起就已开始成形。

每个小学生都知道，哥伦布无意中踏上美洲时，其实是在寻找印度。但葡萄牙人在 1490 年代时真的抵达了印度。他们不像西班牙人在美洲那样，一一征服所遭遇的当地社会，但他们的确促成以印度洋为中心的庞大商业制度逐渐动摇。

以亚洲为中心的世界经济，自 7 世纪伊斯兰教兴起就已开始成形。第一代改信伊斯兰的阿拉伯人，征服他们西方拜占庭世界的许多地方（特别是埃及、叙利亚）和东边萨珊王朝（Sassanid）的土地（今伊朗、伊拉克）时，只为经济活动定下少许规则；开罗、大马士革、巴格达、塔什干的穆斯林贸易商和非穆斯林贸易商（以犹太人或基督徒居多），经商方式一如以往。罗马衰落后，沟通地中海、印度洋两世界的通道为之中断，但穆斯林的上述征服行动，使两世界的中间地带一统于哈里发治下，从而使两世界再度能安全无阻地往来。

随后几代穆斯林通过武力将从西班牙到索马里、西非、爪哇的广大地区纳入伊斯兰版图，印度人和其他民族的贸易网与西方、近东的贸易网连成一气。在这帝国的边陲，贸易商与更广阔的世界开展贸易。

贸易商在广东、马来西亚购买中国瓷器和丝织品。欧洲人将印度尼西亚的香料经红海、地中海运回国；从东欧、土耳其、撒哈拉以南的非洲地区，则输入其他重要商品，包括黄金（主要供铸币之用）、铁、木材、黑人与白人奴隶。

没有哈里发所打造的有限一统局面（特别是在货币上），就不可能有这快速蓬勃的贸易，也不会有城市上层阶级对珍奇事物永无餍足的需求。但更重要的是伊斯兰宽松的统治方式：只要乖乖上贡，地方统治者可以爱怎么样就怎么样。大部分统治者允许各种信仰的贸易商自由来往各港间。战争频仍，但通常局限于陆地，海上仍畅通无阻。在某港经商不顺的贸易商，可以到别的港口另寻商机。海盗劫掠颇为常见，但还应付得来。往往按同民族或同信仰之关系组成的贸易商团体设有保险基金，用以在人员落入海盗手中时支付赎金。绑架成为非常普遍的行业，以致 13 世纪时，整个地中海地区，还有公定的赎金数目。

在这一由多民族、多文化、多信仰构成的世界里，经商触角遍及广大地区。数百年后在开罗某犹太会所发现的犹太商会信件显示，有个家族商号在印度、伊朗、突尼斯、埃及都设有分支机构。此外，复杂的国际劳力分工也发展出来，抵抗十字军的伊斯兰战士，身穿来自高加索地区的锁子甲，佩带以今日坦桑尼亚所开采的铁、在印度熔炼的钢剑，就是明证。长距离交易的商品，不只奢侈品，还包括面粉、柴枝之类又大又笨重的民生必需品。密集的交易活动也促成知识、产品扩散到全球各地。原从东亚缓缓传播到印度、部分美索不达米亚的种稻技术，这时被引进埃及、摩洛哥、南西班牙；高粱从非洲传到地中海地区。棉花早在 7 世纪时就已从印度引进伊拉克，然后沿着贸易路线，从伊拉克传到叙利亚、塞浦路斯、西西里、突尼斯、摩洛哥、西班牙，最终抵达尼罗河谷。伊斯兰贸易路线将造纸术从中国引进欧洲，将古希腊医学传回已失传该医学的欧洲。

葡萄牙人抵达时，这一体制已陷入困境。奴隶、不堪横征暴敛的小农、城市里的穷人造反；外敌入侵；还有生态问题导致经济萎缩、四分五裂。但贸易量仍然庞大，该体制所赖以运行的基本规则仍未动摇。这地区普遍认为海洋不属于任何人，而葡萄牙政府是第一个攻击这个基本理念的政府，且是第一个运用武力改变贸易路线的政府。有三个战略要地可以扼控当时主要的西向贸易路线，分别是马六甲（位于连接印度洋、太平洋的海峡中）、霍尔木兹（位于波斯湾口）、亚丁（位于红海口）。葡萄牙人航入亚洲水域不到二十年，就在其中的马六甲、霍尔木兹建立要塞（未能拿下亚丁，但在每年的航行季成功封锁该地）。他们还建造了许多沿海要塞，大部分位于印度。他们宣称胡椒贸易为他们的专利，不容他人染指，凡是在这广大海域航行的船只都得有他们发的通行证，否则他们一律有权登船或予以击沉。通行证要价低廉，但购买者得同意不买卖某些商品，同意抵制某些港口。

葡萄牙人口气很大，但根本没那实力。他们的殖民地始终很脆弱，因为它们都无法自给自足。事实上，大部分殖民地得以幸存，完全是因为它们太弱，对陆上主要强权不构成威胁；因此附近的王国乐于提供葡萄牙人饮食所需，以换取海上通行证和航海安全。对于胆敢侵犯他们专卖利益者，葡萄牙人的确予以严惩（击沉船只、炮轰港口、烧毁作物），但他们未能真正主宰印度洋。

16 世纪中叶，葡萄牙人遭到反扑。亚齐（Acheh）苏丹率兵进攻陆、海，在印度贸易商协助下，1540 年代重启红海贸易路线，16 世纪

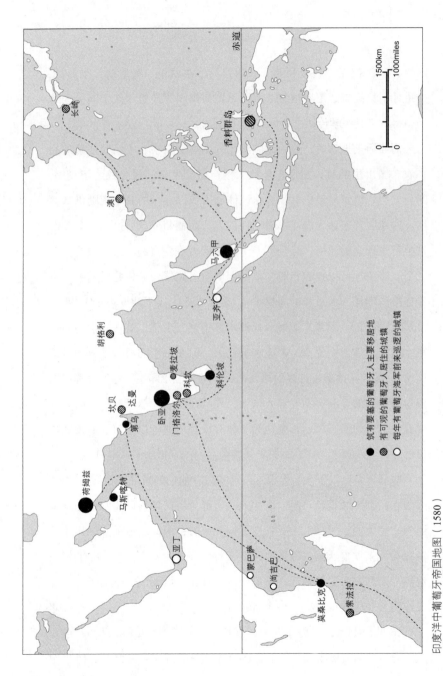

印度洋中葡萄牙帝国地图（1580）

（译自 K. N. Chaudhuri, *Trade and Civilisation in the Indian Ocean: An Economic History*, 1985）

赤道

长崎

澳门

香料群岛

马六甲

亚齐

胡格利

麦拉坡
科钦
科伦坡

坎贝
达曼
卧亚
门格洛尔

第乌

荷姆兹
马斯喀特

亚丁

蒙巴萨
尚吉巴
莫桑比克
索法拉

● 筑有要塞的葡萄牙人主要移居地

◍ 有可观的葡萄牙人居住的城镇

○ 每年有葡萄牙海军前来巡逻的城镇

1500km
1000miles

末期（在土耳其人协助下）一再围攻马六甲。不久，更强大的欧洲人出现：荷兰人、英格兰人。到了 17 世纪初期，亚洲的葡萄牙帝国已日薄西山，无可挽回。但由重商主义、贸易战争、以欧洲为中心的世界经济构成的时代，才刚开始。

1.5 不识好消息

在欧洲人盲目无知而亚洲动荡不安之际，

《马可·波罗行纪》似乎注定只能成为奇闻逸事，

而无法成为商务指南。

亚洲产品输入欧洲，早在古希腊时代，甚至更早，即有。古罗马道德家的著作，抨击贵族"浪费"珍贵金、银购买中国丝织衣物。今日大部分人提起 1500 年之前的东西方贸易，脑海里最常浮现的名字非马可·波罗（1254—1324）莫属。这位威尼斯贸易商在中国和亚洲其他地方度过二十五年岁月。但在当时人眼中，马可·波罗更像是个异类，而非开路先锋。马可·波罗和他父亲、叔叔待在亚洲期间，无疑颇有成就，否则不会带着大批财物衣锦还乡，但马可·波罗的事迹，有太多地方与欧洲人的成见相抵触，因而不被相信。

历来描写国际贸易的著作中，就数《马可·波罗行纪》最有名于今日。这本著作已重印过数百次，且改编为数部电影；最近一份有关其学术研究的清单，厚达 354 页。他在书中对中国、波斯、苏门答腊、其他地方的介绍，大部分已证实为真。（他对日本、爪哇等地的描述则较不可靠，因为引自道听途说。）但有很长一段时间，他的《行纪》主要被视作虚妄的幻想，而非有凭有据的中世纪旅游指南。

马可·波罗遭热那亚人俘虏后，将游历东方的所见所闻告诉狱友，然后，其中一名狱友是传奇故事的职业作家，将他所听到的形诸文字，以《行纪》之名出版（马可·波罗遭俘时正值热那亚与威尼斯战争时期，两城为争夺商业、海上霸权已进行了数百年战争）。此后长达两百年，马可·波罗的《行纪》通常也被归类为传奇文学。马可·波罗死后不久，威尼斯的嘉年华会出现一位取名"吹牛皮大王马可"（Marco of the Millions，别人为马可·波罗取的绰号）的小丑，讲述愈来愈荒诞离奇的故事娱乐大众；"马可·波罗"成为英语谚语，用以指称谎言。在这期间，曼德维尔（John Mandeville，从未离开欧洲的 14 世纪学者）的"旅游日记"，一再再版，次数远超过马可·波罗的《行纪》，且内容远更普遍被人相信，甚至在哥伦布、麦哲伦时代已过去许久，仍不乏相信之人。曼德维尔小心抄袭了其他许多旅行家（包括马可·波罗）的正确记述，但也抄袭了非常老掉牙的无稽之谈，比如二十四米高的食人族、为人类主子开采金矿的巨蚁之类的。

马可·波罗肖像画

为何马可·波罗的记述不被欧洲人相信？更令人不解的是，马可·波罗当时人所不相信的东西，有许多在更早之前就已为欧洲人所知道。到当时为止，欧洲与东亚贸易已有千百年，但一直是通过中间人；此外，政治情势的改变已使当时的欧洲在国际舞台上日益边缘化。东罗马帝国覆灭，阿拉伯人、波斯人势力崛起，走陆路经中亚输入欧洲的丝、香料随之锐减；这些商品转而走海、陆路运到亚历山大港。10世纪起，威尼斯已几乎垄断香料从亚历山大港转运到欧洲的生意，因而不想见到其他欧洲人另辟贸易路线取代亚历山大港。（威尼斯人与阿拉伯贸易商的密切关系，使他们在十字军东征时代显得相当异类，最后更变本加厉，开始"以上帝和穆罕默德之名"跟埃及人签合同，而遭到教皇反对。只有少数威尼斯人乖乖听话，不签这类合同，但许多威尼斯人在临终时立嘱表示愿将个人获利捐给教会，借此"弥补罪过"。）直到蒙古人一统中亚，北方贸易路线才重启，进而让马可·波罗和其他欧洲人得以再进入中亚，进而首度直接接触中国。

因此，马可·波罗所述及的自然奇观里，有许多早已为古罗马人所利用（例如位于今亚美尼亚境内的巴库油田）；但随着罗马帝国瓦解，欧洲人不再利用石油取暖，要到18世纪，这一作为才重现于地中海地区。（在马可·波罗之前，欧洲人已用石油制炸弹，用于战场，但1139年因不人道而遭禁绝；在凝固汽油弹于20世纪问世之前，欧洲人大抵遵守这一禁令。）但在马可·波罗时代，只有少数欧洲人知道这一点，他所记述的事物，例如可烧来取暖的黑石头（煤），被许多人斥为天方夜谭。但最令当时欧洲人不可置信的是他留居中国的生活见闻部分，那时中国已成蒙古帝国的核心。

欧洲人当然知道蒙古人的骁勇善战，因为成吉思汗的兵威远及波兰、匈牙利，若非汗位继承问题迫使西征军于1222年东返，蒙古军说不定还会更往西挺进[1]。成吉思汗的部属统治印度、波斯、中亚许多地区，在马可·波罗之前，已有欧洲贸易商和传教士和他们打过交道；经过蒙古人初期西征的屠杀，亚洲大部分地区在蒙古人统治下，局势相对较安定，使马可·波罗一家三人和其他人得以重启陆路贸易。但在大部分欧洲人眼中，传说中富裕、不可思议的东方国度是印度；马可·波罗所描述中国的富裕、先进，他们猝然听到，根本无法相信。对马可·波罗的威尼斯同胞而言，人口可能达两百万的城市（例如行在，即今杭州）、长逾一千六百公里的运河、靠纸钞交易的经济，根本是天方夜谭（威尼斯人才刚在马可·波罗出国期间建成他们第一个铸币厂）。

但马可·波罗所述及的种种新鲜事里，最叫欧洲人困惑的，大概就是中国没有基督教作为道德基础，其公共安全和诚实交易竟比欧洲要好上许多。欧洲人长久深信远东有个传说中非常富裕而类似乌托邦的国度，创建者是四处云游的基督徒"约翰长老"（Prester John）；但像马可·波罗口中的中国那么不凡的非基督教王国，又和这传说中的国度不合。（即使马可·波罗和其他欧洲旅人已戳破约翰长老的传说，仍有人深信不疑；不久，一般人干脆把这深信不疑的乌托邦搬到非洲境内尚未探勘的地区。）

的确有一些贸易商和传教士，继马可·波罗之后来到中国，来到一个几无穆斯林与他们竞争（而与印度不同）的国度。但马可·波罗

---

[1] 此年份有误，应为1241年底；1222年东返那次西征，兵威只到南俄罗斯；这两次西征均非成吉思汗率兵亲征。——译注

口中的美好机会存世不久。他死后不到三十年，蒙古帝国就开始分崩离析，渐渐化为彼此互相征战的几个独立王国，横越中亚的贸易路线再度变得危险重重，马可·波罗横跨欧亚大陆途中所见到的诸多大城，有几个几乎消失不见。在中国本土，明朝收拾乱局，恢复安定，但这个王朝对待外族、异文化的心态远不如前朝开放。蒙古人身为中国世界观里的外围分子，很乐于和中国人以外的民族交往；马可·波罗居留亚洲期间就曾在忽必烈汗朝廷里任职。但明朝认为不需要外国官员，不久就采取措施限制各种对外接触。

在欧洲人盲目无知而亚洲动荡不安之际，《马可·波罗行纪》似乎注定只能成为奇闻逸事，而无法成为商务指南。他在返乡途中曾短暂停留苏门答腊，并记下在当地的见闻。根据他的笔记，欧洲人所渴求的香料，其实就来自这里，在这里，欧洲人可以便宜买到香料，比威尼斯人在亚历山大港所付的价钱还要便宜好多。但他的威尼斯同胞不识这天大的好消息。

懂得把握这宝贵信息的，反倒是威尼斯的诸位对手。史上第一个利用马可·波罗数据绘制的地图，出自西班牙的加泰罗尼亚；外号"航海家"的葡萄牙亨利王子（Prince of Henry），他读《马可·波罗行纪》，爱不释手；今日西班牙的塞维尔市（Seville），保存有此书一部，书中页原有热那亚人哥伦布所写的批注。

1.6 瓦砾里的珍珠：
重新发现泉州的黄金时代（约 1000—1400）

即使今日，

国际性和将近一千年前的泉州一样浓厚的城市，

仍然不多。

中国悠久的历史里，大部分时候都把都城设在北方；都城吸引商人前来做买卖，它既是来自异地的某些奢侈品的庞大市场，亦是获取在中国境内有销路的其他货物的地方。但华北境内像样的天然港口极少，即使是位于该地区的天然港口，也都有广袤且时常变成几乎无法通行之泥地的平原，绵亘在其与都城之间。因此，中国的远洋大港出现在更南边且更享有地利之便的海岸，从位于上海附近的长江入海口，到广州附近的珠江入海口皆是。（内陆大港则出现在长江重要支流与干流交汇处，以及约公元 600 年后连接长江流域与京畿的大运河沿线。）这两处三角洲具有持久不坠的优势，因此自古以来几乎任何时候都拥有大型港口城市：过去一千三百年的大多数时候，广州一直是主要的国际港口。

但在这两处三角洲之间数百英里长的海岸线上，没有哪个地方具有绝非他地所能及的决定性天然优势，因此有一连串港口出于政治、社会、文化因素而兴起、衰落。其中拥有比泉州更精彩之历史者并不多。这个福建海港如今是中国的二线或三线城市，但从公元约 1000 到

1400 年间是世界上最大港口之一。1345 年，抵达此地的阿拉伯旅行家伊本·白图泰（Ibn Battuta）说，这座当时也称作刺桐的城市是"世界上最大的港口"。1292 年，从泉州出发的马可·波罗（见 1.5 节），说它是世上最大的两个港口之一（另一个是亚历山大港），那里"商人云集，货物堆积如山的程度，非言语所能形容"。但这两位著名旅行家到访时，该港的黄金时代——大概在 12 世纪——已逝去多时。鼎盛时期，聚于此港的外国商人，包括穆斯林、印度教徒、大小乘佛教徒、天主教徒和波斯教会基督徒、犹太人、帕尔西人（Parsees）；如今仍可在泉州市找到湿婆和毗湿奴的神像、来自波斯湾的某位商人捐赠的 12 世纪穆斯林墓地的废墟、一根 10 或 11 世纪印度教的石阴茎（中国文献里雅称"石竹芽"）、一块泰米尔语—汉语双语石碑。石碑的碑文颇值得注意，因为此碑宣扬印度教教义，但（从这两种语言相对的书写品质来看）雕刻者几可肯定是中国本地人。（印度教在中国的流行程度远不如从印度输入的另一宗教佛教，但还是在中国文化中留下了印记。）

在唐代，大港是广州，福建沿海大部分地区尚未开发：诗人韩愈于 8 世纪通过该地时，说那里是大雾笼罩、有疟疾与鳄鱼的荒凉地方。但中国大部分人口位于北部，因此若能让货物在比广州更北的地方登岸卸下，还是有其优点，尤以晚唐政局动荡期间为然；在唐宋更迭之际的那段动荡岁月（五代十国期间），泉州的确很繁荣，得到相对稳定的地区性王国（闽）的保护。宋朝接管泉州时，忘了设官署管理泉州贸易，从而使泉州贸易严格来讲变成非法，这也意味着朝廷忘了课征视外贸为合法活动的地方所须缴纳的 15% 的税款。1087 年，宋朝正式认可此港的存在，此时它已是帝国内最繁忙的港口，说不定还是世上最繁忙的港口。珍珠、香料、棉布、胡椒、珍稀木材、松脂制品、舶来的食物和药材（例如海参和燕窝），从阿拉伯半岛到婆罗洲等多个地方运抵；瓷器、丝织品、钱币和其他金属制品则从此港流出。印度洋与南海之间的双向贸易额极大，从而使开凿多条运河横越马来半岛以缩短贸易时程（并把贸易引向特定港口）一事变得有其必要，并为诸王国提供了财政基础，也使许多海盗巢穴得以生存下来。从泉州出发，足迹远至斯里兰卡、印度、东非的中国旅行家汪大渊，约 1330 年时走访了一个由马来人和华人共同掌有的海盗巢穴，并将所见所闻写下——那是已知对今日新加坡一地最古老的叙述。

这类大规模贸易让许多人致富。其中不少人是外国人，但外国身份既未妨碍致富，也未妨碍获取权力。不管是哪个族裔的富商，往往都让家里儿子中的几个学习中国经典，以参与科举考试入朝为官，泉州所产的进士之多，在全国约三百个府里排名第六。理论上，宋朝社会里，士的社会地位最高，商人最低，但实际上，最富有的商人与官宦人家自由往来并联姻；最成功的家族通常既有人做官，也有人经商（但未必在同一个世代同时从事这两种行业）。宋朝朝廷也开始赞助通商访问团出国，支持经过挑选的民间商人。许多官员出身泉州且与商人有亲缘关系一事，既有助于商人家庭拓展事业，也有助于整个城市的发展。在此期间，泉州商人协助建造了一道新城墙，许多寺庙、清真寺、教堂，以及其他市政工程。他们还出资辟建了一部分乡村梯田，协助闽南发挥其有限的农业潜力。

不过，政治和安全方面的隐患挥之不去。泉州的衰落，似乎始于皇族的一个支系受迫于女真人入侵而从华北迁居来此，并要求该城不惜成本供养他们之时。这方面的困扰只是暂时的，更长久的威胁来自海盗。密布的珊瑚礁和岛屿迫使前往泉州的船只一路上很多时候得贴着海岸航行，而多岩的海岸线有很多可供劫掠者轻易藏身的小海湾。航行于远洋的商用"防沙平底船"设计极为精巧，把成本和遭遇意外受损的程度都降到最低，但航速慢，操纵不甚灵活，碰上海盗便难以逃脱。宋朝朝廷忙于击退一连串入侵的游牧民族（包括最后入侵的蒙古人），在这方面没帮上什么忙，朝廷把超过 80% 的岁入花在军事上，但那些钱绝大部分用来供养部署在北方陆地边境上的百余万兵力，以打击陆上入侵者，而非打击海盗。有些商人走自卫之路，有些则与海盗达成协议，如此一来至少能控制住损失程度，但无人能完全解决这一麻烦。

商人面临的陆上安全问题也日益加剧，于是他们招兵买马，出钱建构庞大武装。波斯商人似乎特别积极。最大一支佣兵队被称作"亦思巴奚"（yisipa）。此词似乎源于中国人对波斯语"sepah"（可能是"民兵"）的音译，许久以后，在印度的英国人也根据这个波斯语词创造出"sepoy"（印度兵）一词。佣兵和雇用他们的主子往往都是外国人，但只要他们善职尽责，泉州居民乃至有时恐外的宋朝朝廷，似乎都不以为意——暂时不以为意。

事实上，1276 年南宋都城临安（今杭州）落入蒙古人之手，南宋皇族逃往泉州之时，正是蒲寿庚这位阿拉伯裔中国穆斯林商人的私人水师解救了南宋朝廷。他的家族从占城（Champa，今越南南部）来到泉州，他本人即因剿灭海盗有功而（一如他的某些祖先）获朝廷授勋嘉奖。但蒲寿庚是个务实之人，走投无路的宋朝残余势力行事太离谱，连他们的盟友都对他们离心离德。几个月后，蒲寿庚就与他们反目，屠杀了约三千名南宋宗室，并受元朝招安，将泉州移交给蒙古人。

蒲寿庚又受到新王朝奖赏，任福建行省省政高职，直至 1296 年去世；他的儿孙亦然。他有个女儿嫁给了巴林人（Bahrain），此人与将中东香料（莎士比亚所谓的"阿拉伯薰香"）运到中国的八十艘商船船队不无关系。（蒲寿庚本人可能拥有超过四百艘船。）蒙古人对中国境内的外国人肯定不怀恶感，他们鼓励泉州的贸易。在蒙古人统治下，泉州迎来第二个商业荣景（尽管繁荣程度不如第一次）——正是这一时期的泉州，让马可·波罗和伊本·白图泰赞誉有加。那些通往印度洋和更远处而且最有赚头的长距离海路，有一些被受到蒙古王公恩庇且大大偏袒汉人以外族群的商会把持；中国商人似乎继续掌控较不引人注意却仍极有利可图的对东南亚贸易。

对欧亚大陆许多地方来说，14 世纪是多事之秋（原因之一似乎是气候变得较冷，季风减弱）；泉州也未能幸免。蒙古人的统治大位愈来愈不安稳，乡村因叛乱而少有宁日，财务吃紧的朝廷滥发纸钞，引发恶性通货膨胀；贸易很可能紧缩；堤堰失修而溃决，造成水灾；一场瘟疫（可能是鼠疫）于 1345 年袭击泉州，不久后它将肆虐欧洲和中东。（欧洲的黑死病是否源于中国，学界仍未有定论，但可以确定的是，在瘟疫借经由克里米亚半岛携带了已被跳蚤上身的老鼠的商船而进入欧洲之前，致命流行病袭击了中国数个地方。）到了 1354 年，元朝已呈崩解之势，地方军阀日益坐大；有些军阀仍宣称效忠蒙古人，但有些则支持叛乱势力，或本身就声称自己有权成为九五之尊。

1357 年，泉州佣兵也造反了；四年后，该城基本上脱离蒙古帝国而自立，直到 1366 年为止。外国商人，至少包括蒲家一名成员，在其中扮演重要角色。或许有人会认为，与蒙古人决裂之举，会使泉州的精英得以与草根出身、最终创立明朝的叛军和解，从而捱过另一次的改朝换代，但这一次，结局大不相同。

1366 年，仍效忠元朝的地方军阀陈友定攻占泉州；此后三天，他的士兵大肆屠杀穆斯林和其他"西域人"（包括一些一辈子都住在中国的西域人，和一些完全没有外国血统但长着"胡发高鼻"的倒霉者）。两年后，陈友定的武力被新兴的明朝赶走，这期间泉州迎来又一场杀戮和劫掠。令人意想不到的是，陈友定似乎既极为仇外，又耿耿效忠于蒙古统治者；兵败之后，明朝皇帝表示愿授以高位，但他宁要一死。

泉州的动乱未随着陈友定的离去而结束。接下来四十年里，尽管官府明令宽容以对，仍一再有仇杀外国人的事件零星发生。由于手上的史料有限，仍不清楚当地人对穆斯林或所有非我族类者的敌意，究竟在此类仇杀中产生了多大的推动作用，抑或相反，这一驱动力来自当地人对曾为蒙古人效命者的愤慨或当地的其他民怨。此后，那些外族出身者，为求保住身家，选择在泉州低调度日。（如今有些人已开始重新申明他们的外族出身。）

从许多方面来看，在明朝这个新王朝的统治下，这种处世心态是正道。毕竟，明朝统治者想要打造一个尽可能标准化、同质化、理学化的国度。许多商业活动遭打压，海外通商也一度遭禁（尽管从未被完全阻绝）。泉州的民族、宗教多元表征，有许多遭到抹除：例如数百尊石造印度教神像被挪去充当建材，直到 20 世纪开展都市复兴工程时挖出，它们才得以重见天日。对外贸易在 16 世纪再度兴盛，但已有其他港口拔得头筹。泉州依旧通过贸易和向海外移民维持与外界的强大联系——如今该地区有些县作为侨乡，境内居民数还不如海外的亲戚人数多——但过去作为外来多元移民的目的地，那种名气或显赫已一去不复返。

现代考古挖掘和学术研究为泉州早早就是多元化国际城市一事提

供了铁证，但事实上，许多人难以相信泉州曾有这样的过往。尽管许多清楚表明该城过去国际气息的表征已遭抹除，泉州的辉煌过往还是在中国留下虽然有时非具体可见但非常重要的影响，而且是及于此城之外甚远的影响。

占城稻，这一比中国本土米种更快成熟、更抗旱的东南亚品种，大概是经由泉州进入中国，并产生极大影响。它不只使水稻种植在原本无法种植水稻的地方成为可能，还因为较快成熟，使农民得以在同一块田地上一年有两次收成（在某些地方甚至有三次）。此后几百年里，随着人口增长，每户持有的农地平均面积变小，这一实践所具有的效益更显重大。另一个促成重大变革的作物——棉花——也可能是经泉州（从印度）首次进入中国，尽管证据很含糊。早在公元 500 年，印度棉制品就作为众所艳羡的奢侈品出现在中国史料里；晚至 14 世纪中叶，上等棉制品在中国的价格仍是丝织品的数倍。（中国丝织品在印度要价甚高，自然而然地引来套利性买卖；这一现象也提醒我们，丝织品并非"理所当然地"比棉制品值钱。）但到了 14 世纪，棉树已在沿海多个地方变成本土作物，纺纱和织造技术都在此前不久有了突破性进展，在帝国各地，棉布已渐渐成为寻常百姓的布料——和一年两熟的稻田一样在中国司空见惯。

与外界的庞大贸易额也已促使商人早在 10 世纪就用纸钞交易；这一点，加上金属的出口，促使朝廷跟进，发行了世界上最早的纸币（见 1.3 节）。中国人在约 100 年时发明的纸，在 1000 年时才刚传到南欧，要再过三百多年才会传到阿尔卑斯山以北。福建商人和劳工赴海外闯天下，以及这些"华侨"返乡投资之事，当然也未就此成为绝响（见 1.1 节）。即使是明朝特别着力去除海外"不纯"痕迹的文化和宗教领域，其影响也久久未消。开元寺（泉州最著名的佛教胜地），如今仍有一尊印度教神猴"哈努曼"（Hanuman）的石雕——哈努曼是中国家喻户晓的小说角色"美猴王"孙悟空的塑造来源之一。明朝著名小说《西游记》以赴印度取经为题（并大略取材于一名真的走陆路往西但走海路返乡的法师的经历），捧红孙悟空，使他成为无数戏剧、民间故事、漫画书和电视节目的主角——中国文化里最易认出的主角之一。由于他会让人联想到出国游历，而且一副视权威如无物的脾气，他的印度祖先藏身在常靠商人捐资整修的泉州古迹里，寻常人不易见到，倒也颇有其道理。泉州最后被中国其他许多港口甩在身后，尤其是在现代工程技术使沿海地理环境变得容易驾驭之后，但即使今日，国际性和将近一千年前的泉州一样浓厚的城市，仍然不多。

1.7 阿兹特克贸易商

短短数年，一个活络兴旺的大市场消失不见。

全球贸易不只创造商业网络，

也摧毁商业网络。

欧洲人终于抵达印度洋和南中国海时，发现了非常活络的阿拉伯人、印度人、中国人贸易网络。欧洲人要花上几百年才能打败这些贸易商，取而代之称霸亚洲、中东、非洲。但在美洲，西班牙人、葡萄牙人立即掌控了当地的长程贸易。美洲的原住民为何如此快、如此轻易交出了贸易支配权？

过去，欧洲人有一些理论，用以解释印第安人为何无能于贸易。比如认为印第安人天生较劣等、懒惰，尤其是不感兴趣于获利。又如印第安人共有财产的观念强烈，喜欢自给自足，因而对欧洲商品和外面世界不感兴趣。这些说法可以抚慰欧洲人的良心不安，却少有符合史实之处。

事实上，哥伦布到来前，印第安人的贸易范围极广。哥伦布第一次航行初期，发现一艘来自他刚走访过之内陆地区的独木舟，正载着他们所刚取得要拿去销售的西班牙货物，划往邻近部族。这绝非偶然。加勒比海地区岛民商业往来频繁。

但相较于中美洲的贸易，那还是小儿科。在中美洲，位于今新墨西哥州的原住民，带着绿松石、银到南方的特诺奇蒂特兰（今墨西哥市），换取当地所制造的碗、小刀、梳子、毯子、羽毛制品，或换取阿兹特克人与邻近部族所积聚的形形色色商品，包括来自韦拉克鲁斯（Veracruz）的橡胶，来自恰帕斯（Chiapas）的巧克力，来自犹加敦半岛（Yucatán）的豹皮、蜂蜜，来自尼加拉瓜的黄金，来自洪都拉斯或萨尔瓦多的可可豆、黑曜岩，来自哥斯达黎加的黄金。中美洲贸易商隔着辽阔大海贸易，海上距离相当于从南西班牙到芬兰。

以物易物、实物交易的需求非常强烈，促成横越达三千多公里之遥的货物交易。这是世上少有能及的成就，因为中美洲少有河川可将相隔遥远的各族群串联起来。大部分人住在远离海岸的大陆中央的高海拔山谷里。科苏梅尔（Cozumel）岛似乎是犹加敦半岛主要的贸易中心之一，但目前为止尚未在沿海地区发现其他的货物集散中心。贸易中心位处内陆，彼此隔着崎岖陡峭的山谷和三千六百米高的大山。更不利于远距离移动的是，中美洲没有大型驮兽可帮忙运送绿松石、棉毯、可可豆（这点和人口稠密的世上其他任何地方都不相同），也没有带轮的运输工具可用。数千人背着货物，走在危险重重的羊肠小道上，一路翻山越岭（见 2.10 节）。

但贸易仍相当发达，专门从事贸易的社会阶层波其德卡（pochteca），因而得以在阿兹特克社会乃至玛雅社会里形成。波其德卡住在特拉特洛尔科（Tlatelolco）岛，与贵族所居住的特诺奇蒂特兰相邻。他们享有特殊免税待遇，社会地位崇高，生活优渥。他们供货给特诺奇蒂特兰的市场，而其中有个市场曾让西班牙征服者初见到时大吃一惊。征服墨西哥的科尔特斯（Hernán Cortés）报告道："此城有许多广场，广场上设市场，供从事买卖。其中有座广场比萨拉曼卡（Salamanca，西班牙西部的城市）的广场还大一倍，广场周边环绕拱廊，每日有六万多人在拱廊里做买卖，这些国家所制造的各种商品，这里应有尽有。"他的战友迪亚兹（Barnal Diáz）则雀跃说道："这里的人潮之大，商品之多，处处井然有序，排列整齐，叫我们瞠目结舌，因为从未见过这样的景象。"

既有如此琳琅满目的珍贵商品和人工制造品，如此复杂而密集的贸易路线，阿兹特克这个特殊的贸易商阶级，这个娴熟于贸易、能跨越多重语言障碍与人交谈的特殊群体，为何在西班牙人抵达后猝然消失？为何未像亚洲、中东、非洲的贸易商那样继续活跃于市场？

原因有二。首先，阿兹特克、玛雅的商业虽然涵盖辽阔地域且发展良好，却不是真正的商品贸易。货币、私有财产的使用，仍在初始阶段。商业是治国才能的进一步应用，贸易商基本上是政府官员。贸易商品大体上是通过武力或武力威胁强取来的贡品，而非追求获利所产生的私人财产。因此，这个商业体制为政治性帝国效力，且大大倚赖帝国。阿兹特克或玛雅若没有武力，就没有贡品，没有贡品，就没有贸易。

西班牙人征服阿兹特克、玛雅，带来惊人破坏，不只终结了两帝国的政权，还摧毁了数座大城（特诺奇蒂特兰的居民可能多达五十万，十倍于西班牙最大城市），乃至乡间原住民人口的大半。剩下的原住民不是遭西班牙人拉去做工，就是试图躲进防卫严密的地方经济体，远离西班牙人主宰的世界。他们的奢侈品（如羽毛制品、兽皮），大部分引不起西班牙人的兴趣。西班牙人感兴趣的当地商品，例如可可豆、黄金，其生产、贸易不久即落入西班牙人掌控。

短短数年，一个活络兴旺的大市场就消失不见。印第安人遭斥为没有事业心，被排斥于经济活动之外。全球贸易不只创造商业网络，也摧毁商业网络。

1.8 原始积累：巴西红木

放眼全球，少有国家的缔造像巴西那么倚赖世界经济，
更少有国家像巴西那样因某种商品而得国名。

放眼全球，少有国家的缔造像巴西那么倚赖世界经济，更少有国家像巴西那样因某种商品而得国名。例如希腊（原文 Greece，意似 grease［油脂］）和土耳其（原文 Turkey，另有火鸡之意），从不输出猪油或禽鸟。没错，有些产品的名称得自产国、产地的名字，瓷器（china）就是大家耳熟能详的一例。但巴西一名得自某种商品，即用来制作染料的巴西红木（brazilwood，葡萄牙文 pau Brasil）。在这个遥远的次大陆上，巴西红木首先吸引到欧洲人的注意，但它的贸易荣景短暂，且开采不易。

不易的原因在于这种高大的染料木长在湿热的热带丛林里，欲开采出来得将它砍掉，运到沿海地区。这当然需要工人。欧洲人未曾到热带地区做过这种苦活，自然想到招募当地人代劳。但他们发现难以说动当地人替他们工作。1500 年时巴西可能有多达六百万的人口，且集中居住在沿海和河川附近，但当地男人没有辛勤工作的传统，女人又做不来砍树、拖运原木的工作。

葡萄牙人所遇见的半游牧民族图皮人（Tupi），生计大部分来自狩

猎、捕鱼、采集。农业活动原始，农活靠女人。劳力几无分化，资本也没有累积。图皮人非常"落后"，没有缴税或替他人工作这回事。没有阶级划分、自给自足的图皮社会，也少有贸易活动，只制造简单工艺品自用。

在部分印第安人眼中，贸易更像是竞技而非专门行业。1550 年代走访巴西的法国胡格诺派教徒勒希（Jean Lery），记载了凶猛的戈塔卡人（Ouetaca）诡异至极的交易活动。别的部族，例如图皮南巴人（Tupinamba），想和戈塔卡人做买卖时，会将商品展示在远处，戈塔卡人亦是。双方如果同意交易，图皮南巴人就将自家货物（例如软玉）摆在两百步外的石头上，然后走回原处。接着戈塔卡人走到石头边，取下软玉，改放上自家制作的羽毛制品，退回原处。然后，图皮南巴人再走到石头边，取下羽毛制品。接下来，交易变得有趣："每个人都取回交换的物品，走过他最初出现处的界限，停战协议立即破裂，接下来就看谁能抓住对方，取回对方所要带走的东西。"戈塔卡人跑起来快如猎犬，因而这场竞赛通常由他们获胜。勒希建议他的欧洲读者："因此，除非本地跛脚或患痛风或因其他原因而行走缓慢的人愿意失去自己的产品，否则我不建议他们和戈塔卡人谈判或实物交易。"

当然，戈塔卡人是特例。大部分图皮人愿意交换某些商品，且不会在给出东西后又希望索回。但他们的需要有限，他们没有私人财产、商品或渴望拥有新物品的观念。勒希与一名年纪较大的原住民聊过之后得悉这点，原住民很纳闷葡萄牙人为何千里迢迢来寻找巴西红木："你们国内没有木头？"他不解地问道。勒希解释这木头是拿来制作染料的，而非当柴烧，这时那人问他们为什么需要这么多那个东西。勒希答道："（在他的国家）贸易商所拥有的布、小刀、剪刀、镜、其他物品，数量之多，超乎你能想象。"这个图皮人思索了一会儿，然后若有所思地说道："你跟我讲的那个有钱人，他不会死？"得悉法国人也会死后，这个老人家不解贸易商死后，留下的财物怎么处置。勒希很有耐心地解释道，财物遗赠给继承人。这时这个图皮人不想再听下去："这下我知道了，你们法国人是一等一的大疯子。你们远渡大海，忍受极大不便……这么辛勤工作，就为了替孩子或比你们晚死的人积聚财物。养活你们的土地，难道不够用来也养活他们？我们有挚爱的父亲、母亲、小孩，但我们深信我们死后，养活我们的土地也会养活他们。因此我们安心离去，不为未来多操心。"开始展露经商长才的葡萄牙资本家，碰上他们视为落后的这种文化。他们不了解巴西原住民社会，不懂他们已有休闲导向、注重生态的先进价值观。

为说服图皮人出卖劳力、搬运粗重原木，葡萄牙人、法国人利用当地传统价值观，试图创造需求。首先，有些欧洲人本土化。有些葡萄牙人、法国人换成当地打扮（或者说像当地人一样赤身露体），学当地语言，娶当地女人，以融入原住民社会，其做法和因船只失事而流落荒岛并试图按欧洲模样改造荒岛的小说人物鲁滨孙大不相同（见 5.5 节）。然后，他们利用当地人劳力互惠的传统，开始将林木运到欧洲。这些欧洲贸易商还主动提供剑、斧。对好战的图皮人而言，这是很好用的兵器。葡萄牙人与特别挑选的村落结盟，为他们提供武器，试图借由提高杀伤力创造武器需求。得到葡萄牙人武装的村落，让敌对村落感到威胁，法国人接着即利用这威胁，说服敌对村落与之结盟。于是，因为追求染料木，欧洲的战争重现于南半球这偏远的热带丛林里。

但欧洲人无法让巴西人理解积聚财物和私有财产的观念。韩敏（John Hemming）就记述了某耶稣会教士（推动资本主义文化的前锋之一）的抱怨。这位教士不以为然说道，图皮人"有满屋子的金属工具……原来不值一顾、因没有斧头开辟田地而总是在饿死边缘的印第安人，如今想要多少工具、田地就有多少，吃喝不停。他们动不动就在村子里喝酒，发动战争，大肆恶作剧"。钢斧的引进已让所有巴西村民过起犹如欧洲贵族的生活。图皮人的需求得到满足，很难再利用他们来图利。

　　葡萄牙人了解，如果不想只求足敷所需，不想只求温饱，生活稳当，换句话说，如果想得到资金，他们就得另辟劳力来源。图皮人劳力市场的规则，对原住民太有利。葡萄牙本土为数不多的人口，对远渡大西洋到热带地区辛苦开垦兴趣不大，在巴西的葡萄牙人转而开始奴役巴西原住民。但同样成效不大。许多图皮男人厌恶农作，认为那是女人的工作，宁死也不愿下田干活。其他图皮男人则靠着熟悉地形逃掉。于是，葡萄牙贸易商转而将奴役目标指向习于在热带生活且习于农事的民族，即非洲黑奴。但购买黑奴的钱，超乎染料木贸易的利润所能支应。于是，葡萄牙人改而开辟甘蔗园。巴西的"黄金时代"，就在染料木时代结束之际展开。染料木成为无足轻重的商品，原住民遭驱赶到更偏远的内陆。如今，染料木时代的遗绪，就只能在巴西的国名里寻得。

1.9 一名热带地区的英国贸易商

> 巴西，的确是追逐名利的英格兰人施展抱负的绝佳国度。

如果你是个年轻的利物浦贸易商，手头有些资金，想出去闯闯，创一番事业，这时是 1824 年，你要协助率领英国贸易商，在南美洲攻城略地。你知道巴西，知道这个富藏甘蔗与黄金的著名宝库刚刚对外开埠通商，独立才三年。你已听到有贸易商提及要前去巴西，善加利用这新商机。而且跟巴西人贸易，再不必通过葡萄牙中间人。

事实上，身为英格兰人，你将享有葡萄牙人所没有的特权。1810年，葡萄牙国王与英格兰签署条约，以感谢英格兰人在拿破仑军队入侵葡萄牙时，协助他和文武官员逃到大西洋彼岸的巴西避难。因此，身为英格兰人，你将可以进入英格兰人经营的特殊法庭，将享有特别低的关税优惠。只要别太招摇自己的信仰，你到了巴西仍可以信你的基督新教。在利物浦土生土长，你认识许多商人和英国制造商代理人。你跟他们有共通的语言、习俗，受他们信任。你将可以担任寄售代理人、装运代理人，并将有特许渠道取得英国的出口贷款。

这一新商机看来大有可为，但你知道风险不小。这个新独立的国家纷扰不安，而且因为国际糖价暴跌，米纳斯吉拉斯州（Minas Gerais）

著名的金矿枯竭，该国经济已萧条将近十年了。

眼前有个前景看好的新产品，或许可解救巴西和你。欧洲人喝咖啡到现在已超过百年，而且消耗量愈来愈大。在 18 世纪的大半时间里，海地是全球最大的咖啡产地，但一场血腥的社会革命[1]，葬送了海地咖啡生产的龙头地位。古巴、牙买加继之而起以取代海地，已颇有进展，但两地都没有巴西所拥有的广大肥沃森林和为数众多的奴隶。咖啡在将近一百年前被引进巴西，这时里约热内卢的丘陵上已是漫山遍野的咖啡园。

巴西的确是追逐名利的英格兰人施展抱负的绝佳国度。巴西在许多方面已经欧洲化。受葡萄牙人殖民统治超过三百年，巴西实行葡萄牙法律和习俗。作为外销导向的殖民地，巴西经济长久以来锁定外国市场。但巴西也是全球最大的奴隶社会，拥有奴隶超过百万。尽管你的祖国英国已明令禁止大西洋奴隶买卖，而且你的许多同胞反对这项买卖，你或许不必担心在奴隶国家做买卖是否有失道德，但在这个异国的奴隶文化里做生意，你会碰上什么困扰？

巴西没有银行。除了以政府为主要放款对象的国营巴西银行，贷款都是看个人交情。贷款通常利息高，周期短，且要以奴隶为担保品或靠种植园主的个人信誉才能借到钱。咖啡园主虽有大片土地，但乡间不动产不能充当担保品，因为土地划界不明确，契据有瑕疵，而且法律体系是种植园主所精心拟定，要取消抵押品的回赎权利，几乎不可能。在这种种因素下，除非与园主个人有交情，否则不可能借钱给园主。内陆运输条件非常糟糕，可能好几星期走了数百上千公里路，

---

[1] 1795—1805 年。——译注

还很难见到种植园主。

一群中间人应运而生，负责移转信用，将咖啡运到港口，代收账款，从中抽取佣金。巴西人称这类代理商为 comissário。这些人大部分是葡萄牙人，从你和其他出口商那里借钱，转而替他们的咖啡园主客户开立账户。他们把运抵里约的咖啡卖给装袋工，装袋工将咖啡混合、装袋后卖给你。但你得仔细检查这些袋装咖啡，因为这里没有政府或咖啡交易所检查质量。事实上，采摘者和种植园主将枯枝、石头塞进装运的咖啡里，早是众所周知的恶行。此外，这里没有质量标准，没有一致的土地丈量标准，且信息短缺。政府鲜少涉入内陆，种植园主很少据实记账，因而咖啡产量的数据极不可靠。还有一非常严重的缺点，即咖啡产量因年而异，前后年相差有时超过 50%。由于没有仓库（不管是哪种大小的仓库），产量过剩可能导致价格暴跌，歉收则可能使价格暴涨。

在英格兰，有些客户发给你九十天期的票据，供你支付账款，借钱给抽佣代理商。巴西长久以来作为殖民地，且为输入约三百万黑奴付出庞大开销，因而当地几无资金可借，你得向国外借款。

当然，这对你有利，因为你的优势就在国外关系。但要把咖啡卖到国外，会面临一些严重问题。里约当地的供应与价格变化莫测，国际价格也是。欧洲或美国都还没有咖啡交易所。价格是在街上当场敲定。最新价格的消息，可能要等几个月，才由快速帆船送抵里约。而且船何时会进港运走你的出口咖啡，不是你能确定的，因为没有定期停靠里约的航线。所幸工业革命正替咖啡开辟广大市场，那市场之大，足供你和古巴、牙买加、爪哇的竞争同业分食而绰绰有余。

较不确定的是进口贸易，而你也玩票性质地在做些进口贸易。该国人口绝大部分住在乡村，奴隶可能占了人口三分之一，且大部分人不用货币交易，因而国内市场很小。供货无法确定，不只是因为船期不稳定，还因为码头、灯塔破旧，致使货物常在运送途中毁坏。海关则是糟得让人摇头！即使识时务用钱打点过，货物仍可能留上几星期才放行。此外，由于运送缓慢，货币不多，巴西、葡萄牙的零售商要求取货后六个月才付货款。在这个新市场，如果对某些产品的需求估计错误，你可能血本无归。当地法律制度让人很难撤销赎回抵押品的权利。

在这样的客观环境下，你和你的英格兰同业将能掌控整个 19 世纪的贸易，也就不足为奇；叫人惊奇的是，你冒别人所不敢冒的种种风险，头一个去开创咖啡市场。

1.10 女人如何做买卖

16 世纪的马来谚语，

说明了她们极看重教导女儿如何计算、赚钱。

说到如何让派赴国外的员工长保工作干劲，即使在今日，仍常叫企业觉得棘手。但眼下，我们要探讨一个更早的跨国企业，17、18 世纪的荷属东印度公司。该公司在印度、东南亚、日本、台湾地区设有分部，地处偏远，荷兰女人不愿居留；为该公司效力的男性职员，大部分很愿意娶当地女人为妻，但这么做也产生了特殊问题。这种异国婚姻带有文化隔阂，因此，若看到男方写出的私人信件里，满是在抱怨要将这些女人"驯服"成符合荷兰标准的贤妻有多难，大概不会太让人惊讶。反倒是这些女人拥有经商大权，令东南亚的荷属东印度公司、荷兰加尔文宗教会、其他欧洲人难以撼动一事，可能还更让人惊讶。这其中许多女人是靠着自身本事发达致富的贸易商。

早在欧洲人来到许久以前，四面环海的东南亚地区（包括现今马来西亚、印度尼西亚、菲律宾）就已有蓬勃的长程贸易。其中许多贸易商是女性。在有些情况下，因为经商被认为是太卑贱的职业，不是上流阶级男人所应为，但经商利润又太诱人，叫上流人家无法完全割舍，因而给了女人经商的机会。（有些上层人士鄙视经商更为强烈，认为贵族女人也是地位崇高，不应自贬身份到市场跟人实物交易或到华人聚居区，即许多长程贸易的交易处，做买卖；但她们并未不屑于督导奴仆代她们执行买卖事宜。）16世纪的马来谚语，说明了她们极看重教导女儿如何计算、赚钱。

更普遍可见的是，这些社会通常允许女人掌控自己的财产，让她们在择偶上有相当大的发言权，且常相当程度地容忍她们与别的男人私通。甚至，有些女人因为要离家远行，不得不允许她们自主决定要不要生下小孩。（当时能用的堕胎方法原始，包括服草药、从岩石上跳下以致流产，乃至偶尔杀婴等。）15世纪遍及这地区的伊斯兰传教士和一百年后跟进到来的基督徒，都震惊于这样的现象，希望管束这种女人。

但尽管有这种种令人疑惧的事，葡萄牙人（最先在此立足的欧洲人）发觉，若要建立有利可图且可长可久的殖民地，和这类女人通婚乃是不得不采取的手段之一。荷属东印度公司有时找得到愿意前来东方的女人，但全来自荷兰孤儿院乃至妓女户，而且撮合这些女人嫁给派驻亚洲的男人，男人也不满意，最后东印度公司不得不打消引进荷兰女人的念头，转而将目标锁定在更早先葡萄牙人、亚洲人所生的混血女儿。她们至少会一种西方语言，且至少名义上是基督徒。许多这种混血女人也已从母亲那儿知道，在这个日益跨国化且常诉诸暴力的贸易世界里，嫁个欧洲丈夫，大有助于保护她们的商业利益。巴达维亚（今雅加达）荷属东印度公司评议会的评议员，就往往是这些女人里最有钱者特别中意的婚配对象，因为他们虽然绝大部分不是有钱人，但嫁给他们后，靠着丈夫的职位，极有利于防止荷属东印度公司的法规和垄断权干扰她们的生意。因此，撮合有权有钱者跨族通婚，相对来讲较容易；但要让如此造就出的家庭听阿姆斯特丹当局的话，也变得更难。

荷属东印度公司的主要目标当然是获利，而确保获利的最佳办法莫过于垄断各种亚洲货物（从胡椒到瓷器）输回欧洲的贸易。理论上，该公司还主张（至少断断续续主张），有权对参与更大范围亚洲内部贸易的所有船只，包括东南亚女贸易商的船只，发予航海执照、课税（或击沉）。但海洋如此辽阔，加上有不少竞争对手，这一制度根本无法落实，而且荷属东印度公司还得应付神通广大的内贼。该公司大部分职员不久就发现，把货物走私回荷兰风险大且不易，但在亚洲内部从事非法（或半非法）贸易，却可赚得比死薪水高上好多倍的钱。这时，他们的妻子就成了如此发财致富的绝佳凭借：她们熟悉当地市场，与当地贸易商有良好关系，往往拥有可观资本，能将家族生意时时紧握在手中，不致遭该公司突然转移到别人手中。

对一些居心特别不良的荷兰男人而言，这还给了他们利用文化差异从中套利的机会，也就是说利用东南亚女人相对较高的地位大赚其钱，然后可以利用她们在荷兰法律下较低的地位，将家产全掌握在自己一人手中，甚至可以回荷兰，娶个"体面"的老婆，安定下来。（荷兰法律虽对男方有利，但如果女方高明运用她台面下的影响力，藏好她的资产，男方未必能顺利得手。有这么一个例子，男方尽管最终掌握了妻子大部分获利，却是走了十九年的法律诉讼才如愿。）

男人有荷兰法律、教会当强有力的靠山，女人则有地利之便。在印度、东南亚的外国人常壮年早逝，留下有钱的遗孀。这类女人常成为下一批前来的欧洲冒险家热切追求的对象，使她们得以在再婚协议时占上风，保住婚后至少部分的自主权；许多女人因丈夫早死，一辈子嫁了三四个男人。在巴达维亚，有幸活得久的荷兰男人非常少，这类男人很有机会在荷属东印度公司里爬升到高位，变得非常有钱，离婚再娶。他们所娶的最后一任妻子往往比他们年轻许多（一旦爬升到高位，就不需要再娶个地方关系特别好或特别有钱的女人），因此，他们死后，往往留下一小群非常有钱的寡妇。而这些寡妇的放荡，常叫那些恪守加尔文教义的荷兰男人惊骇反感。

从 1619 年创立巴达维亚直到 19 世纪末期，荷兰卫道人士和垄断资本家不断在努力"驯服"这些女人，而至少最终有所成就；例如，较后几代女人似乎比前几代女人更遵守欧洲的两性道德观。随着长距离贸易欲成功需要更大的资本规模、更大范围的国际往来，欧洲公司和它们的华人、印度人经商伙伴（全是男性），也愈来愈压缩这些女人做生意的空间。

最后，随着 19 世纪末期的诸多新发明问世（包括苏伊士运河、电话、冷冻运送、预防注射等等），欧洲人愈来愈能在东南亚过起地道的欧式生活，于是，新一代荷兰官员上任时选择带妻子同行，或打定主意不久就能返国，到时再娶个本国女人。尽管如此，欧亚混血女人所经营的贸易，在地方与地区经济里仍举足轻重，例如许多这类女人从事房地产买卖和放款业务，借此将丈夫的经商利润投注于东南亚贸易城市周边地区的地方发展。（叫人意想不到的是，她们之所以一直保有这利基，有部分是因为许多这类女人的丈夫抱有种族歧视观念，尽可能不和当地人打交道。）

直到 19、20 世纪之交，这一领域仍未消失，经营该领域的人仍不肯交出大权。印度尼西亚小说家普拉姆迪亚·杜尔（Pramoedya Toer），就以深刻有力的笔法刻画了一个这样的女人。小说中女主人公为了保住她所经营多年的生意（和小孩），和半发狂的荷兰丈夫、丈夫在荷兰家乡的"合法"家庭，持续抗争了许久。这个虚构的女人，最后如同现实生活中许多和她一样处境的人，以失败收场；但三百年来，就是像她这样的女人，建造并维系了她们丈夫所声称归他们所有的那个世界的一大部分。

1.11 交易与折磨：世界贸易与现代早期法律文化

随着殖民行径的盛行，

对外贸易不再是这整个地区开启司法改革的助力，

反倒加大了"先进""落后"两种司法制度的鸿沟。

人与人要能贸易，彼此就得有一些共通的游戏规则。当碰上商品受损，价格突变，或其他意外，谁该付钱？该付多少钱？不同社会就有不同看法。如今，详尽周全的合约、商业条约、国际法，涵盖了大部分可能情形的处理原则，但在 16 世纪的东南亚港口，几无这类东西。由于印度、欧洲，特别是中国，对东南亚香料的需求暴增，可用来购买香料的白银（大多来自日本、秘鲁）增加，东南亚全境的贸易大为蓬勃，商业法迅即应运而生，但如此的商业法未必合乎你的期望。

在东南亚大部分港口，贸易商按民族出身编入不同商会，每个商会有个会长，会长负有排难解纷、维持秩序之责。因此，假如古吉拉特贸易商和荷兰贸易商起争执，各自商会的会长会先碰头解决纷争。这对贸易商有其不利之处，因为他们往往失去为自己发言的机会，可能落得牺牲自己利益以成全商会更大利益的下场，或者沦为会长满足政治野心的牺牲品。但若不如此，改上国王的法庭打官司，伤害可能大得多。双方的证人可能遭拷打，互执一词的纠纷常以折磨解决，因为当地司法观念认为，上天的力量会让诚实的一方更能忍受折磨。例如，在亚齐，有一解决纷争的常用办法，要诉讼双方各伸出一只手放进熔融的铅液里，找出一块表面写有神圣经文的陶片。

这类方法不必然就比欧洲所用的方法更为"落后"，毕竟当时的欧洲正是以火刑对待女巫的时代，严刑拷打逼供，在欧洲许多地方司空见惯。例如，有个因走私在中国被捕而最后上诉获释的葡萄牙水手，就对中国司法制度比他祖国要公平得多，而大呼不可思议。叫他特别印象深刻的是，中国法庭让诉讼一方反诘问已为对方提供证词的证人（他认为这可防范贿赂），以及每个人可以把手放在自己信仰的圣书上发誓（这做法在其他国家根本是天方夜谭）。

但是，流通多种语言而不得不包容宗教差异的贸易中心，更特别凸显了倚赖发誓、折磨、超自然力查明真相这些做法的不合时宜。由于东南亚有许多各自为政、相互竞争的港口，且每个港口渴望吸引贸易商以自身为货物集散地，借以获取收入，16 和 17 世纪的贸易繁荣因而大大鼓励了它们采取新的司法制度。

这一蓬勃发展的贸易也促成东南亚地区许多人改信伊斯兰教，因而采用新法典时往往以《古兰经》为本。这一做法或许令华商，特别是欧洲贸易商不悦，但他们也不得不承认，如此一来，纷争的解决有了更好的一套办法。判决时愈来愈常参考成文法或先前的判例；公开诘问证人的情形变多，还有，在各大港口，拷问逼供的情形变少（这大概是最令外商宽心的变革）。这种新司法还开始适用于与外国人无关的案子，甚至有迹象显示已扩大适用于乡村地区。

但到 18 世纪时，走在进步之路的司法突然调头，严刑拷打再度愈来愈普见于许多城市，愈来愈常听到有人抱怨法纪荡然和种族间暴力相向。何以致之？

　　贸易模式依旧是这一改变的中心因素。17世纪中叶，中国、欧洲都出现经济大萧条，对东南亚产品的需求暴跌，关税收入骤减，许多王国变得愈来愈乡村化，愈来愈不能包容异族和异族文化。更糟糕的是，一心欲垄断贸易且有枪炮为武器的欧洲贸易商（特别是荷属东印度公司）势力变强，迫使愈来愈多剩下的贸易活动，由他们的船只揽下，在他们筑有防御工事的城里进行。东南亚其他港口，或因为遭欧洲枪炮的直接摧毁，或因为没有营收，而随之衰落；这些城市变得较不受统治者看重，这些城市所曾具体实践的那种较世俗化、较包容的生活方式，也遭到同样命运。讽刺的是，在当地国王成为傀儡、欧洲贸易公司才是幕后真正掌权者的地方，情形往往最为糟糕。在这种地方，欧洲贸易公司为了尽可能压低行政管理成本，往往试图根据"当地习俗"来统治，因为他们认为那是最易施行的法律。对当地习俗的情有独钟，往往促成他们把看来最"古老"的习俗一律重新启用，且竭力贬低他们称为"外来东西"因而不可靠的较晚近、较先进、较城市作风的做法。（这些欧洲统治者还过于一厢情愿地认为，最"野蛮"的习俗就是最"正统"的习俗；如果让习俗在某些地方成为统治准则，因而把愈来愈多生意赶入为数不多的欧洲据点，那对他们欧洲人也是好事一桩。）随着殖民行径的盛行，对外贸易不再是这整个地区开启司法改革的助力，反倒加大了"先进""落后"两种司法制度的鸿沟。

1.12 游走各地的业务员和收税员

> 全球化不是现代崭新的观念,
>
> 对几百年前的某些企业家而言,
>
> 他们所思考的世界,比之今日更近似于无疆界世界。

今人常认为自己所处的时代是特别四海一家的时代,尤其在经济方面;金融、生产、消费品位的全球化,国与国之间的疆界愈来愈不重要,成了今人的老生常谈。但对某些企业家而言,先前的某个时期、某个地区(从约 1500 年到 1750 年的中东、南亚、东南亚),还比今人所思考的世界,大大近似于无疆界世界。而对那时期游走各地的许多贸易商而言,这无与伦比的收获,乃是他们密集涉入侨居国的政治所致,而非市场(具有无视民族藩篱的特性)形成所造成。

这些企业家(大部分是波斯人、华人)散居于印度洋世界的各地,在今日莫桑比克、印度尼西亚和两地之间的许多地方建立据点。他们经手的货物,从纺织品、谷物到黄金、钻石,几乎涵盖了当时所流通的各种商品。但他们之所以能打入一个又一个王国的政治圈,靠的是他们能提供另一种服务的本事,而这种服务,在今日,通常只由本国人担任,那就是替国家收税。他们担任税款包收人,为回报统治者赐予他们和他们员工自由经商的权利,他们与统治者签订合约,同意在特定期间内对议定的一定数量的货物课税,以上缴规定的税额。

从 1500 年起，几乎每个印度洋沿岸的国家，都将至少某些税的收集权拍卖出去；东南亚地区的收税权拍卖，华人企业家拿下许多，波斯人只拿到一些，但在其他地区，收税权大部分掌握在波斯人手中。一旦获委任为税款包收员，便获赐伴随这职务而来的重要权利（例如在负责收缴关税的港口检查每样进出口货物的权利），他们在经商上，就比行事较传统的货运业者、大贸易商、金融家、套利贸易商，更占了令人艳羡的优势。一旦担负起上缴大量税收的责任，或已上缴资金给需钱孔急的统治者，他们往往还在不期然间取得现代国家所鲜少授予外国人的其他职务，例如当上陆军、海军将领，负责募集军队保护"他们"国家所声称不容他人侵犯的领土或贸易。欧洲人抵达印度洋地区时，也常发现这些政治贸易商是他们所不可或缺的中间人和贸易伙伴。

就拿阿德斯塔尼（Muhammed Sayyid Ardestani）来说，他于 1591 年生于波斯，1620 年代出现在印度苏丹国戈尔孔达（Golconda），靠贩马致富。在现代人眼中，"贩马"或许是在露天大市集里叫卖的小生意，但在 17 世纪的南亚，远非如此。随着发祥自波斯的莫卧儿帝国 [1]，致力于在今印度、巴基斯坦、孟加拉国、阿富汗境内极力扩张领土，其他国家（和国家联盟）也致力扩张版图，以积累足以抵抗莫卧儿人入侵的根基，印度次大陆上的战争规模从 15 世纪起 [2] 急剧升高。当时有两种攸关作战成败的东西，印度次大陆上没有一个国家能自行生产，马就是其中之一。他们必须从阿拉伯半岛、波斯或中亚进口，才能取

---

[1] 莫卧儿帝国与波斯文化渊源深厚，宫廷用语是波斯语，但该帝国是蒙古裔所创建，莫卧儿一词也是波斯人对蒙古人的称呼。——译注

[2] 应是 16 世纪起，因为莫卧儿帝国创建者巴布尔于 1525 年入侵印度。——译注

得足够的战马，开销非常大。（另一项主要的军事输入品是新式火炮，1500 年后可以从欧洲贸易商处购得。）事实上，马大概是白银以外，当时印度最大的进口品（但为了购进更多马，许多白银又外流出去），且因为印度大概是 1500—1700 年间全球最大的出口国，马成为世界贸易网里牵一发动全身的重要商品。马攸关国家安全，因而次大陆上几乎每个国家都极力干预马匹买卖，往往将其纳入国家专卖事业。因此，有意成为贩马大贸易商者，大概有两个选择，即想办法在马匹进口国谋个一官半职，在朝廷里玩权术耍手段以包揽贩马生意，不然就是改行做别种生意。

阿德斯塔尼在朝廷任职后（戈尔孔达的穆斯林统治者偏爱用波斯穆斯林，而较不喜印度本土贸易商），很快就靠着耍手段觅得另一个大有赚头的特许权，即经营戈尔孔达数座著名钻石矿场里的其中一座。借此发达致富后，他决意帮苏丹主子取得作战最不可或缺的东西——钱。

随着兵员变多，装备更新颖，战争开销也升高。因此，统治者需要从商业、农业榨取更多税收。有些国王尝试自行下海做贸易，但大部分国王发觉发执照给现有贸易商，把执照申请规费和关税的收集职责卖给其中一名贸易商，更为划算。这个人因职务之便，最清楚业界虚实。一旦获任命，他就可以轻易图利自己，例如垄断信息，扣押对手的货物，同时继续卖自己的货，乃至指控对手"走私"。

1630 年代时，阿德斯塔尼出任某省省长和税款包收员，当时印度东海岸上最大的港口马苏利帕特南（Masulipatnam）就位在该省境内。亚洲人、欧洲人带着世界各地的其他珍贵商品，来到此港交换纺织品，这些珍贵商品包括东南亚的香料、东非的黄金、西非的奴隶、美洲大陆的烟草和糖、欧洲的白银。身为此港的关税业务主管，阿德斯塔尼很快即和英国人、荷兰人、葡萄牙人搭上关系（但这些欧洲人彼此常起激烈争执）。为讨好阿德斯塔尼，荷属东印度公司授予他的船只在该公司所巡逻海域的安全通行证，那是大部分海路贸易业者所无缘享有的权利。靠着这通行证，阿德斯塔尼的个人贸易帝国很快就往东扩展到缅甸、印度尼西亚。他既靠着官方特许，在戈尔孔达乡村经济里扮演呼风唤雨的角色，又与这些国际同业有密切往来，两者相辅相成，使这一人独有的联合大企业势力更为扩大。

在印度洋海港经商的外国人有个困扰。他们何时能来，何时得走，全看季风的转换而定，自己做不得主，但要购买他们所珍视的印度精致纺织物，他们得在数月前就下订。为支付庞大订金，这些公司陷入资金吃紧的困境，一旦织工或中间商拿到订金后跑掉，它们就难逃倒闭厄运。这时候，如果有个像阿德斯塔尼这样的当地人当伙伴，风险就会降低许多。这样的人不只现金满满，还已标到向一些纺织村收缴土地税和其他税的权利。戈尔孔达不倚赖各村子里的上层人士收税（他们与同村村民关系较亲，而与朝廷关系较远），而让阿德斯塔尼承包收税业务，借此反倒让国库更丰；而阿德斯塔尼尽管向朝廷保证会上缴大量税收，以示他无意为自己另外大肆榨取民脂民膏，但他从朝廷买到向农民、织工、地方掮客收税的权利，借此牢牢掌控了这些人，进而可以掌握住许多上等布料的来源和他所中意的客户；英国、荷兰贸易商经过惨痛教训得知，很难绕过这类中间人，与生产者直接交易。

几年下来，阿德斯塔尼的事业扶摇直上。1640 年代，他当上将领，参与了戈尔孔达为夺取印度沿海地区更多领土所打的诸多战役之一；他买到愈来愈多的税款包收权，组建了一支配备欧造火炮、人员超过五千的私人卫队。

最后，他在朝廷派系倾轧中落败，新苏丹害怕他权势过大、尾大不掉，随即将他逮捕入狱。以他如此的权势，大概也只有新王上任才能让他垮台。但这失意只是一时，他拿出一部分富可敌国的家产，为自己买到了无罪获释，随即叛逃到莫卧儿帝国。莫卧儿朝廷赐予他贵族头衔，让他在新地盘重操旧业。这种跳槽行为在当时并不罕见。许多包收税款的贸易商一生服务过数个朝廷，将这种人逮捕，然后要他出钱释放，往往只是统治者在解聘委任官后榨干其钱财的一种办法。对待这类人要留点余地，不能太严酷，甚至在免他们职时亦然。这些行走各地、事业有成的贸易商，大部分有亲戚在别处担任同样职务，没有人想跟那些在其他国家朝廷里握有大权的人为敌；此外，继任的税款包收员所需的资料，有许多都还握在前任包收员手中。（事实上，将商业上的结算方法转用于税单上，乃是承揽税款包收业务的贸易商，对环印度洋沿岸地区的治国之术，最重要且长远的贡献之一。）甚至，外籍的税款包收员，在南亚的商业、政治领域扮演了如此举足轻重的角色，在很长一段岁月里，没有哪个统治者想过甩开他们自己来。因而，1757 年英国东印度公司征服孟加拉时，未试图设立新君，反倒迫使现任统治者指派该公司（具法人资格的新式贸易商），出任税款包收总监这个古老而崇高的职务。

1.13 印度洋商品回路：如何把棉花变成象牙

把棉花转化为象牙的魔法，

以及把非洲劳动力转化为咖啡和糖的戏法，

均协助推动了世界经济，但有人和动物深受其害。

怎么把棉花变成象牙？或者更叫人伤脑筋的是，怎么把棉花变成奴隶？16世纪起，人数相对较少的一群印度商人就懂得这一神技的秘诀。他们未使用魔术，而是运用跨洋贸易。这一贸易涵盖亚洲、阿拉伯半岛、非洲三地的部分地方，并且最终把欧洲商人和美国人都拉了进来。原本看似再简单不过的一项交换，最终却变成横越河川、海域、大洋，以及跨越政治、宗教、文化藩篱的复杂国际交易。这是怎么一回事？

浮现于脑海的第一个答案是——贸易。贸易通常被理解为"供给"与"需求"通过生产者（卖方）与消费者（买方）之间的协议达成的互动。我们常认为这一交换由待售之货物的价格来推动，而且是买卖双方都觉得合理的价格。但这一建立在合意（consensus）之上的双方协议，过度简化了涉入商业回路的许多人和许多交换，过度简化了为达成国际商业交易和其他目的（例如建立有利于实现社会、政治或文化目的的人际关系）而常祭出"强制"（coercion）一事。

以下谈到的就是位于印度洋的一个此类回路。这一回路在印度、也门、东非（尤其是莫桑比克）、马达加斯加和马斯克林群岛（Mascarene Islands）产生了明显可见的影响，并且扩及至南非、安哥拉、巴西和拉布拉他河。参与这一贸易回路者，包括来自西印度古吉拉特的人，葡萄牙、法国、西班牙的殖民地政权和较晚涉入的英国殖民地政权，以及斯瓦希里（Swahili）商人、马达加斯加商人和其他非洲商人。参与这一交易者，少有人认知到自己所扮演的跨大陆性角色，但他们所发挥的作用却攸关数十万人和动物的商业网运作。这一商业体系造成了什么结果？对来自古吉拉特的印度人来说，那使生产者和商人大发利市；对印度人的婚礼来说，那带来了非洲首饰；对东非来说，那带来了漂亮的酋长服和布币；对拉丁美洲的奴隶来说，那带来了衣物；对马斯克林群岛和巴西来说，那促成甘蔗、咖啡树种植面积的扩大，此外，还造成了奴隶与死大象的买卖增加，以及欧洲殖民政策大行其道。

我们要谈的这个跨大洋、跨洲的贸易网，兴盛了超过两百年，而在其中扮演最重要角色者，是一群为数不多但分布甚广的印度人，人称"巴尼亚人"（Banias）。他们是来自印度古吉拉特的印度教、耆那教商人种姓，过去集中于苏拉特（Surat）城，尤其集中于印度西北部卡提亚瓦半岛（Kathiawar Peninsula）岸外葡萄牙人控制的小飞地第乌（Diu）岛，以及附近沿海的达曼（Daman）区。（后来在印度其他地方，bania 或 banian 一词，单纯指涉商人，与宗教无关，但这里要讲的故事，主角是印度教商人和一些耆那教商人。）巴尼亚人是菲利普·柯廷（Philip Curtin）所谓的"跨文化掮客"，构成一个侨居在外的贸易族群。他们是一群在当地定居的印度教、耆那教商人，彼此具有血亲或姻亲关系，充当外来访客与当地环境的中间人。

　　这一中间种姓的成员走上经商之路，乃是因为"更上级"种姓的印度教教徒不得从事海外旅行和经商，按照当地习俗，他们若那么做便会失去其种姓地位。而"较下级"种姓的印度教教徒没钱从事这类活动。因此，进出口运输事宜的组织、出资、安排，就只有巴尼亚种姓和相邻的穆斯林可以从事，进而只有他们能从这些活动中获利。

　　许多来自古吉拉特的人，因地利之便而成为国际贸易行家。印度洋的诸多繁忙港口，有一些在古吉拉特境内。古吉拉特商人既靠近北边与西边的波斯湾、阿拉伯半岛、红海、东非，也与东边的南印度、东印度、香料群岛、中国有贸易往来。由于当地自产棉花且技术熟练的劳动力充沛，古吉拉特人也精于制造棉纺织品；他们纺、织、印、染的效率，在世界上名列前茅。最廉价且精良的棉布，有一部分出自他们之手，他们还能迅速因应式样的变化做出调整。他们在航海和造船方面也有悠久历史。

　　来自古吉拉特的商人早在公元前4世纪就出海到也门南边的索科特拉岛（Sokotra Island）闯天下，9世纪起足迹远至阿拉伯半岛最南端的亚丁。14世纪他们开始从事香料贸易，在南边和东边的南印度、香料群岛寻找胡椒、丁香、肉桂、豆蔻。由于葡萄牙、荷兰军舰先后进入印度洋，巴尼亚人取得南方的香料不再顺利依旧，他们随之调整了贸易方向。

　　有些来自第乌和达曼且敢于冒险的印度教商人——大型港口城市苏拉特和日后成为孟买的那个地方，就在第乌和达曼附近——进入红海。1520年代苏拉特和孟买前身成为葡属印度的一部分之后，葡萄牙人允许他们从事海外贸易，前提是得按照规定缴税。印度商人的经商本事和经商成就，最终为葡萄牙的北印度洋帝国供应了大部分资金。

巴尼亚人成为此篇文章的主角，乃是因为他们曾在摩卡商界打下一片天。摩卡是也门境内正日益发达的货物集散地（见 3.3 节），当时属奥斯曼帝国。据某位来过摩卡的欧洲人所述，巴尼亚人以"计算、经济方面的本领和敏捷"闻名于该地，"他们往往（因此）在税收和关税的业务上甚受穆罕默德信徒信赖"。由于今日穆斯林、印度教教徒关系紧张，这样的关系或许令人意外，但在当时并不会给人这样的感受。当时在印度，穆斯林、印度教教徒之间偶有暴力冲突，而在也门，非穆斯林一般来讲会受到猜疑，且往往被禁止进入该地，但这两大宗教的教徒，在这两地都能做生意，尽管印度人陷于矛盾处境——经济上地位重要，社会地位却属次等。这是因为财富未能让他们为当地人所完全接纳，处境一如东南亚的华商和欧洲的犹太商人。有位 17 世纪的旅人指出，"他们之中有极为富有的商人、许多金银验秤员，简而言之，有从事各行各业的人"。但他们是过客，没有公民权。他们年轻时过来，等赚够了钱就离开，回乡娶妻，就此定下，不再出海闯荡。

巴尼亚人一心想着早日返乡，因为侨居也门时，他们只享有少许权利且备受歧视；再则巴尼亚人信奉多神教，相信世上有许多神，令信奉一神的穆斯林觉得困扰。于是在也门，信奉印度教的巴尼亚人得缴特别的居留税，被迫借钱给政府官员且往往一借不还，也只能在隐密的地方行自己的宗教仪礼，受禁奢令（衣着规定）约束，不准结婚，死后不能葬在也门。除了以上种种不便，还有一点令巴尼亚人气愤难平，即如果死在也门，他们的地产会遭也门官员没收。更糟的是，这些在经济上举足轻重的人，偶尔还会遇到穆斯林欲强迫其改信伊斯兰教，乃至谋杀未遂之事。

巴尼亚人受到许多认为他们狡诈且有时不老实的穆斯林恶劣对

待——凡是外商都常受到这样的对待——但这些外地人乃是把也门市场与东方连接起来的关键人物。在印度洋各大商港和也门境内多个市集镇，都有与他们信奉同一宗教的印度人侨居当地，他们凭借同乡关系提供商业情报和日后银行所提供的服务。摩卡因咖啡贸易而繁荣，先后为来此经商的土耳其人、欧洲人充当中间人的巴尼亚人亦然。这些土耳其人和欧洲人都是为了购买也门的咖啡和从更东边运来的香料、纺织品，以及源自美洲的白银，而来到这座港城。在这种有利可图的贸易里，这些印度商人扮演了举足轻重的角色，只是好景不常。愈来愈多的税目、愈来愈高的价格、也门人的猜疑，迫使巴尼亚人离开摩卡。

其中有些人投奔葡萄牙在非洲东海岸上的飞地，在那里他们遭遇的抵抗较少。在莫桑比克这个葡萄牙势力正日益壮大之地，他们尤其集中。莫桑比克岛是 1498 年葡萄牙人在印度洋登岸的最早地方之一，后来因岛上的小船坞和能为葡萄牙船队提供水、食物等必需品而变得重要。再后来，有人把取自赞比西河谷大象群的象牙带到沿海，这时莫桑比克才成为商业重镇。他们想入手的象牙，大部分由两类人提供——一类是位于非洲内陆、未受葡萄牙人严密控制的酋长（大部分通过贸易取得象牙），另一类是葡萄牙—非洲混血儿——因此，光靠武力不管用。得带东西去换取象牙。而葡萄牙国内没有非洲人想要的东西。但这一贸易不是从里斯本控制，而是从南印度的葡属印度殖民地果阿（Goa）的首府控制。这层关系促使来自古吉拉特的巴尼亚人供给纺织品给统筹杀象取牙之事的非洲酋长。

但为何这些酋长会想要古吉拉特的纺织品？毕竟在东非就可入手棉花和纺织品。古吉拉特货有何特殊之处？研究发现，手艺好的古吉拉特纺工、织工、染工，生产出不算太贵且令从事此买卖的非洲酋长和其他人心动的布匹。在这一交换里，时尚是黏着剂。印度布匹让统治者及其副手可借由统治仪式和炫耀性消费来彰显自身的与众不同。非洲精英因穿着体面而显得高人一等，因为在政治上举足轻重而穿着体面。但需求因季节而异，印度出口商如何知道印度洋彼岸的人需求什么？侨居莫桑比克岛和非洲内陆的巴尼亚人，在此扮演了极其重要的角色。他们密切掌握顾客的销售情况和想望，借钱给非洲强人，通过复杂且困难的河路、陆路贸易路线把货物交到顾客手上。诚如史学家佩德罗·马夏多（Pedro Machado）所论："古吉拉特的纺织品销路好，源于布匹的用途非常多样，源于非洲消费者赋予它们多种社会文化意涵。"18 和 19 世纪，随着欧洲人带着美洲白银前来购买奴隶，纺织品的经济意涵更加浓厚。纺织品成为衡量象牙、奴隶、白银之类重要商品之价值的主要凭借之一。事实上，纺织品形同货币，既因其用途和／或装饰价值，也因其交换价值而受人青睐。例如，莫桑比克的葡萄牙士兵，薪饷就以布匹支付。

但这还是未能解答为何印度人对象牙的需求这么大。毕竟，当时印度境内仍有庞大的象群。但研究发现印度象并不符合所需。首先，在印度，大象被用于打仗，因此土邦主得保护部分大象。其次，对象牙的需求，主要是为了装饰。人需要象牙来制作首饰，世上最大的陆地动物因此遭殃。就古吉拉特来说，象牙制婚礼手镯和戒指的需求极高。适婚年龄的女人似乎希望自己手臂、手指上挂着白得发亮的饰物。对莫桑比克的象群来说，这可不是件好事，因为这意味着准新娘喜爱白亮的非洲象牙更甚于印度本地厚皮动物的偏黄獠牙。印度女孩与母亲们的时尚偏好，推动了一场跨洋贸易，导致 1750 年后的八十年里，光是莫桑比克一地，估计就有三万头大象遇害。这些身形庞然且聪明、具有不凡运输力的哺乳动物，全身有价值之处只剩象牙——象肉很少被食用。世上最大陆地哺乳动物的死活在这场贸易里无人闻问——只有以重量计而非以性命计的象牙这项商品被拿去买卖。

于是，有个印度种姓，在以果阿为中心的葡属印度支持下，充当了古吉拉特制布者和莫桑比克君主、葡非混血儿、其他首领的中间人。但这一双向贸易并未充分解释这一货物回路的复杂性。除了卖象牙，这些非洲酋长也把人当作商品来卖，通常是战俘、负债者或罪犯。14和15世纪时，已有数千非洲人被带到印度从事家务活和军事工作。

这一持续许久的贸易（见1.4节），在拓展殖民地的法国人定居于印度洋岛屿毛里求斯和留尼汪时，变得更为多样，更具跨大陆性。法国人带来他们在加勒比海地区先后学到的甘蔗、咖啡树种植知识，想找到奴隶在这些原本无人居住的岛屿上干活。他们先是从邻岛马达加斯加买人，不久后即发现，向莫桑比克的葡萄牙人买奴隶，货源更为可靠。到了18世纪中期，巴尼亚人已再度投身咖啡贸易，只是这次是间接参与，因为他们贩卖数千名来自莫桑比克的奴隶到留尼汪，这些奴隶在该岛的咖啡园干活，生产供应巴黎咖啡馆的咖啡。非洲人也被先后卖到毛里求斯、留尼汪两岛上的甘蔗园干活。在1780年代奴隶买卖最盛时，一年有八千至一万名奴隶从莫桑比克被带到法国的领地。

但侨居海外参与咖啡贸易的巴尼亚人和纺织品贸易，后来又经历了另一场转变：18世纪和19世纪初期，巴西、美国、西班牙的发货人来到东非莫桑比克买奴隶，以便运到南非和更远处的巴西出售，这些奴隶同样充当咖啡园和甘蔗田的劳力。这些商人也把莫桑比克奴隶运到古巴贩卖以换取糖和糖浆，把部分莫桑比克奴隶运到乌拉圭和布宜诺斯艾利斯，以卖到"高地秘鲁"（Upper Peru，玻利维亚前身）的银矿场。南美洲商人想得到印度纺织品，用以购买种植园、矿场的劳动力和那些劳动力所需的衣物。古吉拉特的织工和第乌、达曼两地的巴尼亚人，在两大洋各地和三块大陆上都受到重视。

这一贸易使某些商人、托运人、非洲酋长、欧洲种植园主致富。印度境内的棉花种植者、纺工、织工、染工和赞比西河谷的猎象人，从这一贸易回路中获得的利润较少，而马斯克林群岛、开普敦、巴西、乌拉圭、阿根廷境内的奴隶，则根本未从这些横贯大陆的交换中获益。事实上，许多奴隶，一如一整群又一整群的非洲象，受苦或死亡。把棉花转化为象牙以取悦古吉拉特新娘和赞比西河流域酋长的魔法，以及把非洲劳动力转化为咖啡和糖以满足欧洲消费者的戏法，均协助推动了世界经济，但有人和动物深受其害。促成这一神奇转变的，除了棉花、象牙、咖啡、糖，还有贸易、汗水和鲜血。

1.14 拒绝本土化：贸易商侍臣时代的结束与公账开销

西方贸易商或殖民官员住在山丘上的独栋房子里，
生活习俗一如在母国，竭尽所能不沾染当地习俗，
犹如做分类账时收入、开销绝不相混。

　　企业总希望管控员工的公账开销，但也一直难以如愿。事实上，17、18世纪的英国东印度公司（今日跨国公司最受公认的前身之一）发觉，要让员工理解这点难上加难。当该公司的会计开始不愿核销某些请款项目，例如驻马德拉斯（Madras，今金奈）代表处处长庄园喂食园中老虎的请款单据时，他们所要执行的规定，并非每个人都能理解。事实上，他们是在建立一种现代的企业管理方式，这种方式在当时骇人听闻。最后公司针对种族、清廉、优秀英格兰贸易商的名誉，提出一套包罗更广泛的观念，然后把上述新观念夹带其中，才让员工接受。

　　英国东印度公司迥异于从前之处，还在于它是具法人地位的公司。在这之前，经商触角遍及遥远异地的商号，虽然不尽相同，但都属于合伙企业，因此，商号派在遥远城市的代理人，有权分享商号的获利。即使他不是合伙人，通常仍关心商号的长远发展，或至少在意自己在故乡的名声。（例如华商家庭常派年轻侄子或仆人到海外经管业务一段时间；只有在海外有相当绩效，他们返乡时才能出钱入股，成为商号

合伙人，也只有这时才会替他们撮合婚姻。）但英国东印度公司的员工鲜少持有公司许多股份，有足够资金那么做者，通常不愿跑到印度寻找发财机会。因此，该公司的新组织形式激化了其与地方代表的潜在冲突。

但更重要的是英国东印度公司（与荷兰、法国、丹麦、其他欧洲国家同性质的公司）不只是具法人地位的公司，它有法可依地垄断从亚洲回销母国的进口商品，且获得特许，可以在其他市场寻找专卖商品或独家垄断收购市场，如有必要更可动用武力以达成目的。事实上，一家公司若眼前得支应庞大的预付成本（除了较例行的经营成本，还包括建造要塞、提供武装护卫舰以保护其船只免受其他欧洲强权攻击之类的成本），多多少少也得在其他地方寻找专卖商品，将其武力用于攻击以协助弥补预付成本。但这把该公司推往两个相互矛盾的方向，最终同时葬送了现代的企业经营观和殖民政策的发展。

一方面，欲维持垄断地位，就得让该公司的地方代表在运用公款疏通、笼络当地官员上，有极大的自主权，比如巴结国君以取得有利可图的当地特许经营权，拉拢当地贸易商和贵族（两者往往是同一人）以取得公司所想要而掌控在他们手中的商品，动用武力和找当地有权有势者（在某些地区这类人可能比在位的统治者能提供更有利的交易），都需要地方代表有这样的自主权才能办到。因此，成功的贸易商也必须是将领（懂得带兵打仗）和侍臣（懂得巴结奉承，广结人缘）。金奈那位地方代表拿他所养老虎的饲养费报请公账时，无疑认为养老虎是为了让自己够体面，以便打入他必须打交道的官场，因而饲养老虎的开销当然要由公司支付。信仰基督教的贸易商娶当地印度女子为妻（尽管在老家已有老婆），赞助宗教意味浓厚的当地文化活动，还有其他诸如此类的事，他们这么做不只是为了自己高兴，还是为了融入当地社会，以利公司业务的推行。英国东印度公司开业后的前一百年左右，伦敦显然认同此点，认为深深融入当地社会乃是做生意所不可或缺。

但另一方面，从事远程贸易，特别是一心追求垄断的贸易，得牢牢掌控这些职员。他们之中期盼光靠死薪水致富的人只占极少数，绝大部分人私底下还从事大量买卖以赚取外快，而这些业外活动，有些必然和为公司追求最大利润的目标相冲突。当派驻地方的代表和当地上层人士一起作乐时，伦敦也愈来愈猜疑那些代表心里是想着公司利益还是个人利益。

随着会计方法变得更为复杂精细，总公司开始想方设法对可允许的开销订定更为严密的规定，但只要员工想钻漏洞，再严密的规定都阻挡不了他们。只要懂得将某人的老虎、宴会服务人员诸如此类的名目，改以别的名目记在自己的开支簿里，即可避开规定。

因此，总公司面对鞭长莫及的海外员工，只得诉诸道德以加强管理。除了这些冷冰冰的金融规定，还愈来愈倚重更普遍适用的道德劝诫，希望让公司的驻外员工相信，如果和"本地人"走得太近，就当不成地道的英格兰人或苏格兰人之类。（在 18 世纪这些改变发生的同时，种族歧视心态开始深入欧洲人心，欧洲人更深信自己优于其他民族，更认同有节有礼的生意人应和放荡不羁的当地贵族有所不同，且这些改变还对这些观念的改变有推波助澜的作用。）到 18 世纪结束时，欧洲人已不再把所娶的当地女子称作"妻子"，而改称为"小老婆"，乃至"妓女"；在该世纪末的某些战争和经济恐慌期间，她们和与她们同住的男人，甚至不得住进有防御工事的欧洲人聚落。欧洲人仍继续款待当地上层人士，但愈来愈将这视为身不由己的憾事，愈来愈认为欧洲人若过度沉迷于此事，将可能斫丧其灵魂（和民族认同），从而更坚定不移地相信这会危及公司红利这一更为功利的看法。大贸易商抱持超越民族、国界的开放心胸，融入当地的贵族生活，这样的时代已近尾声；西方贸易商或殖民官员住在山丘上的独栋房子里，生活习俗一如在母国，竭尽所能不沾染当地习俗，犹如做分类账时收入、开销绝不相混，这样的时代则正要展开。

1.15 本小利大的帝国：加尔各答的英国冒险家和印度金融资本家（1750—1850）

金融恐慌使那些孟加拉大贸易商和他们所创立的出口代理商、银行破产，摧毁了与外人的进口贸易，为英国贸易商留下畅通无阻的入主空间。

　　再基本不过的经济学原理：给资本充裕国家的投资客投资机会，他们会毫不迟疑地锁定资本欠缺的国家，从中抓住较高的报酬。如今从里奥格兰德河（Rio Grande，美墨界河）到易北河，只要是富经济体与穷经济体相连之处，这观念仍引来希望与恐惧（但事实上资本往往仍朝反方向流动，例如 1980 年代资本流出拉丁美洲）。在两百年前，英国东印度公司在金奈、孟买、威廉堡（Fort William，即加尔各答）建立新殖民地时，同样深信资金应如此流动。英国人相信资金会通过这些据点投入，追随已然兴盛的贸易活动，而其中最被寄予厚望的据点，就是便于进入广阔而较富裕之孟加拉地区的加尔各答。

　　因此，英国人来到加尔各答的头一百年结束时，为英孟贸易、印度最早的蒸汽动力工业、英国行政机构本身提供资金者，包括高希（Ram Gopal Ghosh）、席尔（Motilal Seal）、德瓦卡南特·泰戈尔（Dwarkanath Tagore）、达伊（Ashutosh Day），全是孟加拉贸易商。事实上，要到 1860 年代，才有大量英国投资流入印度。那时候，伦敦爆发的金融恐慌已使那些孟加拉大贸易商和他们所创立的出口代理商、银行破产，摧毁了与外人的进口贸易，为英国贸易商留下畅通无阻的入主空间。孟加拉富商巨贾的后代这时已弃商，转而从事其他行业。不久，就可听到一些欧洲人解释道，印度人天生不具创业本事。

在英国人到来之前，这些金融资本家兼贸易商的事业，跟着莫卧儿王朝的朝贡制度而兴起，也随该制度的消失而式微。莫卧儿人来自相对较贫穷的印度远北之地，入主之后要更遥远的南方纳贡。南方的地理环境适合种水稻，且有沿海航运之便，已创造出更富裕、更商业化的社会。莫卧儿人收到贡金后，将其中一大部分用来购买奢侈品，以满足德里（Delhi）、阿格拉（Agra）上层阶级的需要，于是有大量贡金又回流到南方。已从事印度纺织品和其他商品蓬勃出口生意的贸易商（大部分是中东人和东南亚人），也掌控这一贸易。不久，有钱冒更多风险的贸易商投入金融业，使政府和贵族得以提早支用他们的税收。

莫卧儿人于18世纪覆灭时，这一贸易转移地点并未枯竭，这些贸易商继续为王朝灭亡后分据各地的国家经手财税业务。事实上，这些与多个国家打交道、处理交相攻伐之公国的税收需求的贸易商，讨价还价的能力得以提高，从而使政治势力的商业化成为18世纪印度快速发展的产业之一。英国在印度的沿海殖民地最初只有三个，印度境内更多的是由现金短缺的穷兵黩武者所组成的国家，它们的需求与莫卧儿帝国崩溃后分出的奥都（Oudh）、罗希尔坎德（Rohilkhand）等国家的需求几无不同。英国殖民地的人民和其他人一样乖乖付费（8%—12%的利息），而将储蓄汇回老家作业复杂，对加尔各答的钱币兑换就意味着一大商机，他们已然广阔的往来外商网络可以再加进一家伦敦银行。

但这些汇款行为正是英格兰人与众不同的原因之一。他们大部分希望赚大钱，把钱汇回老家，而不想成为哪个印度王廷敬重的金主。因此，他们不愿把征得的贡金用来买印度布料或珠宝，反而希望将货币汇出国。这就带来一个大问题。缺乏贵金属的印度，进口金银已有千百年，如今，突然变成货币净流出国（印度全境一年流出五六百万英镑），从而引发长期的资金问题，即使贸易更趋蓬勃，新科技的诱人潜力吸引外来投资，亦然。

加尔各答的孟加拉贸易商与英国侨民合伙建立跨种族的"代理行"，以满足该地区形形色色的金融需求。这些孟加拉人提供在恒河沿岸广大内陆地区活动所需的资本、地方知识、人脉。其中有些英国人是机械工，提供了蒸汽机、机械化纺纱机之类新奇设备的知识；其他英国人除了提供据称可找上英国有力人士的人脉关系，几无付出。他们之中本身是大贸易商者少之又少。在这同时，英国东印度公司的前途未卜和贪污传闻（贪污有时协助、有时阻碍该公司所辖领地的新发展），妨碍了资金从伦敦的长期投入。

这些代理行除了给政府和贸易活动提供资金，同时还首开先河，开创许多前途看好的新事业，包括用蒸汽动力泵开采煤矿、用新方法制盐、造拖船、建铁桥、开辟茶园、炼糖，乃至铺铁路（但最后一项只停留于纸上作业）。他们甚至投标争取印度境外的工程，例如从加尔各答到苏伊士的汽轮邮递服务。但他们的事业一直苦于资金不足。同时在这么多领域大张旗鼓进行，手头上的资金根本不足，而且贸易商从加尔各答的欧洲人所能筹措到的资金，随时可能突然撤回。此外，这些代理行尽管数量不多，但利益冲突不少。例如某个管理非自己旗下之商号的代理行，和与该代理行（或代理行的某个个体合伙人）有重大利害关系的商号，达成可疑交易的现象，司空见惯。

最糟糕的是，这些代理行能否存活，极度倚赖英国人汇款回家的业务，没有一家能摆脱，而这种汇款回家的举动，照理应受东印度公司管理，有时却反客为主支配起该公司。英国人希望只带走现款，但印度没那么多货币可满足他们需求，于是转而锁定其他易于流通的出口商品：鸦片、靛蓝染料、棉，以及（稍晚的）茶叶。但这些出口品的供给量，往往更取决于能否找到用以将它们运回国贩卖的运输工具，而非需求上的变化（大体上取决于其他地方的采收量），因而全受制于周期性的经济荣枯。

1840年代靛蓝染料贸易出现大崩跌，清楚表明这些代理行的投资多样性只是虚有其表。取消靛蓝种植园回赎抵押品权利的商号，不顾低价，继续在市面销售靛蓝染料，因为它们需要变现一些资金以保住快速周转的汇款业务；由于供应量和低物价维持不变，其他种植园跟着破产。煤矿业者发现他们最大的客户，即用煤大量烧煮靛蓝以熬制出染料的靛蓝种植园，开始拖欠债务；政府收不到应收税款，削弱了财政，连带伤害到借款给政府的代理行。靛蓝染料和鸦片是基本上可充作货币的代理品，靛蓝染料价格的崩跌使每个人都缺少流动资金。心急如焚的董事们（包括印度人、英国人），诉诸创意性会计[1]，把自己商号的钱大量借给自己，等待价格弹回，但手中有靛蓝染料存货的人，没有人承受得起压着存货不销售，于是陷入了恶性循环。伦敦一家有业务往来的公司拒绝承兑联合银行（Union Bank，加尔各答最大银行）的汇票时，这家外强中干的公司随即倒闭；大肆抨击此事的英国报纸，

---

[1] 指在未明确规定会计准则的领域中，有意识地美化企业财务状况，或是高报企业收益。——译注

把焦点放在这场恐慌最后阶段发生的丑闻和"孟加拉一地的欠缺商业道德",而对于与英国本土关系更大、更深层的因素则轻描淡写。

一败涂地的孟加拉贸易商未重返商场。许多人转而投入购置土地或当公务员这两种较稳当的事业(不久后,随着 1858 年印度全境并入大英帝国,孟加拉贸易商投身公务员者激增);其他人则转而投身教育、医学或艺术创作。(德瓦卡南特·泰戈尔的孙子拉宾德拉纳特·泰戈尔[Rabindranath Tagore]以诗作获颁诺贝尔奖。)新公司法的颁行,促进了纯英国银行的创设(当时它们很少借款给非欧洲人)。1860 年代,印度境内铺设铁路,终于开始吸引迟未进场的英国资金投入(铺设铁路需要长期资金,且资金规模只有工业化国家支应得起)。英国人孤身位于印度这新经济的顶端,开始"引进"创业精神。

II

运输与手段

Transport and Tactics

运输不只决定了利润、损失、贸易量，

还拉近了人与人的距离，左右了时间观，重画了地图，

开启了今日称之为商品化、全球化的观念革命。

要做买卖，货物就得由卖家送到买家手上，运送成本愈低廉，交易量愈大，利润愈高。千百年来，人类一直在想方设法降低运输成本，且降低的方法往往是一般人所几乎无法察觉的。例如，仔细研究古罗马时期用来运送橄榄油的陶罐可以发现，陶罐的壁有慢慢愈来愈薄的趋势，从而使运送橄榄油时附加的额外负重愈来愈轻。但在蒸汽动力发明之前，运输的改善仍有些基本限制。即使在蒸汽机问世之后，运输的演进仍不只表现在用科技克服距离上，更非表现在克服距离拉近人与人或增进贸易上。

自然所加诸的限制

铁路发明之前，水路运输比陆路运输省力得多。在帝制晚期的中国，谷物若走陆路，每走 1.6 公里，每一袋的价格就要比水路增加将近 3%；每一块煤则增加 4%。因此，只要是吃重的货物，水路运输的成本优势有时是无可限量的：直到 1828 年，美国大西洋岸的某些沿海城镇仍认为，用英格兰的煤取暖，比从距海岸只有几英里的内陆大森林拖木头来焚烧取暖，成本更为低廉。

然而，在过去，走陆路运输的货物，其吨英里数（运货吨数乘以英里计的运输距离所得的数值），远比走水路者多。其中有许多纯粹是地理因素所造成，因为绝大部分的生产、消费活动不在水道旁，几乎所有货物都至少有部分路程走陆路运来。此外，省力和省成本是两码事。没错，载货的动物得进食，但如果沿路有大量的草，大概就耗不了运货者什么成本。如果动物沿路自行觅食（如 2.3 节所述的庞大阉牛队），即使是长程陆路运输，成本都可能超乎意料地低。而且往往连造个像样的道路都不需要，只要地势平坦，未耕地够多，动物会自行开出路径。只有在人口太稠密（土地太昂贵），不适于动物沿着蜿蜒小径吃草的地方，这种前工业时代的陆路运输方法，成本才必然高昂得吓人，而这种地方往往就是水路运输擅场的地方。（例如荷兰、中国的长江三角洲，虽然富裕、贸易发达、工程技术高超，道路系统却很糟糕，因为根本没有办法将陆路运输的成本压低到足以和水路运输相抗衡的程度。）但在人烟稀疏的地区旅行，却有因此引发的特定问题，例如大丝路商队的最高昂成本，通常是出于安全考虑（见第五章"暴力经济学"）。

中美洲欠缺水道和大型驮兽，但玛雅人、阿兹特克人并未因此就不将货物运过高耸、艰困的山区。男人背负货物，跋涉数千英里前去贸易。数百名运货人（tamame）组成的送货队伍，串联起分处遥远地区的贵族。但在这里，充塞于道途上的不是为获利而生产的商品，而是强征的劳力和上贡的物员（见 1.7 节）。殖民政权结束后，这一方式仍通过私人强征的人力背夫继续施行（见 2.10 节）。促成贸易的动力来自身份地位与权力，而非经济上的得失考虑。

不管是走陆路还是水路，大自然的限制都不容忽视。过去，除非是地理环境特别有利，否则，值得长距离运送的货品，大部分是价格体积比（price-to-bulk ratio）高的产品，即丝、金银、糖、咖啡、药草，而非小麦、石灰岩或木柴。因此，运输大大影响了过去地区间的分工和需求的本质，即使运输条件理想到足以催生出长距离分工，亦然。彼时，将笨重的稻米顺着长江往下游送，将高价的纺织品逆流往上游送，符合经济效益，若反其道而行则不符效益。过去，将上等剑、亚麻布从西班牙经阿根廷运到玻利维亚的波托西（Potosí），有利可图，但将阿根廷北部的小麦、骡或葡萄酒外销到西班牙，则完全不划算（见 5.2 节）。

过去，运输成本也制约了城市发展的规模，因为粮食、燃料之类笨重的物品运送愈远成本愈高，当距离远到使价格太过高昂时，这类物品就不可能运去（见 2.1 节），除非如波托西这样的特例。这座高踞于产银山区顶上的孤城，因为所得甚高，居民购买天价般的商品也毫不眨眼。

19 世纪之前，欲维持贸易上的竞争优势并不容易。陆路贸易的中心，例如丝路沿线的城市，有赖于政治局势安定，以免于军队、盗匪的劫掠。陆路贸易路线随战争的成败而变动。海上贸易优势也不是安稳如山，因为航运成本低廉的关键在船，而船需要船桅，船桅得用庞大而运送不易的木头制成。从威尼斯到厦门到美洲，所有航运、贸易业的强权都发现，它们得保住离水边愈来愈远的大树来源，不然就得让其他人代劳造船工作。18 世纪之前，华南的大帆船有许多造于东南亚；美国革命前夕，英国商船队有三分之一的船造于美洲，同时皇家海军努力欲垄断远至魁北克、金奈之类地方所产的船桅建材（见 2.1 节）。在欧、非、美三洲之间航行，从事三角贸易的葡萄牙船，有许多造于巴西的巴伊亚（Bahia），西班牙船只则造于厄瓜多尔的瓜亚基尔（Guayaquil）。

大自然也借由制约运输，左右了贸易的周期变化和贸易的地点。从广东到摩卡，整个亚洲海域的贸易时程都受制于季风。强风朝同一方向连续吹几个月，然后转向，改朝另一方向又连吹几个月，既然如此，违逆风向而行就显得不明智。贸易商（偶尔是女贸易商）朝一个方向航行到最远，然后待在该地，直到风向调转；他所带来的货物则由别的贸易商买走，这位贸易商来得更早，清楚知道风转为利于返航后自己可以再待多久，知道应在风再度转为不利返航的多少天前扬帆出海，才够乘着顺风一路返回家乡（见 2.1 节）。因此，比起中国贸易商带着丝，花上至少两个季风季节一路航行前往波斯之类的地方，每个季风季节出航，和中国、波斯两地之间的中间商交易，然后带着乳香、小地毯返乡，看来还更为明智。于是一连串商业中心在马六甲、苏拉特（Surat，印度西部港市）、马斯喀特（Muscat，阿曼首都）等地兴起。贸易商看待这类地方时，主要思考在一个航行季节里从该地可航行多远，而非该地可生产什么商品。于是，亚洲海岸沿线，出现一连串贸易发达而充斥外地客的港市，但这些城市往往和紧邻的内陆地区没什么往来（也请参见 1.11 节）。

　　这一体制虽然极有效率，却有某些自然限制，在蒸汽动力发明之前，不管在航海上或商业机构上有多大进展，都无法克服这先天的束缚。风向转向之前所有贸易商都无法返乡，要缩短离家在外的时日（进而减少离家船员的生活开销，以及资本的周转时间），也都有其限度。相对的，在大西洋，风向模式所加诸的限制较没这么严苛。该海域大海港的兴起，若非由于西班牙贸易商选定它们为独占性的货物集散中心（比如古巴的哈瓦那、墨西哥的韦拉克鲁斯、哥伦比亚的卡塔赫纳 [Cartagena]），就是因为相对较自由的贸易商（以英国人居多）认为那些地方很便于做贸易。在前一种情形里，决定出海时间的是政府的批可，而非风力、风向。在后一种情形里，英国船运业者能缩短船只靠港的时间，也就能更快周转资金，减少支付给船员的薪水开销。

　　18 世纪时就是如此，因为苏格兰贸易商借由建造仓库，指派代理商先行集拢货物，以及其他方法，将他们每趟前往美洲大陆时在海港逗留的时间缩短了数星期。这结果影响甚大。随着跨大西洋航运成本降低，殖民者能往更内陆推进（因此承受较高的当地运货成本），而仍能以富竞争力的价格将烟草、稻米等商品运回欧洲。欧洲人要到能够从更内陆成功输出货物，才开始往较内陆地区定居，这对他们和他们的奴隶而言都是如此（见 2.4 节）。

人的慧心巧思：顺应天然障碍并立下新的障碍

但即使地理环境和气候左右了前工业时代的运输（进而左右了经济），它们的制约并非绝对。大西洋风或许是上述航运成本得以大幅降低不可或缺的因素，但光靠它们本身不足以促成创新。创新不只需要有注重成本的苏格兰贸易商，还需要或多或少属于单产品型的贸易。如果巴尔的摩的代理商知道切萨皮克（Chesapeake）地区唯一可购买的东西是烟草，知道英国国内的烟草市场大到运回一船烟草也无法让市场饱和，那么授权该代理商负责搜购巴尔的摩的货物，相对就较容易。（日后随着商品有了统一的分级制，这还会变得更容易，参见第六章"打造现代市场"。）授权地方代理人，要他从马六甲之类地方收购货物运送回国，就困难得多，因为在这类地方，普通一艘船能载运一些丝、一些茶叶、一些瓷器、一些香、一些糖等多种东西，也就是市场行情好（全非当地生产），运回的数量不能太多，以免让国内市场饱和的商品。

有时，某一创新主要是在加强对自然的控制，还是对人的控制，甚至都无法断定。16 世纪快结束时，荷兰人开始利用名叫"福禄特"（fluitschip）的新式船只，航行于荷兰与波罗的海之间。这种船行动笨拙缓慢，但航行所需的船员数比当时大部分船只要少许多，可大大节省航行成本。但荷兰人进军地中海的航运业时，未用到这些较省成本的船，更别提用于大西洋、太平洋或印度洋航路。原因为何？波罗的海航路已肃清海盗（和敌对政府，两者往往是同一批人），但其他航路还没。这种船速度慢，炮门少，船员数又少，在不靖的海域航行，无疑成为容易得手的劫掠目标。

　　天然良港的优势，未必能确保该港繁荣不坠。摩卡港身兼欧洲、埃及间与波斯、印度间重要的货物集散中心，但随着港口淤积，最终退居内陆（见 3.3 节）。还有些情况下，海港的式微并非因为自然力，而是因为继承、购得或窃得具地利之便之地方的人，可能过度利用该地，而使得它们优势尽失。在其他情况下，只要有人可能试图独占某地的地理优势，就可能引发先发制人的行动。因此，就因为担心荷兰人一旦重新掌控连接印度洋、南中国海的马六甲海峡，可能强行征收通过该海峡的过路费，莱佛士于是深信该在这个扼控世界贸易的要地，设立服膺自由贸易理念的替代港，从而有新加坡城的诞生。（莱佛士因此遭到他行事更谨慎、更有外交顾虑的上司惩罚，见 2.6 节。）

动力驱动的运输：新时间、新空间、旧冲突

　　19 世纪，蒸汽动力和铁路将翻动世界贸易版图。蒸汽动力的问世，大大提高了人类掌控自然的能力，但并非无上限的提高。蒸汽动力使轮船逆流而上几乎和顺流而下一样轻松，且一年到头都可在海上航行。但至少在某些多风暴的海域，汽轮航行其中仍有很大风险。蒸汽挖土机可用来挖运河、疏浚海港等，且速度更快，效果更好。承平时期，货运运费直线下降，或者说看来如此：1815—1850 年，横越大

西洋的大部分货物，每磅运费约降了80%，1870—1900年又降了70%，累积共降了将近95%。

陆路运输的改变更大。铁路让人类首次得以用低廉成本将重物经陆路运到遥远他地，但碰到坡度太陡的地方，铁路就没辙。（火车太重，无法靠可充气的轮胎运行，必须使用与铁轨间摩擦力非常小的光滑轮子，因而几乎无法爬上陡坡，即使在今日，火车所能爬上的坡度，仍不如装有具抓地力轮胎的汽车和卡车。）此外，铁轨铺设路线穿过落后地区，成本高昂，意味着即使省下庞大的运输成本，收益仍可能叫人泄气（见2.9节）。

铁路还创造了自己的独特需求。例如火车在车站里等待装货时，让蒸汽车头继续发动着，非常耗成本，而如果关掉锅炉，要再启动又得花上一段时间。因此，停留上货的时间必须要短，上货时得采用一打开就将货物（例如谷物）一股脑儿倒进车厢的起卸机的方法，而非一袋袋搬进车厢。但使用起卸机意味着不再把张姓农民和李姓农民的小麦分开摆放，从而对现代世界经济里的标准化商品和期货买卖产生深远影响（6.4节对此有所探讨）。

铁路、汽轮大幅提高了货运的速度和分量，同时大幅压低成本，从而在时间、空间、商品化上引发一场观念革命。因为汽轮，大西洋、太平洋缩小成池塘，大陆缩小成小公国。遥远之人变成近邻，位于港口或同一条铁路线上的人，甚至比距你更近但不在交通网内的人，与你关系更近。运输瓶颈一打开，时间就是金钱。载运愈多货，代表更大利润，而非市场饱和。随着时间、距离的阻隔消失，买家、卖家之间的中间人往往遭打入冷宫。制造商和金融资本家的地位往往变得凌驾于贸易商之上；试图消弭文化距离的广告商（文化距离的消除比地理距离的消除更慢），也变得较重要。全球超级市场于 19 世纪开始成形。奢侈品不再是长程贸易的最大宗商品。阿根廷、乌拉圭、美国的牛羊肉，澳大利亚、美国、印度的小麦，喂饱饥饿的欧洲人；日本的纺织工厂混用美国、印度、中国所产的棉花。多个国家的货物在世界市场里竞争，随之需要标准化和商品市场（见 6.4 节）。因此，运输不只决定了利润、损失、贸易量，还拉近了人与人的距离，左右了时间观，重画了地图，开启了今日称之为商品化、全球化的观念革命。运输革命虽带来极大变革，却仍未如某些人所曾预测（和仍在预测）那般打消地理畛域。

原因之一是人必须抓住机会，而即使是很有利润观念的社会，都没有抓住每个机会。例如 19 世纪末期的美国，埋首发展征服而来的大陆，大体上无心往海上发展，从而让一度强大的海上贸易事业消失无踪，甚至放弃看来占有地利的贸易路线（例如通往巴西的路线）。在其他例子里，人们的确抓住机会消弭地理距离，但无意间拉大了文化距离。例如，在荷属东印度群岛（今印度尼西亚），19 世纪末期一连串的改变，乍看似乎必将更形巩固这殖民地与母国的关系。苏伊士运河的建造，使航行时间在短短十年缩短了将近三分之二，加上原已改善的海上航运，更大大缩短母国与殖民地的距离；跨洋海底电缆的铺设，意味着首度可以用几乎实时传送的方式将消息传送到远地，且成本远低于货物成本。但在殖民行径和 19 世纪末期种族主义盛行的背景下，民族畛域反倒更为鲜明，荷兰人觉得与荷兰的关系比以往更亲，觉得自己与"家乡"的欧洲同胞的关系，比与他们在东印度群岛上的非欧洲邻居更亲；爪哇的华人同样觉得与中国较亲，许多穆斯林则觉得与中东的伊斯兰学术中心较亲近（见 2.8 节）。因此，运输与通信上的进步制造出区隔（殖民地内部的区隔和殖民地、宗主国之间的区隔），更甚于使人民同心同德，至少在东印度群岛如此。科技能使人的迁移、货物的运送更为容易，但人如何看待自己、彼此、货物，完全由人自己决定。

2.1 木材、风、造船、货运：中国为何未雄霸海上

15世纪明朝政府为海军建造的"宝船"，

最大者重达七千八百吨，

比19世纪前英国海军的任何舰只还大上两倍。

考你个问题：在前工业时代，世上最大的船是哪种船？不是用来将美洲白银运到大西洋另一岸的西班牙大帆船，不是最后将西班牙大帆船驱离海上的英国军舰。比起中国为海军建造的"宝船"，两者都相形见绌。

这些宝船比上述欧洲船还早几百年出海，14世纪和15世纪初时航行足迹既远又广，最远达东非海岸，有些人更认为曾绕过非洲的好望角。宝船航行距离之远，在当时独步全球。最大的宝船重达七千八百吨，比19世纪前英国海军的任何舰只还大上两倍。中国的海上武力如此先进，却未能如日后的英格兰、西班牙、荷兰或葡萄牙那样称霸海上，着实令人不解，但如果仔细检视历史，就会知道是其来有自。

1433年后，明朝政府不再支持宝船远航，中国的海上霸权自此几乎终结。从那之后，中国船只只在今日新加坡以东的海上活动。几十年后，长距离探险和随后的长程贸易，主动权交到了欧洲人手上。

朝廷里新的一派得势，明朝政府的政策随之开始改变。该派主张国内和大陆事务才是施政的重心所在，强调农业生产、内部稳定、在

中亚大草原边缘驻兵和殖民、整修长城以阻止外族入侵。这足以解释明朝政府为何不再支持远航。虽有许多人认为整个中国民间跟着政府一起转趋内缩保守，其实不然。民间远洋航行之所以式微，还涉及更错综复杂的因素。在东南亚的海上货运路线上，中国民间贸易商其实变得比以往更活跃，只是从未如宝船航行得那么远。民间贸易商是根据市场因素下决定，与朝廷不同。

　　建造大船所需的木料很昂贵，特别是在繁忙的贸易中心，因为贸易中心挤居大量人口，柴枝、木头建材的消耗量大。当时短缺木材的不止中国。在煤这一合用的炊煮、取暖燃料变得普遍可取得之前，欧洲人也为木材短缺所苦。在整个欧洲，以及印度部分地区还有日本，政府极力控制木头的价格和供应。威尼斯的造船厂因为木材短缺而停摆，英国人则祭出非常措施以保住自己境内的木材，甚至立法规定新

明朝海军将领郑和的"宝船"与哥伦布的"圣玛丽亚"号
（Jan Skina 绘制）

英格兰地区森林里特定高度、强度的树，全属于皇家海军，他人不得砍伐。（但事实表明这规定难以落实。）

中国政府根本不干预木材市场。明朝政府不再建造庞大而昂贵的宝船后，就几乎不关心木材价格。随后入主中国的清朝（1644—1911）皇帝，在初期大肆建造皇宫时，曾试图固定木价，但不久即放弃，任由市场决定。

市场对此的反应，乃是发展出庞大的民间木材贸易，只要有水路运输之便的地方，木材贸易即蓬勃发展起来。内陆森林砍伐下来的原木，顺着中国的主要河川和运河往下游漂流数百英里，以满足今日上海、广东、北京附近人口稠密地区的需求，换取地区中心的布、铁制品及其他制造品。也有木材走海路，从满洲、福建乃至今日越南、泰国，运往上述地区中心。

但这些方法只适用于开采靠近水路的木材资源，沿海、沿河的森林很快就被砍光了。从深山运出原木太费人力，因此，18 世纪时，华中沿海地区的造船成本已升高到米价的约三倍之多——米是中国主食，了解整体生活成本最可靠的指标。

中国海运业者采取受市场驱动的明智措施以为因应，亦即订定合同，将造船工作发包给东南亚几个地区，他们往往是亲戚或其他华人移民所经营的造船厂。中国并未封闭，造船市场并未因人为因素而停摆，只是不再有承造庞然"宝船"的市场而已。中国贸易商未出资建造可远航至印度、中东的大船，转而请人建造较小的船。这种船能让贸易商载运瓷器、丝到中国与印度、中东之间的中途站，在那里购买印度棉、靛蓝染料运回中国。

较短程的航路也较适合该地区的气候模式，使中国贸易商不必远航到会因季风转向得耽搁数月才能返航的港口。要追求最大利润，就得利用那些因风力之助而发展起来，便于各地商人碰头交易的货物集散中心；一连串这类碰头交易地点，打造出有效率的贸易网络，让产品能在没有贸易商在外逗留超过一季的情况下，一路从地中海辗转交换到日本、中国、朝鲜。

事实证明，迁就气候做贸易很合乎效益，但此举不利于造船业和远洋航行的发展。要让人觉得造大船、远航值得一为，需要别的动机，比如传教、军事竞争，或欲独占海洋、绕过这些港市竞争性市场的念头。中国人把如此浩大的事业留给欧洲人，而欧洲人以行动证明他们愿意蔑视市场法则，从而为世界贸易开创出新时代、新模式。

2.2 聪明还不如交好运

> 哥伦布不小心撞进现代世界，
>
> 而当他发现那世界时，其实，
>
> 他并不认得那世界。

从小的学校教育就告诉我们，哥伦布是见识宏远的典范。他似乎是以一己之力把欧洲带离中世纪，推进现代。因为他的恢宏见识，理解了真实世界及其潜在的机会，眼光短浅的欧洲一跃成为世界强权，世界经济的主宰。但哥伦布真是历史上的伟人？他真是克服无知与迷信、改造世界、敏于审时度势的欧洲企业家？

哥伦布（意大利语本名 Cristoforo Colombo，拉丁语名 Christophorus Columbus，英语世界对他的称呼 Christopher Columbus 即源自拉丁语名，西班牙语名 Cristóbal Colón，但后来他偏爱用 Colón 一名自称，未再使用 Columbus 一名）是地中海经商世界非常典型的人物。身为热那亚毛衣织造工和贸易商的儿子，他 14 岁就上船出海，游历地中海许多地方。热那亚不只是新兴资本主义世界经济里繁荣的贸易中心，还是非洲奴隶、黄金买卖的重镇。哥伦布会成为新大陆的第一个奴隶贩子，绝非出于偶然。他年幼就热衷于追逐财富，且算不上是爱财而取之有道的君子。他至少曾在专门劫掠船只的海盗船上当过一段时间的海盗。1476年他在葡萄牙海岸外遭遇海难时，正在洗劫威尼斯同胞。此后终其一生，他展现见风转舵的本事，为了个人利益，一再改变效忠的主子。

天意要让哥伦布通过海难，踏上全球最伟大的航海国家葡萄牙。当时的葡萄牙在制图、造船、航海上都已有长足进展。15 世纪初，葡萄牙人就已发展出速度快、易操控、大三角帆的多桅小帆船，绘制海图、天文图，发展航海仪器（例如用来测量纬度的横标仪）。推动这些进展的力量，不是来自对知识的抽象热爱，而是来自欲在传说中的非洲、东方市场发财致富的念头。哥伦布因缘际会踏上葡萄牙土地时，葡萄牙人已通过有计划的探索，发现大西洋上的马德拉（Madeira）、亚速尔（Azores）、加那利（Canaries）三处群岛，移民于那些群岛，且已沿着非洲西海岸往南航行超过西岸一半的距离。

葡萄牙国内那股发掘未知、大胆远航的狂热气氛感染了哥伦布，使他有了西航的念头。他研究地图。更重要的是，他娶了马德拉群岛某岛屿（欧洲最西陲）行政长官的女儿。冲上岸的古怪鸟尸和树枝、当地的传说，鼓舞了这位热那亚人更往西探索。

但他大胆西航的探险计划，找不到人资助。葡萄牙国王先前曾批准一次西航行动，却以失败收场，因此驳回哥伦布的构想。横阻在哥伦布面前的不是迷信，而是经验。卡斯蒂利亚的伊莎贝尔女王（Queen Isabel）欣赏哥伦布的坚定信念和风采，但因八百年来将摩尔人逐出伊比利亚半岛的大业正到最后关头，她无心他顾，因而也回绝了他的计划。哥伦布和他的兄弟转而找上法国、英格兰国王，依旧无功而返。

之后伊莎贝尔女王重新考虑，决定召集一群专家，研究哥伦布的计划。部分为了保密，担心"商业间谍"刺探，他未详细透露他的计划。经过四年思考（非遽下论断），这群专家未接纳他的计划，但这不是因为女王身边的人全是无知、迷信的逢迎拍马之徒，认为地球是平的，担心航行到尽头会落入万丈深渊。反倒是因为她那些学识渊博的顾问，断定哥伦布错误估算了地球周长，因而拒绝他的计划。这群专家深知地球是圆的，一如当时欧洲几乎所有知识分子所认为。至于哥伦布本人的见识，诚如他后来写给伊莎贝尔女王信中所说的，他计划的根据不是地图、天文学，而是《圣经》。比起那些否决他计划的顾问，哥伦布的见识其实比较落伍。他是深受宗教教义影响的中世纪思想家，根据《圣经》预言得出他所深信不疑的西航路线。他从经文里拾取线索，用较短的意大利里（而非较适当的阿拉伯单位）换算，因而计算出的地球只有实际的三分之一大。他推断往西两千四百英里（约 3862 公里）可抵达印度地方 [1]，但诚如今日所知，那里其实比较靠近美国的印第安纳。伊莎贝尔女王的顾问群深知前往印度距离太遥远，要替如此长的航程供应粮食和其他必需品有其困难，因而认为这一远航计划不可行。

葡萄牙国王再次召见哥伦布，再次讨论他的计划。这次依然无功而返，因为就在这个热那亚人来到王廷时，葡萄牙航海家迪亚斯（Bartholomeu Dias）也抵达里斯本，宣布他已抵达非洲的好望角。通往印度（即通往东方）的航道因此开启，哥伦布的探险计划随之失去价值。

最后，伊莎贝尔女王再度召见，哥伦布的信念终于有机会实现。这时的伊莎贝尔刚击败穆斯林在伊比利亚半岛上的最后根据地格拉纳达，一派志得意满，加以丈夫费迪南国王告之哥伦布所需的经费不算太大，改变了她的想法，因此，尽管对此计划能否成功抱有疑虑，她

---

[1] the Indies，印度和其周边岛屿。——译注

还是同意资助这次探险的大部分经费。

接下来就如大家所知，哥伦布率领三艘小船横越大西洋。离开加那利群岛三十三天后，他抵达巴哈马群岛。他不仅不知道自己要前往何处（因为对地球的大小认知有误），真到了那里也认不出自己身在何处。他一心想要靠印度贸易发财致富，因而仍深信古巴就是日本（当时欧洲人称 Cipango）。这些"新地方"的所有居民，由于他的误解，因此成为"印度人"（Indian，意译即"印第安人"）。此后十余年间，他再率探险队四度来这所谓的"印度地方"，航行过委内瑞拉、洪都拉斯沿海，在牙买加、西班牙岛、古巴待上很长时间，但到最后他仍坚信自己已找到"印度地方"。这个重画世界地图的人，仍抱持中世纪的观念，认为世界是梨子状，汹涌的奥里诺科河（Orinoco River）是位于地球顶端、接近天堂处的四条河之一。这个将使世界经济翻天覆地的人，动机只是为了取得黄金以资助收复耶路撒冷的行动。哥伦布不小心撞进现代世界，而当他发现那世界时，其实，他并不认得那世界。有时聪明还真不如交好运。

2.3 首都和其胃纳量：18 世纪之旅

为什么伦敦或巴黎的成长，

引发那么多暴动，

北京、德里的成长引发的暴动却少得多？

今日那些抱怨"大政府"的人，并不在乎其员工住在哪里：美国国税局（IRS）位于托皮卡（Topeka）的官员，仍属于"华盛顿特区"的一员。但在未有铁路的时代，常引发人民抱怨的，却是首都本身规模太大。为什么伦敦或巴黎的成长，引发那么多暴动，北京、德里的成长引发的暴动却少得多？

大部分城市的规模受限于食物、木材的需求。只有少数农业地区，在农民吃掉自己的农作物后，还有超过 20% 的作物可卖。而且陆路运输粮食的过程要消耗过剩的粮食，因而即使有广阔的农业腹地，也难以解决城市的需求。举例来说，带一群马走三十多公里路，马在途中会吃掉它们所运送的许多谷物，从而使这趟买卖（通常）无利可图。因此，城市如果成长到太大，粮食价格上涨，工资跟进升高，该城市的产品就失去竞争力，而城市也随之停止成长。

但首都不一样。它们所提供的是只此一家、别无分号的服务，它们的居民包括了可借颁布敕令提高自己所得以追上较高物价的人。1500—1800 年间，欧洲的帝国、军队、官僚体系逐步成长，首都也逐步扩大，为邻近城镇引来严重问题。伦敦周围环绕着生产力特别高而有市场导向的农田，且有优异的水路运输，问题没那么严重；但即使如此，伦敦仍得颁行多项新法以引导足够谷物输往该市。

在客观条件较差的巴黎，这问题就形成灾难。附近农民消耗掉的自种农作物一般超过 80%，剩下的才拿到市场卖。因此，如果产量变少，例如少掉 10%（常有的事），对谷物市场的冲击，就如同今日产量掉了 50% 那么严重。贸易商将到更远的地方搜购谷物，以供应买得起高价谷物的首都居民所需。乡间的谷物买家（村中工匠，领工资的工人，种葡萄、亚麻和其他非谷物类作物的农民），则因此挨饿。巴黎所掀起的浪涛，可能使他们淹死在原本相当平静的海里；他们唯一的自保之道就是暴动，不让载运谷物的货车离开。而巴黎还不是欧洲最惨的地方，最惨的是马德里。马德里虽然拥有大量的美洲白银，却坐落在气候非常干燥、大部分饲养绵羊的地区。

镇压这些乡村谷物暴动所付出的成本，以及为了让首都穷人买得起而压低物价所付出的成本，抑制了欧洲各首都的成长。因此只有少数欧洲城市的人口能超过二十万，无一能超过五十万，但为什么其他社会养得起人口超过百万的城市？

这些首都有一些就坐落在粮产丰饶的地区附近，或优异的水路运输路线附近，或者同时兼具这两项地利。开罗靠尼罗河三角洲提供粮食，若有需要，还可靠海外进口救急；伊斯坦布尔附近有肥沃平原和几条重要的航运路线。东京的前身江户——大概是 18 世纪最大的城市，不只其周遭乡间的居民几个个都住在沿海附近而得以享有舟楫之利，而且非常幸运的是，其腹地的居民都种植稻米，每亩稻田所能产生的过剩稻米远多于每亩麦田，而且稻米比小麦更便于贮存、运送。

尽管如此，仍需要广铺道路、建立庞大的贸易网以及（有时）横征暴敛，强迫倒霉的农民献上稻米，才能喂饱江户城民。

最令人叹为观止的，大概非清朝、莫卧儿王朝的京城莫属。这两个帝国都控有辽阔的种稻区，但两者的首都（北京、德里）都距种稻区有数百英里远，且位在几无过剩粮产的干燥平原上。而且两者都是前工业时代世上最大的城市之一。那它们为何未面临五倍于马德里的灾难？解决之道就在两者都建造了巧妙而独特的运输系统，使首都得以利用远处过剩的稻米。

就北京来说，稻米是借由世上最广阔的运河网往北输送，其中包括长近两千公里的工程奇迹大运河，大运河取水自中国几条大河，将北京与这些大河连成一气。大运河从 7 世纪起一段段开凿，1420 年全线完成；18 世纪时，它一年所输送的稻米喂养了一两百万人。此外，清朝政府督建一全国性的备荒赈灾体系，这体系由国营、民营义仓共同构成，丰年时义仓贮存谷物，荒年时以低于市价卖出存粮。这套体系很耗成本，但管用，即使在 18 世纪歉收最严重的时期，中国的谷价几乎从未上涨超过 100%，反观法国粮价有时上涨至 300% 或 400%。

莫卧儿王朝既不开凿运河，也未建许多粮仓，但的确鼓励首都附近的庙宇和有钱人家投注巨资凿井，以使平原较为湿润，生产力提高。但真正的解决办法乃是班贾拉（banjara）阶级所提供的陆路运输服务。班贾拉人是赶着牲畜四处迁徙的世袭性牧民；千百年来，他们游走于村与村之间，将一部分新生的小牛卖给需要牲畜犁田的农家，一部分老迈的牲畜则杀了取其皮贩卖。可想而知，他们也很快就从事起运输行业。他们的牲口队往往有超过万头的阉牛（班贾拉人的阉牛共有约九百万头），每头阉牛能拉运约一百二十五公斤的东西，因而班贾拉人自然成为运送大型笨重货物的绝佳人选。莫卧儿王朝时期，他们定期受雇运送谷物到首都，还有机会承接盐、布乃至钻石（用来赠人疏通事情）这些利润更大的运送工作。

此外，班贾拉人的运货成本低，因为在半干旱的平原上有许多未开垦、未筑围篱圈住的茅草地，牲畜可沿路就地觅食。在欧洲，驾驭联畜货车的人通常得花钱买草料喂拉车的牲畜，但班贾拉人的牲群沿路觅食，不花他们一毛钱。这虽使得班贾拉的牲口队移动缓慢，在来到此地的欧洲人眼中，更显怪异，但这套方法管用。如果那些欧洲人原是来自巴黎或马德里城外的铁匠，或许会看出这种运货方式的殊胜之处。

2.4 尘土空间的先锋：
仓库、跨大西洋贸易、开辟北美边疆地区

码头上和沿海的仓库，

降低了航运成本，

载来了开辟北美边疆地区的新移民。

往西开拓的故事，大概是美国最受喜爱的史诗故事，而参与这壮举的人物，不管是好是坏，都是美国文化里最持久不衰的偶像，这些人包括毛皮贸易商、伐木工人、农夫、士兵……还有仓库经理。仓库经理？没错。至少在欧洲人殖民美国的头两百年间，往西拓展的步伐快慢，有很大一部分取决于殖民者是否有能力将商品作物运回欧洲卖掉；而要能从愈来愈内陆的地区运出货物，同时又能在欧洲市场保有竞争力，则有赖于作物运抵东部大西洋海岸后，能够降低此后一应的航运成本。1700 年到美国独立革命之间，在航运技术未有任何改变的情况下，这些成本降了一半；而促成此事的主要功臣，就是设于东岸沿线的仓库。

我们常认为开垦宾夕法尼亚西部或卡罗来纳西部的农民，都是种植作物大体上供自用的自给自足之人；但两个现实因素使他们之中的大部分人得将作物运到欧洲卖掉才能过活。首先，他们大部分人是借钱来创业，借钱可能是为了坐船到新大陆，不然就是为了购置土地。其次，完全自给自足太不合效益，而殖民地市场太小、太分散，支撑

不起大量生产的工业，因而铁钉、布、其他民生必需品，更别提镜子、钟或茶叶之类象征身份地位的东西，大体上靠进口。为换取这些进口品，宾夕法尼亚人、纽约人输出谷物；卡罗来纳人输出稻米、松脂制品，还有后来的棉花；弗吉尼亚人、马里兰人大多输出烟草。这其中大部分货物的市场，价格波动大且竞争激烈，因而欲在较偏远地区生产它们，风险很大，除非可在其他环节降低成本。

基本上，有两组改变拉低了航运成本（即使在汽轮或改良帆船问世之前亦然），从而使农民能往西开拓。第一个改变来自英国一方，即18世纪时大抵上肃清了海盗。这不只降低了保险成本，还使货物得以用无武装船（或轻武装船）来往于大西洋两岸。这种船建造成本较低，操作成本更低廉得多，因为靠较少的船员就能运作。但这只是原因之一，因为加勒比海殖民地和巴西（在某些情况下是北美殖民地的竞争者）受益于此的程度，丝毫不逊于北美人，甚至还有过之。

航运成本降低的另一因素，来自船只滞港时间缩短。水手到了家乡以外的任何港口，船主都得支付水手上岸期间的开销（否则他们几乎无法存活）；愈晚买到货物离港，滞港时间愈长，船主开销就愈大。而滞港的时间，历来都很长，因为买家得走访各种植园，检视作物，讨价还价，才能成交。1700年，往返于英格兰与切萨皮克烟草产地的船只，每次航程平均要花上百余天在切萨皮克河口四处收购货物；其他地方的滞港时间与此类似，成本差不多高。（在印度洋和南中国海，得等季风转向才能返航，滞港时间还更久，为此，当地贸易商找到截然不同的解决办法。船东不雇请要发工资的水手，反而招募贸易商为船员，给他们提供船上特定大小的置货空间，他们则负责船上勤务以为回报。这些身兼船员职务的贸易商，在停靠港口期间自行做买卖，借此养活自己，完全不需船东供养。）

事后看来，缩短滞港时间似乎再简单不过，只要与当地代理商签订合同，由代理商事先买好你所要的作物，存放于仓库，待欧洲来的船一抵达，立刻就可装船。但在当时，这是相当创新的办法，因为当时的贸易商不习惯于提供这类安排所往往需要的那种程度的信用，或不习惯于把批购何种货物这么重大的权限授予他人。但在美洲，这办法可行，部分原因就在于在美国特定地方所能批购的货物，种类不多。举例来说，抵达亚历山大港或加尔各答或广东的商船，可以选购的货物五花八门，令人伤透脑筋——这个季节买胡椒比较好，还是买丝比较好，还是都不如买茶叶来得好？或者如果回程时得中途停靠苏拉特，那买棉花，然后在苏拉特换别的东西运回欧洲？但抵达巴尔的摩的海运业者，买的是烟草，其他货物则少之又少；抵达查尔斯顿（Charleston）者，买的是稻米、棉花，或许还有松脂制品；抵达金士顿（Kingston）者，几乎百分之百买糖。此外，他们带着这些货物直接返回欧洲。在跨大西洋航路上，没有可以中途停靠以拿部分船货交换别种货物的贸易据点（这与欧亚非洲的贸易有所不同）。因此，下决定较易，授权代理人较易，而一旦如此，他们就可以大大缩短滞港时间。

有趣的是，英格兰老牌贸易公司过了相当一段时间才理解这点。苏格兰个体户贸易商最早看出为愿意建造、管理仓库的美国人提供融资的潜在好处。渐渐地，大家看出这能省下许多时间和金钱（1770年时，切萨皮克地区的滞港时间降至五十天，其中许多天数是修补船只所必需），其他海运业者随之跟进。随着跨大西洋贸易成本降低，美国货物在欧洲的需求量随之升高。但载运出口品到美国的英格兰船，货舱却未装满，因为出口的制造品（其中许多是奢侈品），不像笨重的美国农林产品那么占空间。因此，船上总有剩余空间可载运新一批欧洲移民，这时这些移民可更放心大胆进入人烟较稀少的殖民地内陆地区，而这得部分归功于码头上和沿海仓库里悄悄进行的创新措施。

2.5 人群模式：勇于移民的华人！

在蒸汽动力发明之前，

华人的志愿移民人数高居世界之冠。

哥伦布发现美洲后，其他欧洲人跟着过来。当时的欧洲，一如任何地方，有许多人没地、没资源、没机会，因此开拓渺无人烟的南北美大陆，让他们怦然心动。1800年时，也就是美国已脱离英格兰独立而拉丁美洲许多地方也快要脱离西班牙掌控之际，前所未有的庞大移民潮加入这场冒险，创建新社会，同时纾解欧洲的人口压力。

哦！对不起，上面讲的全别当真；你的高中教科书里或许就是这么写的，但大部分不符合事实。1800年前涌进美洲的人潮并不突出，至少在人数上是如此。1500—1800年间，有一百万至两百万人来到美洲，相对的，有超过八百万非洲人通过奴隶买卖被送到美洲。（欧洲裔占北美洲人口的绝大多数，源自非常高的生育率，也就是美国著名政治家和科学家富兰克林所说的"美国乘法表"——American multiplication table，而悲惨处境和找不到婚配对象使非洲裔人口下降。）事实上，美洲某些地区之所以需要奴隶，完全是因为许多最优质的土地遭特权人士和有权有势者抢走，辟为大片种植园后，该地所能提供的工作类型，从欧洲吸引不到足够的人前来。反倒是常被视为安土重迁、不肯轻易迁离世居地的华人，更有助于我们了解人类远离家乡寻找无主之地的历史。在蒸汽动力发明之前，华人的志愿移民人数高居世界之冠。

就从人数来看，或者从今人所知的数据来看。1500—1800 年间，光是中国西南边疆，就有约四百万华人移去，开垦未经开垦的土地，赶走原居当地的部族。光是 17 世纪中叶，就有一百多万人移民到满洲（有些是志愿，有些不是）；18 世纪时，清朝禁止关内人民再移民满洲，但根据 1779 年所调查遭开垦的土地面积，显示又有超过一百万人涌入。还有一些华人渡过海峡到台湾，或前往其他边远地区。四川算不上是新发现的边远地区，但经过 17 世纪中叶战争、瘟疫的摧残，四川再度出现无人占有的空地，于是约两百年间，它一直是最热门的移民地点（关于外地人移入四川的历史，今人所知不多，这是其中之一）。

为什么有这么多人迁离故乡？那些中国移民并不比当时的欧洲移民穷或处境悲惨；一般来讲，他们或许甚至比前工业时代的西方人富裕些。而他们所找到的土地无疑没有更富饶；他们所受的苦也未必少于那些横越大西洋者。

就某些情况而言，政府政策是答案所在。这其中有些移民（例如前往西南边陲的约一百万人）是士兵和其眷属，是奉政府之命派往该地，以巩固中国对局势不靖地区的掌控。在其他地方，边远地区因天灾或人祸，人口减少，而成为移民的目标，且官方往往赞助志愿性移民，即提供免费种子和具繁殖力的牲畜（以繁殖役畜），协助建设灌溉、防洪设施。最重要的是，官方保证遭废弃或新开垦的土地归移民所有，且常免除这类土地的赋税。

但对于真正新发现的边远地区，政府往往没那么乐于协助移民，甚至还阻止移民。移民台湾和满洲遭官方禁止了很长时间，因为政府欲保护那些地区的原住民，或至少省掉来日镇压叛乱的成本。（在其他地方，移民也间歇性地不被鼓励，但持续时间不长，也不是非常有效。）满洲是满族的发祥地，满族就靠着在那里练就的精湛骑术、武艺入主中原，建立清朝，因此清朝政府保护该地，不让外人进去。此外，满洲森林出产人参，那是皇家所独家垄断、有利可图的商品。移民满洲者会改种大豆、小麦，或许能增加粮食生产，喂饱人民，但无助于充实皇帝的私人财库。（在美洲，情形相反，通常是殖民地的作物，糖、烟草、咖啡之类，占对外贸易的大宗，对政府岁入的贡献远大于森林未遭砍伐下毛皮和兽皮的贡献。）

台湾也有对外出口（原住民将鹿皮和其他森林产品卖给 1600 年后抵台的荷兰贸易商），清政府担心太多农民将森林开辟为农地，将制造出可能难以收拾的反清同盟。因此，尽管情势显示政府根本无法禁绝内地人移民台湾，官方仍极力保护原住民，务使他们毫无损失。例如官方规定内地农民可开垦土地，但不得拥有该土地；农民或许取得永久的地上权，且获准出售、出租或转让这些权利，但土地本身仍归原住民拥有，因而原住民可以收租，从而可以局部弥补森林变小的损失。一旦认定移民推逼太甚，引发动荡，官方愿和原住民联手，用武力恢复现状，这在北美洲或南美洲大部分地区（包括南美洲几乎整个温带地区），几乎不可能见到。

那么为什么离乡讨生活的华人会比欧洲人多？只要移民，几乎立即可得到自己的土地，无疑是原因之一。另一方面，在欧洲人所开辟的许多殖民地，有权有势者可以将所有土地占为己有，平民百姓因此只能寄望替他们充当仆役一段时期以偿付旅费之后取得土地。还有一个原因，一个与大部分人的刻板想法大相径庭的原因，那就是华人移民创业之初，不像大部分欧洲人那么受束缚。在法国大革命之前，许多欧洲人受法律约束而离不开土地或封建领主，或离不开两者。有权离开者也往往无法出售地产以筹措渡海的盘缠。相对而言，绝大多数中国农民是小自耕农，或者是与地主的关系属契约关系而非臣属关系的佃农。在经济领域，他们比同时代的欧洲农民更为自由，也就是说，别的自由不谈，他们在迁徙上更有自主权。（与此同时，对于可以迁徙的欧洲人而言，临近的城市比遥远的边地更具吸引力，毕竟精英们已经在边远之地认领了大部分上好的土地；对中国人而言，城市一般而言缺乏吸引力，边地则更为开放。）欧洲农民和工匠在这方面"赶上"华人移民，要到19世纪其中许多人因动乱而无以维生，他们才拥有同样的迁徙自由，开始大规模迁移寻找新天地。今人就根据后来这样的移民规模，回头替殖民美洲的头三百年历史套上了不符合当时实情的移民传说。

2.6 说服莱佛士

对于促进英国在亚洲的商业势力，

少有人比莱佛士贡献更大；

对于阐释 19 世纪大英帝国"开明"时期的帝国价值，

可能也没有人比他贡献更多。

莱佛士在亚洲的英国东印度公司任职十五年期间，征服了爪哇，写了三本书，替伦敦动物园草创之时收集了许多动物，特别重要的是创建了新加坡。但东印度公司拒付他退休金，并向他的遗孀一再催讨他在创立东南亚最大贸易中心时所支领的开销。

对于促进英国在亚洲的商业势力，少有人比莱佛士贡献更大；对于阐释 19 世纪大英帝国"开明"时期的帝国价值，可能也没有人比他贡献更多。莱佛士生于 1781 年，距后来英军败于约克镇（Yorktown），结束对北美十三州的统治，让这个由白人殖民地构成的帝国领悟到自己并非所向无敌，只有三个月。他 14 岁就开始为英国东印度公司（另一种大英帝国的帝国掌旗者）效力，该公司与南亚诸多屹立已久的社会开展贸易，有时还统治它们。（父亲猝逝，留下债务，莱佛士才如此年幼就开始工作赚钱。他这段人生经历也使他成为 19 世纪大英帝国的贴切象征——任何肯上进的年轻人，只要协助英国向海外拓展商业势力，就能出人头地——然而这种布衣致富的事迹其实很罕见。这其实是个迷思，但当时英格兰人对此深信不疑。）

莱佛士在该公司的伦敦办事处埋头苦干十年，默默无闻；1805 年，上头给了他前往马来半岛岸外槟榔屿的机会，他欣然接下。莱佛士始终雄心勃勃（他在几封信里自比为拿破仑），在航往槟榔屿途中自学马来语，这使他成为该公司几乎不可或缺的人物；几乎没有其他员工懂得说这种语言。这地区处处叫他着迷（有次休假返回伦敦，他带了总重超过三十吨的速写、动植物、当地手工艺品），但他从一开始就关注更大的事物，关注更东方的地方。拿破仑战争（1799—1815）给了他机会，因为荷兰在这期间沦入拿破仑统治，荷兰对其亚洲殖民地（今印度尼西亚）的掌控变得薄弱，正好可趁势抢夺。而莱佛士的眼光还不止于此，他针对东南亚事务所提出第一份备忘录，强调英国若能将殖民势力伸入荷兰印度群岛，将可充作英国扩展对中国贸易的基地。1811 年，英国派一万两千人的部队从荷兰手中抢下爪哇，他即担任这支部队文职人员的第二把交椅（和首席军师）；接下来四年半，他担任总督统治爪哇。

莱佛士还满心怀抱着一个憧憬，即建立一个既开明又集权、以自由贸易为基石的帝国，他深信这对当地原住民和英国都有好处。荷兰人统治时，要求爪哇各村得无偿奉献一定配额的劳役耕种外销作物，才能继续拥有他们所赖以栽种稻米自己食用的土地。他废除了这一制度，至少在书面上如此。他理解到将土地拍卖给最高投标者，对该土地课税，将足以确保糖、咖啡、其他外销作物的供应于不坠，同时让农民有机会投身市场。他决意废除蓄奴；决意用税收铺马路，改善其他有利于贸易的设施。但撇开这种欲在一夕之间引进资本主义所导致的混乱，莱佛士在爪哇还面临一个难题：他的员工和英国外交部都不赞成他将英格兰行事法则应用于该地。英国政府急于拉拢荷兰，希望

在后拿破仑时代来临后荷兰成为英国在欧洲的盟邦，因此打算归还荷
兰的海外殖民地，既然如此，莱佛士修马路和其他革新举措，在英国
东印度公司眼中，就成为高成本而又回收不大的投资。拿破仑战争结
束不到一年，莱佛士被调到偏远的明古连（Bencoolen，也在马来亚）
任职，且得到毁誉参半的个人评价；大概只有他有次休假回到伦敦结
识的高阶层友人（包括王储），才给予他实至名归的肯定——在伦敦他
被颂扬为战争英雄、探险家、自然学家、人类学家。

　　莱佛士为自己事业遭遇横逆而泄气，也为他所确信英国丧失的良
机而沮丧。英国不只将东印度群岛还给荷兰，还容忍荷兰重新垄断与
这辽阔群岛的几乎所有贸易。（诚如伦敦所了解的，如此容忍不得不
然，因为来自印度尼西亚的收益乃是饱受战争摧残的荷兰重建社会、
稳定局势所必需。）为巩固垄断，荷兰人不断骚扰航入他们海域的外国
船只，且常拒绝服务进入他们港口的船只。印度尼西亚扼控连接印度
洋、太平洋的所有海上航路，从而阻碍了想到中国、日本赚大钱的荷
兰以外的商人。对莱佛士在东印度公司的上司而言，这只是令人困扰，
但对较小"国家"的商人而言，这可会要他们的命。他们较小型的船
只更常需要在印度、中国之间停靠补给；而他们也有特殊的资金需求。
他们的资金没有东印度公司充裕，要在海上航行几个月后，才能看到
他们所投注在货物、船员、补给品的营运资本有所回收，这让他们手
头非常吃紧。他们得尽早将货物脱手，特别是得在季风再度转向前就
返航，以免船只滞港，得再等几个月才能将这趟远行的获利送回家乡。
在欧洲人到来之前几百年，这问题已借由来自中国的船只和来自印度、
中东的船只在马六甲海岸会合得到解决；已有多个城镇在马六甲海峡
享有过数十载（或数百年）的繁荣，最后因遭贪婪的海盗或君王索取

太多保护费而灭亡。如今，由荷兰人独占了这个货物集散的绝佳地点，莱佛士决心在那里开辟一个据点以便从事自由贸易，他可能是最了解该地区商业史的欧洲人。

莱佛士不厌其烦向顶头上司——总部设在加尔各答的印度总督——发了许多备忘录，阐述荷兰人正如何加紧控制加尔各答、广东间的贸易（英国东印度公司利润最大的贸易，大抵拜鸦片贩卖之赐），最后终于得到语焉模糊的指令，一个可以解读为包括容许动武干预的指令。这正是他想要的，于是莱佛士利用苏丹去世后两兄弟争夺继承权的混乱局势，在1819年1月29日来到日后建立新加坡的所在地，将流亡在外、未能继承王位的哥哥偷偷带回新加坡，承认他为合法苏丹，说服他（和他家族里实际掌权的一位叔伯），以每年八千银元的价钱将新加坡租给英国人，并派遣一支象征性的英军武力，吓阻荷兰人，以防他们对这新殖民地有所不利。这整个过程花了一星期。

争议并未就此终结。荷兰人激烈抗议，但最终毫无行动；在这期间，英国东印度公司和英国外交部既怕多重负担，又怕惹荷兰不快，迟迟未承认这殖民地。但一如莱佛士所算计的，时间站在他这一边。加尔各答、伦敦两地的个体户贸易商和他看法一致，写了许多信、社论、宣传小册，要求支持这个新殖民地。或许更重要的，这些贸易商用脚、船、资本投了票。才两年半的光景，这小渔村就有超过万人的居民（华商居多）；已有2839艘船在此港卸货（其中只383艘非亚洲人所有）。来年的数据更超越前两年半的总和。以新加坡为据点，英国可以加入亚洲内部贸易，利用该贸易更壮大国力，而该贸易的规模比英国东印度公司所得到特准垄断的英格兰、亚洲直接贸易，更大上许多；英国还可以改变该贸易以满足自己的目的，将印度的新、旧出口品（香料、靛蓝染料、鸦片）送到远东，取代印度尼西亚的出口品。
1824 年 3 月，英国、荷兰接受这无可改变的情势，承认新加坡这个繁荣的自由贸易港为英国属地。

这个新城市的成功，不只预示了东南亚所将有的重大改变，也预示了英国所将有的重大改变，而后者或许正可以解释，为何莱佛士的上司那么心不甘情不愿表彰他的功劳。英国东印度公司于两百年前创立时，有一部分的考虑认为，具特许垄断地位的贸易公司，与政府保有密切关系，将有助于提升英国在亚洲的势力；同样重要的，这样的机构将较易掌控，不会实行与伦敦意见相左的政策。即使在该公司已深深卷入印度大陆上的军事行动时（1755 年后成为孟加拉的实质统治者），这一思维仍盛行不坠；国会向来的反应乃是加强监督该公司，而非放弃该公司或拿掉该公司在将印度货物运回英格兰上的垄断权。

此外，荷兰人治理爪哇的方式，令莱佛士怒不可遏，而英国东印度公司治理其新领地的方式，与之有点类似，至少最初如此。基本上，该公司扮演严厉的联盟共主角色，借此掌控印度，而联盟成员包括国君、大贸易商、地主。该公司频频与地方上层人士磋商，该公司早期派驻各地的行政长官，有许多人自封为具有政治影响力的巨商（见1.14 节）。在这同时，该公司（一如地方上的许多豪强），以直接动武对付地方上的弱势者，而非通过自由签约，取得其地的许多贸易品（例如参见 7.5 节）。

莱佛士的做法不同于此。在新加坡，没有什么地方豪强可供磋商，即使有，他大概也没兴趣。他深信自己和欧洲人最有见识，因此建立了几乎所有实权都由殖民地总督一把抓的政府体制，毋需向谁征询意见。另一方面，新加坡是货物集散中心，没有自行生产许多产品，因

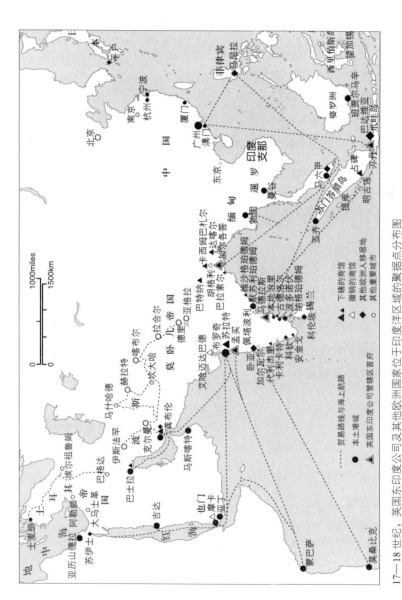

17—18 世纪，英国东印度公司及其他欧洲国家位于印度洋区域的聚据点分布图
（译自 K. N. Chaudhuri, *Trade and Civilisation in the Indian Ocean: An Economic History*, 1985）

此没必要采取爪哇、印度两地都普遍采取的那种强制性劳力管制措施。事后看来，这套自由市场法则和不民主的政府，倒是他所留下的持久不坠的遗产。

但往这方向推进时，莱佛士不只在体现自己的想法。欧洲人愈来愈清楚了解，他们在亚洲的实质利润将来自投入亚洲内部贸易；而且抓住这些机会的欧洲人，更常是私人团体而非得到特许的公司（这些公司在国内市场享有受法律保障的垄断权，重心仍摆在国内市场）。这些"国家商人"（有些是英格兰人，更多是印度人或华人），为英国这新帝国提供了不可或缺的经济动力，却不易掌控。他们施压政府无论荷兰人说什么或做什么，都一定要保住新加坡，从而鲜明展现了他们的势力之大，足以推翻伦敦的欧洲中心观；他们之中许多人要求英国强迫中国、日本开港通商（英国政府和东印度公司在此事上原倾向于不要这么急切），预示了未来局势的走向。（另一个预示未来走向的征兆，在于奉行无关税政策且几无土地可征税的新加坡政府，不知不觉中其税收竟几乎只倚赖一样违背其自由贸易精神的买卖，即鸦片专卖。）

这一新兴的"自由贸易"帝国，带来了前所未见的丰厚利润，也带来了前所未有的改变。身为开启这剧烈变革的推手，莱佛士使那些据称引领这改变者感到不安，他们之中许多人其实更希望世界发展的脚步慢些，以便伦敦足以掌控全局，并且认为在这样的世界，获利机会更为可靠。

2.7 贸易、失序、进步：创造上海（1840—1930）

上海的成长过程，绝大部分是你所想象不到，

或者说是建造上海者所预想不到的。

商业造就了上海。这个连省会都没有当过的地方，如今大概是世上最大的城市，1920年代，上海境内的机械化工业仍屈指可数之际，它已是世上第六大城。但除这之外，关于它的成长过程，绝大部分是你所想象不到，或者说是建造上海者所预想不到的。

鸦片战争后，清廷根据条约，开放包括上海在内的五口通商，当时外国人常称上海只是个"渔村"。外国人在该处设立商铺时，作为英国人租界的所在（也就是后来成为上海市中心的所在），大概只有五百居民。但就在河对岸，有个人口约二十五万的中国城市，是日益繁荣的国内贸易中心。全中国有超过三分之一人口住在长江流域，而长江就在这里入海。商业发达的长江三角洲有三千多万人口，所制造的手工艺品，特别是丝织品和棉布，沿着长江往上游运送，换取稻米、木材、糖、小麦、大豆，以及这个人口拥挤之地所无法自给自足的其他许多商品。即使在1830年代，有些外国人就已推估上海的年度贸易量和伦敦不相上下。毕竟上海周边的长江三角洲，人口比英国多，而且像英国一样是其所在"世界"的"工场"。

当然，外国人所带给该世界的乃是猝不及防的狂暴冲击，但上海似乎反倒从国难中得利。随着鸦片贸易于 1820、1830 年代急遽增长，上海成为鸦片贸易的重镇之一；鸦片战争后，上海更成为最大的鸦片贸易中心。随着吸食鸦片的恶习普及，数百万人受到毒害，但许多上海贸易商、海运业者、银行家致富。1850 年代的太平天国之乱，令中国陷入更严重的灾难，但上海反倒因此更突飞猛进。

太平天国之乱（1851—1864）可能是历来摧残最烈的内战，夺走了超过两千万条人命。但上海从中获益。首先，数百年来华南所产的大量稻米，都是循大运河输往北方，供养北京和北方军队，但太平天国之乱切断这条漕运路线，稻米转而从上海走海路北送。对于原来运货到北方却总装不到半条船的海运业者而言，这赐给了他们一样有利可图且不虞货源中断的货物（上海所输出的布和其他产品，比之来自南方的木材、大豆、小麦、其他笨重货物，远较不占空间，因此货舱装不到一半）。海运稻米的获利，使码头、船等与海运相关的设备，得以有钱大幅现代化。随着清廷开始体认到外国人比过去所一向提防的干草原游牧民族威胁更大（但外国人也代表新科技、资金的潜在来源），上海和其他海港成为自强新务的推展目标。

尤其值得一提的是，清廷对于这个因条约而开放通商的口岸本身，对于该口岸与该中国城市间的关系，原有预定的构想，但这场内战使构想不得不有所改变。清廷原打算以这些条约口岸将外国人阻隔于中国城市之外；外国人原打算设立的租界，乃是完全没有中国人的殖民地。但随着战火逼近，中国人为保住性命、财产，逃进租界避难。租界人口从五百暴增为两万，英国官员打算赶走这些移民者，却引来中国商人的反对。而中国人涌入使得租界房租飙涨，地主不愿放弃这些利益。最后，贪婪压过种族歧视，英国当局同意让中国人住进租界。

这一开放就再无法回头。中国人一波波涌入各国租界和这个中国城市，不久它们共同发展成一个大都会。互不隶属的数个司法权并存，使上海成为走私者和敲诈勒索者的天堂，但也使上海成为相当开放的地方，成为可以从事各种生意的场所，成为政治激进分子（中国、外国当局都鄙视这种人，但他们往往能在巡捕填写搜捕令之前从某租界逃到另一租界）及全世界难民（1917 年后有五万白俄罗斯人，纳粹统治时期有超过两万欧洲犹太人）的避难所，成为好、坏现代文化的荟萃之地。上海是中国最早有报纸、百货公司、电影院的地方，这里催生出华洋风格杂糅的新文化。西方人在蒸汽动力、电报、保险、其他许多领域上的创新发明，促进了这座城市的商业发展。

但开放绝非有益无害。上海互不隶属的各国政府，大抵靠违法活动来维持，因而无意打击不法。1920 年代，上海的吃角子老虎机数目居世界之冠，妓女占人口的比例大概举世最高，毒品买卖非常发达；罪恶是这城市获取基本岁收的主要凭借，贫富差距悬殊到有一家饭店甚至聘了仆人负责熨平房客的早报。在中国境内、境外的数百万人眼中，上海是个什么都可以卖、事事都不照计划的新世界，是最典型的既充满机会又让人害怕的地方。

2.8 从一体走向分殊

> 苏伊士运河所凝聚起来的，
>
> 也因它而分开。

1869 年苏伊士运河开通，在欧、亚两洲之间开辟捷径的数世纪梦想终于实现。只三个月时间，伦敦、孟买间的航运成本降了 30%；拜这运河和汽轮改良之赐，在十年间，马赛到上海的航程由 110 天减为 37 天。人员、货物、观念以空前未有的规模在移动。

最为翻天覆地的改变，发生于荷属东印度群岛，即哥伦布时代所谓的"香料群岛"，今日印度尼西亚。许多欧洲人自信满满地预言，随着这殖民地与欧洲的关系益趋紧密，西方人的习俗也终将取代当地习俗。随着共通文化在这日趋互赖的群岛上普及开来，混居群岛上的文化各异的马来人、印度人、华人及其他民族，也终将形成共同的认同和同质性的社会，且当然唯欧洲人马首是瞻。但实际上，苏伊士运河所发挥的作用与此背道而驰。到了 20 世纪初，印度尼西亚表面上统一，但内部因阶级、种族、宗教差异而严重分裂，松动了荷兰的控制，同时制造出至今未消的亚洲内部人民间的敌对关系。

地图变动迅速。苏伊士运河开通后一年，电报传抵巴达维亚（今雅加达）。两年后的 1872 年，荷兰人开放其他欧洲人投资这殖民地，烟草田、咖啡园、可可园、橡胶园等在原本人烟稀疏的外岛大量出现。（不久更出现锡矿区和油井。）为保住最珍贵的外岛苏门答腊，荷兰人于 1873 年发动亚齐战争。这场长达三十年的惨烈战争，扩大了荷兰殖民地范围，确立了日后印度尼西亚独立时将有的版图。在这片疆域内出现一种新的企业，那企业有别于先前殖民体制，而更类似于现代的农业综合经营。

　　1870 年之前，东印度群岛的出口品大部分来自爪哇，且由农民生产。在这之前，为便于统治爪哇，荷兰人支持当地许多原有的生活方式。农民一辈子待在村落，种自己需要的粮食，受作风传统的土邦主和村长统治；他们还需另外服徭役，种植甘蔗等作物，以生产糖等出口品，徭役通过纳贡制度分配，每个国君根据其所辖土地、人民有一定配额。但如今，国际贸易增长，使殖民地的经营有了新的可能。法国人、英国人排干湄公河、伊洛瓦底江三角洲，不久后，从英国的考文垂（Coventry）到中国广东，都可以吃到南越、下缅甸的米。东印度群岛的劳工一旦可吃进口米，欧洲人即将诸外岛转辟为大型种植园，只生产出口品，种植园的人力来自领工资的工人。为了维持廉价工资，欧洲人从人口稠密的中国、印度、爪哇引进大量"苦力"。有钱的华人跟着移来，经手稻米零售、典当、鸦片买卖的生意；拥有种植园的欧洲人则位居这移民社会的最顶层。爪哇当地欧洲人原本用心扶植的土邦主和村长，这时被打入冷宫，其角色由较"现代"的行政人员（工头、收债人、法官、警察、私人警卫）所取代。即使在爪哇本身，出口也因稻米进口量日增而趋于专门化，把更多农民直接带入地下经济。

　　但苏伊士运河所凝聚起来的，也因该运河而分开（部分原因是该运河改变了欧洲人居住、统治的方式）。随着取得家乡的货物（甚至

冰）和消息更为容易，另一种欧洲人来到东印度群岛。他们被称作
trekker（短期侨居者），以有别于先前来此的 blijver（长久侨居者）。他
们把东印度群岛只当作事业长路上的一站，最终还是要回欧洲。侨居
当地时，他们一心要过着和家乡一样的生活。此时这已成为可能，新
一波来此的欧洲人带妻子同行；先前的长久侨居者则娶当地女人为妻，
通过姻亲关系打进当地上层社会。新欧洲人不愿与当地人直接往来；
大部分不愿学马来语，也就是在欧洲人到来之前许久，数百年来，在
从苏门答腊到吕宋的广大地区间，一直充当贸易语言和几乎是第二共
通语的语言。许多未婚的短期侨居者，非常瞧不起"本地人"，因而偏
爱引进日本女人当妾（在那个种族歧视和社会达尔文主义毫不避讳的
年代，日本女人被视为"较高等级的亚洲人"）。先前欧、亚人婚生的
混血儿，原本还被视为和欧洲人地位差不多，如今成为低"纯种"欧
洲人一级的另一个阶级；许多混血儿因此极力想甩掉"东印度群岛"
作风，否认自己的亚裔血统。

别的侨居民族也开始排斥异族，自成一个生活圈。新一波华人移
民也发现，与家乡保持联系，比以往更容易得多；继欧洲人之后，他
们也开辟出纯华人的聚居区，设立强调中华文化传承的学校，创办只
有华人可以加入的贸易组织和民间团体。华人上有地位更高的欧洲人
鄙视，下有地位较低的马来人敌视（华人掌控了放贷、税款包收、毒
品买卖，自然引来马来人敌视），在这种处境下，他们创立了东印度群
岛最早一批"民族主义"组织，但他们心系的国家是中国。早期活动
包括为祖国的政治运动（包括 1911 年推翻清朝的革命）募款，要求殖
民当局给予华人等同"欧洲人"的地位，一如殖民当局所给予日本人
的地位。

不久，东印度群岛上占人口多数的原住民也开始行动。但对爪哇人、亚齐人、米南卡包人（Minangkabauan），还有其他许多致力于提升自己族群利益、对抗欧洲人、华人的族群而言，他们需要有共通的认同感，而那是他们此前所未曾拥有的。在这点上，苏伊士运河助了一臂之力。欧、亚间的主要航运路线，这时是通过中东而非绕经南非，这殖民地上居人口大多数的穆斯林，因此也拉近了与其遥远的文化"心脏地带"的距离。原本极少见的麦加朝圣之旅，这时对于住在城镇而信教较虔诚的敬虔派（santri）穆斯林而言，变得稀松平常。而这时正值"现代主义伊斯兰"运动横扫中东。现代主义人士主张，真正符合《古兰经》意旨的伊斯兰，并非与现代世界的生活不能兼容。他们认为伊斯兰与现代扞格不入的错误印象，源自伊斯兰与各地习俗的混杂；为还原伊斯兰原本的精神，使伊斯兰能续存于这竞争世界，就必须肃清掺杂进来的各地习俗。东印度群岛的敬虔派穆斯林受此启发，创设了结合《古兰经》研读与西方科学、社会科学的学校；设立由穆斯林贸易商组成的合作性组织，以对抗华人入侵香烟、蜡染印花布的生产领域；为了提升穆斯林政治权利而奔走。欧洲人借由汽轮、缆线，使东印度群岛接触到影响力更大的外来文化，却发现外来观念未必就是欧洲观念。鼓动反抗欧洲人统治的主要分子，大部分出身自1911年由现代主义穆斯林贸易商创立的伊斯兰联盟（Sarekat Islam）。

但对"伊斯兰"更强烈的认同，并不等同于对印度尼西亚的认同。不只华人被视为非我族类，成为东印度群岛种种苦难的归咎对象（如今华人往往仍摆脱不了这原罪），因现代主义之故，敬虔派与挂名派（abangan）两派穆斯林间的嫌隙还不断扩大，敬虔派较富裕，教育程度较高，信教较虔诚，挂名派则较贫穷，人数较多，多住于乡村。挂名派将敬虔派所亟欲排除的各种当地习俗掺进伊斯兰，比如女族长制（原普及本区各地，但这时已限于苏门答腊部分地区），宽松的性礼俗，乃至神秘膜拜仪式、"铺张浪费"的宗教庆典、"流于迷信"的宗教仪式，这些都是《古兰经》所不容。敬虔派远比挂名派更有组织，教育程度更高，因此，欧洲人所记录为"习惯法"者，通常是敬虔派的观点；但书面上的胜利既未使挂名派真正顺服，也未促成伊斯兰的统一。挂名派理所当然痛恨敬虔派的干预，他们认为敬虔派到麦加朝圣没什么值得称许，反倒还往往说（如今仍在说），他们之所以能大老远跑去朝圣，全因他们平日对挂名派佃户、债务人、顾客各啬小气，从这种丑恶行径里赚饱了钱。较为世俗化的印度尼西亚人援引外力和外来观念，形成一个个相互敌视的团体，居多数而一盘散沙的乡间居民无人闻问，只能独自面对古怪而严酷的世界。后来，许多挂名派穆斯林拥抱激进的苏加诺民族主义派系，拥抱外来成分更浓的思潮，共产主义，几可说是顺理成章。1965 年，这些规模庞大但组织松散的运动，与较有组织的敬虔派、军方和他们的外国盟友发生冲突，夺走了约五十万条人命，为久久未消的分裂对立（更便捷的交通正是此分裂对立的始作俑者之一），留下了血淋淋的见证。

2.9 稳赚的生意和部分实现的希望：
英属印度的铁路建设

殖民时代的印度为满足英国将领、投资者、炼钢业者之需要而兴建的铁路，

对开创新社会的贡献可能还不如对保存旧社会某些部分的贡献来得大。

最能象征 19 世纪全球性转变的东西，非铁路莫属。铁路降低的运货成本达 95%，贸易量相应暴增了数倍。铁路给了我们统一的时间，因为相隔遥远的人要将行动协调到分秒不差的地步，就必须有一致的时间。铁路标准化了大宗商品：因为让蒸汽火车头火力全开，等着将张三农场与李四农场个别的小麦一袋袋装上车厢，既慢又耗成本，所以有了谷物起卸机问世。世人了解到，生活于铁路世界，需要某种心态，也就是强调经缜密分析的估算，扬弃"不精确"旧习俗的心态。事实上，19 世纪末期的社会达尔文主义者[1]，常把一民族是否具有建造、经营、善用铁路的能力，当作该民族是否天生"适合"享有现代生活的衡量标准。

因此，1910 年已拥有世上第四大铁路网（铁轨总长占亚洲 85%）的印度，竟未能迅速跻身现代社会，且铁路本身的获利也不高，这就

---

[1] 套用达尔文生物进化论解释人类社会现象并把历史归结为"生存竞争"者。——译注

令欧洲人大惑不解，开始探究"本地人"到底犯了什么错。但如果当时欧洲人更仔细研究过印度铁路的建造方式和功用，这些谜团或许早已消解。

　　首先，不应该因印度铁路网的辽阔而乐观认为印度很快就会迈入现代社会，反倒应因此下调这期望。印度的铁路线（包括一些距离非常长而通往边远地区的路线），有许多是建来输送军队而非货物的；其他铁路线则通往农作物常歉收、交通也很不发达的印度最贫穷地区（人称这些路线为"饥荒路线"，清楚点出其用途），而这些地区的人穷得不可能常利用火车，只有外人搭火车送粮食来救灾（和平靖局势）时，火车运输量才变大。此外，英国要殖民政权提供投资铁路建设者绝不亏本的保障，借此让这些资金筹措不顺的路线从民间取得资金。据此，凡是官方批准兴建的路线一年的资本获利不到5%，就由印度纳税人填补不足的数额。（在奥斯曼土耳其和其他一些铁路，英国也祭出类似保障。）伦敦金融资本家和其他英国商号因此大蒙其利，因为几乎所有铁轨、车头、车厢、专门技术的工人，乃至许多煤块，都由后者提供。这导致殖民当局兴建更多营利前景不佳的铁路线，以及一些华而不实的营建工程，因为银行家和锅炉制造业者都可以从募集稳赚不赔的资金中获利。（另一个结果是印度的铁路建设未像其他地方那样促进本地炼钢、工程乃至煤矿开采的发展，也未能培养出一群技术熟练而能将所知转移给其他产业的人员。）

　　这庞大的铁路网的确大幅降低陆路货运费，但在某些地方（特别是恒河沿岸），传统运输工具仍具竞争力。贸易量的确增加，但其增长速度和取代传统运输工具的速度，并不如大家预期的那么快。1882年（兴建三十年后），印度铁路货运量约达四十亿吨公里，但1800年时，

光是北印度的阉牛车队就大概运送了三十多亿吨公里的货物，而且在
这八十几年间，人口已增加了一倍。此外，货运费即使下跌，相较于
人口的消费能力，费用仍偏高。1890 年，要运送两百公斤的货物到
一千五百公里外的地方，运费仍相当于人均国民所得的 22%；在美国，
同样重量的货物和运输距离，运费只相当于人均国民所得的 1%。而且
费率结构使通往港口的干线运费大大低于支线的运费，这有利于印度
蒸蒸日上的出口，却不利于国内市场发展。

这些令人失望的结果中，最叫英国人瞠目以对的，就数大部分路
线都获利微薄一事。1900 年，70% 印度铁路需要印度拨出税收补助，
才能达到 5% 的获利；大部分路线的获利不到 3.5%。1881 年，两条路
线贡献了全印度铁路营收的 56%。相较于铁路所省下的运输成本，政
府补助金额不算大，但印度人对此深恶痛绝。在这期间，那些原对铁
路功用寄望甚大的英国人（"铁路拓展人的视界……让他们知道时间就
是金钱……让他们得以接触不同理念的人……特别重要的是铁路助他
们养成自立的习性"，"每小时行进三十英里［约 48 公里］，终结异教
信仰和迷信"），这时嘲笑道，"铁轨两侧一百码（约 91 米）以外，就
成为化外之地"。

但铁路带来改变，只是没有像英国人所推测的那么快，而且不是
到处都发生，也不必然就是人们所预期的那种改变。1920 年代时，运
费相较于所得已下降了 80%（美国那几年的运费下降幅度与此一致），
1882—1947 年运输量增长了九倍。更多边远地区开始种植商品作物，
使原建来主要供军队使用的铁路线，有了平民乘客。稻米产地对小麦
的消耗量开始变多，小麦产地对稻米的消耗量亦然，这让稻米或小麦
患枯萎病所产生的冲击随之降低。或许更为重要的是，那些所谓的饥

荒路线，在运送救济物资上，屡屡发挥预期的功效，使边远地区农作歉收引发的灾情，远不如从前严重。因此，辽阔的铁路网虽未改变印度的经济，更未如某些外国人所预期的那样改变其文化，但的确带给印度更为强固的安全网，即使在铁路营收不佳、显示铁路使用率不高的地方，铁路都对该地有强烈冲击。因此，在殖民时代的印度，原为满足英国将领、投资者、炼钢业者之需要而兴建的铁路，其对开创新社会的贡献，可能还不如对保存旧社会某些部分的贡献来得大。

2.10 短时间横跨数百年的发展落差

运输所横越的往往不只是不同的地区，

还是不同的社会区域，

乃至几乎不同的历史时期。

世人常认为运输是将东西从此地运到彼地（往往是从生产者运到消费者手上）的一种手段，涉及的是地理上的变迁。但事实上，运输所横越的往往不只是不同的地区，还是不同的社会区域，乃至几乎不同的历史时期。咖啡豆从墨西哥恰帕斯的种植园运到美国境内烘焙机的过程，就是很好的例子。

咖啡树种于索科努斯科（Soconusco），墨西哥恰帕斯州南部一个人烟稀少的偏远地区，1870年代开始种植。这地区人口稀疏，地形陡峭崎岖，河流少，不久之前还只有少数道路，根本没铁路，经济发展条件不佳。但这里的土壤极适合种植咖啡，同样重要的，土地便宜且易于取得。但除非该区生产的咖啡豆能卖到外面，否则无利可图。事实上，该区的咖啡豆，通过一非常古老、石器时代形式的劳力，送到现代世界的咖啡饮者手里。墨西哥有些地区与外界严重隔绝，连马都很难进入。人类学家鲁斯（Jan Rus）推估，有五千名玛雅印第安人，受迫以劳役抵债（habilitacion）的形式，得各背负五十公斤的咖啡豆运送到外地。玛雅人将咖啡豆运下山，沿途经过陡峭滑溜的山径和数十座索桥，抵达河港，然后上船运往海边。单程至少三四天。采取这种运输方式，不是因为纯粹的技术问题（资金、地形、可取得的动力）而不得不如此，而是残暴的劳役制度规定如此。即使在19世纪结束时，强制性劳役仍屡见不鲜。许多观察家称此为奴隶制。恰帕斯高原上的有钱地主，可以要求玛雅印第安人贡献劳力。玛雅村落贡献劳役，以换取低度的自治。付劳役的工人只领取少量工资，因此用印第安人运货比用骡子运货，成本更低。更理想的是，印第安人可能债务缠身，只能用劳役抵债，而且债务不因人死而消失，其家人还要继续负责偿还。因此，长长的印第安人龙，背着装着阿拉比卡咖啡豆的袋子，蜿蜒走在热带河谷的小径上。

这种古老的劳力，进入20世纪后仍未消失。泛美铁路于1901年开始兴建，1908年接通到墨西哥湾岸。铁路运输促进咖啡树种植，1900—1910年咖啡豆产量增加了一倍。但这种现代运输工具，其实增加了对将咖啡豆从种植园运到铁路站的玛雅搬运工的需求。直到1925年时，整个恰帕斯州仍只有七辆卡车！

装着咖啡豆的袋子由装卸工搬上船，但货物一运抵纽约，即进入截然不同的世界！咖啡豆袋常由汽轮运往布鲁克林的纽约港区公司（New York Dock Company），该公司的码头区长4公里，有34座突码头，仓库容量超过184万立方米。20家轮船公司的船定期在这里停靠。吊索一次卸下10到15个重60公斤的货袋，四轮卡车装满25个货袋后，运到电动起重机旁，改由起重机将货袋转运到三层楼中的其中一层，接着咖啡豆接受抽样检验，卖出，装上火车，因为主要的卡车货运公司都有铁路通往这港区公司。

生咖啡豆由火车运往烘焙工厂。伍尔森香料公司（Woolson Spice

Company）设在俄亥俄州托莱多（Toledo）的工厂，是 1910 年时全球最大、最现代化的咖啡豆烘焙工厂之一。生咖啡豆被输送带从私人的专用铁路线送到伯恩斯（Burns）烘焙器受料斗，在受料斗里烘焙。烘焙过后，经由斜槽倒进冷却器，再从冷却器送进贮料斗，贮料斗里有滤网和去壳器去除杂质。最后咖啡豆被送上自动称重机、包装机。自动化设备让五层楼工厂里的五百名工人，一周可烘焙约四百五十吨咖啡豆！装袋后的咖啡豆，送到四十个州约二十万家店铺贩卖。1910 年时，已有庞大的货车队负责将烘焙过的咖啡豆从火车站送到零售商手里。

这些咖啡豆由债务缠身的印第安人亲手采摘，由他们背出墨西哥丛林，最后由蒸汽、煤所驱动的汽轮、火车，由电力驱动的输送带，由汽油驱动的卡车，完成其运输旅程。它们不只从一个大陆移到另一个大陆，由一个国家移到另一个国家，还从一个历史时代移到另一个时代。纽约的工厂、码头和恰帕斯的丛林差异何其大，但通过世界贸易，两者紧密地连在一起。

致瘾性食品的经济文化

The Economic Culture of Drugs

殖民帝国的建立，

就是以致瘾性商品的贸易为基础，

许多国内官僚体制和军队的建立，亦然。

事实上，致瘾性食品的税收

仍是今日国家税入的主要来源之一。

今天，drug 这个词指的是会让人成瘾的毒品，是非法商品，是在不可见人的黑市里交易而会危害社会、遭致刑罚的商品。它们不被视为国民生产总额的一部分，甚至被认为是会减少货物、服务总产量的东西，因为吸食毒品使消费者无法辛勤工作贡献生产，或使消费者无法消耗合法且有益健康的产品。毒品也被认为是不利于资本主义的东西，会使经济倒退回中产阶级伦理和消费模式尚未盛行的原始时代。非法毒品组织的执行长被称为 baron（原意"男爵"）或 lord（原意"领主"），仿佛中世纪的王公贵族，他们的组织则被称作 clan（原意"氏族"）或 cartel（"卡特尔"，为避免彼此竞争、联合掌控价格组成的企业联盟）。自由贸易（据说借由让最有效率的生产者增加利润，让消费者增加成本，可以让参与其中的所有人都大蒙其利），并不适用于毒品买卖世界。外界要求政府监视、控制这领域，以降低毒品的贸易量和利润。世上极少有其他商品被要求如此。而欲管控毒品不是通过市场机制，而是通过对毒品的"沙皇"[1] 发动"战争"。但 drug（致瘾物）真是这么异类吗？它们真是靠另外一套规则运行而被排斥于经济领域之外的弃儿？

事实上，历史上曾有一些 drug（也就是通过摄食、吸取、嗅闻或饮用而改变人身心状态的产品），被视为好东西，而且自古迄今，这些东西一直是不可或缺的交易、消费商品。这些商品的商业价值、社会价值至今未变，改变的是 drug 这个词的定义（也就是说 drug 一词后来不用于指这些合法流通的商品，而专指被列为违禁品的毒品）。揆诸历史，从看似遥远异国的地方引进的新食品，其社会生命都经过数个阶段。最初，它们往往被视为能产生愉悦药理效果的东西。这时，它

---

[1] 指幕后老大。——译注

们既被当作药物，也被当作宗教仪式里具神圣意义的东西，也就是被认为既会影响精神，也会影响生理。它们若非引领使用者进入轻飘飘的精神状态，就是发挥相反的效果，充当春药，让人感官亢奋。它们不是让感官亢奋，就是让感官麻木，而不管是其中何种情况，都让使用者远离平日生活的烦闷无聊。（过去曾有多得惊人的食物被认为能撩起性欲，从灰扑扑的马铃薯到柔软多汁而有"爱果"之称的番茄都是。）新食物的引进具有这些社会用途，无疑已有数千年历史，但要到16世纪的运输革命，才使这些食物成为国际贸易里的要角。（熏香如乳香和没药是部分例外。它们不被食用，但吸入它们被认为可以改变人的情绪，在古代它们就被跨越数千英里而交易。）世界经济使它们成为珍贵商品，它们随之由赋予精神或感官愉悦感受的东西，变成积聚大量世俗财富的根基。

17世纪时，全球各地的有钱人开始饮用、吸用、食用来自遥远异地的珍奇植物。咖啡、茶叶、可可豆、烟草、糖，约略在同一时期成为大受欢迎的东西。欧、亚洲的消费者都不能自拔地爱上这些美洲、亚洲、非洲的产物。有三百年时间，它们是世界贸易领域最珍贵的农产品。今日宣扬自由贸易者将drug（毒品）排除于自由流通的商品之外，但孕育出现代世界经济的那些植物，事实上在过去也被视为drug。有时，它们在消费国里被列为违禁品，如咖啡和烟草。但它们的魅力实在太强大，最后一个又一个的政府决定，与其花费巨资防范人民上瘾，还不如向享用这些美味东西的人收税，同意人民使用，甚至栽种这些植物。

但在过去，大部分致瘾性食物属于特定地方的特产（阿拉比卡咖啡豆属埃塞俄比亚特产，后来被引进也门，适应当地水土；可可豆是墨西哥特产，古柯是安第斯山区特产，茶叶是中国特产，烟草是美洲特产），因而生产者总想维持他们本有的独占地位。这些出口品的原始生产者（都非欧洲人），例如中国人、奥斯曼人、阿兹特克人、印加人，试图掌控这些商品的贸易，防止种子或幼苗外流。欧洲人诱之以贸易利润，加之动用武力开港通商，挫败了原始生产者的意图。不久，欧洲人所殖民的遥远新地方，开始生产大部分致瘾性食物。培育异国幼苗的植物园成为帝国的先锋。殖民帝国的建立，就是以致瘾性商品的贸易为基础，许多国内官僚体制和军队的建立，亦然。针对茶叶、糖、烟草所课征的关税，为 17 和 18 世纪的许多国家贡献了很大一部分税收。事实上，致瘾性食品的税收仍是今日国家税入的主要来源之一。针对烟草制品和酒所课征的税，也就是所谓的罪恶税（sin tax），资助了学校和公共卫生计划（见 3.7 节）。

　　欧洲人将致瘾性食物普及于各地，往往也从中改变了它们的意义、用途、生产地点。茶叶和咖啡在中国、中东首先得到青睐，因为它们的咖啡因有助于人们得到宗教仪式所需的清醒。苏非派（Sufi）穆斯林的圣人和佛教僧侣，将这两种长久以来和宗教仪式密不可分的饮料普及于大众（见 3.2 和 3.3 节）。可可豆饮料原只有阿兹特克帝国（位于今墨西哥）的神权政治家和贵族可以饮用（见 3.1 节）。在过去的欧洲，这三种饮料用于教会以外的场合。经过一段时间，它们的阶级吸引力改变：最初它们属贵族专享饮料，后来扩大为中产阶级的消遣，最后成为大众的爱好和普遍的民生必需品（见 3.4 节）。最初用来协助宗教冥想的致瘾性食物，成为产业工人的提神饮料。随着这样的改变，人们饮用它们的方式也改变了。从原本不加糖的热饮（过去，阿兹特克人将红辣椒加进可可，阿拉伯人有时将豆蔻或肉豆蔻加进咖啡），到最后加进许多添加物，几乎到了让人认不出初泡好时模样的地步。

致瘾性食物一旦得到接纳且开始为贸易商和国库赚进大笔财富，大部分就成为受敬重的东西。在世界贸易领域的边缘地区，它们有时还充当货币。可可豆在中美洲，烟草在西非，鸦片在中国西南，茶砖在俄国西伯利亚，都曾是货币。但通常，持有这类产品者，目的是要用它们来换黄金或白银。最初，它们是重商主义帝国的根基。西班牙人非常喜爱巧克力，他们掌控了拉丁美洲大部分地区，而在贸易商将可可树移植到非洲之前，拉丁美洲作为可可树的原产地，西班牙人理所当然地独占了可可豆贸易。英国人（最早迷上咖啡的欧洲人）发现茶叶更有利于实现他们在中国、印度的贸易计划（见 3.7 节）。熟悉拉丁美洲的法国人、美国人，喝咖啡喝上了瘾。

19 世纪咖啡馆内的场景
（Claude Francois Fortier）

　　这些异域风情的致瘾性食物，从原本见不得人的违禁品，摇身一变成为欧洲初兴之中产阶级生活风格的核心部分。它们从群体共享的东西（例如美洲印第安人在政务委员会议上或西非人在宗教典礼上所抽的烟草），变成个人主义的催化剂。在欧洲，咖啡馆（也卖其他饮料）成为贸易和政治活动的中心。最早的报纸、男人俱乐部、政党是在一群人围着桌子喝咖啡、喝茶之际筹组出来的，革命活动也是在这气氛下策划出来的（见 3.4 节）。抽烟把有志之士聚在一块儿，在辛辣烟味的缭绕中创造出公民社会。（事实上，咖啡馆就是世界经济的缩影；它是贩卖各种舶来品的场所，有来自爪哇、也门或美洲的咖啡，有来自中国的茶，有来自非洲大西洋群岛或美洲加勒比海地区的糖和朗姆酒，有来自北美或巴西的烟草。）

　　19 世纪时，这些商品大为普及，进而失去它们原有的革命魅力和标举个人身份地位的意涵。烟草从高雅的鼻烟、上等的雪茄，降为俗不可耐的咀嚼烟草。凡尔赛那些讲究穿着打扮、优雅吸着鼻烟的巴黎贵族，若看到日后美国职业棒球员称为 chaw（一口咀嚼的烟草）而吐在边线的东西，或看到青少年躲在学校厕所偷偷抽的东西，大概认不出那和他们所吸的是一样东西。事实上，使人更易于边工作边吸食烟草，可能是扩大烟草销路极重要的一环（当卷烟取代了中东地区上层人士所偏爱的尼古丁吸食工具——精致且沉甸甸的烟管——烟草销路随之扩大），同时也改变了抽烟的社会观感（见 3.9 和 3.10 节）。糖的身份从奢华精致的饭后甜点，降为劳动阶级喝饮料时补充热量的大宗来源，再降为番茄酱之类乏味东西的工业添加物；咖啡和茶叶从高雅沙龙打入寻常人家，以即溶咖啡和加冰红茶的形式，成为自助餐馆的一般饮料，普见的军用口粮。

致瘾性食物愈来愈普及，愈来愈受看重，它们最初的历史也随之受到遗忘。它们不再标举自己的发源地，反倒成为消费国文化里最重要的部分。消费国的代理商将这些致瘾性食物移植到世界各地，原产国失去了对它们的固有权利。咖啡产地扩及到全球一百个国家时，它和也门（咖啡第一个移植归化的地点）的渊源也就遭到淡忘。事实上，也门主要港口摩卡，其与咖啡的关系，反倒变得不如和巧克力的关系来得大。而爪哇这个被移植咖啡树的荷兰殖民地，则成为咖啡的代名词。当土耳其、中国和整个赤道非洲地区，在欧洲人首度见到烟草后不久，开始种植烟草，烟草即失去其与美洲独一无二的关联性。（与我们所讨论的其他致瘾性食物不同，烟草在南欧种得起来，但该地产出的烟草不如来自美洲殖民地、由奴隶种出的好。）

在北半球的消费国，致瘾性食物创造出体现一地文化特色的社会习惯。谁能想象没有喝茶场所的英国、没有加奶咖啡的法国、没有浓缩咖啡的意大利、没有喝咖啡休息时间的美国职场，会是什么样子？致瘾性食物不只协助创造了消费国的民族认同，还在消费国人民里创造出族群区隔。巧克力被认为是女人、小孩的饮料，想到咖啡、烟草，就联想到男人。鼻烟和后来的雪茄是上层人士的玩意儿，供咀嚼的烟草是平民的东西。有钱人在雅致的客厅里享用从墨西哥银壶倒在中国瓷杯里的茶；平民百姓用借自街头小贩的粗糙脏马克杯啜饮茶汤。

与此同时，在生产国里，原具有许多宗教、公有社会意涵的致瘾性食物，成为单纯的商品。它们不再是身份地位的象征，反倒成为赚钱的工具，以用赚来的钱购买其他东西或赚更大的钱。随着最早的国际性致瘾食物成为大量生产的商品，新的致瘾性食物进入世界市场。鸦片和可制成可卡因的古柯，19世纪时首先赢得国际需求，从而成为致癌性食物里最早被接受的大量生产商品。事实上，在这之前，安第斯地区的人民咀嚼古柯已有数百年甚至数千年的历史，他们咀嚼古柯以去除饿感和寒意，以使工人提神，就和美国工人喝咖啡或英国工人喝茶的用意差不多。古柯贸易原由印加帝国掌管，古柯原也用于宗教仪式。19 世纪提炼出可卡因时，最初用它当作止痛剂，后来成为大众饮料可口可乐的添加物（见 3.11 节）。另一方面，清朝皇帝为保护人民，在 1729 年后禁止吸食鸦片。英国靠着船坚炮利强迫中国开港通商后，鸦片才在中国大为普及。有了鸦片出口到中国，英国才得以换取英格兰人所嗜饮的中国茶。鸦片是 19 世纪推动世界经济增长的引擎，因为它使英国得以赚取中国、印度的金银，为西欧提供资本，这些金银有许多源自美洲（见 3.8 节）。

只有在 20 世纪，在禁酒呼声的日渐升高下，鸦片、可卡因才身份一转成为非法商品。时人认为它们所带来的虚幻快感，相较于销售获利，弊大于利。道德运动挫败了唯利是图的心态。但这说不定是另一个短暂的插曲（揆诸历史历历不爽），因为利润的诱惑让人顾不得吸食致癌性食物所带给社会的危害。于是，如今我们看到主张大麻合法化的人（如在荷兰），主张限制大麻只供医疗用的人（如加州法律所规定），希望继续将大麻列为违禁品的人，各陈己见，相互争辩。另一方面，美国正有人在推动将烟草纳入受联邦药物管理局管辖的药品，而非如现今这样不受管制的食品。

过去，为了保住财富，道德良心被甩在一旁。天主教徒照喝穆斯林咖啡之类的异教徒饮料（但他们很快就在照理信仰基督教的欧洲殖民地生产咖啡豆）。法国革命人士一边草拟理念崇高的人权宣言，一边喝着、抽着美洲大陆奴隶所生产的加糖咖啡、烟斗，丝毫不觉得矛盾。

在中国的英国商人，在船的一边卖掉鸦片，让更多人中鸦片瘾，在船的另一边念《圣经》以寻求救赎，证实了马克思称宗教是大众之鸦片的箴言，也证实了 20 世纪反驳该箴言的妙语——鸦片已成为大众之宗教。

过去，欧洲、北美消费者知道，这些带给北半球消费者无比闲情雅趣的致瘾性食物，使南半球、东半球的生产阶级沦入受剥削、无地、贫困的境地，但他们不觉不安。过去，这类食物全在穷国生产，以供富国使用，以使有钱人发大得离谱的财。同样是致瘾性食物，在生产国和消费国，影响大不同。它们在欧洲和北美助长财富、货币化、雇佣劳动，在许多生产国却使更多人沦为奴隶（见 3.6、5.1、5.4 节）。生产这些致瘾性食物，常需用到强制性劳力，今天有时依然如此（见 4.13 节）。国家通常动用公权力确保强制性劳力的取得（例如通过黑奴买卖），并统筹管理这类食物的生产。在其他例子里，例如 19 世纪的中国西南和今日的缅甸、哥伦比亚，生产违禁品促成了生产地区的暴力、犯罪势力壮大。致瘾性食物既是国家的基础，也是祸根。因此，这些食物，最初人们是为了享受它们所带来的愉悦感受（"天堂滋味"）而拿来吸食，最后却成为让许多生产者觉得伤天害理的商品。但无论如何，我们得承认它们是世界经济的基础，而非偏离世界经济运行法则的异类。

3.1 巧克力：从货币变成商品

> 如今巧克力是甜食，是人人消受得起的小东西，
> 但别忘了它曾作为王公、战士的饮料，充当货币的光荣日子。

1502 年，哥伦布碰见一艘载运货物到别地做买卖的玛雅人大型独木舟时，知道自己已无意中发现值钱的东西。这些玛雅贸易商不小心掉了一些杏仁状的东西，又急忙将它们捡起，样子"仿佛掉下来的是他们的眼睛"。这些奇怪的豆子，玛雅人称之为卡卡瓦（ka-ka-wa），阿兹特克人改称之为 cacao（可可），最后西班牙人以讹传讹称之为 chocolate（巧克力）。

可可豆在中美洲作为珍贵商品已有两千多年历史。建立美洲第一个文明的奥尔梅克人（Olmec）食用可可，随后将此习惯传给玛雅人。可可树只生长在热带低地，可可豆通过贸易先后传到特奥蒂瓦坎（Teotihuacán）、阿兹特克这两个高地文明国家。它之所以成为人人想要的东西，除了味美，还因为稀有，以及喝后的药理反应。

过去，可可被视为兴奋剂、致醉饮料、迷幻药、春药。战士希望借助可可豆的可可碱，让自己在战场上骁勇善战。其他人则喝发酵过的巧克力饮料，整个人变得醉茫茫，如果用仍青绿的可可豆泡制，且饮用时搭配食用具致幻成分的墨西哥蘑菇（psilocybin mushroom），醉

人效果尤其强。在某些宗教节庆时，人们就会搭配食用这种蘑菇。蒙特苏马（Moctezuma）皇帝之类的人，则会在和后宫众多嫔妃行房前喝下这种饮料。这饮料还充当治疗焦虑、发烧、咳嗽的药剂。

风味也很重要。他们在巧克力饮料里加进许多香辛料，其中有些香料今人恐怕不敢领教。巧克力饮料通常加水泡成，饮用时普遍加进红辣椒，或状似黑胡椒的花，或能带来苦杏仁味的蔓妹人心果种子（pizle），或石灰水。玉米用来使巧克力饮料变浓稠。而当玛雅人或阿兹特克人为这饮料加进蜂蜜、香草精时，那味道才似乎是我们所熟悉的。

巧克力在阿兹特克市场占有独特地位。人人都想一尝它的美味，但它非常稀有。天然的可可树林生长在热带低地，但住在这类地区的玛雅人，大多是自给自足的农民。今人已知玛雅有几座大城，但在这些大城里都未发现有市场的证据。剩余产品会通过纳贡献给贵族。玛雅人有长距离的珍贵商品贸易，但未有证据证明存有重要的商人阶级。因此，墨西哥高地居民对可可豆的需求很大，产量却小。

事实上，可可豆非常珍贵且稀有，以致被拿来充当货币。阿兹特克经济大部分以面对面的实物交易为基础，因而可可豆代表着迈向货币化的重要发端。可可豆有时有仿冒品，证明了可可豆的确被视作一种货币。根据第一任西班牙总督的说法，空可可豆壳里塞进黏土，看起来"和真的没有两样，而有些豆子质量较好，有些较差"。

以树的果实当货币，听来或许荒谬，但事实上，西班牙人在墨西哥中部沿用这传统数十年，在中美洲部分地区更沿用了数百年。在18世纪的哥斯达黎加，总督仍用可可豆当钱买东西。天主教修士是将可可豆引进欧洲的最大推手，而有些这类修士更曾建议西班牙也以可可豆为货币。以会腐烂的东西当货币，无疑很迎合这些批评资本主义和高利剥削的人士。

禁欲苦行的神父是最早将巧克力普及于西班牙和其邻国者。巧克力在当时被视为天主教饮料，一如咖啡先后被视为穆斯林饮料、新教徒饮料。耶稣会士尤其着迷于巧克力，因而开始投入种植可可树，甚至因此遭民间竞争者指责试图垄断可可豆贸易。（出于同样强烈的热爱，巴拉圭的耶稣会士开始生产马黛茶谋利。）

巧克力最初是充当节制饮食用的宗教饮料而引进西班牙，但不久，就和在墨西哥一样，成为贵族打发闲暇、摆阔、标举个人身份地位的饮料。16 世纪初的西班牙，巧克力饮料是加水、糖、肉桂、香草精泡制而成。两个世纪后，泡热巧克力时终于加进了牛奶。可可豆作为第一个获欧洲人青睐的提神剂，成为西班牙美洲殖民地最主要的外销农产品。

欧洲的帝国主义者能掌控配销和生产二者，而与哥伦布之前的帝国主义者（如阿兹特克人）不同。在资本主义世界经济的驱动下，可可豆生产由墨西哥的野生树林转移到大面积的种植园。可可树在委内瑞拉、中美洲栽种，然后移植到菲律宾、印度尼西亚、巴西，最后移植到非洲。可可豆这时成为商品，而非货币。在 18 世纪之前，它一直是殖民地作物，但要到殖民地贵族阶层不再是其主要消费者，它的生产量才开始变大。随着女人、小孩开始饮用可可（1828 年由荷兰人范胡腾［Van Houten］首开此风气），并在牛奶巧克力于 19 世纪后半叶问世后开始食用许多甜点，巧克力在异国落地生根，成为通俗食物。

如今巧克力是甜食，是人人消受得起的小东西，但别忘了它曾作为王公、战士的饮料，充当货币的光荣日子。

3.2 酝酿风暴

茶树从中国移植到印度的这段过程，

比旅人横越两国间高耸入云的山峰还更为艰难，更出人意料。

从哥伦布远航到工业革命的三百年间，三种跨大陆贸易盛行一时。其一是从非洲到美洲的奴隶买卖，其二是美洲所产的金、银大量出口到欧洲和亚洲，其三是向来被称为致瘾性食物（咖啡、茶叶、糖、巧克力、烟草、后来的鸦片）的愈来愈畅旺的贸易。三种贸易中只有最后一种在进入工业时代后仍持续不坠。

这些致瘾性温和的小奢侈品，大部分输往欧洲；大部分的售价渐渐便宜到大众消费得起，因为欧洲人开始在美洲大面积栽种（不管它们原产于哪里），且当地土地便宜，又有成本低廉的奴工。

只有茶叶生产从未转移到美洲。茶叶继续作为亚洲农民的作物，免于欧洲人的直接掌控长达四百年。但茶也成为英格兰的国民饮料，而英格兰身为工业界、殖民界的超级强权，不遗余力欲掌控其他不可或缺之原料的生产，唯独未能掌控茶叶生产。什么因素使茶变得如此重要，使它的际遇如此不同于其他"致瘾性食物"？

至少在公元 6 世纪时中国人就已经知道茶，不久后且传播到日本、朝鲜。最早将这种新饮料带到中国以外者是日本僧侣。他们来中国佛寺求道，随之将这种提神剂带回日本。求道与提神两者之间未必没有关联。佛僧为通过取得圣职的考核，得埋头钻研佛典，而传说中他们发现茶叶有助于他们辛苦钻研时保持清醒，自此佛僧成为茶叶最主要的消费者。过去，这种饮料不便宜，且从未成为普受喜爱的饮品，即使在中国亦然；北方的穷苦人家通常喝白开水。但随着爱喝茶的人变多，华南许多丘陵上（唯一适合种植的地方）迅即遍布茶园，从而协助促成了中古中国的商业革命。在许多地方，人们还开始把这饮料和华夏文明、殷勤招待、士大夫间的讨论联系在一块儿。这饮料变成象征身份地位的奢侈精品，从而使它成为外销到东亚其他地方、东南亚、中亚的珍贵商品。华北穷人曾常按照华南人喝茶时那套礼仪喝白开水，有时甚至称白开水为茶，从而明褒暗贬地讽刺了世人将茶与上层社交活动联系在一块儿的象征性意涵。

　　事实上，茶在国外如此受欢迎，不久后，它就成为中国政府所喜爱运用的战略性商品。中亚的游牧、半游牧民族（蒙古人、厄鲁特蒙古人、突厥人等）渴求茶叶，因而茶叶就成为中国卖给他们的主要商品，以换取他们所饲养的战马（世上最精良的战马）。因此，中国政府有时试图将茶的生产、运输纳为国家专营，以确保取得足够这项贸易所需的茶叶，且将价格控制在他们所负担得起的范围内。12 世纪时，财政拮据的政府将茶叶收购价格定得太低，以致毁掉一些产茶中心，此后的政府转而采取更为有效的政策，即规范茶贸易而不亲自经营茶贸易。

　　饮茶习惯从中亚又传到俄罗斯、印度、中东这三个新市场。这些地方或因伊斯兰教义而禁止喝酒，或因地理环境种不出葡萄，酿不出葡萄酒（俄罗斯），而加糖茶（东亚所没有的饮用方法）正好提供了葡萄酒的代替品，因此大受欢迎。

但部分因为茶所具有的战略价值，栽种区的扩散远慢于饮用习惯的传播。过去，将茶树带离中国属犯法行为，直到 19 世纪中叶，全世界茶叶大部分仍产自中国。（日本约略能自给自足，但非出口国。）亚洲大部分地区满足于倚赖中国提供所需的大部分茶，但 17 世纪开始引进这饮料的欧洲人，久而久之较不愿接受这种垄断安排。

葡萄牙人于 16 世纪闯入东南亚时，发现了供出售的茶叶，但大部分是劣质茶种，因为劣质茶种比良质茶种更经得起离开中国后的长期运送。茶于 17 世纪见诸英格兰、法国、荷兰的文字记载，但当时欧洲对茶需求不大。事实上，当时西欧人的观念似乎主要将茶叶当药，而非当作日常饮料。1693 年，就连英格兰的人均茶叶进口量，大概都不到三克。

18 世纪，情形全盘改观。1793 年，英格兰的人均茶叶进口量已超过四百五十克；该国的茶叶总进口量可能增长了四百倍。为什么口味上有这么突然的改变，原因不明，但用来加甜的糖突然可以便宜买到，无疑是原因之一。17 世纪末期和 18 世纪期间，拜美洲大陆奴隶种植园之赐，糖首度成为欧洲一般大众买得起的商品。社会生活的改变，无疑也是原因。愈来愈多工匠出门到作坊（或某些情况下到早期工厂里）工作；工作时间变得较死板，中午时回家吃顿慢悠悠的午餐变得较不可能。在这种环境下，在工作时利用短暂休息时间，补充点咖啡因和糖，就成为一成不变的工作日子里重要的一部分。即使工业时代初期这些变动不完全是促成喝茶习惯兴起的原因，茶无疑有助于降低这些变动的冲击。最终，茶取代杜松子酒和啤酒，成为英格兰的国民饮料。由于早期工厂相当危险，工人若昏昏沉沉、笨手笨脚，难免发生工伤意外。若没有茶、糖取代酒作为英格兰的主要廉价饮料（和热量的补充来源），情形可能远更糟糕。

倚赖茶当然有其代价，而英国不想持续付出这代价。随着茶叶进口量遽增，导致英格兰开始寻找可同样大量卖到中国的商品，因为进口茶叶全以白银支付，英格兰白银流失严重。经过几度寻找，英格兰人终于找到理想的商品，亦即种于他们印度殖民地的鸦片。这一决定最终导致鸦片战争，改变了中英贸易的局势，造成许多中国人吸鸦片成瘾的问题。

在这一"解决办法"付诸实施之后，欧洲人才开始着手在他们的殖民地里种植这种植物（欧洲本身种不成茶树）。茶树最终在 1827 年出现于荷属爪哇，1877 年出现于英属锡兰。但在那之后，从这些岛屿所生产的茶，仍不敷欧洲人的需求。

要一举解决欧洲需求，仍需要更大面积的种植区。印度东北部人烟非常稀少的阿萨姆地区，正好非常适合种茶。1839 年，鸦片战争开打之际，阿萨姆茶叶公司成立；但直到 1880 年代，才真正开始生产。1854 年颁行了《阿萨姆茶叶开垦法案》（Assam Tea Clearance Act），凡是承诺到此种植茶树供外销的欧洲种植园主，均授予本地区多达十二平方公里的土地。但原住民有别的想法：清除森林开辟茶园（或其他任何一种私人房地产），将意味着他们半游牧生活方式的消失。英国当局费了好一番力气（从直接动武，到课征税赋迫使原住民负债，到立法禁止他们"侵入"在一夕之间批予外国人的林地，或禁止它们在这些林地"盗猎"），才将他们迁离家园。然后又花了更大力气建立运输网（包括靠大幅补助兴建的铁路），以将大量茶叶运出这偏远而多山的地区。

久久之后，这办法收到成效。1870 年左右到 1900 年间，阿萨姆的茶叶输出量增加了十九倍，喜马拉雅山麓丘陵其他地区也开始种植茶树。（其中闻名遐迩的产地大吉岭，就位于看得见珠穆朗玛峰的地方。）最后，西方终于得以自行生产足敷需求的大量茶叶，消费国自此牢牢掌控茶叶生产，不受制于原产茶国，一如他们掌控了咖啡、糖及其他提神食品的供应。但茶树从中国移植到印度的这段过程，其实比旅人横越两国间高耸入云的山峰还更为艰难，更出人意料。

3.3 摩卡其实与巧克力无关

> 摩卡曾经掌控全球咖啡市场三百年的光荣历史，
>
> 如今只靠着一种将巧克力掺进美洲所产的咖啡调和成的特殊饮料，
>
> 才能勾起那段过去！

1708 年，德拉罗克（Jean de la Roque）和法属东印度公司的三艘船，抵达也门的摩卡港，成为第一批绕过非洲南端航入红海的法国人。他们冒着危险，花了一年时间，航行如此远的距离，就为了直接购买咖啡。

长久以来世人总把咖啡和拉丁美洲连在一块儿，但有约三百年时间（咖啡作为商品以来的一半时间），阿拉伯人独占了阿拉比卡咖啡的买卖。不只全球的商业咖啡产自也门山区，中东、东南亚也消耗了绝大部分的商业咖啡。最叫法国人感到不是滋味的，咖啡贸易的中间人也大部分是阿拉伯人、埃及人、印度人。但这局面再维持不了多久。欧洲人终将席卷咖啡贸易，使也门独占咖啡贸易的历史成为隐约难辨且失真的记忆，而德拉罗克正是这股浪潮的重要推手之一。

阿拉比卡咖啡树原生于埃塞俄比亚，但咖啡饮料大概于 1400 年左右在也门的摩卡市发展出来。1500 年时，这种饮料在阿拉伯半岛已随处可见。穆斯林将它用于礼拜仪式，随着前往麦加朝圣的信徒带咖啡豆返乡，这种饮料普及于伊斯兰世界，远至印度和印度尼西亚。咖啡也开始和世俗社会的成长搭上密切关系。咖啡馆诞生于中东。当时，几乎没有所谓的餐厅，而酒馆又是穆斯林的禁地。因此，咖啡馆就成为缺乏公共场所的穆斯林世界里，少数获认可的世俗公共场所之一。

欧洲人迟迟才接纳咖啡，出于几个原因。首先，咖啡作为穆斯林饮料，欧洲人视其为异教徒饮料。其次，土耳其式咖啡，不加糖，不加牛奶，又浓又烫，不合欧洲人胃口。最后，这种相当稀少而富含咖啡因的香料或致瘾性食品，很不便宜。事实上，在约 1776 年之前，欧洲人很少喝这种饮料。

1665—1666 年抵达法国、奥地利的奥斯曼苏丹特使，在豪华晚会中准备了许多这种珍奇饮料，从而提升了咖啡在欧洲促进人际往来、标举身份地位的功用。土耳其人也在无意间促成咖啡饮料在欧洲的普及。1683 年土耳其人围攻维也纳久攻不下，最后撤兵，遗留下一些咖啡袋。后来，维也纳第一家咖啡馆的老板，想到滤去土耳其咖啡的沉渣，加进蜂蜜、牛奶，从而使咖啡更能为欧洲人接受。但这时的阿拉比卡咖啡仍是非常罕见的特产品。

问题在于咖啡很贵。也门的人工生产方式、中间商的层层剥削，以及昂贵的运输成本，使咖啡几无异于奢侈品。1690 年代之前，全球只有也门三个咖啡产区栽种咖啡，这些产区位在陡峭而有灌溉设施的山上，分成一小块一小块的咖啡园，栽种农民只数百人。

贝特尔法古伊（Betelfaguy）镇是当时主要的咖啡市场之一，位在距摩卡两天路程的内陆。农民从附近的小咖啡园带自家咖啡豆到这里卖，一年到头如此。德拉罗克记载，收成"不定量，不定期，因而阿拉伯人不知有所谓的收成季节"。咖啡农一周六天带咖啡豆到市场，每天带出来卖的咖啡豆都比前一天多一点；价格低时他们就扣住不卖。

在市场里，印度商人和阿拉伯人掌控咖啡生意。17 世纪初起荷属、英属东印度公司就在摩卡设有代表，即使如此，他们一如德拉罗克，是通过据说最会杀价的印度中间人购买。欧洲人的商业地位不高，因为他们没有政治影响力，而也门人唯一想要的欧洲商品是用墨西哥白银制成的皮阿斯特币（piastre），而且当场就要。

咖啡豆是当时最珍贵的世界贸易商品之一，但德拉罗克发现咖啡豆买卖的规模仍然非常小，要当面交易，且由一附庸国牢牢掌控。他得先跟摩卡行政长官签订条约，以获准购买咖啡，然后得耐心等待咖啡豆送来市场。最后他终于收购到约六百吨的咖啡豆，但花了六个月才买到这样的数量。为突破这个瓶颈，他预付了一大笔钱，给一名自称有特殊渠道可取得咖啡豆的印度商人，结果受骗。

不只收购咖啡豆得留上很长时间，这些法国人背后所代表的暴增需求，也使价格暴涨。德拉罗克到来之前的二十五年间，由于欧洲人对阿拉比卡咖啡的喜好与日俱增，咖啡豆价格已涨了九倍。德拉罗克出现在产地，造成价格又一波急遽上涨，此事惹火了土耳其人，土耳其苏丹的大使因此向也门国王抱怨欧洲人直接前来购买一事。除了要受价格上涨之害，欧洲人直接前来购买还使苏丹少了关税收入。

奥斯曼人这么担心，其来有自。他们费了很大成本，克服重重麻烦，才将咖啡豆从也门山区运到他们的咖啡馆。首先他们用骆驼把在贝特尔法古伊所买的咖啡豆，运到十里格¹外的小港口，然后上船运到六十里格外红海边的奥斯曼最大港吉达，再在吉达将货改装上土耳其船，航往苏伊士。到了苏伊士，咖啡豆再装上骆驼背，运往开罗或亚

¹ 1 里格约合 5 公里。——译注

历山大港。到了亚历山大港，货再上船，航往君士坦丁堡。在德拉罗克远航至此之前，法国境内的咖啡豆，几乎也全购自亚历山大港，然后船运到马赛。如此辗转运送，成本非常高昂，因而德拉罗克一行人虽然花了两年半绕经非洲好望角到摩卡，却发觉如此直接前来有利可图。

受到这次远航成果的鼓舞，德拉罗克于两年后再度来到摩卡，这次他谒见了也门国王，并发现该国王种了一大片咖啡树。这个法国人批评了也门国王的作为，解释说欧洲国王在御用植物园里只种观赏植物，并补充说："园里如果结了果实，国王通常将果实留给侍臣。"也门国王听了这番话无动于衷。

后来，德拉罗克大大后悔于这番讨论，因为回到巴黎后，他发现自己对路易十四御用植物园的描述有误。这个贸易商在其冒险报告的最后说道："这份报告最恰当、最合宜的结尾，就是提到……终于从荷兰送来的那棵咖啡树。"

种在太阳王路易十四植物园里的那棵咖啡树，乃是欧洲人殖民美洲的先驱。它的种子将被带到大西洋彼岸，它将成为美洲许多咖啡树的先祖。法国人已找到方法打破阿拉伯人对咖啡贸易的垄断。不到五十年，拉丁美洲马丁尼克岛（Martinique，法国殖民地）所生产的咖啡，就在开罗市场上渐渐取代摩卡咖啡！也门敌不过殖民地的大规模生产。1900 年时，也门的咖啡豆产量已不到全球产量的 1%，繁荣一时的港市摩卡，沦落到只剩四百名流浪汉居住在已不再滨海的也门废墟中。摩卡曾经掌控全球咖啡市场三百年的光荣历史，如今只靠着一种将巧克力掺进美洲所产的咖啡调和成的特殊饮料，才能勾起那段过去！

3.4 商业萃取：咖啡的前世今生

咖啡走了五百年，

才成为你早餐时的美味饮料，

而且一路上经过四大洲，曾被赋予多种不同角色。

咖啡展开我们的一天，使我们的工作休息时间有条不紊，使我们每天三餐倍觉可口。作为全球排名第二的大宗商品，咖啡已成为现代生活不可或缺的一部分，没有咖啡以前的世界，简直令人无法想象。但咖啡走了五百年，才成为你早餐时的美味饮料，而且一路上经过四大洲，曾被赋予多种不同角色。

传说中，有位埃塞俄比亚牧羊人，看到他的羊群嚼过苦味浆果后变得兴奋且秩序大乱，大为惊讶，于是跟着拿起那浆果放入嘴里，结果也兴奋得四处跳。他发现了咖啡的秘密效果，而就是这秘密效果，最终促使咖啡在也门落地生根，成为当地作物。将这种浆果从埃塞俄比亚运到红海对岸的阿拉伯人，很可能是掳掠贩卖黑人的奴隶贩子，从而使这种饮料似乎一开始就和奴隶脱离不了关系——咖啡与奴隶的悲惨结合，历经四百年才结束。15 世纪中叶，阿拉伯半岛上的苏非派发现咖啡正好有助于他们思索安拉时保持清醒，因而咖啡首先受到伊斯兰这个神秘主义教派的青睐，但保守的伊斯兰神学家担心它致瘾的特性会使人偏离探索最高境界之路，因而不久咖啡即遭这些神学家痛斥；1511 年，他们在麦加街头焚毁数袋咖啡豆。后来，土耳其的大维齐尔（grand vizier，即首相）发布敕令，凡是经营咖啡馆者，要受棒打之罚；再犯者就缝进皮囊，丢入伊斯坦布尔海峡。

这些统治者当然要担心咖啡促进人际往来的媒介能力。开罗、伊斯坦布尔、大马士革、阿尔及尔的咖啡馆，成为政治阴谋的温床和淫乱邪行的场所。从提神到致瘾到颠覆，咖啡这一发展轨迹将在其他国家、其他大陆一再重现。

在欧洲，咖啡于 17 世纪开始受喜爱，正值商业资本主义兴起之时。这种中世纪的中东豆子，摇身一变成为西方资本主义商品。还好，它最初是由威尼斯贸易商引进欧洲。谢天谢地！否则我们大概就没意式浓缩咖啡和卡布奇诺可喝。但这些最早经手咖啡买卖的人，把它当药看待，认为它可治眼睛痛、水肿、痛风、维生素 C 缺乏。不久，伦敦贸易商开始在咖啡馆喝咖啡谈生意，咖啡馆作为商业中心，数量增加了一倍。乔纳森（Jonathan's）、盖拉威（Garraway's）两家咖啡馆，还作为英格兰的主要证券交易所长达七十五年；弗吉尼亚（Virginia）、波罗的海（Baltic）两家咖啡馆，担任商业和海运交易所则达一百五十年；罗伊德咖啡馆（Lloyd's café）成为世上最大的保险公司。咖啡馆还充作办公大楼、传播最新消息的"便士大学"[1]、最早的男人俱乐部。咖啡推动商业发展，却惹恼做妻子的女人，她们痛恨丈夫沉迷于阴暗、嘈杂的咖啡馆，一致抨击"这种低劣、又黑又浓、龌龊苦涩发臭、令人作呕的泥潭水"，指称咖啡让男人性无能。叫英王查理二世比较担心

---

[1] 只要付一便士就可入此种咖啡馆喝咖啡，交换信息，吸取新知，因此得名。——译注

的，不是上咖啡馆可能误了男人的家庭责任，而在上咖啡馆者讨论政事，于是他着手关掉咖啡馆，结果未成。要到东印度公司兴起，印度成为英国殖民地，英国才琵琶别抱，成为独钟喝茶的国家。

在欧陆，咖啡馆渐渐成为因资本主义经济而发达致富者的象征，成为为这类人服务的场所。这类人构成新兴的有闲阶级，也就是后来所谓的咖啡馆社交界（café society）。但咖啡蔚为主流的过程，并非一帆风顺。关于咖啡的医学价值，辩论非常激烈。在瑞典，有对双胞胎兄弟因犯了杀人罪而被判死刑，国王古斯塔夫三世（Gustav Ⅲ）发挥优良的科学传统，拿这两个死刑犯做实验。他让他们免于一死，但要其中一人此后在狱中，喝饮料只能喝茶，另一人只能喝咖啡。结果喝茶的先死（享寿八十三），瑞典从此成为世上人均咖啡消耗量最大的国家。普鲁士的腓特烈大帝（Frederick the Great）思想没那么开明，且关心臣民的政治倾向和贸易平衡，更甚于关心臣民的健康。他把咖啡纳为国家专卖品，试图借此阻止平民喝这种饮料。高进口税造成只有大城市里较有钱的人喝得起咖啡，但他还是没达成目的。在法国、奥地利，情形亦是如此。

但在各国首都，咖啡馆生意兴隆。据布伦南（Thomas Brennan）的说法，咖啡馆在巴黎的大行其道，证实了"上层人士决心要拥有自己的聚会地点，不与低阶级人士混在一块"。但这些是事业有成的上层人士，是资产阶级上层人士。咖啡有别于酒的好处，在于提振身体同时又洗涤心灵。有些咖啡馆，例如巴黎的普蔻（Procope，法国第一家咖啡馆），是艺文界人士的交流中心，伏尔泰之类人士就在这里讥刺贵族的可笑可恶。维也纳的海因里希霍夫咖啡馆（Café Heinrichhof），为一身铜臭味的商人带来经商灵感，也为勃拉姆斯和其他大作曲家带来创作灵感。其他咖啡馆，例如托皮克的祖母在维也纳经营的莫扎特咖啡馆（Café Mozart），提供扑克牌、台球和诸如此类较轻松的消遣。就在咖啡馆的悠闲气氛中，酝酿了重大的发展。非法经营的咖啡馆与公民社会的诞生、公共空间的出现、半封建贵族阶层的瓦解，密不可分。因此，不足为奇，德穆兰（Camille Desmoulins）于 1789 年 7 月 13 日，在伏瓦咖啡馆（Café Foy）里，谋划了攻击巴士底狱的行动——有些人主张这行动为现代世界揭开了序幕。法国大革命期间，咖啡馆依旧是阴谋策划与鼓动不满的大本营。

随着哐当作响的工厂催生出工业时代，咖啡渐渐地不只代表悠闲，还代表劳动。在美国，咖啡成为普及化的致瘾性饮品，用以帮助大群劳工朋友撑起垂下的眼皮，唤起逐渐涣散的眼神。咖啡的主要角色，不再是宗教冥想或做生意或休闲消遣的饮料，反而变成表明工业时代的闹钟。到 19 世纪末，咖啡馆让位给自助餐馆，咖啡社交圈让位给职场上的喝咖啡休息时间。北美的咖啡进口量，19 世纪时膨胀了将近九十倍。这时，在工厂自助食堂里三五成群缓缓走动的顾客，不像早期穆斯林主顾那样追求安拉的启发，不像当年伦敦商人那样追求获利，不像当年欧陆喝咖啡者那样追求创作灵感，他们求的是活着。在某些咖啡馆里，他们策划推翻资产阶级社会。禁酒社会推广咖啡和咖啡馆，以消弭酒馆里的酗酒行径，无异于开历史的大玩笑。伊斯兰神学家若地下有知，得知源自阿拉伯语 qahwah（意为"酒"）的咖啡，竟被捧为酒瘾（工业时代主要社会弊病之一）的疗方，想必瞠目结舌，无言以对。

20 和 21 世纪，咖啡遭抨击会导致心脏病和溃疡，提神功效相形遭冷落，但其消耗量有增无减。喝咖啡不是在冥想启悟的场合，不是在社交场合，反倒往往是开车时或匆匆赶路时囫囵吞下。咖啡不只加快了现代工业生活慌乱的步调，本身也已成为大量生产的工业商品。有些混合多种成分加工处理成的现代饮料，大言不惭自称咖啡，其实应说是化学家而非农民所发明的东西。咖啡已遭驯化、商品化，遭掺杂劣质添加物而失去其纯正；如今有些宗教仍痛斥咖啡之恶，但咖啡已失去其颠覆的利刃。从埃塞俄比亚到也门到欧洲和拉丁美洲的咖啡园，咖啡一路陪伴现代世界的发展。从上天所赐的万应灵药到资产阶级饮料到工业商品，咖啡已成为职场饮料。

3.5 美国与咖啡豆

促成美国人弃茶而拥抱咖啡的动力，
其实就只是贪婪和利润，而非光荣与爱国心。

美国人爱喝咖啡。长久以来，美国人一直是喝咖啡喝得最凶的人。甚至，美国人之爱喝咖啡更甚于喝茶，还常被当作有别于英国的民族认同标记。史学家甚至把喝咖啡当作高贵、爱国的行为。大部分人也都同意，喝咖啡习惯的养成与美国的建国关系密切。北美十三州人民以喝咖啡向殖民宗主国英国表示反抗。

在美国，每个学童都听过波士顿倾茶事件。在这次事件中，北美殖民地的反英人士，打扮成印第安人，将一箱箱中国茶叶丢进马萨诸塞湾，以抗议英国征收茶税及授予东印度公司垄断殖民地茶叶贸易的权力。这个振奋人心的故事，替美国人喝咖啡的习惯注入了民族追求独立自主的光荣色彩。遗憾的是，一如许许多多的民族光荣事迹，这并非事实。促成美国人弃茶而拥抱咖啡的动力，其实就只是贪婪和利润，而非光荣与爱国心。

历来的说法都是，在殖民地时期，美国人和英国本土人民一样爱喝茶甚于喝咖啡。虽然据说早在 1607 年，詹姆斯敦镇[1]的约翰·史密斯

---

[1] Jamestown，英国在北美洲最早的殖民地。——译注

船长¹，就已将土耳其人喝咖啡的习惯引进北美十三州（在那之前，他受迫替土耳其首相效力了一年多），但殖民地时代的美国人，无疑喝茶更多于喝咖啡。

输入美国的茶叶，从1790年代的仅仅1100余吨，暴增为一百年后的将近41000吨。但在这同时，咖啡消耗量的增长幅度，更达茶叶增长幅度的七倍之多。到了1909年，美国人一年人均消耗掉将近0.6公斤的茶叶和超过5公斤的咖啡。那一年全球消耗的咖啡，有40%是美国人所喝掉的。到了1950年代，美国人每年所喝掉的咖啡，比世界其他地方所喝掉的咖啡加总，还多出五分之一。

美国人怎么会爱喝咖啡到这程度？那并非出于美国人的爱国心或反英心态，毋宁是因为奴隶制的存在。美国海运业者从海地运出当地大批奴工（当时世上最大一批奴工）所生产的东西，供应他们许多民生必需品。海地的奴隶在大甘蔗园里工作，生产大量的糖。但海地的自耕农和自由民欠缺资金开辟甘蔗园，于是这些乡间中产阶级转而辟种面积较小而成本较低的咖啡园，以卖给岛上一心要学巴黎人的时髦作风喝咖啡的上层人士。种咖啡获利稳当，不久产量就超过当地需求。

美国商人出手援助，销掉剩余的咖啡豆。在这之前，新英格兰、切萨皮克两地区的美国贸易商，与这产糖岛屿和英国从事三角贸易已有很长时间。他们运来食物供海地奴隶填饱肚子，运来木材、英国产品换取岛上的糖、朗姆酒，然后将其中一部分的糖和朗姆酒运到英国脱手，换取其他产品。这些海运业者有时货舱未塞满，还有空间可另

---

¹ John Smith，载运最早的英国殖民者前往詹姆斯敦镇的船长，也就是著名的迪士尼动画片《风中奇缘》的男主角。——译注

外带回托售货物寻找新市场。咖啡耐海上长途运送，腐烂慢，正是理想的货物。

之后咖啡价格暴跌。从 1683 年每磅阿拉伯咖啡要价十八先令，降为 1774 年英国商人所经手的海地咖啡每磅九先令，再降为独立后的美国境内咖啡每磅一先令，咖啡因此成为更多大众喝得起的饮料。到了 1790 年，美国的咖啡进口量比茶叶进口量多了三分之一，十年后，咖啡进口量是茶叶的十倍之多。

1790 年代海地奴隶受美国、法国革命的鼓舞，起事反抗殖民统治，终于废除奴隶制，宣布独立，咖啡产量受时局影响暴跌，价格飙涨，出口美国的数量减了一半。若非另一个同样靠奴隶撑起经济的国家，趁机填补美国的咖啡需求缺口，美国人与咖啡豆的恋情，可能会就此画下休止符。巴西利用此次机会，把农地改辟成咖啡园，1809 年第一批巴西咖啡运抵纽约。19 世纪中叶，美国所消耗的咖啡，有三分之二来自巴西。

先前，里斯本牢牢掌控巴西商业，使美国商人无法与葡萄牙这个辽阔的殖民地做生意。但又是法国大革命介入，改变了局势。一心要取得里斯本（西欧良港之一）的拿破仑，说服葡萄牙国王若昂六世（João VI）逃亡里约热内卢，开放巴西口岸对外通商。自此，美国船可以轻松进入里约港装载咖啡，但他们可以载什么来卖？巴西是大陆规模的殖民地，民生物资自给自足，与其加勒比海地区的竞争者不同。但它需要更多奴隶。

1830 年代全球咖啡需求大增，巴西的咖啡园主需要更多黑奴在咖啡园里工作。英国境内的反奴隶买卖呼声，最终促成国会通过相关法案，从而使从事奴隶买卖已久的英国人几乎不再参与这"独特事业"。

到 1840 年代初期，从大西洋彼岸运来巴西的奴隶，人数创新高，其中有五分之一是美国船所运来。一直到奴隶买卖的最后一年（1850 年），不幸失去自由之身来到巴西的奴隶，有一半是由飘着星条旗的船只运来。

巴西奴隶辛苦种植咖啡，以满足美国无数喝咖啡成瘾的都市居民和工人大众的需要。咖啡成为美国生活方式里不可或缺的一环，而这与其说是因为美国人痛恨英国横征暴敛，因而连带排斥英国人所爱喝的茶，不如说是广大奴隶使咖啡变得便宜且有利可图所致。

3.6 甜味革命

"糖这样的东西，这么甜，

这么为人类生存所必需，

竟会引起这样的罪行和杀戮，实在叫人奇怪。"

在撰写本文的当下，已有数万名海地难民逃离他们苦难的岛屿，踏上美国领土。今日的海地，孩童死亡率高得吓人（约6%新生儿活不到1岁），预期寿命约63岁，人均国民所得不到1800美元，识字率只有45%，整个国家惨不忍睹。

但在18世纪的最后几十年里，它却备受称羡，是全球最富裕的岛屿之一，有"安的列斯群岛珍珠"的美誉。但使海地成为人间福地的糖，也腐化了海地的社会结构。

在现代早期之前，甜味是人类所罕能享有的滋味。那时，蜂蜜是唯一的天然加甜物（因此天堂是流着奶与蜜之地），而蜂蜜的供应量不大且不普及。人不得不倚赖味道清淡的稀粥或米饭或玉米粉圆饼填饱肚子。只有应时的水果能稍解口味的单调。

糖在远东或南太平洋开始踏上其普及全球之路。甘蔗这种高大的禾本科植物，最晚在公元前300年时于印度驯化为作物，但往外传播缓慢。一千年后已传至中国、日本、中东。阿拉伯人最早大规模栽种甘蔗；埃及所产的糖过去被视为全球最佳。阿拉伯人残酷征服伊比利亚半岛，随之将甘蔗引进栽种。其他欧洲人则是在十字军东征期间往耶路撒冷一路攻打过去时，开始熟悉这一新植物。是故，糖与暴力变得密不可分。

威尼斯贸易商运用其庞大的商业舰队和海军，加上密布于地中海地区的要塞、贸易站，主宰了中世纪欧洲的糖贸易。那时糖仍属奢侈品，市场不大，但威尼斯人还是因此赚了大把钱。

随着奥斯曼土耳其人的崛起，糖继续往西传播。15 世纪时，奥斯曼人已夺走威尼斯人所控制的穆斯林地区。威尼斯人转移发展目标，首先转向新近重新征服的西西里、伊比利亚半岛上的地区。然后他们与葡萄牙人联手展开划时代的远航，从而改造了世界经济面貌。

葡萄牙人驾着他们适合航海又易操控的商船（nau）和轻快多桅小帆船（caravela），发现了马德拉群岛等大西洋岛屿，并在距非洲陆地不远的海上，发现了圣多美岛（São Tomé）。在圣多美，蔗糖的生产发生了变革，却也是可怕的变革。非洲人沦为奴隶，被带到这里的甘蔗园工作。这座原本荒凉的小岛为岛上的葡萄牙庄园主和意大利商人带来丰厚利润，却使数万黑奴陷入地狱深渊。欧洲在 16 世纪的遽然致富，创造了更大一群享受得起这种甜味的人。

为满足这新需求，葡萄牙人决定将甘蔗引进巴西，扩大生产。美洲成为第四个被拉入世界蔗糖市场的大陆。甘蔗是不折不扣的国际性作物，结合了亚洲植物、欧洲资本、非洲劳力和美洲土壤。

哥伦布的岳父在马德拉群岛拥有一座甘蔗园，哥伦布因而成为第一个将甘蔗引进美洲的人，但要到葡萄牙人在巴西广为种植，蔗糖业才首度大规模蓬勃发展。葡萄牙人主宰世界蔗糖生产达一百年。1513年，为展示自己所新获得的威权和财富，葡萄牙国王献给教皇一尊等身大的教皇像，四周围绕十二名红衣主教和三百根高 1.2 米左右的蜡烛，全都用蔗糖制成！

然后，换加勒比海地区登场，特别是海地的蔗糖业臻于巅峰。这座葱郁的法属热带岛屿，全岛成为一座大型甘蔗园和奴隶监狱。岛上有约三万名自由之身的白人，还有人数约略相当的黑白混血儿和四十八万名奴隶。蔗糖使奴隶这种古老劳力和现代形式的工业资本主义结合在一块儿，而且是令人发指的结合。甘蔗园或许是世上最早的现代工厂，它有一大批严守纪律的工人，任务的分工、整合几乎按照工厂组装线的方式安排。蔗糖生产需要先进的精炼技术和昂贵设备。甘蔗园主常是不住在当地的法国资产阶级显赫人士，例如商人、银行家。

但他们倚赖奴隶这种古老而残酷的劳力替他们干活。奴隶买卖在欧洲原已销声匿迹，在非洲也逐渐式微，但蔗糖与“大发现时代”（应说是帝国主义时代）的结合，使奴隶买卖重获新生。1500—1880 年间，超过一千两百万非洲人，在极度惨无人道的情况下被运到大西洋彼岸。（根据最新估算，约有一百八十万人在抵达美洲前死去。）这些黑奴大部分是给载去甘蔗园工作，其中有很大一部分是要运去海地（海地进口的黑奴数量比美国的进口量还多一倍）。难怪曾任特立尼达－多巴哥（Trinidad-Tobago）总理的史学家威廉斯（Eric Williams）在指出“没有蔗糖，没有黑人”之后，懊悔说道：“糖这样的东西，这么甜，这么为人类生存所必需，竟会引起这样的罪行和杀戮，实在叫人奇怪。”威廉斯接着指出第二个吊诡之处：他提出了备受争议的主张，认为蔗糖催生出奴隶买卖，奴隶买卖让欧洲人积累大量财富，进而为欧洲的工业革命提供了资本。

　　法国爆发大革命后，海地在工业主义和奴隶制之间、资产阶级与古老劳力间的矛盾，再也无法抑制。资产阶级的"人权宣言"与法国的殖民意向相冲突，岛上的矛盾情势随之引爆。巴黎的革命人士愿意将选举权扩大适用于海地的自由白人，乃至自由的黑白混血儿，却无意废除奴隶制，以免断掉法国岁入的一项主要来源。于是海地的黑人雅各宾党决定自行解放，从而爆发世界上最早的现代民族解放战争之一。这也堪称世上第一场种族战争，战事从 1791 年打到 1804 年，几无间断，最后，取得自由之身的奴隶占领海地，杀死或放逐岛上的自由民。

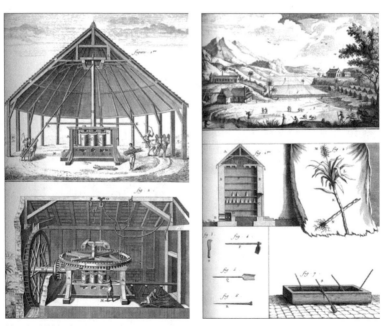

糖厂与制糖示意图
（Denis Diderot and Jean le Rond d'Alembert, eds., *Encyclopaedia or a Systematic Dictionary of the Sciences, Arts and Crafts*, Volume 1, 1777–1779）

　　经历百余年奴隶政权的严酷统治，这些得到自由之身的黑人决心放个长假。重返工作岗位后，他们不愿替甘蔗园卖命，反而展开土地改革，将大庄园分割为数小块土地。黑色雅各宾党人成为黑人农民。他们也拒绝种甘蔗。个别黑人农民的生活，无疑比蔗糖经济发达时要好上许多，但海地在国际经济领域不再扮演重要角色。如今，这座岛的人均出口额排名 161。独立后的海地赫然发现自己基础设施贫乏，资本稀少（因为独立前蔗糖的获利大部分投注在法国），农民未受教育且无治理经验。占人口少数的黑白混血儿贵族兴起，他们剥削广大农民图利自己，国家却几乎仍停滞不前。贵族统治不稳时，美国出手相助（1915—1934 年遭美国占领），以维持"稳定"，防范农民作乱。1804年独立后，岛上人口增加，海地却找不到可取代糖的产品。以输出棒球选手和血液为基础的经济，当然不可能蓬勃发展。欧洲人的嗜甜，使这处热带天堂变成悲惨贫困的落后地区。世界经济所带来的不只是进步。

3.7 为权力埋单："罪恶税"与现代国家的兴起

罪恶税的好处尤其令那些没有大规模、高生产力的工业部门的政府和

不得不与更大且/或更富裕对手作军事竞争的政府心动，

因而少有政府抵得住它们的诱惑。

大家都知道，政府需要钱，许多人若非万不得已，不想把钱交给政府。千百年来，许多政府从官方所拥有（或"家天下"的统治家族所拥有）的资产，或通过独家贸易权，取得许多收入，但久而久之，在几乎任何地方，这类岁入都变得愈来愈不敷所需。（有些人口相对较少的产油国是当今主要的例外。）服务费，例如上官方法庭找回公道的费用，也被纳入许多政府的财源，但还是不够。几乎任何地方，解决之道都是征税：对民间个人的资产和交易课税。

公元 1400 年后，以火药为基础的武力迅速扩散到世上许多地方，大大加剧政府的岁入需求。更大的武器催生出更大的防御设施，而更大的防御设施又反过来催生出更大的武器。对海上强权来说，这种增长趋势更加快速：要在船上安装后坐力强大的加农炮，船本身得先强化，而事实表明，强化船身结构很花钱。谁都不想输掉战争。于是，对政府来说，现代早期变成一场为觅得更多岁入而展开的赛跑，而且是无休无止的赛跑——这场赛跑需要跑马拉松那样的耐力，但中途需要多次攸关生死的突然冲刺。

对许多国家来说，土地是显而易见的课税目标，尤以较大的国家为然——土地难以隐藏，无法移动，而且本身所具有的价值使人很可能为了保障其土地所有权而付钱。例如，中国的岁入从14世纪晚期至19世纪中期一直主要倚赖土地税。但在某些小国，土地根本不够；在其他国家，强大的既得利益者（例如欧洲的贵族和天主教会）享有让许多土地免税的特权；在任何地方，凡是倚赖土地税，都使国库的盈虚与长远来看成长速度最慢的一个经济部门脱离不了关系。凡是成功的国家，最终都得靠工商税来取得大部分税收。工商业是日益成长的经济领域，而且其攸关生活的程度，被公认不如农业（尤其是种植基本粮食作物），因此，人们较无理由把这类税视为无理的强征。

现代早期，所谓的"致瘾性食物"——糖、烟草、茶叶、咖啡之类具有微致瘾性或颇强致瘾性的小型奢侈品（第三章数篇文章里有所讨论）——贸易额暴增，成为绝佳的课税目标，而且在数个现代早期国家，这类商品各个都遭课重税。本地无法生产而必须自外进口者，尤其如此——走私或许是个困扰，但比起监控广大乡村，派警察守住一些港口省事得多。现代早期英格兰的财政，从此类税收中获益甚丰，英格兰政府很快就成为欧洲第一收税高手；举个例子来说，史学家算出，一名在17世纪的弗吉尼亚种植供运到英格兰贩卖之烟草的奴隶，每工作一小时为国王赚进的收益，比他为自己或主人赚进的收益还要多。这一做法虽然并非到处管用，例如英格兰政府想提高其美洲殖民地茶叶进口税时，就发现不尽理想，但其成效往往还是足以使政府收入大增。英国岁入占国民所得的比例，从1665年的3.4%增加为1815年的18.2%，而且在这一时段的晚期，烟草、茶叶、糖的税收已占这些扩增后之岁入的约 10%。但比起烈酒，它们还是大为逊色。1803
年，抵抗拿破仑大业接近最激烈时，来自烈酒的税收占了英国岁入的
44%。

拿破仑战争时期，许多税被人民当成非常措施而忍受下来，但这
一时期结束后，这些税就行不通了，随之停止征收。但祭出"罪恶税"
（针对烟酒赌博等课征的税），课征起来就比较名正言顺——例如，提
高喝酒、抽烟的成本，比课征房屋税更不易引发民怨——从而较可能
持续。此外，随着 19 世纪大西洋世界愈来愈多思想家信奉自由贸易原
则，继续对境外进口的货物一律课征高关税，就变得愈来愈不得民心。
（但美国是个值得一提的例外，在 19 世纪许多时候一再提高关税。）这
一减少税目的举动，意味着即使在 19 世纪许多国家所得大增，且人们
所消费的货物种类多样化超过以往，但罪恶税仍是岁入的大宗。例如，
1800—1900 年间，烈酒税仍提供英国 40% 的岁入，1910 年，尽管烈
酒占人民总预算比例已开始大减，仍提供了 28% 的政府岁入。这一现
象也非英国独有：1865—1915 年，烈酒税提供了 15%—25% 的荷兰岁
入。1780 年，来自烈酒销售的税收占总岁入的 43%，整个 19 世纪间
平均超过 30%。

在美国——一个历来极讨厌税且必须从头建立中央政府的地
方——烈酒税或许更加攸关国家的缔造。根据催生出 1789 年美国宪法
的那个政治协议，有个委员会负责偿还独立战争期间旧大陆会议和各
州所欠的债款。为此，财政部部长亚历山大·汉密尔顿说服国会立法
对烈酒课税——美国政府首个对单一产品课征的税。边疆地区许多农
家自行酿酒，不愿为自酿的酒缴税；有些农家（以西宾夕法尼亚的农
家居多）粗暴地攻击收税员。中央政府动用了军队，由总统华盛顿亲

自领军，这场"威士忌叛乱"虽然很快就平息，但这件事说明了罪恶税与建立联邦政府公权力一事有多么密不可分。

随着美国日益茁壮，其他岁入来源变得重要，尤其是进口品关税。随着版图向西扩张，联邦政府土地的销售也甚为重要。但烈酒税收始终至关重要，尤以19世纪晚期为然，这时中央政府在迅速工业化的社会里担下更多责任，而消费者（尤其是农民）则抱怨关税课征提高了他们所购货物的价格。1870—1892年，烈酒税占美国联邦政府岁入的25%，成为中央政府仅次于进口关税收入的第二大来源；1892—1916年，比例更高，超过40%，长期来看，尽管联邦所得税于1913年后开始征收，烈酒税平均比例仍达35%。事实上，许多主张全国禁止买卖烈酒者为所得税案通过而额手称庆，正是因为所得税可以在烈酒税收之外另辟一个财源，从而移除某领袖所谓的"最后仅存的（反禁酒）论点"——此前数十年，主张禁酒者始终有增无减，随着1920年宪法第十八修正案通过，他们追求的目标终于实现（1933年禁酒令才遭撤销）。因此，进入20世纪许久以后，烈酒税才变得对联邦政府税收无关紧要；但如今，烈酒税（与烟草税和更晚近的博彩税）仍是许多州政府的重要财源。

然后，在欧洲人的亚洲殖民地（和亚洲国家，例如追求国家富强、避免沦为殖民地的暹罗和中国），罪恶税的故事再度上演。殖民地行政机关——一般来讲官员人数不多（以压低开销），且需要当地精英配合才能顺遂治理——课税不须经代议机关同意，但还是发觉针对有许多人使用但少有人自行生产的产品课税很省事——得以通过相对较少的特许商人收税。这些产品也能通过被课税而变得更贵，但又不致造成人民挨饿或使政府蒙上不关心民间疾苦之污名；而由于它们能让人上瘾（致瘾程度不一），即使价格上涨，许多人仍不得不继续花钱购买。在亚洲许多地方，来自烈酒和烟草的税收绝非微不足道，但对另一项商品——鸦片——课征的罪恶税，获利则更大。

最常见的做法是"让人承包"鸦片税，也就是把合法贩卖鸦片的权限拿去拍卖。这使政府（殖民地政府或本土政府）得以事先取得稳当的收入，不必操心配销鸦片、防范职员私下自行贩卖鸦片之类琐事。有时，取得权限者可独享一地区的鸦片贩卖，有时只是让取得者成为有权贩卖鸦片的人之一；不管是上述哪种情况，财团往往联合起来买下所有权限，使他们得以形同垄断颇大一片地区的鸦片贩卖。

于是，可想而知，要在拍卖场抢标，得有雄厚财力，而抢下标案者通常是财力已然雄厚的生意人。许多这类人早已参与当地政府的治理工作，往往担任"头人"，管理（荷属）东印度、（法属）印度尼西亚、（英属）马来亚等地的华人侨社；良好的官场关系，使这些人拥有合法权力来保护其用高价买下的鸦片经销地盘，由于这一优势，他们自然而然是取得鸦片贩卖特许权的不二人选。"承包"鸦片税使这类人更加有钱，地位更为显赫。后来，有些鸦片商把部分利润投入非欧洲人所拥有的一些最早期工业企业；这使他们成为某些具有民族主义"觉醒"意识的史学家眼中的英雄，但身为毒品经销商和殖民地收税员，他们在其他叙述里成了首恶之人。

不管他们还做了什么，这些人使政府得以运行不辍。20世纪头十年间，鸦片收入提供了荷属东印度高达35%的岁入，1861—1882年间则提供法国人所统治的交趾支那（南越）30%的岁入。（至19和20世纪之交，鸦片和烈酒为整个法属印度支那提供了将近40%的岁入。）就未沦为殖民地的暹罗来说，比例大概是15%—20%。在印度这个吸食很少但出口大量鸦片的地方，1848—1879 年，尽管有辽阔的国内土地和许多人口可供课税，鸦片税收占岁入的比例平均还是达到 16%。中国方面的数据变动很大，而且官方报告往往不可靠。但就连官方数据都意味着，1930 年代，鸦片提供了 15% 的国民政府岁入，有位著名史学家估计，真正的数据可能高达 50%。在此期间，第二次世界大战时与日本人合作、统治中国部分地区的汪精卫伪政权，积极贩卖毒品，而且未费心装出着手消灭鸦片买卖的形象。

在香港和新加坡（没有多少地可供课税），19 世纪末和 20 世纪初期，鸦片的确提供了至少一半的岁入；两地政府因此得以借由将其他大部分货物的关税压到最低，来履行他们的"自由贸易"承诺，并把商人从其他强权治下的邻近港口吸引过来。英国从一开始就极倚赖海军武力来扩大鸦片市场，因此这是帝国时代自由、强制、垄断三者交互作用的一种奇怪方式（关于其他方式，见 3.8 节）。

简而言之，罪恶税的好处令政府大为心动，尤其令那些——但又不只那些——没有大规模、高生产力的工业部门的政府和不得不与更大且／或更富裕对手作军事竞争的政府心动，因而少有政府抵得住它们的诱惑。不过，有些政府在课征罪恶税时，面临比其他政府更强烈的道德矛盾。例如，20 世纪上半叶的中国政府宣称欲"复兴"中国，使国家摆脱帝国主义者剥削和自身的衰败，而吸食鸦片和这些内忧外患都有密不可分的关系，中国政府自然特别难以承认自己把鸦片收入当成国家财源之一。这类政府想必希望政治上的成就会使后人忘记和／或原谅这档事：在新加坡，政治成就想必已产生这样的效应，当地有尊目光严厉的反鸦片大将林则徐的雕像，俯视这座曾靠鸦片收入之助建立起来的城市。

3.8 鸦片如何使世界运转

鸦片是促进世界贸易、
加速经济增长最重要的凭借，
对中国是如此，对欧洲、美洲亦然。

这是段（美国人）有些熟悉的历史，但不是光彩的历史。一百七十年前，英国人靠着船坚炮利强迫中国签订《南京条约》，结束了三年的鸦片战争。中国因此得乖乖接受会让人上瘾的鸦片大量进口，承受其他多种伤害；但这条约的条文和替它辩护的人，却夸夸其谈这条约如何促进了自由贸易和"打开"中国门户。

不只英国将领信誓旦旦宣称鸦片是次要问题，其实整个西方那些据认属自由派和激进改革派的人士，也曾这么公开表示。卸任的美国总统亚当斯，不喜欧洲的殖民行径，却解释说："英国此举名正言顺……如果要我说个清楚，我不得不说鸦片问题并非这场战争的起因。战争的起因是……中国的傲慢和妄自尊大。别人只有忍受屈辱，自甘为卑下的藩属……中国才愿与他们通商往来。"就连马克思都主张鸦片战争的真正意涵，在于全球资产阶级坚持"打倒长城"的决心，将使"停滞不前"的中国不只进入世界市场，还进入世界史。

今日没有人会替一手持枪一手兜售毒品的恶霸行为辩护；但这一众所认同的观点，依旧未把毒品本身当作问题的关键。美国汉学巨擘费正清，就以亚当斯若在世也很可能会认同的字句说明这场战争："中国看待对外关系的观点……落伍且不合理……英国要求彼此平等往来，要求给予通商机会，其实代表了西方所有国家的心声……英国把对中贸易的重心不只放在茶叶上，还放在鸦片上，这是历史的偶然。"他的一位学生则写道，战争若未因鸦片而爆发，可能也会因棉花或糖蜜而同样轻易地爆发。

但事实上，鸦片绝非偶然因素。更仔细检视可知，鸦片是促进世界贸易、加速经济增长最重要的凭借，对中国是如此，对欧洲、美洲亦然。

国际鸦片贸易始于18世纪，以因应欧洲（特别是英国）在国际贸易上的一项危机。数百年来，欧洲都是消耗来自亚洲的香料、丝和其他产品，却少有产品输出到亚洲。西班牙征服新大陆，为欧洲提供了暂时的解决办法。新大陆的金、银大量运往亚洲（其中可能有一半运往中国），以换取欧洲人所真正能消费的东西。但到了18世纪中叶，输入欧洲的亚洲产品达到新高（特别是茶成为国民饮料的英格兰）。在这同时，新大陆所产的金、银变少，而且来自美洲的新货物（以糖、烟草居多）也使欧洲贮存的现金逐渐流失。

如此一来，该如何支付这些新嗜好的开销？动武是方法之一。直接征服亚洲的产地，要那些产地外销产品以缴付新税。荷兰人（在印度尼西亚）和英国人（在印度），在这方面各有斩获，但仍不敷所需；中国仍太强大，根本不能用这办法对付。与此同时，想卖出欧洲产品（包括将英国羊毛制品拿到亚热带广东销售），成果仍不理想。英国人把在中国所不具备的生态位里收集到的数种奢侈品（如来自美国太平洋岸西北部的毛皮、来自夏威夷的檀香木等，见5.6节）卖到中国，虽然销路较好，但仍不足以平衡其贸易赤字。

最后，英国东印度公司转而诉诸可在印度殖民地生产的鸦片。这种致瘾性食物最初属奢侈品（在中国原本拿来当药，很少拿来麻醉自己追求快感），早期吸食者包括觉得人生乏味的政府办事员、驻守在长期太平无事地方的军人、终日困在家中的有钱人家妇女。1729—1800年，中国的鸦片进口量增长超过二十倍，从而有助于止住英国金银流向中国。但金银的流向并未彻底逆转。对中国而言，进口这些鸦片（在这个三亿人口的国度里可能足供十二万五千瘾者食用），虽然伤害不小，但还未到动摇国本的地步。

1818年有人发展出更廉价、药效更强的混合鸦片，毒害随之更为严重。这种新鸦片的问世，大大扩大了鸦片的消费市场，犹如后来哥伦比亚的梅德林（Medellín）可卡因集团，将昂贵的可卡因转变成廉价的快克（crack），大大扩展了毒品市场。1839年输入中国的印度鸦片，足供一千万瘾者吸食。中国因进口鸦片所流出的白银，自此大到足以抵销英国庞大进口开销的一大部分（当时英国的进口金额居世界之冠），并导致中国部分地区银价飞涨，影响政府财政。

吸食鸦片成瘾者多到中国政府不得不采取行动反击，1839年强制收缴英商鸦片，结果惨败收场。中国不只未能如愿禁绝鸦片入境，不只败给英国海军，还失去关税自主权、治外法权，支付大笔赔款，割让香港。这只是中国苦难的开始，鸦片战争暴露了中国军力的薄弱，自此，中国进入外国侵略、社会动荡、内战频仍的苦难百年。急速增加的鸦片吸食量——到1900年时可能有四千万人上瘾，也是促成这百年苦难同等重要的祸因。

有人可能会认为，在英国为鸦片而开战时，鸦片贸易（和此贸易所导致的种种苦难），对英国而言，应已不是不可或缺。毕竟，1840年代时，英国已是世上的工业龙头，且将继续保有这地位直到第一次世界大战前夕。认为"这个世界的工场"不须为了支付进口开销而贩卖毒品，听起来似乎是很合理的推测。如果当初中国准英国人所请，让他们自由贸易，文明的欧洲人是不是就不会贩卖这个害人的东西？但很可惜，答案还是会。英国还是需要靠鸦片赚取外汇，即使在20世纪初期亦然。当时，世上大部分地区所消费的大量生产商品仍不足，英国对外国商品（和原材料）的渴求则和其工业实力一样增长快速，在这情形下，工业上的优势并不能确保其拥有足够的外汇。1830和1840年代，英国改采自由贸易时，这问题更为严重，因为除了输入茶叶、糖、烟草、棉花，英国还从美洲输入大批谷物和肉。在这期间，北美和欧洲大部分地区坚持保护主义，限制英国在全球几个最富裕市场销售其产品，从而形成新的工业竞争者。1910年时，英国与大西洋世界的贸易赤字，大到即使英国对美国、工业欧洲的输出增加一倍，都不大可能平衡贸易收支。非贸易收入（对外投资的获利、海运、保险费诸如此类）对财政有些许帮助，但只是杯水车薪。此外，对于那些让英国积累了巨额赤字的国家而言，英国是极重要的资本供应大国。

这一不平衡的贸易——资助了英格兰的生活水平和西方其他地区的快速成长，却是靠着英国与印度、中国的贸易维持了数十年，而在对中贸易里，鸦片扮演了关键角色。1910年时，英国在大西洋贸易上的一亿两千万英镑赤字，大抵仍是靠与亚洲的贸易来抵销。这个帝国（不含印度）与中国的贸易有一千三百万英镑顺差；撇开棉线不谈，制造品对这顺差的贡献，还不如农产品（包括非印度生产的鸦片）。

最重要的是，英国对印度的贸易，每年有六千万英镑的顺差（约相当于英国在大西洋贸易上赤字的一半）。靠着防止其他工业国产品进入的保护措施，订定（在纺织品方面）阻碍印度本土业者壮大的法律，英国各种制造品（从布、煤油到火车厢）彻底称霸印度市场。使印度得以不断购买英国这些商品的外汇，大部分来自对中贸易，特别是鸦片贸易。

英国本身是印度最大的买家（1870 年 54% 的印度产品外销英国），但显然不是印度国库最大的收入来源。印度的巨额贸易顺差主要来自亚洲，特别是中国。1870—1914 年，印度对中国一年的顺差约两千万英镑；到了 1910 年，印度对亚洲其他地方的顺差约四千五百万英镑。

印度如何赚到这些顺差？靠稻米、棉花、靛蓝染料，但主要靠鸦片。1870 年，鸦片贸易贡献了至少一千三百万英镑，也就是对中顺差的三分之二。直到 20 世纪初期，鸦片仍是中印贸易最重要的商品，且在印度对东南亚的出口里占了举足轻重的地位。换句话说，毒品不只协助创造了英国对中的直接顺差，还促成金额更大的英国对印度顺差。没有这些顺差，英国不可能保住其西方最大消费国和最大资本供应国的地位；整个大西洋贸易的增长也将缓慢许多。英国领导下的百年工业化，改造了西方许多地区，但要到 19 世纪快结束时，西方才成长到不需倚赖在亚洲的劫掠。

这一平衡态势仍有一个谜团未解：中国没有哪个国家让其享有巨额顺差，那么它如何支应与英国、印度长达百年的不平衡贸易（促进世界经济增长居功厥伟的贸易）？史料不足以让人得出确切答案，但最合理的推测是海外华工、华商汇回中国的资金填补了差额。

随着 19 世纪末期的殖民行径为出口导向的生产开辟了新天地，在东南亚原已势力不小的华人侨社随之更快速成长。加州淘金热在美洲开启了发达致富的机遇；从古巴到夏威夷等多个地方的种植园，亟需廉价而技术纯熟的甘蔗工人；新问世的消息传播渠道，使人更容易得知存有什么机会。数百万工人只身前往这些地方（往往因为他们所前去的社会不准他们携家带眷），即使薪水微薄，不赌不嫖的工人还是能省下大笔钱寄回老家；电报和新金融机构使汇钱更容易。确切的汇回数目虽不得而知，但总数想必相当大。因此，为美国联合太平洋铁路公司（Union Pacific）铺铁轨的华工，可能不只为铁路建设出了力气，他们所赚的钱，经中国、印度、英格兰辗转流到美国，从而可能也提供了资金。

因此，鸦片不只将中国、印度、英格兰、美国牢牢结合在四边贸易关系里，还在维持英国工业化的持续向前和19世纪世界经济前所未有的不断扩张上，扮演了最重要的角色。

3.9 烟草：一种魔草的兴衰

> 烟草，连同可可豆，
>
> 是最早拿下国际市场的美洲本土作物；
>
> 它会带来庞大财富，还有蓄奴和死亡。

1492 年哥伦布来到古巴时，两名冒险进入内陆一探究竟的船员回报，看到路边有塔伊诺（Taino）族男女，一手拿着一根燃烧的木头，还有"一些晒干的草，放在某种叶子里……把一端点燃，然后他们在另一端咀嚼或吸吮，将烟吸入。那烟使他们肌肉麻木，使他们飘飘欲仙，因此他们说不觉得疲累……他们把那叫作 tobaco"。哥伦布的手下在后来被欧洲人称作"新世界"的地方探索时，亲眼见到许多奇事，而上述见闻只是其中之一。不过，这个冒烟的东西特别值得一提，之后它会对全世界产生很大影响。它会被当成药物、毒品、休闲活动、春药、兴奋剂，乃至最终被当成财源，而受到崇拜、禁止、渴求或鄙视。烟草，连同可可豆，是最早拿下国际市场的美洲本土作物；它会带来庞大财富，还有蓄奴和死亡。

哥伦布的同伴，以为自己来到了东印度群岛（见 2.2 节）。他们在欧洲时没有吸植物烟的习惯，对他们来说，这事儿实在太新奇了，因此，葡萄牙语的"烟草"一词——fumo（烟）——不是形容该植物，而是形容该植物产生的烟。（如今英语里仍普遍使用"smoke"这个俚语来指称香烟，而"fumo"正是这一俚语的早期说法，两者的字面意思都是"烟"。）事实上，当时美洲原住民吸食野烟草（Nicotina rustica 和 Nicotina tabacum）或许已有一万八千年的历史，只是欧洲人不知此事。约五千至七千年前，烟草于秘鲁／厄瓜多尔安第斯山区首度被人类驯化，随后烟草和人使用烟草一事，最终传遍整个美洲。过去，人类通过身上大部分孔洞来利用烟草，且出于多种不同目的。有人把烟草做成雪茄来抽，如哥伦布在古巴所见，有人通过烟管来抽，如英格兰人后来在北美洲所见到的，也有人把它当成毒品或春药来食用，有人把它当成眼药水，有人把它当药膏涂在皮肤上，用以治疗感染或防虱，有人把它放在鼻子里吸以提神，有人把它吃下肚以通便，有人把它当灌肠剂注入肛门。也有人拿烟草治牙痛和蛇咬。有人拿比我们今日所使用的烟草还要烈性许多的"草"，当成待客的点心给客人抽，用以缔结正式和约，有人用它来坚定战士的斗志。烟草是茄科植物，而该科植物里既有蕃茄、马铃薯这种较有益的成员，也有会影响心理状态的有毒植物颠茄。不足为奇的是，烟草也曾被当作使萨满（巫医）起乩的灵药，萨满吸其烟或饮其汁液而起乩，进入超自然世界，在那里，神灵现身，使他们得以预见未来，让恶灵无法近身。烟草曾是重要的圣物。古玛雅人崇奉两位吸烟的神，而阿兹特克帝国的皇帝暨祭司蒙特祖马，则喜欢在晚饭后抽个烟。烟草被人拿来买卖，但在整个美洲，种烟草较常见的是为了自用，因为它在许多不同气候里适应性都非常好，在南、北美洲许多地方和加勒比海地区都有栽种。

　　1550 年代烟草传到欧洲后，立即被接纳，但并非只是被当成另一种日用商品。它有时被视为神奇之物，有时叫人惊讶，有时叫人极度反感，有时让人觉得有害。把它带回母国的西班牙人，发现它受到某些敢于大胆尝新的消费者欢迎，这种会让人上瘾的异国食物，具有叫人飘飘欲仙和振奋精神的效用，使这些消费者大为惊喜；有些人则为这植物本身的美而着迷。他们的其他同胞觉得它是异端巫师的器具，违反戒律且危险，因为它受到塔伊诺人和其他非基督徒的原住民喜爱，而西班牙人认为这些人是野蛮人和多神教徒。有些天主教传教士试用过烟草，称赞它能让人看到异象、刺激感官和肌肉、减轻疼痛和饥饿感，但也有些人觉得雪茄和烟管的火、烟是恶魔所致，一如吸烟者出现的亢奋给人同样的观感，因而痛斥烟草。有位伊斯帕尼奥拉岛（Hispaniola，即今海地岛）的总督，把吸烟斥为当地"恶习"之一："印第安人有个特别有害的习惯：吸某种他们称为 tobacco 的烟，以产生恍惚状态。"有些西班牙人甚至相信当地萨满为了与恶魔结交而吸烟。西班牙主教巴托洛梅·拉斯卡萨斯（Bartolomé las Casas）警示道，染上这恶习的西班牙人，"说他们戒不掉"。他，一如此前和此后的许多人，认识到这种草会让人上瘾——另一个由恶魔造成的特性。吸烟这想法本身太奇怪。在欧洲没人这样处理植物（具有灵力的香是例外）。植物是要拿来吃或制成饮料喝，不是拿来给人吸的。

西班牙人首次将烟草输入欧洲——1558 年即已输入。17 世纪初期，在里斯本、塞维尔、阿姆斯特丹，这一贸易走上营利之路，并在这些地方开始欧洲化。在欧洲，烟草失去其宗教、仪式用途，反倒变成治疗多种病痛的万用药——和在美洲治疗的病痛种类一样，但在美洲治疗的病痛又不只这些。西班牙人不像美洲原住民那样把烟草裹在玉米苞叶或烟叶里来抽，而是先后把它制成粉末和鼻烟来用，鼻烟的成分还包括麝香、琥珀、橙花等东西，使用时经由鼻孔直接吸入体内，不用火点燃。古巴产的烟叶特别受青睐，因其具有宜人的香气、味道，且易燃。

许多神父反对这一异教徒习惯，但其他神职人员和平民在美洲大面积种植烟草，以强拉来的原住民和非洲人为劳动力，获利甚丰。1493 年，教皇亚历山大六世要西班牙国王将这一新发现土地上的人民转化为基督徒，西班牙国王的确认真看待这项任务，但要达成，他们必须替旗下的神职人员、陆海军搞定经费。因而把烟草的贸易、生产、销售纳入专营事业并予以课税，大大有助于达成他们的宗教任务，并减轻了靠异教徒烟草和奴工获利所带来的良心不安。烟草专卖和课税会继续成为全球各地政府的主要财源（见 3.7 节）。

西班牙的敌人——英、法、荷，不久后也开始食用这一令人飘飘欲仙的新草。他们吸烟时往往用烟管，而非雪茄，也嚼食烟草，或把它制成鼻烟使用。最初烟草全来自西班牙或葡萄牙的殖民地，因此，对这些晚到的北欧人来说，烟草很贵。抽烟管成了有权有势者表明自己跟得上时尚的依凭。为了入手愈来愈精致珍贵的烟管，这些人花的钱愈来愈多。鼻烟和饰以珠宝的精美鼻烟盒，也是上层人士标榜身份地位的表征。但在欧洲，鼻烟和鼻烟盒都不具有宗教意涵。事实上，以当时欧洲人有限的知识，只知烟草源于没有复杂本土文明存在的加勒比海地区，因此，烟草不具有可可豆（阿兹特克）、咖啡（奥斯曼）、茶叶（中国）所具有的那种文明印记。但无论如何，烟草最初传遍欧洲时，这种植物及其用途大为风靡。法国驻马德里使节暨宫廷御医让·尼古（Jean Nicot）带了一些烟草粉回国给王后治偏头痛，结果竟使自己的名字和烟草结下不解之缘。她于 1550 年代协助介绍给法国贵族的这种美洲草，后来被人称作"尼古草"（Nicotian herb）。事实上，瑞典动植物分类学家林奈替这新植物取名时，把它叫作"nicotian"。

1828 年，海德堡的两名学生提取出烟草的生物碱药物成分，为表彰尼古的贡献，将其取名为"尼古丁"（nicotine），尼古与这异国植物的密切关系就此确立。

并非每位廷臣都把这当成光荣事。有些国王，例如英国的詹姆斯一世和查理一世，曾着手消灭这一习惯，但未能如愿。詹姆斯一世认为烟草传到欧洲与当时另一个不受欢迎的新东西——性病梅毒——出现于欧洲有密切关系，于是恳请他的子民："到底是什么样的荣誉心或政策，竟驱使我们仿效未开化、不信神、奴性的印第安人的野蛮、残暴作风，尤其是在如此邪恶、令人反感的一项习惯上？"这位国王也痛斥这种新草的罪恶之处："如果没有烟草来激起你从事这些类休闲活动的念头，你就觉得寻常饭菜吃来无味，而且在妓院里也提不起劲？"他大涨烟草进口税，禁止英格兰境内生产烟草，以断绝需求，继任王位的儿子萧规曹随。其他某些欧洲君主，例如俄国罗曼诺夫王朝的沙皇和普鲁士的腓特烈大帝，如法炮制；而某些亚洲统治者亦然。但成效甚微。

烟草的致瘾性，强过国王的法律。事实上，詹姆斯一世在无意中扩大了英格兰人的需求。以他的名字命名的新移居地詹姆斯敦（Jamestown），位于以他的前任君主伊丽莎白的称号命名的殖民地弗吉尼亚。最初这个移居地差点亡于疾病、攻击和饥饿，但 1612 年殖民地开拓者约翰·罗尔夫（John Rolfe）从特立尼达岛输入烟草，为这个前途黯淡的移居地带来救星。烟草籽在此顺利生长，使他得以在四年后带着最早一批这种营利性作物到伦敦，并有他的妻子，著名的波卡洪塔丝（Pocahontas）同行。他的弗吉尼亚烟草在英格兰市场销路很好，波卡洪塔丝却过得不顺心，一年后去世。罗尔夫只身回到弗吉尼亚。

不久后，更多殖民地开拓者来到弗吉尼亚，并为该殖民地买进最早的非洲奴隶。烟草产量暴增，从 1622 年的约 27 吨增加到五年后的约 227 吨。被美洲原住民驯化且喜爱的这种植物，此时乃由非洲裔劳动者栽种，供欧洲主子享用。烟草产量大增的同时，印第安人人口、领土锐减。

对许多美国人来说，一提到烟草，就会联想到波卡洪塔丝和约翰·史密斯、约翰·罗尔夫之类的英格兰殖民地开拓者。但烟草故事并非只和欧美人相关。诚如先前提过的，曾有数千年岁月，只有美洲原住民知道烟草这东西。但哥伦布把烟草带回伊比利亚半岛后，拜西班牙人在其辽阔帝国（从美洲绵延到伊比利亚半岛、低地国、部分意大利地区和印度洋、非洲、太平洋三地区境内的殖民地）的贸易之赐，烟草以惊人的速度成为遍及全球的致瘾物。诚如著名法国史学家布罗代尔写道："16—17 世纪，它（烟草）征服全世界，受欢迎程度超过茶叶或咖啡，成就殊大。"

在中东，奥斯曼人从意大利（热那亚和威尼斯）、荷兰、英格兰商人那儿取得烟草，在咖啡馆里除了啜饮咖啡这个同样提神的东西，也用水烟管抽烟（见 3.3 和 3.4 节）。他们的波斯对手亦然。吸烟一事遭到穆斯林乌里玛（即学者）和伊玛目（神职人员）的反对，某些苏丹和地方官员下令禁止，但在近东仍被大部分人当成一种伊斯兰教仪式而予以接纳，因为《古兰经》并未禁止吸烟。烟草，连同咖啡，助长了社会革命，因为咖啡馆的公共领域和夜生活产生艺术、音乐、娱乐（例如棋戏）且具有民主精神，有时转为政治性和颠覆性的男性社交活动。奥斯曼人发现他们在东欧巴尔干的殖民地极适于栽种足以满足日增之需求的烟草，因此土耳其人不需大量进口烟草（见 3.10 节）。

我们笔下的烟草从美洲东行之旅，在中国画下句点。中国人很快就加入了烟草狂热的行列。到了 1631 年，差不多是英格兰人、荷兰人、法国人正在侵犯西班牙人的垄断地位之时，烟草在北京已大为盛行。它从西方和东方来到北京：葡萄牙人把烟草产品和烟草籽从巴西带到其在中国进行殖民统治的城市澳门，荷兰人把它们从美洲带到日本长崎，西班牙人则把某些这类具提神效果的草从他们在新西班牙（墨西哥）的殖民地带到位于菲律宾的殖民地（菲律宾之名是据西班牙国王"腓力"[Phillip] 之名而取）。这三个地方都与华南有活络的贸易（但 1633 年德川幕府下令禁止对外通商，日本开始锁国）。这种被中国人称为"烟酒"的东西，迅即传遍全中国，达官贵族至平民百姓，男女老少都"吃烟"。一如在欧洲和中东所见，军人、水手和教士是最早尝试抽烟的。

我们要走访的最后一块大陆，并非最后一个遇见烟草的大陆，乃是位于南半球的非洲。16 世纪葡萄牙人在大西洋两岸建立孤立的殖民地时，首度将烟草带到西非。在葡萄牙人的殖民地体系里，巴西职司开采珍贵金属并种植烟草、甘蔗之类的热带作物。但葡萄牙人不想自己干活，而原住民没有长期栽种作物的习惯，且易染上欧洲病，被逼为殖民地开拓者干活时常死掉，或者逃入内陆。于是，葡萄牙人开始利用非洲境内存在已久的奴隶买卖。从巴西乘船到非洲（有时只要花四个星期），为了买到非洲奴隶（往往是非洲人彼此交战时所获的战俘），葡萄牙人带来商品交换，而烟草即属其中的高价商品。一如在欧洲、中东和亚洲打动了新消费者，烟草因其具有影响心理状态的特性，也打动了西非商人。在非洲，烟草也被用于宗教仪式、社交活动和娱乐、彰显身份地位。这套体系呈现环形：葡萄牙和巴西的种植园主先后购买非洲奴隶，以在新大陆种植烟草，而种出的烟草大部分用于增购非洲奴隶，增购的奴隶被送到巴西，采收烟草、甘蔗和后来的咖啡豆，开采黄金和钻石。在相当短的时间里，烟草就传到几乎每个大陆，并使这些大陆改头换面。

但直到 19 和 20 世纪，烟草才参与一项获利极大的产业。16 世纪时，西班牙人就已开始把切碎的烟草塞进用废纸制成的小纸卷里。法国人不久后开始喜欢这种抽烟方式，把这个小导管叫作"cigarette"（卷烟）。生产卷烟须动用数千妇女加工，工作辛苦且缓慢，成为一大瓶颈。机械化之后，这一问题才得以解决。1880 年，美国发明家詹姆斯·阿尔伯特·邦萨克（James Albert Bonsack）为其自动卷烟机器申请到专利权，该机器在十小时的工作班次里能卷十二万根烟。北卡罗来纳州烟草公司高层主管詹姆斯·杜克（James "Buck" Duke）租下他的机器，为当时这种更为一般人买得起的产品发起惊人的广告宣传。不久，他说服其他烟草生产者合组成一全国性的托拉斯，取名美国烟草公司（American Tobacco Company）。公司的部分获利被用来设立一基金会，当地一所学校靠此基金会的捐款扩展规模，并更名为杜克大学，以表彰杜克家对该校的贡献。美国境内一年的烟草消费量，在 19 世纪最后二十年里增加了 50%。20 世纪，拜美国大众交通和物流系统、高明的广告宣传和几场大战之赐（随着香烟成为军中必要的配给品，许多人因从军而开始抽烟），美国人（男性远多于女性）成为世上最大的消费群体，1940 年销售了 1890 亿根卷烟，1970 年增加为 5620 亿根。20 世纪，世界各地的卷烟消费量也暴增，由为数不多的跨国公司和国营专卖事业体控制这一产业。

过去五十年里，随着卷烟销售量下跌（雪茄、烟斗用烟丝、嚼食用烟叶占市场份额远低于卷烟），美国已不再是全球最大的烟草生产、消费国。肺癌致死数大增、将癌症暴增与抽卷烟挂钩的研究结果，以及大部分州内澎湃的反烟运动，使美国男子吸烟的比例从 1965 年的超过半数降为 1990 年的四分之一，女人吸烟的比例则在同一时期从三分之一降为五分之一。到了 2016 年，美国卷烟销售量已降到 2580 亿根，不到 1970 年的一半。这意味着，由于晚近人口持续成长，人均卷烟消费量从一天 7.5 根骤减为 2.2 根，肺癌死亡人数自 1991 年迄今少了约四分之一。

随着美国与西欧境内烟草消费量剧减，这两地的烟草公司已把经营触角扩及食物和饮料市场，同时把目光转向如今既生产且消费世上大部分烟草的欠发达地区。这一魔草的全球化已使中国成为全球最大的烟草生产国，产量占全球一半，其次则是巴西和印度，美国排在第四。烟草不再是有钱人才得以享用的东西或有钱人的恶习。如今，人均最高消费比例都出现在发展中国家。美国在人均购买量排行榜上已跌到第五十七名，前三十大烟草消费国里只有四个位于西欧。哥伦布报告"一些晒干的草，放在某种叶子里……把一端点燃，然后他们在另一端咀嚼或吸吮，将烟吸入"时，不知道自己为世人揭开了什么。他并非如他以为的来到了东印度群岛，但的确遇见了一种会大大影响该地区和世界其他地方的植物。

3.10 让吸烟变摩登：从烟斗到卷烟，在埃及和其他地方

卷烟的那些身世强化了自成一格的几个地区性政治经济体制和消费文化；
其中一些让美国人遇到了顽强的竞争对手，
而且过程中对卷烟袭卷世界有所贡献。

　　卷烟与美国的关系，大概比其与其他任何国家的关系来得密切。
烟草最初被人从加勒比海地区和南美洲带到欧洲，然后从欧洲被带到
亚洲和非洲（见 3.9 节），却是在弗吉尼亚，这一作物成了一整个殖
民地的支柱。1881 年，美国人詹姆斯·邦萨克为其自动卷烟机取得了
专利权，拜这机器所赐，原本在烟草消费里只占极小份额的卷烟，才
几十年就成了最盛行的烟草使用方式。由美国人詹姆斯·杜克领军的
英美烟草公司（British American Tobacco），不久就成为最重要的国际
生产商，所用原料大部分是弗吉尼亚和北卡罗来纳的弗吉尼亚烟草
（brightleaf tobacco）——后来数个品种的这类烟草被移植到其他许多国
家。20 世纪上半叶，美、英、加拿大的人均吸烟量高居世界之冠，当
时，吸卷烟是摩登与老练的象征，而其他美国出口品，例如好莱坞电
影、流行音乐、美国大兵，也助长了这一风气。即使今日，卷烟已让
人联想到死亡和疾病更甚于迷人帅气，且吸烟日益成为"第三世界"
的问题，但有些最著名的老牌卷烟，例如万宝路（Marlboro），仍大大
利用它们的美国特质来扩大销售量。

但卷烟还有别的身世，那些身世强化了自成一格的几个地区性政治经济体制和消费文化；其中一些政经体制和消费文化让美国人遇到了顽强的竞争对手（至少有段时间如此），而且过程中对卷烟袭卷世界有所贡献（如果"贡献"一语恰当的话）。其中一个较重要且较富历史兴味的身世，把我们带到奥斯曼帝国，尤其是埃及。

16世纪末，烟草经由欧洲和非洲传到奥斯曼帝国的数个地方。一如在世上许多地方所见，烟草迅即流行起来，尤以城市为然：富人和穷人、男人和女人、大人和小孩，许多人爱上这东西。（但在奥斯曼帝国，女人和小孩一般来讲不得参与共享烟草的公开仪式，因为他们一般而言不得参与公共活动。）

吸食其他药草之事，自古即有（已有人在公元前2000年的埃及坟墓里找到烟管，希罗多德提到，公元前5世纪，在后来成为奥斯曼帝国核心领土的地区有人抽烟），因此，卷烟传来时，已有数种烟管存在，西欧式烟管也迅即有人采用。一般来讲，比起西欧烟管，奥斯曼烟管较长、较重、较不易断；有些奥斯曼烟管装饰繁复、昂贵，是身份地位的重要表征。（尽管如此，一般而言烟管还是颇易折断，因此大量出现于考古遗址里。）买得起别致烟管者，往往有一名仆人负责带烟管。将烟草（或其他植物）之烟降温，使其较易被深吸入体内的水烟管，体积更大，一般被存放在固定地方——通常是家里或咖啡馆里（见3.4节论咖啡和咖啡馆，咖啡和咖啡馆传遍奥斯曼帝国和欧洲的时间，和烟草约略同时）。用这类器具抽烟，并非特别方便或人人用得起，而且本来就无意追求如此。抽烟时需要一些专注，因此不好边工作边这样抽烟；除非有仆人帮忙，烟管也不大好随身携带，而对买得起这类东西的人来说，把自己收藏的精美手工打造的烟管拿出来展示，可是件大事。

　　因此，卷烟传来时，具有引发革命性变化的潜力，毕竟卷烟把烟草和导烟工具结合为一，而且轻、非常便宜、几乎不需要再度点燃、用完即弃。不过，曾有数百年，卷烟未获大众青睐。西班牙军人在16世纪就已制作卷烟，有些平民如法炮制，但这一做法并未流行开来。传说日后会跻身全球前几大卷烟纸生产商的法国拉克鲁瓦（LaCroix）家族，有成员拿一瓶香槟跟一些西班牙军人换来卷纸，然后予以仿制；但拉克鲁瓦家族的工厂1660年才问世，他们的第一笔承包案来自拿破仑的军队，时为1800年左右。法国大革命和之后靠全面征兵组成的新公民军队，自然而然构成卷烟的基本消费群体，因为服兵役期间——用某句言简意赅的流行语说，95%的无聊和5%的强烈恐怖——自然让人想抽烟，如果能用易携带且不会妨碍多种勤务执行的导烟器具来抽的话。征服各地的法军把这种抽烟方式带到新地方；老兵则帮助它进入平民生活，因为烟草很容易让人上瘾，而且当时人还不知道戒烟有多重要。到了1840年代，卷烟已普见于法国，尽管抽烟管、吸鼻烟、嚼烟草仍占烟草消费的大宗；不久后，卷烟开始传遍奥斯曼帝国。（卷烟相较于烟管的诸多好处，雪茄也具有一些——尽管还是大大比不上卷烟，因为雪茄较大且较贵——而在某些国家，雪茄比卷烟更早流行，但并非在卷烟所传入的所有国家都如此，或是能受到同样族群的欢迎。例如，在女人的世界，雪茄始终吃不开。）

　　在奥斯曼帝国，卷烟最早的基本消费族群，乃是拥有比大部分人更多闲暇和可支配所得的都市人：军人、坐办公室的上班族（包括许多政府官员），以及包括苏丹后妃在内的上层妇女。（但就上层妇女来说，卷烟能夺得青睐，主要不是因为方便好用，炫耀自己的身份地位仍是吸烟的最重要考虑。有些后宫妇女动用多达五名仆人来协助她们吸烟：五名仆人各有所司，分别帮忙备纸、备烟草、卷成纸烟、递给女主人、拿火钳夹住火红煤炭点烟。）有趣的是，这些人和促成吸食鸦片之风在中国迅速传开的主力群体大略相同——中国人吸鸦片之事，开始于更早的约五十年前（见 3.8 节）。但随着时日推移，吸卷烟之风传播更广，而吸卷烟比吸烟管和抽大麻更能与工作（包括粗活）并行不悖，因而有推波助澜的作用。埃及是 19 世纪中叶后卷烟传播尤其迅速的地方，而这主要出于让人意想不到且大抵和政治有关的缘由。

随着奥斯曼帝国于 19 世纪日益落后于其欧洲对手，官员竭力寻找财源，为一连串浩大的改革计划筹得资金。一如世上其他人，他们找上烟草之类能让人上瘾且非必需的东西，毕竟针对这类东西课税，比针对生活必需品课税更易为人所接受，且更易执行——而身为穆斯林国家，他们几乎无法像其他地方那样靠课征某些"罪恶税"（见 3.7 节），例如烈酒税或特许卖淫税，来增加税收。但随着奥斯曼帝国欲从其特许烟草销售体制中榨出更多钱，烟商（大部分是希腊人，还有一些亚美尼亚人）转移阵地。他们搬到埃及这个自约 1800 年起实质上已不受奥斯曼帝国中央节制的地方，但烟草本身有许多来自希腊和巴尔干半岛。在埃及，卷烟生产最初锁定当地市场，后来扩至境外。随着埃及日益受英国摆布，1882 年实质上成为英国殖民地，1869 年苏伊士运河开通，埃及成为全球航运的辐辏之地，国内卷烟市场及其与境外市场的关系都有所成长。英国和德国是埃及卷烟在奥斯曼帝国境外最早且最大的市场；不久，美国和中国紧追在后。

有趣的是，埃及卷烟广告既强调外国的肯定，也强调古老"传统"

的意象。外包装上列出在国际商展上得过的奖，和包括英国陆军在内的显赫顾客；有些牌子的卷烟甚至征得外国名人同意，以他们的名字命名——包括英王乔治五世。与此同时，包装盒上常印金字塔、人面狮身等古埃及文明象征（偶尔印上希腊文明象征）的图片；还有些是戴着精致头巾、摆出撩人姿态的女子，增添些许迷人的颓废意味。1913 年问世的美国"骆驼"牌卷烟引用了这些意象，试图利用当时埃及卷烟所拥有的异国魅力和高质量形象来打开销路。

这期间，1902 年出现了一个难缠的竞争者：英美烟草公司。话说美国烟草公司（本身就是为避免削价竞争而合并诸多烟草公司所形成）和帝国烟草公司（Imperial Tobacco）为避免价格战而达成一项协议，英美烟草公司的成立就是该协议的一部分。该公司几乎一成立就进入埃及市场，但数年下来打不开市场。它以其美国工厂所用的较淡的弗吉尼亚烟草为原料，而这种烟未能打动习惯抽较浓"土耳其"卷烟的消费者；该公司买下当地的埃及卷烟生产商时，欲引进其在母国用来降低劳动成本的卷烟机器，但遭当地工人强烈反对。（埃及工人较便宜，但根本不足以弥补亏损：1920 年代该公司的埃及工厂终于引进此机器时，每台机器取代将近七十名工人。）随着第一次世界大战结束，奥斯曼帝国及其烟草专卖制度瓦解，埃及成为更重要的生产基地，其生产的卷烟当时行销于附近由欧洲人统治的地区：约旦、巴勒斯坦、叙利亚、黎巴嫩、伊拉克。但在这些市场，该公司仍然面临强烈竞争，直到实行其一开始赖以创立的策略，即与其最大竞争者合伙，组成东方烟草公司（Eastern Tobacco），然后再买下其他竞争者，情况才有所改观。不久英美烟草公司就几乎独占市场，掌控 90% 的埃及市场，该公司负责生产，当地合伙人则负责营销。

营销文案配合流行文化趋势，把卷烟与都市、摩登和（对女人、青年来说）有点叛逆的形象挂钩。相对的，烟管被赋予非常保守的形象，雪茄则被赋予非常有钱、反动、可能腐败的形象。这与英美境内的许多情况没有两样，但在埃及，抽雪茄的"肥猫"形象，多了与外人勾结这个负面意涵。到 1948 年，埃及境内销售的烟草超过四分之三以卷烟形态卖出，弗吉尼亚烟草终于被接受：第二次世界大战期间许多同盟国部队驻扎于此，还有英国的中东供给中心（Middle East Supply Centre）——负责决定稀少的载货空间和外国信贷该优先作何使用的机构——决定将烟草指定为"必需品"一事，都对此有推波助澜之功。这一决定在今日的我们看来或许奇怪，当时却并不稀奇。马歇尔计划花在战后欧洲"食物"的资金里，约三分之一是花在烟草进口上，烟草进口被认为攸关民心士气，被视为（一旦转化为课以重税的卷烟之后）重要的岁入来源，对美国境内具有强大政治影响力的烟草生产利益团体的特别照顾。1990 年代，埃及政府再度将烟草划归战略物资，提到国内的高消费量（当时每年每名成人超过五十包），担心烟价上涨会引发动乱。

二战后，埃及政府开始逼迫由外资完全所有或部分所有的公司"埃及化"。1956 年苏伊士运河危机时，英、法、以色列对埃及发动了短暂的战争，危机结束后，东方烟草公司被埃及政府接管。尽管后来解除了进口管制（使美国菲利普·莫里斯［Philip Morris］国际公司得以拿下约 11% 的市场份额），东方烟草公司仍占有埃及约 80% 的卷烟销售额。

自 1990 年代以来，一再有传言说该公司会转为民营，以鼓励更有效率的生产，一如埃及境内许多国营公司的遭遇。但该公司作为政府的财源之一，雇用员工众多（且人人认为民营化会资遣员工），且使一项需求甚高的产品得以维持平价，因此至目前为止，该公司仍属国营，反烟作为仍然有限。埃及的卷烟在国外或许不再那么吃香，卷烟生产商仍与该国政治、文化密不可分——在在证明它们具有其前辈所协助打造的那种奇怪的"必需性"。

3.11 咀嚼可以，吸食就不好：
化学如何使好东西变成坏东西

世界经济改变了古柯的意涵和影响，

且不幸地往坏的方向改变。

今人常将科技与现代，将现代与改良，联想在一块儿。因此，古柯叶由宗教仪式用、堪称"魔液"的东西，转变成较复杂的药用萃取物（可卡因），看来似乎是种进步。先进的化学，将单纯、天然的古柯叶子，制成由工业生产的药。古柯原是用于相互交换、纳贡，在特定地方用于宗教仪式的天然物质，这时变成国际贸易的珍贵商品。世界经济改变了古柯的意涵和影响，且不幸地往坏的方向改变。古柯的价值虽大为提高，但对个人、社会的危害也随之变大。

古柯树原生于秘鲁、玻利维亚高原上海拔较低的热带河谷里。印加人自信满满说，古柯是他们对安第斯文化的伟大贡献之一，但其实人类使用古柯叶大概已有数千年。比印加人还早六百年出现的提阿瓦纳库人（Tiawanaku），无疑就已知道古柯叶的效用，且懂得利用这效用。使用者将古柯叶嚼烂，加进一点石灰膏，可释放出作用类似咖啡因的生物碱，借此减轻饥、渴、疲累。古柯没有致幻作用，且大概不会致瘾。

西班牙人到来之前，嚼食古柯似乎不普遍。栽种、采收技术虽然简单，古柯树却只生长在特定的生态位。古柯那时不是商品；安第斯社会没有货币，而是通过实物交易互通有无，且往往在亲缘团体内从事实物交易。古柯的重要在于其用处，而非在于其交换价值。古柯创造了社交网络和典礼，但未创造出市场。

这一印加人的"神圣植物"，大部分用于宗教仪式和医疗。举行宗教仪式时，巫师燃烧古柯作为开场，拿古柯当祭品献祭；夜间举行宗教仪式，用古柯来维持清醒。古柯叶一如茶叶，用于预测吉凶，诊断病因。古柯还可当药，用来治疗消化毛病或清洗伤口。小袋包装的古柯用作赠礼，以回报客人的馈赠，用作贡品献给地方领袖和皇帝。印加人从古柯贡品里拿出一部分，再分给地方政治领袖，以笼络他们。因而，古柯是使安第斯社会得以团结，使提阿瓦纳库、印加之类大帝国得以诞生的宗教仪式、社会仪式里，最重要的东西。

西班牙人对白银的探求，创造了初级市场经济，古柯的社会意涵随之开始改变。自16至18世纪，为开采波托西山（Cerro Pototsí）丰富的银矿，得同时动用数万名印第安劳力。银矿区坐落在海拔四千两百米寒冷荒凉的地方。矿工得忍受寒冷、饥饿、疲累，古柯因而成为他们的最佳良伴。在西班牙人治下领取工资干活（但工资非常微薄）的印第安矿工，为这种神圣植物创造了强劲的新需求。数以万计的骆马从玻利维亚、秘鲁谷地，循着山中的羊肠小道，将干古柯叶运上波托西。

许多西班牙人，特别是神职人员，痛斥嚼食古柯的行为，因为古柯叶与他们所亟欲铲除的基督教传来之前的当地神祇和仪式有密切关系。西班牙国王认为古柯是邪物，殖民地总督明令禁止食用。但不到一年他就不得不考虑是否该收回成命，因为殖民地的运作和扩张，波托西主教的教务推展，都要靠白银资助，而要开采波托西山丰富的银矿，需要那些借古柯麻痹感觉的工人。这时古柯已从具魔力的宗教灵液，转变为世俗的致瘾性食物。它不再是支撑传统共有、互惠关系的基础，而已成为个人享有的商品。它不再代表宗教仪式时的社交活动，反倒成为吃重劳力的象征。这种与传统本土世界关系非常密切的本土植物，成为西班牙殖民体制财政基础的一环。但在这时，嚼食古柯仍与安第斯地区原住民传统密不可分。在美洲的西班牙人，只有少数染上这习惯。古柯于 1544 年首度出口到欧洲，但欧洲人一点也不觉得这植物有何神圣之处。

拜现代医学之赐，古柯才变成国际贸易商品，揭开它在现代社会的功用。1860 年，德国科学家从古柯分离出生物碱，命名为可卡因，并发现其可作为麻醉药。弗洛伊德颂扬它是万能灵药。一些大卖的专利药，例如马里亚尼酒（vin de Mariani），含有可卡因成分。在美国佐治亚州的亚特兰大，有人利用可卡因和可乐果调制药用饮料，结果制出可口可乐。后来，这饮料用去了可卡因成分的古柯来制造，直到 1948 年，可口可乐才完全不含古柯。以可卡因作麻醉药，在欧洲、美国大为盛行。可卡因还被用作止痛剂，比吗啡或鸦片更安全。可卡因在安第斯以外地区的使用量，比安第斯地区还要多上许多，而与古柯的情形不同，因为外国制药厂替较复杂的加工过程申请了专利。

美国、德国、日本的大药厂利用政府限制可卡因进口，使这些药厂得以进口古柯原料，享受独占利益。为达成此目的，它们得和 20 世纪初所新兴的反毒品运动站在同一阵线。medicine（药物）是好东西，drug（毒品）是坏东西。于是，drugstore（药铺）要改名 pharmacy。1920 年开始在美国如火如荼展开的禁酒法，让可卡因也受到波及；

1922 年美国禁止输入可卡因。国际组织，例如国际联盟，也加入打击非医疗性使用可卡因的行为。可卡因需求急剧下滑。

1970 年代，因为已开发消费国的喜好和习俗的转变，可卡因市场步入新繁荣期。这些富国社会最初欲通过可卡因满足自我精神上的需求，不久却陷入追求享乐，不能自拔，从而提升了可卡因在国际上的销售量。1918 年起，就有国际协议致力于禁止可卡因的非医疗性使用。可卡因被列为违禁品，使药厂不得再生产该物，从而催生出所谓的 narco traficante（毒品走私者）。

就在需求最大而获利最丰的时期，可卡因成为备遭唾弃之物。这项一度重要的国际贸易商品，其生产、营销落入第三世界人民掌控，可卡因买卖被纳入犯罪统计数据，而非纳入贸易和国民生产总额的资料。资金充裕且关系良好的毒品走私者（如今大部分来自拉丁美洲，特别是哥伦比亚、墨西哥），利用其丰沛获利成立准军事组织，贿赂官员、警察，出资改善市政、城市借以赢取地方支持。中央政府和国际机构无力阻止可卡因从贫穷产地流向有钱消费者，秘鲁、玻利维亚、哥伦比亚的一些地区，整个沦入毒品走私者掌控。在玻利维亚、秘鲁，原住民如今仍在种植、嚼食古柯，但政府致力于根除他们的古柯树，代之以另一种致瘾性植物咖啡，因为担心他们的古柯叶会被拿去制作可卡因。因此，尽管玻利维亚的埃玛拉人（Aymara）依旧保有自古流传下来的嚼食古柯的宗教仪式和传统观念，如今却陷入毒品走私者和美国缉毒局交相逼迫的处境中。即使在埃玛拉农民眼中，古柯也已成为具有危险意涵的商品。

五百年间，古柯由宗教仪式用品和社交媒介，变成用以极尽可能剥削原住劳力的殖民地商品，再变成可以止痛、替药厂带来丰厚利润的神奇药物，最后变成用来消遣娱乐而被视为足以危及社会结构的毒品。外来科技和消费者的引进（也就是古柯的现代化），使古柯对社会的危害变大。以可卡因形式出现的"现代"古柯，未能强化社会、国家，反倒予以侵蚀；未治愈疾病，反倒带来伤害。可卡因未带来精神的升华，反倒带来物欲和肉欲。商品化和科技变迁不必然带来进步。

IV

移植：世界贸易里的商品

Transplanting: Commodities in World Trade

我们的关注点在于，这些不同意涵和价值的冲突，

如何重塑了商品所来自的自然世界、社会世界，

以及它所进入的自然世界、社会世界。

　　本章所收录的几篇文章，着重探讨某些动物性或植物性产品（可可、棉花、茶叶、橡胶诸如此类）的贸易。这些产品虽属于自然产物，不表示它们的用处就为人所清楚察觉乃至永远不变。它们的用处，往往是在它们的其他长处吸引人们注意之后，才为人所察觉；在其他时候，它们的用处，不只与它们本身的任何特性有关，同样程度上还与人们对于和它们密切相关的人或地所抱持的刻板印象有关。但随着它们成为全球性商品，它们不可避免地具有与它们在地方生态系统所扮演的角色不同的价值和意涵（即使我们可以说出这类角色的"意涵"），而且不同于它们原来在当地社会体制、文化体制下所具有的价值、意涵。我们的关注点在于，这些不同意涵和价值的冲突，如何重塑了该商品所来自的自然世界、社会世界，以及它所进入的自然世界、社会世界。

　　例如，印加人知道马铃薯（见4.12节）已有千百年后，欧洲人仍不知有此物。它最早引起欧洲人注意之处，在于它能在海拔数千英尺的高处生长，但这原不算是特别重要的长处，直到西班牙人大肆开采高海拔的波托西银矿，需要粮食喂饱该处数万名矿工的肚子，这一长处才显得特别突出。然而即使在那之后，欧洲境内首次利用马铃薯时，也并未将它当作食物，而是当作据认可撩起性欲的异国香料；一般欧洲人将它和安第斯矿工联想在一块，斥之为"奴隶食物"而不屑食用。马铃薯得以成为爱尔兰主要作物，大抵是因为它易于栽种、贮存，且敌人入侵，烧掉地面上的作物和谷仓时，马铃薯便于带着逃难。在东南亚，马铃薯使人得以移居到山区更深处种不了山地稻的地方，因此，替日益扩张之帝国打头阵者和逃离这些帝国的人都非常喜爱这种食物。它也常是谷地里不肯听命于各类有权有势者的居民喜爱种植的作物。毕竟地主或收税员知道何时该现身收取一定比例的稻米、小麦或玉米收成，一年里只需待在该地区数天就能办成这事；而马铃薯可采收的时间则长上许多，或在更长得多的时间里放着不采收也不用担心烂掉。今人所认为的马铃薯的主要"天赋"长处——同样的栽种面积，它的种植成本远比玉米或小麦低，但提供的营养远更为多——要再经过颇长时间，在 18 世纪末期和 19 世纪期间人口较拥挤的欧洲，才受到重视。

1849 年加州的淘金热（见 4.4 节），未将任何新植物引进世界市场，但随着各地人民涌向加州，淘金热将一个原本受冷落的边陲地区，化为世界商业潮流和移民潮的中心。内华达山脉所发现的金矿，以及稍后在澳大利亚、阿拉斯加的克朗代克（Klondike）、南非所发现的金矿，大大增加了全球货币的供应量，促成国际贸易前所未有的增长。但就在加州的矿藏造福世界时，以明确而按部就班的计划着手开发加州的萨特（John Sutter），却被迫离开这个他曾一手掌管的地区（见4.3 节）。有时，黄金基本上是想使某个边陲地区变得有价值以借此发更多财的冒险家想象出来的东西。沃尔特·雷利爵士写出一本 16 世纪的畅销书时，在（如今分属五国所有的）圭亚那就发生过这样的事。这本书谈到南美洲北部的"黄金城"（El Dorado），那里有个先进的文明国家，主政的国王全身涂满黄金，晚上才把它洗掉（见 4.5 节）。该文描述了欧洲帝国主义者在亚马孙河流域的梦想与失败。

但在其他地方，微不足道的东西，例如鸟粪，变得值钱。在智利沿海的某些岛屿上，拜非常干燥的天气之赐，堆积如山的鸟粪保存了下来（见 4.7 节），但千百年来乏人问津。这些富含硝酸盐的粪堆，因为英格兰、美国同时出现的两股潮流，突然变成值钱之物。首先，极尽所能增大产量以获取最大利润的农民，把地力用到了极限；其次，这些农民雇了工人替他们的大农场干活，既不想增加工人的工资，又不愿像欧陆小农那样，用非常耗费劳力的方法恢复地力（大部分是通过非常频繁的犁田、施泥灰肥料、细心栽培适合本地微环境的种子）。因此，因为数千英里外的事态变化，原本看似完全不值一顾的东西突然变得值钱（所谓变化，不只指人口增加使恢复地力有其必要，还指在当时的社会经济体制下，借由购买来自远处的必需品来恢复地力，比借由传统方法，更有利）。更令人叹为观止的是，石油贸易的勃兴将在日后使阿拉伯半岛上的沙漠，突然间变得比邻近的肥沃新月地带更为重要，使千百年来一直远更富裕、更有权势的肥沃新月地带一夕之间落居下风（见 7.12 节）。促成这变化的主要因素，在于美国人追求史无前例的便捷交通，以及军队需要更大的船舰、坦克等武器。

欧洲的饥渴也改变了阿根廷潘帕斯大草原的社会面貌（见 4.9 节）。在这些平原上四处流浪、猎捕野生牛只的高卓牛仔（gaucho cowboys），在有刺铁丝围篱和铁路入主这内陆地区后，也遭驯化。随着牧牛数目增加，高卓人数目及其所享有的自由随之变少。

在其他例子里，新商品被引入世界经济。新商品有时倚赖与该商品的原始用途和"天赋"特性皆相反的结合和混合作用而制成。胭脂虫红（见 4.6 节）这种猩红色染料，曾装点了欧洲一部分最美、最昂贵的布和挂毯。那些得意展示它们的贵族，若知道这种染料是以玛雅农民肮脏、汗污的手所捕捉的数千只昆虫压碎制成，肯定意外又震惊。

但商品用途的可塑性，不表示买者可以为所欲为。作物的天然特性和栽种作物的社会，赋予其限制。消费社会竭力欲突破这些限制，有时通过商业攻势或动武，有时通过移植作物，19 世纪末期起则通过合成替代品，但有成有败。

凡是大抵因社会政治因素的阻碍，而无法以低廉成本稳定获致某作物的供应时，通过移植来打破该障碍，都相当成功。因此，欧洲人有三百年时间未能打破阿拉伯人、印度人对咖啡供应的垄断；但一旦咖啡树在几个欧洲人殖民地茂盛生长，这市场的主控权就转移到加工处理业者和消费国手上。美国内战悄然逼近时，英国试图寻找替代品，以取代原由美国供应的棉花，结果就没那么成功；而且在美国恢复生产，美国产品充斥市场时，英国的上述举动，往往让其所扶植的生产者吞下苦果。但若考虑到这潜在后果的严重程度（1860 年美国产的棉花占了全球出口量的三分之二），曼彻斯特倒是很不简单，它挨过了这场风暴，未受多大损伤（见 7.3 节）。

糖是由哥伦布首度带到美洲，栽种于加勒比海地区。欧洲人的嗜甜导致无数人沦为奴隶，使一座热带天堂变成集中营。海地奴隶暴动，推翻惨无人道的奴隶体制后，蔗糖生产转移到其他地方。夏威夷（见 4.8 节）开始为美国市场生产糖。这使某些人发达致富，却葬送了夏威夷王国的独立，因为美国海军陆战队与美国裔财阀统治阶级合谋，将夏威夷并入美国。但糖并非总是如此冷酷无情。中国政府鼓励生产稻米更甚于生产蔗糖（尽管 17 和 18 世纪时华东的嗜糖程度和欧洲不相上下），且把确保边陲地区的稳定放在第一顺位。因此，福建、广东、台湾尽管在 1650—1800 年间名列全球最大的蔗糖产地，中国政府却未准许其中任何一地发展成以甘蔗为主的单作区。

橡胶（见 4.2 和 4.14 节）在 19 世纪变值钱。全球橡胶需求激增时（拜脚踏车的大为风行和充气轮胎问世之赐），全球最大的橡胶产地巴西，未趁机向世界强索高价；反倒竭尽所能扩大产量，且往往役使奴隶采集橡胶。但亚马孙森林橡胶的采集，一样不符"理性的"资本主义标准。橡胶树每棵之间相隔遥远，中间穿插着别种丛林植被，采集工必须"浪费"许多时间从此树走到彼树，且工人难以管理，而在巴西，工人又短缺。因此，英格兰人威克姆（Henry Wickham）从巴西偷偷将一些橡胶树籽带到伦敦时，其意图再明显不过。英国人将橡胶树种在英属马来亚和其他热带殖民地里新开垦的种植园，棵棵排列整齐划一，树与树的间距在不妨碍生长的情况下达到最小。然后，更多印度、中国工人被引进，安置在营房里，从而替严密管理的"外来物种"种植林，搭配上严密管理的外来移民劳工。这种橡胶栽种方式极有效率，巴西橡胶业因此落居下风。但在这里，人员管理一样未能尽如殖民者之意，例如这些纯男性的工人最后争取到带女人同来成家的权利，且得到较高的工资以支应成家后较大的开销（他们之所以能争取到这样的待遇，有部分是因为他们非常不服管教，以致橡胶园主认为稳定的家庭生活或许能稳住他们的心，因而虽会增加经营成本，但两相权衡，或许利大于弊）。

　　橡胶业的消长，这时才刚开始。20世纪，轿车、卡车、坦克、飞机，都得仰赖规格不断变动的橡胶轮胎才能运行（从而自骑车兜风者到军事将领的各种人都得仰赖橡胶轮胎才能得遂所愿）。但世上前几大消费国（美国、德国、日本、俄罗斯），大部分欠缺合适的殖民地种植橡胶树，以提供足敷所需而又可靠的橡胶来源。于是，实验室、种植园、商人、官员争夺橡胶资源，创造巨大财富，也铸下悲惨大错（例如日本人企图占领东南亚）、环境灾难（例如亨利·福特在巴西广辟橡胶林却失败收场），促成怪异的结盟（例如在第二次世界大战即将爆发之际，德国的法本化学工业公司[I. G. Farben]和美国的杜邦、标准石油［Standard Oil］、通用汽车公司竟共享合成橡胶和飞机燃料的关键性专利），以及促成橡胶种植业者消长交替的情形。事实上，为了取得橡胶资源，他们几乎无所不为，唯独相关地方的长期稳定不在争夺者的考虑之列。

作物移植受到大自然的严重限制和生产国的强力抗拒时，移植作物的过程有时艰辛漫长且手段卑劣。早在 17 世纪时，欧洲人就有意将中国茶树栽种于其他地方，且试过许多次均失败。茶树本身脆弱，汽轮发明前海上航行时间长久，加以中国禁止输出茶树种子，因而，直到 1820 年代，茶树的移植还只有部分成功。18 世纪，英国人的茶叶需求暴增了约四百倍，19 世纪时更有增无减（一如可可的情形，这有部分是因为用来加入其中的糖，拜奴隶甘蔗园之赐，愈来愈便宜），中国垄断茶叶生产，对英国财政而言相当不利。英国的因应之道非常多样，包括靠武力将鸦片强行卖给中国，以及不惜流血，不惜成本，出兵征服阿萨姆（印度东北部），赶走当地游牧民族，在该地山坡上开辟茶园，但一直要到 1880 年代，英国人才获致可观的茶叶产量，然后他们得花更多钱铺设长长铁路，穿过原本几不需要铁路的崎岖地区，以将阿萨姆的茶叶运出。中国人、印度人因英国这些作为所蒙受的损失不可计数，但同样值得一提的是，欧洲人所付出的代价也不小。但对欧洲人来说，为了茶，这么辛苦显然值得：茶最初是身份地位的象征，会让人联想起中国文明之富裕与高雅的东西，最终却变成数千英里外的欧洲人日常生活的一部分（见 3.2 节）。

因此，某些商品的用途改变和争夺掌控那些商品，很久以前就有，但在 18 世纪末期到 20 世纪初期，这两种情形大概最为严重。在这段时期，人口、工业生产、人均需求都大幅增加。但在其他方面，整个世界是马尔萨斯式的世界。土地有限，而在合成产品问世之前，粮食、衣物纤维、建材全都得每年从土地上采收；那时还没有化学工业，无法利用石化制品巨幅提高单位面积的产量。新兴工业国所引发的供给瓶颈，可能使原本默默无闻的地方和商品，突然间面临庞大的全球需求压力，造成怪异的社会变迁。

经济史家帕克（William Parker）已指出，科技创新所导致的供给瓶颈，解决办法不外以下两种：新的科技创新，或者将更庞大的资源用于旧生产过程。因此，举例来说，纺棉纱机械化后，创造了两个瓶颈，即没有足够的织工可将所有已纺好的纱织成布，没有足够的棉花可用来纺成纱。前一个瓶颈催生出一个科技创新，即机械化的织布机，后者则促成棉花田的大量增加。欧洲基于几种原因不适种植棉花，于是改而利用奴隶在美国南部种棉花。美国南部生产的棉花也不敷需求时（或其供给受到政治局势威胁时），纺织厂所需要的特定品种棉花，再扩大栽种于印度、埃及、中国。在这三地里，偏爱较旧品种且已发展出配合该作物生长规律的社会习俗（例如采收、拾落穗、节庆的日期排定）者，受到特别编制的武装巡逻队攻击，尽管如此，仍无法铲除各地原有的习俗（见 4.11 节）。

奴隶栽种出来的美国棉花，大概是说明一地的科技进步，如何导致他地人民蒙受苦难和不幸的绝佳例子，但这样的例子不只这个。麦考密克（McCormick）收割机征服美国中西部，使自有土地的家庭得以大规模耕种、获利，对麻线的需求随之暴增，其中许多麻线来自墨西哥犹加敦半岛。而为了种出低成本的黄条龙舌兰（henequen），欧洲人让这半岛上的劳动者陷入近乎奴隶般的处境（见 4.10 节）。在其他例子里，对社会的冲击一样强烈，但较难估算。19 世纪末期丝绸贸易的繁荣，使日本乡下女人的工作时间拉长，但也使她们的收入更趋近于男人的收入，如此造成的权力、生活风格、态度上的转变难以察觉但影响深远。在另一些例子中，结论还有待分晓。以欧洲和北美为主要目的地的西非可可出口的增长（见 4.13 节），最初利用了大量非自由劳力，但久而久之，人们创造机遇以推动对自由劳力的使用，或许力度比许多政府本应为消除奴隶做得还要多。但市场本身不会许诺持续的进步：1970 年代起，突飞猛进的世界可可价格及其他变革削弱了劳力的议价能力，而成本意识较强的土地所有者在许多情况下转而采用人贩带来的非自由童工和青少年劳力。

但不管它们对当地社会的冲击为何，全球贸易、专门化、商品的制造（和再制造），不断的在向前推进。例如，棉花从只是众多纤维植物的其中一种，摇身一变成为全球的货币本位商品。在此，植物本身的物理特性举足轻重。例如亚麻种植非常费工，得密集施肥，且人类花了更长时间才弄清楚如何用机器将亚麻纤维纺成纱。因此，尽管亚麻工业屹立已久，在工厂和大种植园蔚为主流的时代，亚麻在许多用途上都敌不过棉花。爱尔兰、西里西亚（Silesia）和其他亚麻产地，都经历过赔本教训，才认清这一事实（见 7.2 节）。

就其他产品而言，供给瓶颈所导致的荣景，蓬勃一如棉花所呈现的情形，但维持没那么久，由于化学的介入，土地密集和劳力密集的解决方法，让位给科技办法。我们已探讨过橡胶和鸟粪，但还有许多例子也值得探讨。花生这种获利微薄的食物，大部分是为了自己食用而种，但当花生油经证实是好用的工业润滑油后，花生突然变成火热的商品；华北那些种不成别的作物，因而向来不值得占为己有的沙质地带，因为适合种花生，随之引发激烈的抢地纠纷。但这种繁荣来得快，去得也急，首先遭到更便宜的印度、非洲花生的打击，随之遭到新化学方法的削弱。在其他地方，这种繁荣、萧条周期，带来的伤害更大。亚马孙橡胶业式微时（见 4.2 和 4.14 节），受引进来采集树液的工人，转而尝试清除林地开垦耕种。森林土壤浅薄，原有树叶浓密的林木提供落叶以填补流失的土壤，砍掉林木，迅即造成生态灾难。

咖啡业为期更久的繁荣，使巴西辽阔的大西洋岸森林受创益深（见 4.1 节）。当地人砍倒林木开辟农地，首先用以种植木薯，后来用以种植咖啡，造成严重的土壤流失问题。但罪魁祸首不是无知。技术愈落伍的农民，带来的伤害反倒愈小。真正的灾难来自现代咖啡农和他们的铁路，铁路使再深的森林都变得可以进入，把土地变成商品。

巴西的土地最初看似开发不尽，投资巴西者往往是与当地雨林没有直接利害关系、对当地原住民和雨林共生的方式几无了解的外国人。因而，在巴西，土地的开发或许特别罔顾当地人和当地生态的福祉，但管理更良善的企业，依旧无法免除这难题。事实上，现代的经济开发观根本和生态稳定无法并存。

分工和专门化是经济增长的主要动力之一，但专门栽种特定一种作物，与生物多样性背道而驰。失去生物多样性的坏处之一，就是使生态系统经不起外来的冲击。作物的标准化（从数百个品种的小麦或稻米中挑选出一些来栽种），也是现代经济发展的要素之一，因为只有可互换的产物可以在未见实物的情况下交易（见 6.4 节），而这种标准化作为也降低生物多样性。

更根本的问题在于自新古典经济理论问世以来，该理论一直抱持某种"劳动价值论"，也就是认为某物的价格取决于将该物送到市场所需的劳动时间多寡，取决于借由运用该劳动时间生产商品所放弃掉的生产量（或其他好处，例如休闲）。其实，在李嘉图（David Ricardo）之类经济学家正式提出这一观念之前，它已见于洛克哲学作品、笛福《鲁滨孙漂流记》之类英格兰经典名著里，关于"自然状态"和财产源起的种种看法中。（马克思主义作为这些经济学理论以外主要的替代解决方案长达百年，但在这一领域里，它完全不是扮演替代解决方案的角色，因为它抱持着一种特别严苛的劳动价值观，证明"自然的免费馈赠"之遭到悲惨低估有其道理。）但这往往与我们所认为的物品天然固有的"价值"相冲突：少有人认为红杉的价值可借由砍掉红杉的劳动量来充分估量。与此同时，我们归之为"天然固有"的价值，往往是由我们自己的好恶而非科学法则所决定。不管红杉有何优点，从严谨的生物学观点，很难解释为何一棵古老雄伟的红杉比两棵较年轻的红杉来得好：事实上，较年轻、生长较快的红杉，提供的"森林服务"反倒更多，例如为空气提供氧气。将某地评估物品价值的社会、文化法则代之以全球性法则，或许后果非常严重（如本章几个例子所显示的），但我们至少知道如何以生态学用语或经济学用语，去描绘、比较"事前"和"事后"的特点；但我们拿商品在市场上的价值和其天然本有的"价值"相比较时，我们是在做重要但更为晦涩难解的事。

通过长距离贸易解决问题，往往也为代表这其中全球化、商品化一方的外人（通常是欧洲人），带来无人猜测得到的后果。毕竟他们也来自"地方"文化和社会，而这些文化、社会不可避免地在当地资源和当地做事方式出现外来的替代性选择时受到影响。欧洲人、北美人所引进的那些堆积如山的鸟粪，最终证明并非取之不竭（鸟粪开采的荣景一结束，那些鸟粪产地立即回复到该产业初兴时的贫穷景况），但开采养分、运到农田的构想仍大有可为。这构想最终孕育出合成肥料（基本上合成肥料将煤或石油转化为植物成长养分），且这种地力保存方式，如今已完全取代旧式的地力保存方法，即精心修改无数种种子以适应当地水土特性的旧方法。数代以来细心累积的地方知识（数百万农民的主要"人类资本"）变得不合时宜，于是，在推广制式种子（这种种子本身成为国际上重要的贸易商品）和施用化肥这种新农业方法的人士眼中，传统农民变成"无知之徒"。（由于有机农业受到重视，那古老知识有许多部分，最近才为人所重新发现。）在努力培育基改作物的今日，这过程似乎又将重演。获专利保护的基改作物种子，具有某些特性，使它们得以用最理想的方式因应特定专利肥料、杀虫剂之类东西。

　　但在这种生物学标准化的时代环境下，社会仍创造出料想不到的"需要"，为原本不值一顾的东西，引爆出迷你淘金热般的追逐热潮。例如新近发达繁荣的华南，创造出对象拔蚌（geoduck，栖息于美国太平洋岸的巨蚌）的突然需求，从而使辛苦讨海的渔夫致富，且很可能使这种蚌最终绝种。在美国，水资源不足和高劳力成本，已促使美国人开始寻找长得较慢、生命力较强韧、更耐旱的草种，以便培育供下一代美国草坪使用。数百万旧时代农民若得知这事，想必觉得这是可笑的历史反讽。那些推广制式棉花、移植橡胶树、从事诸如此类作为者的继承人，如今开始急急忙忙四处寻觅，寻思着在铺砌路面的隙缝里或铁路桥墩的下面，或许可以找到一丝丝向来受冷落的生物多样性，以满足新需求。

4.1 非自然的资源

孩子，你们住在沙漠里；让我们来告诉你们，

你们如何被剥夺了应有的东西。

——瓦伦·迪安（Warren Dean）

将近五百年前第一批葡萄牙人登上巴西海岸时，遇见了沿巴西东南海岸一路蔓延且深入内陆的辽阔大西洋森林。一些欧洲人为它的磅礴辽阔而瞠目结舌，以欣赏自然美景的心情看待它，但大部分欧洲人视其为可怕动物的出没之地，或前进的障碍，或值得砍伐利用的资源。他们是真正的见树不见林，要到砍伐殆尽，才会看到这森林。因此，在过去，经济学上的估算总是流于短视。有数百年时间，巴西人都是寅吃卯粮，消耗本应留给下一代的东西来维生。

不砍树，清出空地，人根本无法在浓密的大西洋森林里过活，但人可以和森林共生。在欧洲人到来之前，原住民与这森林共生已历四百个世代。他们大抵以狩猎、采集为生，但也发展出先进的刀耕火种农业。这种农业方法放火烧掉树林和下层灌丛，但每隔几年就得迁居别的林地，让清出的空地再长出树木。原住民人口只有三百万，分布在如此辽阔的地域，聚落分布非常稀疏，因而对大部分森林几乎都未造成伤害。他们的食物大部分来自森林里的鱼和猎物，因此他们很快就能察觉某地是否过度狩猎，该迁居他处，以让该处动物恢复数目。

然后，文明开化的现代人葡萄牙人到来。而来后的头一个世纪，葡萄牙人有许多时候都是倚赖原住民的技巧、劳力，以汲取森林里的资源。这不能称作生产，反倒应被称为掠夺。有些葡萄牙殖民者，特别是神职人员，希望在美洲建立信仰虔诚的殖民社会。他们把葡萄牙人所建的殖民地称作圣十字架（Holy Cross），但世界其他地方却是借由该地森林所砍伐出来的贸易商品，得知、了解这一殖民地，那商品即是用以制作红色染料的巴西红木。头一百年，大西洋森林有六千平方公里林地遭到这一贸易的危害，但这森林实在太大，还不致构成太大伤害。

事实上，16 和 17 世纪，葡萄牙人的倒行逆施，反倒很可能促成森林的恢复。疾病和掳人为奴，使原住民图皮人失去过半人口。幸存者往往躲在深山里，生怕在田里工作会遭猎寻奴隶的葡萄牙人盯上。原住民农业因此几乎停摆，森林恢复。

1700 年，人数不多的葡萄牙人（三十万）紧靠着海岸居住。他们不利用当地知识种植当地作物，反倒从他们在大西洋岛屿上的殖民地，引进以奴隶为基础的糖业经济。土地大块大块分给政治关系良好的人。萨尔瓦多·达萨（Salvador da Sa）一人就领到一千三百平方公里的地！但事实上，官方几乎无力掌控土地。谁能征服、保有土地，谁就拥有那片土地，结果形成弱肉强食、阶级分明的社会，由少数人掌控土地，大部分人各司其职替他们卖命。黑奴占农民的比例愈来愈高。葡萄牙人在自己国内靠务农过活已有许多世代，非洲人娴熟农事，但由这两个族群所组成的美洲奴隶社会，却不屑于尊敬土地。欧洲人带来新宗教、新语言；引进外来作物和外来劳工；将生产商品以供应外地市场的观念强行加诸该地。但在殖民化、基督教化的现代表象之下，殖民者仍沿用他们学自巴西原住民的那套刀耕火种办法。土地开垦后不久即予放弃。但这时候，人口密度是欧洲人未到来前的五六倍，对柴枝的需求更大，沿海的一些森林因此几无休养生息的时间。同样严重的是，这些新欧洲人不靠打猎为生，而是引进牲畜。对猪、牛、山羊、马、骡而言，大西洋森林不是栖身之所，而是充满敌意的所在。适应当地环境而落地生根的外来动物，加速大西洋森林所受的伤害。但1822年巴西独立时，大西洋森林只消失一小部分。毕竟，当时整个巴西的人口顶多只有五百万，是现今圣保罗市人口的三分之一不到。

　　另一种外来作物咖啡，带头攻入内陆。咖啡于18世纪结束时被引进，到1900年时，巴西咖啡产量已比世界其他地方的产量总和还多。咖啡向来广被标举为"引领现代化"的作物，巴西的咖啡种植者则普遍被誉为启蒙企业家，但事实上，这根本谈不上是农业。用来指称矿工的lavrador这个词，也可用于指称农业工人，绝非出于偶然。树木遭恣意砍烧；在树桩周围土地栽上咖啡幼苗。没有遮阳，没有施肥，除了锄，没用其他工具。二三十年后，咖啡树已把原始森林里的养分吸光，于是咖啡园遭弃置为牧草地，而牧草地往往转而变成岩石裸露的荒地。咖啡种植园主承认，这其实不是栽种，而应视为摧残。20世纪初期，在种植咖啡的米纳斯吉拉斯州，未遭清除的林地，其经济价值比种植咖啡的土地高出70%，因为森林土壤较肥沃。过去，巴西能以低价咖啡攻占世界市场，就因为土地便宜且肥沃。没有人计算过这一活"股本"的贬值或替补成本。就此而言，咖啡种植者是在耗用未来的资源，而把账单留给后代子孙支付。

　　这笔账非常高昂，因为大西洋森林不是可再生的资源。砍掉森林，贻害甚大。里约热内卢海湾周边的红树林一旦砍掉，有壳水生动物和鱼数量锐减，以它们为食的猎物随之减少。注入这海湾的河川淤塞，大大妨碍海上交通，使疟疾的威胁升高（因为这时河水停滞引来蚊子）。在其他地方，砍伐森林造成定期性干旱和更极端的气温。许多物种消失。

造成如此破坏的元凶不是无知的印第安人或欧洲殖民者，就连咖啡种植者的原始耕种方法也不是祸首。毋宁是现代早期的科技加快了摧残大西洋森林的速度。铁路使遥远森林变得可以进入，鼓励咖啡种植者更快放弃现有的咖啡园，转而往更深入内陆的原始森林开垦。火车使枕木和充当燃料的木柴需求更大，也使其他产业，特别是炼铁业者，因为有更充裕的木炭来源而更为欣欣向荣。

巴西政府无意愿或无能力保护自己土地上的森林，很大一部分是因为国家贫穷、衰弱且为地主上层阶级所把持。1930 年代平民主义政权的建立，使这一情势改观，1970 年代，视森林为取之不尽之资源的观念开始改变。接着，政府开始致力于开辟自然保护区，保护公有地。但破坏森林的步伐只是稍稍减缓。面对社会上悬殊的贫富差距，巴西政府的因应之道是加强经济发展而非财富重新分配。在这种心态下，森林不是祖传遗产，不是宝库，而是"尚未开发利用的资源"。所有动植物的存在，都是为了供人掠夺，从中获利。平民主义者，乃至左派人士，和保守派一样鄙视其他物种。他们主张保护自然资源是富国才做得起的奢侈行径。穷国得加大砍伐，以喂饱快速增加的人口，根本不必操心土地本身资源正要耗尽。

为了开发而砍伐森林，当然不是这时才有。许久以前，稠密的人类新拓居地就是砍伐森林而来。诚如史学家瓦伦·迪安所尖锐指出，"对森林史家而言，南美洲是（人类与森林的战争中）最晚近打完的战场，在那里，所有倒下的树尸横陈在地，仍未埋葬，而胜利者在四处走动，掳掠焚烧辎重。"如今，大西洋森林顶多只剩 8% 的林地。人类是否能在这片硕果仅存可供后代子孙使用的森林，在被塞进照料不善的植物园之前，体认到它的价值呢？

4.2 橡胶大国的兴衰

世界贸易最终夺走了巴西的橡胶业，

但也为巴西人提供了咖啡、糖、大豆的市场。

1876 年 3 月 28 日凌晨，在巴西亚马孙河边的圣塔伦（Santarém）港，威克姆将一批种子运上驶往伦敦的英国货船亚马孙女战士号（Amazonas）。威克姆是位足迹遍及世界各地、一生充满传奇的贸易商，生性喜欢抢风头受瞩目。据或许有待商榷的史料，他后来告诉满心好奇的听众，他当着一艘虎视眈眈的巴西炮艇的面，偷偷将这些禁止出境的种子带上船，然后到了该地区首府贝伦（Belém）海港时，躲过巴西海关官员的检查。种子运抵伦敦后，植物学家立即将其栽种于裘园（Kew Gardens，英国皇家植物园）。接下来的事，大部分交由大自然负责：种子发芽，生出此前只见于南美、中美洲的橡胶树。裘园长出的橡胶树，有些移植到马来亚，后来更移植到东印度群岛的其他欧洲人殖民地。第一次世界大战爆发时，这些殖民地已掌控全球橡胶市场，拉下原来的橡胶生产霸主巴西。

靠着他所叙述的这段事迹，威克姆替自己赢得英国爵位，招来巴西民族主义人士永无止息的敌意。不管这位英国冒险家的事迹是否真如他自己所说的那么惊险刺激，将橡胶带到大西洋彼岸一事，无疑对世局带来重大影响，而巴西橡胶帝国的没落，只是那诸多影响之一。

但在 1820 年苏格兰人麦金托什（Charles Macintosh）发现用于橡胶加工的溶剂之前，在 1839 年美国人古德伊尔（Charles Goodyear）发现硫化法之前，没有人特别在意橡胶树长在哪里。古代的玛雅人和阿兹特克人已在仪式性比赛里踢橡胶球，欧洲人也早已注意到橡胶的特殊之处。在麦金托什、古德伊尔的发现之前，橡胶对天候太敏感，遇热就融，遇冷变脆。但经过麦金托什的加工处理和硫化作用，橡胶的不渗水特性使它成为制造雨衣（"麦金托什"成为雨衣代名词）、防水鞋套（英语就叫"rubber"）、较个人用防水衣物的绝佳材料。不过一直要到世纪之交脚踏车风靡一时，邓禄普（John Dunlop）发明橡胶充气轮胎，以至后来汽车的问世，才创造出庞大的橡胶需求，进而彻底改变其生产方式，使遥远异地的人也受其影响。

最初，橡胶增产的速度快不了，无法应付全球的需求，从而使价格飙涨到天价。即使商人想增产，最初也没有多少橡胶原料可用，因为采集橡胶相当费事。原生橡胶树不是群生，而是各自孤零零地生长在辽阔的亚马孙雨林里，不便大量采集。采集工（seringueiro）采集橡胶液，得走数英里远的山路，因而采集过程缓慢且没有效率。

增产的方法之一，就是雇请更多采集工。橡胶商人就这么做，签约雇请愈来愈多的个体户采集工，采集触角进入愈来愈遥远的亚马孙河支流。但采集工难觅。因为气候、疾病、过去欠缺值钱的自然资源，使得亚马孙河流域人口稀少。从事这一行的人，有许多是对钱不感兴趣或拿钱干活的原住民。橡胶不管人间事。原住民成了亚马孙整合进世界经济过程中的受害者。而印第安文化的最后堡垒，则葬送在这些欧洲化采集工所带入丛林的疾病或武器之手。较幸运的印第安人，有时遭强征为采集工，沦为奴隶。幸存者定居在亚马孙流域里更偏远、更与外界隔绝的角落。

但印第安工人是例外。更常见的是来自巴西东北部的受雇橡胶采集工。那个地区气候干燥、人口过多、贫穷不堪，1878—1881 年的大旱，加上 1889 年的又一次大旱，饿死数十万人，数十万人流离失所。旱灾迫使他们进入亚马孙流域的橡胶森林。丛林里潜伏着疟疾和其他热带疾病，但迫于饥饿，男、女、小孩不得不冒险进入。

橡胶荣景带来许多苦难，但也替亚马孙河流域的一些大城带来前所未有的财富。色彩艳丽、令全球人目眩神迷的豪宅，雨后春笋般出现在偏处亚马孙河上游约一千五百公里处的马瑙斯（Manaus）。但更令人拍案叫绝的建筑是装饰华丽的马瑙斯歌剧院，开幕当天，请到著名男高音卡鲁索（Enrico Caruso）登台献唱。马瑙斯这些暴然致富的商人生活极尽豪奢，据说还把衣服送到外地洗，甚至送到法国洗。

橡胶荣景所创造的财富，改变了国界线。原本几乎无人居住且未曾勘察测绘过的广大热带森林，由于具有经济价值，毗邻国家开始宣称为己所有，从而引发领土纠纷。最著名的争议地区就是橡胶资源丰富的玻利维亚阿克里省（Acre）。由于玻利维亚高原居民不重视阿克里省，玻利维亚政府决定将该地租给美国公司，以谋取利润。玻国政府几乎是交出该地主权，以换取租金收入。邻国巴西高声抗议。由于这一地区实质上已为巴西人所进占，玻国政府除了撤销该协议，几无其他选择。但这些擅自占地者不以此为满足，更且占领该地区，宣告独立。经过短暂交火和外交折冲，该地区并入巴西。

由于威克姆偷带种子出境，巴西这股狂热兴奋的"黑金"追逐潮注定维持不久。东印度群岛大面积栽种的橡胶树，在欧洲资金的挹注、欧洲植物学家的管理、东南亚丰沛人力的投入下，很快就超越南美的橡胶产量。动用大量劳力采集野生橡胶的巴西，其产量绝敌不过工业化的大种植园。两次世界大战大大促进了合成橡胶的问世，如今全球所需的橡胶过半由合成橡胶供应。1960 年时，巴西橡胶产量只占全球产量 2%，甚至其国内所需的橡胶大部分由进口橡胶或利用石油合成的橡胶供应。

对巴西而言，这样的发展并非无法释怀的惨事。如果说世界贸易最终夺走了巴国的橡胶业，世界贸易也为巴西人提供了咖啡、糖、大豆的市场——这些外来作物其实先开了路，让后来的橡胶得以遵循。

4.3 得黄金非幸也：在加州荒陬之地的萨特

加州梦破碎，

萨特，不会是最后一人。

　　萨特于1803年生在靠近瑞士边界的德国境内，原本似乎注定要庸庸碌碌过其一生。他在布料店当小职员，然后结婚，生下四个小孩，安稳过着小康的中产阶级生活。但个人的想象力、魅力、雄心、欠缺生意头脑，终将引领他横越大洋，然后横越大陆。

　　为了躲债，他抛妻弃子，前往美国的西大荒（1834年时指的是密苏里）。他靠着自己的欧洲人身份、能操四种语言的本事、"旧世界"的魅力，去闯天下。当时西部的毛皮贸易很兴盛，他想趁机赚点钱，于是借了钱，带着货物，启程前往圣塔菲（Santa Fe，位于今新墨西哥州，当时仍属墨西哥）。在这里，他立下了将跟着他一辈子的行事风格。一名生意伙伴骗走了萨特的货。但他未打消前往西部冒险的念头，反倒撇下债主，前往他所听到的人称加利福尼亚的地方。

　　前往加利福尼亚之后，让他发现这个墨西哥省份是何等的偏远又落后，何等多民族杂居的地方。他走陆路前往温哥华堡（Fort Vancouver，位于今华盛顿州），来到英属哈得孙湾公司（British Hudson Bay Company）的西岸总部。但加利福尼亚距他仍然遥远。他等了数星期，搭上了前往夏威夷王国的船，当时，夏威夷王国是太平洋沿岸诸国里活跃的一员。一路上每停靠一地，他都结交朋友，收集推荐信，然后在下一个港口递上推荐信。在夏威夷待了四个月，萨特前往阿拉斯加的锡特卡（Sitka，阿拉斯加当时为俄国一省）。最后，在离开密苏里二十一个月后，他抵达加利福尼亚的蒙特利（Monterrey），在那里，他虽然有债在身，仍向墨西哥当局献上推荐信、他个人的丰功伟绩以及他对未来的构想。

这个省当时仍大抵未受人为破坏，有约三十万印第安人和一万五千墨西哥人，过着近乎自然经济的生活。没有邮递服务，没有银行，靠出售牛皮赚钱。但萨特有宏远的计划。他未建议开采金矿或发展贸易，反倒建议将加利福尼亚以牛只畜牧为基础的小规模经济，转化为农、工业。

墨西哥总督担心附近英国、俄国、美国冒险家觊觎这块土地，欣然接受萨特的拓殖计划，赠予他约两万公顷的土地，地点位于该省荒无人烟的内陆，萨克拉门托河（Sacramento River）边。萨特根据父亲的故乡，将这殖民地取名为新海尔维第（New Helvitia）。入籍墨西哥前他是美国公民，为化解墨西哥对美国人入侵的疑虑，他决定引进欧洲移民到他的殖民地。萨特着手兴建一座大要塞，以抵御印第安人侵扰，将肥沃的土地化为种植小麦、豌豆、玉米、菜豆、葡萄的田园。

他还将"文明"的服饰引进他的殖民地，利用沙加缅度河兴筑灌溉、航运设施。他所带进的工具，有许多来自俄国人所卖给他的罗斯堡（Fort Ross）。萨特成为墨西哥政府的地方大员，他发护照，为新人证婚，分发地契。他是印第安人最倚重的代理人、民兵首领。他所统率的二百二十五名民兵，就是这块内陆地区的警察，民兵或操英语，或西班牙语，或德语，或洋泾浜莫魁伦南语（Moquelumnan），全部身穿俄国人所遗弃的制服。他所建的围桩坚不可摧，高 5.4 米，厚 3 米，围桩里摆设了多门火炮，其中一门来自莫斯科，是拿破仑围攻莫斯科失败后留下的。萨特常被称作是个拿钱就替人打仗的雇佣兵，但在此，他致力于维持安定和秩序。他打算辖下农地里的庄稼一苗壮茂盛，就把地卖给殖民者，然后卖商品给他们。他寻求长远稳健的发展，而非一夜致富。

然而他的目标使自己陷入矛盾处境。他的土地和地位来自他与墨西哥官员的良好关系。但光靠墨西哥人垦殖他的土地，人力不足，于是他找上当时正大批前来美国的欧洲、夏威夷移民。前来设陷阱捕捉动物以获取毛皮的美国人也愈来愈多，他们和萨特一样无意中发现西海岸，但希望快速致富，而非长远发展。用这批龙蛇混杂的人开辟新殖民地，实在不大可靠。

但萨特未停下脚步。他为辖下的大片麦田建造了磨坊，以便制成面粉卖给俄国人。他栽种葡萄以酿制葡萄酒和普通烧酒。他在美利坚河（American River）边建造一座木材厂，以为他打算成立的几个新殖民地提供原料。

马歇尔（James Marshall）就在那木材厂发现闪闪发亮的石子。马歇尔把那些石子拿给萨特看时，这位民兵首领还不确定那是什么东西。在这之前，他几乎未想过黄金这东西，待翻阅过他的《大美百科全书》才得以确认。

但萨特未因此乐昏头。他明白"这东西是个祸根"，知道黄金会"大大阻挠我的计划"。他最终体认到，发现黄金铸下了他失败的根由。但其实在发现黄金之前，萨特的殖民地就因为美国于 1848 年并吞上加利福尼亚而渐趋瓦解。萨特早料到美国会这么做，待新政府成立后，萨特的政治权利遭大幅削减，他的土地所有权也大部分遭推翻。萨特极力不让发现金子的消息外泄，但蜂拥而来的淘金客还是改变了加利福尼亚的面貌。他们擅自进住他的土地，开采他的黄金，屠杀他的牛只，虐待他的印第安工人。他们推倒他的要塞，以致他不得不放弃该要塞。为取得木材，他们拆除这坚固的要塞。

　　萨特有天时、地利的眷顾，且有先见之明，却不懂审时度势做出正确判断。他能在荒无人烟之地殖民兴业，却不懂善用新的商业大势。身为商人，他照理应懂得善用这些淘金者谋利。但生意伙伴总是更胜他一着。他被骗走了土地，他所计划辟建的城市，那个原本会被称作萨特维尔的城市，由他人动手开发，取名萨克拉门托。萨特几近破产，无比伤心，离开加利福尼亚，前往东方的宾夕法尼亚，在那里靠着不算丰厚的养老金勉强过活。加州梦破碎，他不会是最后一人。

马歇尔于加州科洛马地区萨特磨坊前拍摄（约 1850 年）
（美国国会图书馆藏）

4.4 加州黄金与世界

> "如果那不是流着奶与蜜之地，
>
> 也是充斥着酒与钱之地，而有些人对酒与钱更情有独钟。"

马歇尔带着一群手下，替萨特在溪流里建造锯木厂，从而在溪里发现黄金。他第一次向手下提及，认为自己发现了黄金时，手下全耸耸肩，不予相信，回头继续干活。第二次提时，所有人皆仔细聆听；不久，这个名叫加利福尼亚的偏远居民点，涌进了大批淘金客（马歇尔发现金子九天后，消息就从墨西哥传到美国）。

加利福尼亚从 1848 年初只有约一万五千名非原住居民，两年后成为超过十万人聚居的热闹地区，四年后居民更暴增为二十五万人。旧金山的发迹、兴盛，速度一样惊人。从沉睡在遭遗忘的太平洋岸边、只有八百五十名居民的小聚落，很快即发展成浓妆艳抹的粗鲁女士，再发展成有三十多万新居民的高雅贵妇。这些居民挤居在旧金山的山丘上和沿海地区。加利福尼亚的繁荣富裕，大大超过萨特治理时。相较于这些急速繁荣的故事，马歇尔发现黄金对世界经济的影响，就较少人知道。而早在好莱坞抓住世人的目光之前，在迪士尼、冲浪客、嬉皮、雅痞之前，"加州梦"就已风靡全世界。

事实上，首先来此淘金的不是美国人，而是外国人。萨特木材厂发现金子的消息传抵外国人耳里许久，美国东岸才染上淘金热。相隔遥远加上交通不便，使当时的加利福尼亚较接近其他太平洋国家，反而与大西洋岸较疏远。即使是像卡森（Kit Carson，开拓美国西部的著名人物）这样大无畏的旅行家，都花了三个月时间才将发现金子的消息从西部带到华盛顿特区。在当时，大部分的旅人，不管是坐船绕过南美的合恩角或驾着有篷马车横越平原，从美西到美东都要花上比这多一倍的时间。因此，马歇尔发现金子十个月后，纽约才爆发淘金热。那时，已有约五千名墨西哥人，从索诺拉（Sonora）徒步横越沙漠过来。更有数千名智利人、秘鲁人，从沿着海岸往南航行欲绕过合恩角的船只那儿听到这消息，加入这股淘金热。夏威夷、大溪地也有数百人前来淘金。诚如檀香山（Honolulu）某主编对加利福尼亚的描写："如果那不是流着奶与蜜之地，也是充斥着酒与钱之地，而有些人对酒与钱更情有独钟。"

更遥远的地区得知这消息更晚，但就连他们也很快和美东人民一道奔往产金区。在那一年内，三十六艘船载了两千多名法国人前来。（路易·拿破仑希望把境内那些失业而会危及他政权的无产阶级，弃置在加利福尼亚的产金区；为此，他开办全国性彩券以募集资金，最终成功甩掉将近四千名他的子民。）数十名被判流放到澳大利亚服劳役的英国犯人，也想办法逃出澳大利亚抵达旧金山湾，然后在该地组成令人丧胆的黑帮。前往加利福尼亚的各国人里，除了美国人，就以华人最多。中国虽远在太平洋彼岸，但这片大洋不是阻碍，反倒是便捷通道。搭快速帆船，三十天就可抵达。五年内，有约四万名广东人靠着赊票制（即先赊付船票抵美，然后以在美劳动所得偿还欠款的方式）前来。到1860年代，他们是金矿区里人数最多的民族。从二十五个国家涌来的外国人，总共占了加利福尼亚人口的四分之一。

这些淘金客在 1848—1860 年所挖出的黄金，比那之前一百五十年全球所挖出的还多。挖出的黄金很快销到国外；在那段时期，加利福尼亚人所需要的东西，几乎全部来自进口，物价是美国东岸的十倍。流出加利福尼亚的所有黄金，扭转了此前三十年的全球通货紧缩。钱币铸造量增加了六或七倍，进而促成前所未见的国际贸易荣景，世界贸易在 1850—1870 年间增长了将近两倍。加利福尼亚的金矿，也为黄金取代白银成为世界货币的基准金属，铺下了黄澄澄的康庄大道。

类似加州这样原本无人闻问的地区，一转眼拥有惊人购买力，这种变化也促成了运输革命。众所周知，西海岸的诱人财富，大大加快了美国兴建大陆横贯铁路的速度，1869 年，东、西分头兴筑的铁路于犹他州的洛根（Logan）相接。但加利福尼亚金矿对海运的影响更为重大。自秘鲁银矿于 18 世纪衰落后，南北美洲的太平洋岸即大抵遭排除于世界贸易之外。一年只有一些船来回往返于南美、中美洲的太平洋岸。加利福尼亚发现金矿后，突然间有七家汽轮航运公司连接巴拿马与纽约、加利福尼亚、南美、西印度群岛、欧洲、尼加拉瓜、墨西哥、合恩角（1855 年巴拿马开通一条铁路，将横越这处地峡的行程缩短到不到五小时）。其他跨美洲的海上航路，运输量也增加许多。秘鲁和智利自此有了加利福尼亚这个市场可外销其小麦；死气沉沉的萨尔瓦多也是。更可靠且更便宜的航运，也让萨尔瓦多、哥斯达黎加、危地马拉西海岸所生产的咖啡，得以销往欧洲和美国东岸。希尔斯兄弟咖啡公司（Hills Brothers）、福杰仕公司（Folgers）开始在旧金山烘焙咖啡。

但南美洲外销畅旺并不全然是件好事。中美洲东海岸港口纷遭弃置。更糟糕的是，在这些国家，全因为外销畅旺导致地价升高，对劳力需求变大，进而助长土地集中在少数人，劳工权利受压抑，原住民受剥削。

萨特木材厂发现黄金，还把美国吸进环太平洋圈。美国船更常冒险进入太平洋，夏威夷成为美国贸易圈里关系更紧密的一员。再过不到五十年，这个岛屿王国就成了美国领土。中国也慢慢提升其与南北美洲的贸易，但外人所垂涎不已的"中国市场"却一直令人失望。即使是长久以来对外国人心怀疑虑而不愿通商贸易的日本，也在1854年美国海军舰长佩里（Matthew Calbraith Perry）的逼迫下，对美开港通商。

加利福尼亚淘金热还标志着美国的国际地位自此将不同以往。美国只保有靠大西洋岸的十三个殖民地时，其目光一直是朝向欧洲，但如今，美国国土横跨东、西两岸[1]，其经济、战略眼光随之变宽广。南美洲突然间变成美国的"后院"，因为它就位于东、西两岸之间。接着，在中美洲建条运河连接两洋，就攸关美国的全国整合。赴加州淘金失败的沃克（William Walker），1857年当上尼加拉瓜（建运河穿过中美洲地峡的中意地点之一）总统，来年离职；再不到五十年后，巴拿马运河区成为美国领土，将近一个世纪后才归还巴拿马。地位犹如巴拿马运河哨兵的加勒比海地区，也成了攸关美国战略利益的要地。太平洋（夏威夷、关岛、日本）突然间离美国海岸更近，太平洋事务对美国变得至关重要。

事后，马歇尔或许很后悔未守住发现金子的秘密。他的木材厂无

---

[1] 加利福尼亚于1848年由墨西哥割让给美国。——译注

缘实际运转，萨特的农业帝国遭汹涌而来的淘金客推翻。马歇尔死时穷困潦倒，萨特在宾夕法尼亚度过余生。早期定居加利福尼亚的西班牙殖民者后裔逃到加州南部，当地原住民几乎遭杀光。马歇尔未建成木材厂，反倒改变了加利福尼亚的面貌，促成世界经济全然改观。

4.5 黄金城还是荒凉海岸?
世界史浪潮如何漫过一个偏远地方

> 世人的确纷纷来到圭亚那这个"荒凉海岸",
>
> 因为它是四大洲上的事件所造就的,
>
> 而且成了世上最多元化的地方之一。

　　沃尔特·雷利(Walter Raleigh)爵士以将烟草带到英格兰和试图拓殖弗吉尼亚而为人所知,1595 年他出版《发现辽阔、富裕、美丽的圭亚那帝国,兼叙黄金大城马诺亚(即西班牙人所谓的埃尔多拉多)》(*The Discovery of the Large, Rich, and Beautiful Empire of Guiana, with a Relation of the Great and Golden City of Manoa [which the Spaniard Call El Dorado]*),蔚为轰动。他以深入且惊人详尽的口吻,描述了一个"人口众多且拥有许多大城、市镇、神庙和财宝"的帝国,该帝国"如今在位的皇帝是伟大的秘鲁(印加人)君王之后"。他不只为目睹这些不可思议的财富而雀跃,也为能好好利用他所深信的圭亚那提供给他的女王伊丽莎白的机会而雀跃。他写道,凡是拿下此地者,"其功绩都将比科尔特斯在墨西哥或皮萨罗在秘鲁(征服阿兹特克人和印加人时)所缔造的功绩还要大"。"凡是拥有该地的君王,都会拥有比西班牙国王或奥斯曼苏丹所拥有的还要多的黄金、更美丽的帝国以及更多的城市和臣民。"

　　雷利声名显赫,既是英格兰"童贞女王"(Virgin Queen)伊丽莎白的宠臣，又是著名的战士和探险家，这本书受作者盛名之荫，出版后大受关注。对雷利来说，圭亚那是大西洋地缘政治的中心；要打败西班牙的哈布斯堡帝国，非拿下该地不可。雷利的描述让人深信不移，于是三十年后，欧洲一部分最有钱的银行家，奥格斯堡的韦尔泽家族（Welsers），出资参与德意志人在南美洲（委内瑞拉）的第一场探险，运去一百五十名德意志矿工，满心希望能找到黄金城。但我们也应知道，继伊丽莎白之后出任英王的詹姆斯，没那么相信雷利的说法；他最终以海上劫掠的罪名下令处死雷利。为圭亚那丢掉项上人头和个人财富的冒险家，雷利不会是最后一个。

雷利会把圭亚那的赤道热带地区幻想成财富横溢之地，不是因为乐观，而是出于对天主教徒的无比仇恨。伊丽莎白之前的英格兰统治者，是信奉天主教的玛丽女王（敌人口中的"血腥玛丽"），差点处死他坚信新教的家族，令他愤恨难消。怀着这股对天主教徒的强烈怨恨，他前往爱尔兰的斯梅里克（Smerwick）战场，据说他在那里要手下砍掉六百名西班牙、意大利军人的人头。因此，令现代早期许多人浮想联翩的圭亚那，不只建立在荒诞不稽的谎言上，还建立在宗教敌意上。这将催生出一个反乌托邦、最终与托马斯·摩尔（Thomas More）的《乌托邦》或伏尔泰《老实人》（Candide）小说中的黄金城截然相反的殖民地——《乌托邦》和《老实人》都是以圭亚那为背景的知名作品。雷利和其他欧洲冒险家的初衷，并非在这个热带地区创造财富或开发该地区，而是想通过贸易换取那里的自然财富，不然就是把那些财富抢夺过来。后来财富被人在种植园创造出来，真实存在的圭亚那则成了世上较为惨无人道的地方之一，长达一百五十年。

第一批北欧人登陆以从事贸易（而非为了征服该地）时，把这个位于西班牙所拥有的北边委内瑞拉殖民地和南边葡属巴西之间的险恶地区，称作"荒凉海岸"（wild coast）。由于境内有凶猛的半游牧卡里布人（Caribs）和阿拉瓦克人（Arawaks）、不宜人居的地形和高温、潮湿多雨的赤道气候，这块据说财富遍地的土地根本不适合外人居住。但还是有一些英格兰人和法国人在这里建立贸易站。虽然他们不久就失败撤走，但圭亚那黄金城的梦想并未被人完全遗忘。最后，甚至有世上某些最资本主义、最发达的国家想拓殖圭亚那，但大多以失败告终。不过，这个鲜有人知的偏远区域绝非微不足道。美洲、非洲、欧洲以及最终在亚洲境内发生的事，创造了圭亚那地区（Guianas），使这里成为世上最多元化的地方之一（此地区最终被分割成三块互不相干的殖民地，委内瑞拉和巴西则保住了圭亚那高原的其他地方）。

荷兰人登陆圭亚那，肇因于遥远异地的力量和事件。为了脱离西班牙国王统治（1580—1640年西班牙国王也统治葡萄牙和葡萄牙的殖民地），荷兰人在欧洲打了八十年的独立战争，也攻击南大西洋两岸的葡萄牙人。1630年他们攻击了巴西的产糖重镇伯南布哥（Pernambuco），控制该地二十四年；然后拿下西非境内数个奴隶贸易港，1641年拿下安哥拉的罗安达（Luanda）时声势最盛。有几十年岁月，他们主宰大西洋奴隶贸易，是最大的糖生产者（当时糖是最值钱的外销商品之一），而阿姆斯特丹则成为欧洲最重要的商业中心和炼糖地。

但荷兰人分布太广而陷入势单力薄之境。通过堡垒和海军，他们只能控制沿海地区，无法守住他们在西非的大部分港口。对我们要讲述的故事来说，更为重要的是，他们在1654年不敌巴西种植园园主和葡萄牙士兵造反而被逐出巴西。有些荷兰人带着资金去往新阿姆斯特丹（今纽约），其他荷兰人则在无意间登陆圭亚那海岸，并带去奴隶、资金和在巴西、西非学得的制糖技术。

荷属西印度公司，世界上最早的跨国公司之一，接管了这个殖民地。该公司董事同意签署 1667 年《布雷达条约》（Treaty of Breda）时，心里必定想着雷利的记述。根据这个条约，荷兰控制圭亚那一事得以确立，但是以把纽约让给英格兰人作为交换。以今日的眼光来看，这笔交易对于荷兰人似乎不太划算，但在当时却很上算。在荷属西印度公司的治理下，荷兰人在海岸附近开辟的出口型种植园繁荣了一百年，但在内陆寻找黄金则成果甚少。荷兰官员在圭亚那监造了数座堡垒，用以防范海盗入侵、打击原住民阿拉瓦克人和卡里布人，以及防止奴隶造反。然后他们着手逼迫当地工人和自外输入的黑奴开筑运河与堤坝，采用在欧洲低地由大不相同的劳动者掌握的荷兰工程技术。于是，他们把在热带奴隶贸易，以奴隶为基础的甘蔗、烟草、可可树、咖啡种植园，以及炼糖方面学到的心得熔于一炉，把以奴隶为劳动力的农业和荷兰的资本、产权、工程学结合在一起。这是史上头一遭把庞大的跨大陆资本用于改造出口农业导向的土地。荷属西印度公司垄断此地贸易，提供所有奴隶和船只。土地分割给私人所有，因此该公司最初掌握了运输、财务、奴隶贩卖和作物最终加工等较无风险的领域，而飓风、洪水灾害、植物染病和人类患病的风险，则交给种植园主去担心。

荷属西印度公司的荷兰商人和投资者觉得 18 世纪的圭亚那贸易的确如同给了他们一座黄金城，因为奴隶买卖，借款给种植园主，贩卖糖、烟草、可可豆、咖啡，让他们获利甚丰。但随着时日推移，当某个出口部门急速成长，把资金和劳动力引离无法在国际市场上竞争的其他部门，他们则受苦于最早一型的"荷兰病"或"商品诅咒"。荷属圭亚那境内获利甚丰的种植园主选择返回荷兰，以在外地主的身份经营位于该殖民地的事业，并把热带种植园的管理之责交给领班。这些领班也不喜欢那些地处偏远的种植园，往往留在殖民地首府帕拉马里博（Paramaribo），把种植园交给较无经验的人管。结果这些种植园变成无底洞。殖民地的债务负担和怠于生产，终于在 1773 年爆出大麻烦，许多种植园主和阿姆斯特丹的一些大贸易公司破产；不到二十年，荷属西印度公司就垮掉了。

圭亚那大起大落，不只肇因于农业生产无效率和金融崩溃，还因为极恶劣的蓄奴制。诚如史学家赫特·奥斯丁迪（Gert Oostindie）所论述，"这个殖民地成为妄想轻松获利之心态的坟场"；它其实是数十万在此度过短暂痛苦一生之奴隶的坟场。奥斯丁迪还说："那里出现一荒谬且残酷的现象，即种植园既吞噬了奴隶性命，也吞噬了园主的资本。"

在这个荷兰殖民地，蓄奴之事从一开始就透着些许矛盾，因为具有典型中产阶级性格且信奉加尔文教派的荷兰人，乃是最早在母国禁止蓄奴的欧洲人之一，却又成为巴西、圭亚那尤其是加勒比海地区奴隶的主要提供者。在圭亚那的艰苦地理环境中，奴隶往往认定逃到人烟稀疏的内陆是摆脱严厉监工虐待的有效手段。逃走之事在 16 世纪就开始出现，一直持续到 1873 年终于废除蓄奴和契约仆役制才消失。内陆各地冒出诸多由逃亡奴隶建立的聚落，这些奴隶往往在非洲出生长大，直至今日，这些聚落仍保有美洲境内大概最原汁原味的非洲习俗和传统。为了填补失去的奴工，并弥补热带病导致的高死亡率，荷兰人连同他们的殖民地邻居英国人和法国人，从西非运来约四十五万奴隶，以如此小的地方塞进这么多奴隶，在世上并不多见。

但荷兰资本家最终对蓄奴失去兴趣。1791—1804 年的海地革命，结束了美洲最繁荣的奴隶殖民地，令荷兰资本家胆战心惊，加上欧洲和北美洲境内主张解放奴隶的团体声势日涨，荷兰人终于在 1824 年停止对圭亚那的大西洋奴隶贸易。当地的经济因素也促使种植园减少使用奴工。荷属圭亚那的高死亡率、该殖民地在市场上敌不过位于拉丁美洲和加勒比海地区的更大型热带生产者、苏伊士运河于 1869 年建成后荷兰人将殖民地资本移到印度尼西亚等事，使圭亚那的种植园主改去他地寻找劳动力。废除蓄奴后，由于运河和蒸汽动力问世导致运输成本大降，英属、荷属圭亚那的庄园主能从地球另一头，以低廉的成本运来四十多万名东印度契约工和人数较少的葡萄牙、中国、爪哇契约劳力干活。但那还是不足以解决圭亚那种植园的劳力问题。于是，大地主把名下许多土地卖给他们的工人，因此，该地如今的农场绝大部分是由家户持有的小农场，大部分生产供国内消费的东西。上述奴隶和契约工，加上原住民和仍控制内陆大片人烟稀疏地区的逃亡黑奴族群，使荷属、法属、英属圭亚那拥有缤纷多样的数十种语言、宗教和散居各地的地方社群。

总而言之，即使有世上最资本主义且发达程度名列前茅的几个国家试图拓殖圭亚那并利用该地的丰富资源，大部分还是以失败收场。不过，这个少有人知的偏远地区绝非乏人问津。哥伦布写到世界的地理中心在圭亚那地区附近时，他搞错了，但从象征性的角度看，他的看法没错，世人的确纷纷来到这个"荒凉海岸"，因为它是四大洲上的事件所造就的，而且成了世界上最多元化的地方之一。

4.6 美丽的虫子

工业制造的新染料变得和胭脂虫红一样鲜艳，

却没有它们那样多彩多姿的故事。

过去，家道殷实的荷兰中产阶级市民，围着餐桌享受豪华大餐时，极自豪于自家餐厅里所布置的精致而华丽的装饰。他们特别喜爱墙上精美的佛兰德（比利时）挂毯。这些挂毯以羊毛或丝为材料，手工制成，镶有银边，染上鲜亮的猩红色和深红色。挂毯不只表明他们有钱，还表明它们本身的世俗特质：它们是世界贸易的产物。但有两百年时间，绝大部分欧洲人不知道这些赏心悦目的东西是如何染上颜色的。他们知道科特斯征服墨西哥后，神秘染料胭脂虫红就已由他带回西班牙，但他们不大清楚那染料用什么制成。他们推断那和其他许多植物性染料一样，以某种种子制成。直到 17 世纪结束时，意大利化学家才发现根本不是种子，而是干掉的昆虫尸体。这高贵、优雅的挂毯竟布满昆虫尸体！

墨西哥南部和中美洲的印第安人当然早知道这点。阿兹特克人就已要求南部的洽帕斯、瓦哈卡（Oaxaca）地区，以胭脂虫红为贡品进献。但启蒙时代的欧洲人，不可能自贬身份，拿自然科学的问题请教印第安人。因此，欧洲人不知其缘由达两百年。米斯特克（Mixtec）、玛雅两文明的印第安生产者，对这方面的了解更胜欧洲人一筹，因而他们将继续主宰胭脂虫红的生产数百年。

大部分米斯特克人知道，胭脂虫红是以雌性胭脂虫（Dactylopius coccus）的干体制成，它们以生长在局部地区的特定种类胭脂仙人掌（nopal cactus）为食。在野地里，印第安人从胭脂仙人掌身上拔下这种虫，浸入热水里或丢入炉中。这是费力而烦琐的工作，因为约七万个昆虫干体才能制成四百五十克的胭脂虫红。只有雌虫堪用，而雌虫与雄虫的比例是一百五十或二百比一（真是个雄性吃香的世界！），因此这不是大问题。但尚未交配的雌虫，颜色更为鲜艳，它们在交配季节初期较常见，因而捕捉时机非常重要。

对于家有小孩、其他作物要照料的印第安人而言，在野外四处寻找雌胭脂虫很费时间，较集约的"栽种"办法应运而生。首先将作为"种子"的怀孕胭脂虫置入用玉米叶制成的袋子里，再将袋子固定于仙人掌叶上。不久，雌虫开始繁殖，幼虫爬出玉米袋，到仙人掌上。约三个月后（视天气而定），就可以采收。气候良好的话，一年可采收三次。约五年后就得另觅或另植胭脂仙人掌，因为这时宿主仙人掌已遭这些食客吃光。这一过去人称"播种""采收"的农业，事实上是养殖业（饲养者拥有的是一群昆虫，而非可用来表演娱人的马戏团跳蚤）。

但这种家畜身躯如此娇小，意味着其对社会的影响大不同于养牛的影响。以草为食的牛，通常导致土地集中于欧洲殖民者之手，欧洲人将印第安人赶离家园，留下人烟稀疏的牧草地，相对的，养一群胭脂虫，可想而知，占不了什么空间。因此，饲养胭脂虫未大幅影响其他活动或作息安排。事实上，胭脂仙人掌通常与玉米、菜豆之类食用作物混种在一块。它们往往栽种于宅院里。在危地马拉的前首都，即

1773年毁于火山爆发的安提瓜（Antigua），胭脂虫饲养于原是高雅房屋和牲厩的废墟里。

印第安人社会未受害于胭脂虫的饲养，甚至有时还因之更形巩固。他们的经济不成规模，小块土地生产的染料，质量往往优于欠缺人力、疏于照顾的大块土地所生产者。此外，这是风险很大的行业，需要相当的专门技术。胭脂仙人掌和气候都要对，才能繁衍胭脂虫。即使如此，不合季节的大雨或蝗虫也能毁掉这些小虫。"栽种"工作要伸长脖子，且单调、费力，因而只有少数西班牙人想到要去查明印第安人这门行业的秘密，从而让印第安人得以继续掌控这一前哥伦布时期的本土作物。

胭脂虫贸易兴盛时期的大部分时间，西班牙殖民者只负责收缴这种昆虫贡品。殖民晚期，为扩大产量，有时施行货物摊派制（reparto de mercancías），亦即政府官员，乃至有时教会人员，强迫印第安人购买货物，印第安人得拿胭脂虫来购买往往不需要的东西。事实上，这种昆虫不只可以卖钱，本身还充当钱。

独立后，官方的压榨正式结束，这时，只有少数地方的印第安人丧失了对这"产业"的掌控。印第安人通常租村子共有地种植胭脂仙人掌，因此收入有很大部分流入村子的财库，供举行集体庆祝、建设公共建筑之用。只有在一些地方，欧洲化的混血儿侵占土地，掌控生产。

在拉丁美洲，可可、橡胶、赫纳昆叶纤维之类本土作物只要增加输出，几乎都导致印第安人沦为刀俎上的鱼肉，陷入贫困。只有在极少数本土作物上，印第安人得以继续掌控，胭脂虫就是其中之一，而这全拜这一行工作极费力、收成好坏难测、需要专门采收技术所赐。因此，欧洲许多最上等的垂帘、丝织品、挂毯，全赖墨西哥、危地马拉、后来秘鲁的印第安人，才得以拥有那令人目眩神迷的猩红、深红。名噪一时的英国兵所穿在身上的红色短上衣，就是用胭脂虫红染色，真实生活中的海丝特·白兰[1]，佩戴于胸前的猩红色字母，也是用这种染料画上的。

　　印第安人垄断胭脂虫的生产长达四百年，未遭世界经济打破。1850 年代后，德国、英国化学家发明苯胺染料，取代了胭脂虫红。这种染料最初不如天然染料鲜艳且较易褪色，但生产成本较低，可以大量生产，满足了当时棉织品革命的需求。消过毒的工厂取代昆虫的采集。风光一时的胭脂虫，自此退出世界经济舞台。它牺牲自己艳丽抢眼的身躯，将仙人掌林立的美洲乡下，带进阿姆斯特丹和其他欧洲大城有钱人家的饭厅。工业制造的新染料变得和胭脂虫红一样鲜艳，却没有它们那样多彩多姿的故事。

---

[1] Hester Prynnes，霍桑小说《红字》的女主人公，因遭指控犯通奸罪而被罚在胸前佩戴红色字母 "A"，站在刑台上示众。——译注

胭脂虫培育早期插画
(*Reports on the history, organization, and status of various Catholic dioceses of New Spain and Peru, 1620–1649*)

胭脂虫培育插画
(José Antonio de Alzatey Ramírez, *Reports on the nature, culture, and benefits of grain[...]*, 1777)

4.7 如何点石成金：鸟粪的短暂风光

> 世界经济把废物变成财富，
>
> 不幸的是，在相当大的程度上，
>
> 人类浪费了这财富。

这一篇讲述的是饥饿但富裕的欧洲人，如何将地球另一端偏僻荒凉岛屿上堆积如山的鸟粪，化为一堆堆黄金，以及这暴发的财富如何酿成灾难。

秘鲁沿海的钦查群岛（Chincha islands）是散落在太平洋上荒凉不毛的蕞尔小岛，因不下雨，岛上不适人居，成为鸬鹚、鹈鹕等鸟类的天堂。群岛周边海域受惠于寒冷的洪堡（Humboldt）潮流，鱼类非常丰富，从而替这些鸟提供丰富食物，鸟群繁殖兴盛。鸬鹚以鳀为食，没有天敌，在钦查群岛上过着安乐舒服的日子，放眼望去，每个岛上几乎都铺了一层羽毛地毯，鸟群密度高达每平方公里约二百二十万只。如此密集的鸟群，不只产生震天作响的喧闹声，还堆积出数百英尺厚的粪堆。也因为不下雨，鸟粪一代代累积，愈堆愈高。

岛上虽无人居，但人类知道岛上有鸟粪堆。事实上印加人还替它取名瓦努（huanu），意为粪便。后来，huanu 遭讹误为 guano（英语"鸟粪"），成为少数仍在英语里通行的盖丘亚语（Quechua）之一。

农业技术高超的印加人，使用鸟粪替沿海谷地里的农田施肥，以生产粮食喂饱稠密的印加人口。但西班牙人征服此地后，使用鸟粪的习惯中断。印第安人不敌外来疾病的摧残，人口锐减，加以幸存者退居到偏远而无法运送鸟粪上山的安第斯山区，鸟粪的需求几乎停摆。人数不多的西班牙，坐拥最肥沃的土地，光靠他们所引进的牛只粪便，就已足够施肥，再也不需其他肥料。但鸬鹚继续施展它们的神奇戏法，群岛上的财宝与日俱增。

西班牙人征服三百年后，1830年代末期，世界再度体认到鸟粪的神奇价值。欧洲激增的人口，使其农业生产渐不敷需求。城镇化、边远地区开发完毕且扩及边缘地区，以及与日俱增的富裕，代表粮食需求更甚于以往，但能满足该需求的自然资源却较以往少。

科学和饥饿引领欧洲人找上鸟粪。直到18世纪结束时，欧洲科学家才了解植物从哪里摄取养分；1834年布森戈（Jean Baptiste Boussingault）首度进行这方面的实地实验，而要到1840年，才由李比希（Justus von Liebig）证实植物从腐殖质摄取养分。除了粪便、石灰这两种使用久远的肥料，农业学家开始试验其他可补强土壤肥沃的东西。

当然，光靠需求、了解，不足以促成秘鲁鸟粪为人所利用，还需要实际可行的辅助条件。从半个地球外运来肥料，有赖于运输革命，才符合经济效益。帆船变得更大、更快，汽轮于1840年代起开始崭露头角，港口设施变得更有效率，鸟粪的陆路运输多了铁路这个新利器，种种因素大大降低了运输成本。独立后的秘鲁陷入长达二十年的内战，加之丧失境内大部分银矿，国家风雨飘摇，突然间，因为鸟粪，变得有钱。鸟粪突然变值钱，简直就像是捡到一大袋黄金，因为鸟粪得来几乎不费成本。

想象有这么一个大老板眼中的超完美员工：他不需要老板供他吃

的，因为他会自己猎食，不需要供他住的，因为他就喜欢住在户外，甚至他在觅食或休闲时仍继续生产。他从不放假，不需要工具或机器。这员工本身其实就是工厂。他自己找原料，免费取得的原料，将原料运送、加工处理后交出产品，然后站到一旁让人取走产品，不收分文。除了数千万个鸬鹚工人兼工厂，鸟粪贸易只需要约一千到一千六百名人力。中国、波利尼西亚的契约仆役和秘鲁罪犯，将令人热得发昏的鸟粪铲进等着装运的船上，然后几乎原封不动，转运到欧洲农田。

最初，秘鲁几乎无法插手鸟粪贸易。英国的吉布斯（Gibbs）家族赢得独家合约，立约雇用英国船只，对外销售鸟粪，主要营销地是法国、英格兰、美国南部。在美国南部，鸟粪被用于芜菁、谷物、烟草之类的作物上。

令人惊奇的是，在这个大英帝国称雄的时代，弱国秘鲁竟能维持对鸟粪贸易的垄断，甚至一度将特许开采权授予秘鲁一家民间公司。史学家亨特（Shane Hunt）估计，最终销售价的 65%—70%，归属秘鲁政府所有——那是船上交货价格的一倍多。

不久，秘鲁就有了丰厚收益。这些收入让秘鲁得以废除不利于资本主义的障碍（例如人头税、进口关税、奴隶制），且得以偿付外债。这些新财富有一部分促成北部沿海地带兴起新甘蔗园，使工资涨了50%。

不幸的是，这天外飞来的横财也导致今日所谓的"荷兰病"。秘鲁货币升值促成大量进口，促成本地工匠和制造业者失业，促成大兴土木建设堂皇建筑。政府官员深知鸟粪因输出而流失的速度（1856年达到五万吨的巨量），远超过鸬鹚摄食和排泄的填补速度，因此，他们设法利用这笔横财（或者可以说"天上掉下来的钱"）发展多元经济，壮大经济，以为不久后就会降临的那一天——鸟粪挖光的那天——预做准备。

秘鲁政府以鸟粪矿为担保品（史上最奇特的担保品之一），迅速向欧洲贷款，浩大的铁路建设工程于是展开。史学家古滕伯格（Paul Gootenberg）认为，这些措施最终虽以失败收场，但不失为眼光宏远，其他史学家则指秘鲁官员愚昧、欺伪。无论哪种说法为真，因为鸟粪带来的财富，秘鲁成为拉丁美洲最大的债务国，并使秘鲁在 1876 年宣布不履行债务，也就是古滕伯格所谓"影响极其深远的不履行债务"。

容易开采的鸟粪矿挖得差不多后，欧洲人转而求助于另一种氮肥来源，即硝酸盐。正好就在这时，在秘鲁和智利之间，当时属于玻利维亚的地区，发现蕴藏量最丰的硝酸盐矿床。最初这似乎又是一笔天上掉下的横财，最后却衍生出又一场悲剧。三国为争夺这富含硝酸盐的土地兵戎相见，爆发惨烈的太平洋战争（War of the Pacific，1879—1883）。秘鲁不只输掉战争，还丧失南部领土和硝酸盐矿区。

鸟粪岛屿的过度开采，硝酸盐之类的替代品出现，以及最终化肥的问世，终结了鸟粪的黄金时代。如今，秘鲁人得比以往卖力许多，以将鱼变成黄金；他们捕鱼，加工制成鱼粉，但鱼粉不当肥料，而是充当牲畜的副食品。鸬鹚，使废物变黄金、使秘鲁骤然致富的英雄失了业。世界经济把废物变成财富，不幸的是，在相当大的程度上，人类浪费了这财富。

4.8 夏威夷如何成为美国第五十州?

兼并夏威夷是

"为糖所有,为糖所享,为糖所治"。

　　蔗糖、一名德裔食品杂货商、萨克拉门托河的黄金、共和党的保护性关税,如何使波利尼西亚的一处天堂,变成美国星条旗上的第五十颗星星? 1778 年库克船长(Captain Cook)替夏威夷群岛取了桑威奇群岛(Sandwich Islands)这个乏味而不恰当的名字,但在这之前,远离世界贸易路线的夏威夷群岛,虽默默无闻,却已是繁荣富裕之地。这位英国船长将夏威夷王国慢慢带入世界经济,但外界几不需要他们的主要产品面包果和檀木,而夏威夷人也少有东西有求于外。改变的动力将来自美洲,而非欧洲。

　　加利福尼亚萨克拉门托河发现黄金,替美国西海岸带来数万消费者,也引来卖东西给他们的商人。其中有位新近到来者是个德国移民,名叫施普雷克斯(Claus Spreckels),于 1846 年来到南卡罗来纳。他在查尔斯顿(Charleston)一家食品杂货店苦干实干,最终买下该家店铺,数年后,因为更大的抱负,他来到纽约,在这里,他的新食品杂货店生意一样兴隆。"黄金州"加利福尼亚的无限机会令他憧憬,于是他在 1856 年搭船抵达旧金山,欲从矿工身上赚钱。施普雷克斯不是那种小有成就就满足的人，他要赚十足的大钱，于是靠着做买卖经年赚了些钱之后，他把事业扩及炼糖。他的总公司设在西海岸，货源自然转向太平洋地区的蔗糖生产者，而非加勒比海、路易斯安那这两处美国历来取得蔗糖的地方。

于是，夏威夷那些新教传教士的后裔（比其先民更关注现世福祉的后裔），开始种植甘蔗以满足新需求。甘蔗改变了这群岛的面貌。外国人（美国人居多）开始大批购买土地以辟为甘蔗园。库克船长首次来到这王国时，原住民有约三十万人，但一百年后已减为五万人。由中国引进的契约劳工，人数很快就超越原住民。

1876 年美国与夏威夷签署贸易互惠条约，赋予夏威夷蔗糖在美国市场享有优惠地位之后，这一转变速度加快。夏威夷的蔗糖产量在接下来二十年里，暴增将近十九倍，且几乎全输往美国。二十五年的蔗糖荣景，使美国人掌控了夏威夷 80% 的甘蔗园，原住民人口降为三万五千人。原住民在自己家园反倒成为异乡客，因为他们既不拥有土地（美国人掌控了蔗糖生产，华人掌控了稻米，葡萄牙人掌控了牛），也未拥有在夏威夷繁荣糖业里发达起来的公司，甚至没在甘蔗园里工作。

施普雷克斯一手促成这其中大部分的成长。在茂伊岛，他开辟出世界最大面积之一的甘蔗园，掌控该岛大部分灌溉设施和码头，立电灯，设大工厂，铺设铁轨。他与夏威夷王国最大的出口商合作，夏威夷许多蔗糖的生产都靠他的资金。然后，他所经营的施普雷克斯海洋航运公司（Spreckels Oceanic Line），将他旗下的糖和其他种植园主的糖运到加利福尼亚，由他的炼糖厂完成最后的加工。为保高枕无忧，他成为国王卡拉考阿（Kalakaua）的主要银行家，是夏威夷王廷里最举足轻重的人物之一。

国王卡拉考阿对美国人很友善。1874 年，他成为首位拜访美国的夏威夷在位国王，在纽约轰动一时。但与这位国王闹翻后，施普雷克斯的政治势力和经济帝国随之岌岌可危。传说施普雷克斯和国王、两位来访的海军将领玩夏威夷纸牌游戏，在牌桌上，施普雷克斯吹嘘如果玩的是扑克牌，他手上的牌（三张老 K 和两张较小的牌）会赢。握有三张 A 的英国海军将领不以为然，但施普雷克斯不为所动，声称他有四张老 K，所以会赢。有人问他"哪来第四张老 K？"施普雷克斯大言不惭地回答，"我就是那第四个老 K[1]。"

食品杂货商出身的施普雷克斯如此狂妄，令国王卡拉考阿大为不悦，当场离席，开始密谋削弱美国的影响力。他的第一步是 1886 年，在伦敦（日益关注这群岛的欧洲重镇之一），筹募到一笔贷款。

伦敦贷款令施普雷克斯忧心。更令他寝食难安的是，美国于 1890 年施行麦金利税则（McKinley tariff）所带来的影响。为促进与拉丁美洲、欧洲的贸易，这一关税法明定，凡是签署贸易条约者，都可享有蔗糖免关税待遇。这协议形同剥夺夏威夷原享有的优惠地位。更糟的是，国王卡拉考阿不愿接受美国针对互惠条约所设定的严苛条款。美国总统哈里逊实际上想将夏威夷王国纳为受保护国，将珍珠港据为己有。不签这贸易条约，茂伊岛的蔗糖将因高关税而被排除在美国市场之外。

唯一的出路就是并入美国。如果夏威夷并入美国，甘蔗园主将不只享有蔗糖进入美国的免关税待遇，还可通过协助路易斯安那甘蔗园

---

[1] 老 K 的英文 king 意为"国王"。——译注

主，大发一笔意外之财。

令人意外的是，大部分甘蔗园主起初不愿并入美国。他们担心美国人的种族歧视观念，将阻止华工移入夏威夷，一如在加利福尼亚所发生的情形。施普雷克斯之类的炼糖业者，担心并入美国将促成炼糖厂在夏威夷群岛上出现，从而打破他们在美国西海岸经营炼糖厂的独占地位。

然而，1891年，民族意识浓烈而意志坚定的女王利留卡拉尼（Liliuokalani）继承王位后，居人口少数的外籍甘蔗园主一反初衷，转而同意并入美国。夏威夷王国80%—90%的财富掌控在一小撮外国人手中，但在选举制度下，原住民仍占选民绝大多数。甘蔗园主担心女王会和其本土子民站在同一边，削弱糖业巨子统治集团的势力。于是兼并派和美国领事史蒂文斯（Edwin Stevens）合谋，安排在境内发动政变的同时，让美国海军陆战队和水兵登陆。女王遭推翻，其间几无流血。新政府由多尔（Sanford Dole）领导，这位身为传教士之子暨夏威夷糖业大王詹姆斯·多尔（James Dole）堂哥的统治者，上台后致力于并入美国。

最初，兼并一事遭强烈反对。瓦胡岛上的保皇派扬言要取施普雷克斯性命。他们在这位糖业大王的檀香山豪宅上，贴上写有鲜红文字的告示："金和银阻挡不了铅"。美国也爆发了反帝国主义的声浪，而总统克利夫兰以那场政变系由小撮人士推动为由，拒绝兼并夏威夷群岛时，就注意到国内这股民意。

但四年后的1898年，美国总统麦金利（William McKinley）还是将夏威夷并入美国版图。诚如《民族》（The Nation）杂志所指控的，兼并夏威夷是"为糖所有，为糖所享，为糖所治"。

4.9 牛如何吃掉牛仔

随着牧牛业发达，

肥胖温驯的牛群充塞乡间，

高卓人成为明日黄花。

首先，阿根廷有绵延数百英里，辽阔、肥沃、无树的大草原，即潘帕斯大草原。然后来了欲寻找贵金属的西班牙征服者探险队。他们未在这块土地找到值钱东西，但走时留下一些牛，从而在日后替阿根廷带来财富。这些牛在此没有天敌，又有享用不尽的牧草地，繁衍速度惊人。但潘帕斯大草原上的西班牙人，人口增长缓慢。潘帕斯不产金、银，但有为数不少带敌意而难驯服的游牧民族，因而不受西班牙人青睐。一直到19世纪，潘帕斯仍是未开发的边远地区，原住民和少数西班牙人在此争夺地盘，数目有增无减的牛群成为这广阔大地的主宰。

这片土地孕育出名为"高卓牧人"的阿根廷牛仔。如果说有哪个族群系因其所从事的工作而诞生，那肯定是混血的高卓牧民。他们在潘帕斯大草原上骑马放牧牛只，后面还牵着一串马匹，四处游走如吉卜赛人。他们几乎时时骑在马上，双腿因而弯成弓形，工作简直形塑了他们的外形；除了牛肉，几乎不吃别的东西，他们自给自足。如今，高卓牧民在阿根廷民族神话里的地位，一如牛仔在美国的地位，充满浪漫传奇。高卓牧民是个人主义、豪放不羁、阳刚气魄的象征，成为阿根廷精神的典范。

但在 19 世纪时，外来者和阿根廷上层人士瞧不起他们，认为他们懒惰、散漫、"半马半人"。精湛的骑术，使他们令人既敬畏又鄙视。曾有位访客记述道，"在某些方面，他们是世上最有效率的骑士，要他们下马，他们就成了废物，因为他们几乎不会走路。"高卓牧民几乎事事都在马上完成，包括洗澡、钓鱼、做弥撒、汲水、乞讨。他们甚至让靴子前头开口，让脚趾伸出，以更能牢牢抓住马镫。这种靴子在地面上相对较不管用。

但在 19 世纪下半叶之前，潘帕斯大草原需要的是骑马人，而非苦力。牧牛业者基本上是个有组织的狩猎队。半野放的牛徜徉在辽阔而毫无围篱的牧场上，有些牧场广达三千二百多平方公里，任大部分牛只自行觅食。在这个人烟稀疏的未开发地区，不动产大抵上是个无意义的法律名词。牧场主不像是农业实业家，说是个商人反倒贴切得多。牧场主对牧牛业的唯一贡献，就是提供高卓牧民所珍视的一些东西，例如烟草、马黛茶、酒、糖，以换取高卓牧民猎杀屠宰牛只后的牛体和牛皮。

生产方式由高卓牧民自己作主，他们不受管辖，自由自在。在这种体制下，质量不受重视；生牛肉若要运往欧洲，还未抵达目的地，早已在船上腐败掉；而阿根廷境内牛群如此众多，人口如此稀少，基本上无国内市场可言。只有在盐腌房处理过的条状牛肉干，才能出口（当地人称这种牛肉干为 xarquerias，后经讹误，成为英语里的 jerky）。但这种牛肉的质量非常差，主要消费者是巴西、古巴那些几无权决定自己吃什么的奴隶，而这市场不大。事实上，大部分屠宰后的牛体留在潘帕斯大草原任其腐烂；高卓牧民只割下牛舌吃，剥下牛皮出口。每头牛的获利当然很低，但成本几乎是零。

19世纪时，高卓牧民开始慢慢失去其生活方式和自由。脱离西班牙的独立运动，漫长而惨烈，不知伊于胡底，许多地方军阀乘势崛起，杀伐频仍而猖獗。高卓牧民骑术精湛，又善使套索、小刀、流星锤，自然成为绝佳的战斗工具。但这些阿根廷牛仔是不折不扣与世无争之民，不大关心什么忠党爱国之事，因而只能强行征召入伍。各地方首长开始发行通行证，以限制他们的活动范围，且颁行流浪罪，强迫未受雇于牧场的高卓人入伍。不过摧毁高卓牧民生活方式的罪魁祸首，乃是欧洲人对牛肉的渴求。说来讽刺，牧牛业的成长，到头来反倒导致高卓牧民的式微。

高卓牧人肖像图（1868）
（美国国会图书馆藏）

　　阿根廷之成为全球前几大的肉品输出国，得益于几项因素。首先，日益城市化的欧洲，牛肉需求增加；其次，汽轮使跨大西洋航运更快速、更可靠，且因载货量较大，货运费降低。牛可以活生生运到欧洲，但那仍有风险，且成本高。这时出现了一大突破，亦即 19 世纪神奇食物之一的李比希肉汁（Liebig Meat Extract）。牛肉汁使原本难以吃到肉的欧洲数万户穷人家得以一尝牛肉的美味。

　　但更革命性的突破，乃是芝加哥一地正进行的冷冻火车车厢实验。冷藏设备应用于船上，可以将大量屠宰完毕的牛体或冷牛肉、冷冻牛肉运到大西洋彼岸。冷藏船（frigorífico）于 19 世纪最后二十年大量出现，20 世纪初更得到改良。

　　但要利用这新科技，阿根廷得改善牲畜质量。极适应潘帕斯大草原天然环境的克里奥尔牛（creole cattle）不再受青睐，牧场主开始进口较胖较肥的欧洲短角牛。为使选择性育种万无一失，他们在大草原上架起围篱。这些围篱圈出一道道具体的边界，最后结束了高卓牧民的生活方式。围篱具体标明了土地的所有权。投资改良牛群的牧场主，开始更关心替自己的牛只烙印以防牛只遭窃（在高卓人眼中，这不叫偷牛，只是狩猎）。愈来愈多高卓人成为牧场的契约劳力，行动自由遭到限制。在牧场当流动工人，变得形同犯罪，随时可能被拉去当兵和下狱。

　　一度称雄于平原上的高卓牧民，如今反倒成为平原上最低贱的人。1904 年，一名观察者以懊悔口吻说道："可怜的克里奥尔人已完全忘记自己有权拥有土地，而把土地视为权贵人物的世袭财产，从而只能当个士兵、牧场工人或偷牛贼，百无聊赖度过一生。"而且牧场工人的需求愈来愈少：一个人带着一只牧犬，在封闭的牧场内，抵得过四五个人在开放牧场上的工作量。潘帕斯大草原部分地区开始充斥着对高卓人伤害甚大的东西：绵羊。大部分高卓牧民只能找到兼职工作。

后来，牧场主基于苜蓿草地的需求，开始将辖下部分土地，按盈亏分摊的原则，租给农民，以让农民整治土地种植苜蓿，高卓人的处境雪上加霜。牧场主深信"徒步行走的高卓人只适合干堆集粪肥的工作"，于是从意大利、西班牙招募移民前来开垦潘帕斯大草原，高卓人的地位更为边缘化。随着牧牛业发达，肥胖温驯的牛群充塞乡间，高卓人成为明日黄花。喂养肉牛的需求，让高卓人失去了自由，最终走进历史。牛就是这样最终吃掉了牛仔。

4.10 世界贸易的混沌效应

北美小麦的大丰收，

反倒使失去玉米田的玛雅人挨饿。

混沌理论认为，亚马孙流域一只蝴蝶拍动其纤纤翅膀，能造成印度的季风，也就是说，行动可能带给远处完全意想不到的后果。美国的小麦农就是如此。他们以最现代化的机械设备开垦中西部，在不知情下，无意中使墨西哥热带地区的玛雅印第安人，沦入残酷古老奴隶制的掌控。

芝加哥周边的"大西部"于 19 世纪遭征服，开垦为田地，当时，拓殖者发现这处平坦无树的辽阔草原是种植谷物的绝佳地点。雨量丰沛时，这块处女地的作物产量惊人。但要将丰收的物产运到东海岸或海外的城市消费者手上，仍是一大难题，要到铁路网和运河将位于大湖区、密西西比河流域和更西边地区的零散农田连接起来，这问题才解决。

美国大西部的农业，几乎从一开始就走资本主义路子。土地由大型土地公司勘测过后，以至少一百六十英亩（约 0.65 平方公里）为单位分割成无数块——卖出，那些公司还放款给外地来的开垦者。这些背负债务的农民得将收成卖到市场，以支付债务的利息。为此，他们想方设法增加收成，利润挂帅。世上第一个大宗商品市场和第一个期货市场，都在芝加哥诞生，也就绝非偶然。这些资本主义农民理解到，土地如此肥沃又相对较便宜，因此，开垦的土地愈多，获利就愈大。

问题在于人力。由于土地充足又易取得，在这人烟稀少的未开发地区，要说服人替别人干活耕种，即使祭出还不错的工资，都很难，毕竟取得土地那么容易，谁不想当自耕农。机器解决了人力瓶颈的问题。麦考密克（Cyrus McCormick）将他所发明的收割机引进芝加哥，并于1847年在该地开设工厂。他的公司进一步改良该收割机，谷物产量跟着收割机销售量一起提高。

但光有收割机还不够。要将割下的谷物捆扎成束，送到脱壳器脱壳，仍需要大量人力，特别是小麦收割又那么迅速。另一位发明家阿普尔比（John Appleby）解决了这个问题。他于1878年发明了机械式扎捆器，进而促成割捆机的诞生。这种匠心独具的机器，能将割下来的谷物集拢、捆扎、装载运走。从此，只要两个人操作这机器，一天就能收割十四英亩（约56 656平方米）田。于是，美国的家庭自耕农花钱购买这省力机器降低生产成本，为美国东部和欧洲的饥饿人口提供便宜的粮食。

数千英里外的小农，因为这位美国中西部谷物农业实业家在现代农耕技术上的新发明，陷入更穷困的境地，但这样的后果，他本人完全不知。割捆机要能运转，有赖于低成本捆扎绳源源不断的供应，而最有能力供应捆扎绳的地方，乃是墨西哥的尤卡坦半岛。

尤卡坦半岛相当干燥而贫瘠，自从玛雅帝国覆灭后，七百年来这地方一直是苦难连连。作为墨西哥偏远落后的一州，境内只盛产仙人掌和穷人。但这里的仙人掌叫赫纳昆，赫纳昆叶的纤维极适于制成捆扎绳，当地的有地上层阶级随之看到商机。

阿普尔比发明割捆机的十年后，赫纳昆叶纤维的出口量增长了将近五倍。赫纳昆叶纤维是世上最先进的农耕机器所不可或缺的原料之一，但这原料的生产方式却非常落伍。男人、女人和孩童挥舞大砍刀砍下赫纳昆叶，装上手推车，然后推着重重的手推车到简陋的去皮机那里，将纤维从肉质中分离。除了用以运出这吃重产品的铁路支线，几未用到现代科技。

数万名当地玛雅印第安人，或因为要以劳役抵债，或因为遭威胁要征召入伍，被迫从事这吃力工作。其他玛雅印第安人则遭种植园主夺去土地；失去土地后，他们就只能在种植园里工作。有时，工人像奴隶一样被一个种植园卖到另一个，他们的小孩则被迫继续当奴工，以偿还父母的债务，如此一代又一代，永远不能翻身。北美小麦的大丰收，反倒使失去玉米田的玛雅人挨饿。

最惨无人道的奴役事件，发生在墨西哥北部索诺拉州的雅基族（Yaqui）印第安人。他们与有意仿效美国中西部农民的墨西哥农民发生土地纠纷，随之遭墨西哥军队追捕，然后上铐押送到尤卡坦半岛的赫纳昆田。

靠赫纳昆叶纤维大发横财的"神圣阶级"，高居统治阶层，建造豪宅，美化首府梅里达（Mérida）。他们宣称借由供应国际收割机公司（International Harvester，该公司是世上最大的农具制造商，前身即麦考密克公司）所迫切需要的捆扎绳，神圣阶级促进了尤卡坦半岛的发展。但纬度不同，差别竟如此之大。

尤卡坦半岛和美国中西部，因为赫纳昆叶纤维所制成的脐带而紧密结合在一块儿，但分处脐带两端的母子，际遇差殊却如天壤。美国中西部机械化、资本主义式家族农场，加上其省力的机器和领工资的工人，在尤卡坦半岛催生出倚赖原始工具和大量强制劳力的大种植园。小麦使新来的拓荒者普遍拥有了土地，赫纳昆叶纤维则使玛雅人失去他们自远古就已居住其上的土地。割捆机在美国中西部所省下的人力，却在热带地区被消耗掉。世界贸易的蝴蝶拍动翅膀时，结果往往难预料，甚至与人们的预期正好相反。

4.11 科学农业在中国

来自美国的改革人士巴克，

希望他们的作为能让中国人了解，科学可以帮助穷人，

而又不会引发阶级冲突，借此防杜共产主义的入侵，

但这希望最后显然落空。

美国建国后的头一百年，科技的输入远超过输出。事实上，那时的美国往往偷取别人的技术，特别是英国的技术。但到了 1900 年，情形改观，美国人开始输出"美式精巧发明"以赢取威望和利润。

技术输出在农业上特别大有可为，因为美国已利用其农业技术成为全球农业的龙头。欧洲人扩展农业往往只限于自己帝国内，例如英国人偷到橡胶树和茶树后，将它们种在自己较能掌控的地方，但美国人有心将较好的农耕技术传到每个地方。

特别值得一提的，致力于推广科学农业的志工，将改革对象转向中国，特别是中国初兴的棉业。第一次世界大战期间，欧美列强忙于战事，放松了对中国的纺织品倾销，给了中国纺织工业发展良机，机械化纺织厂出现于上海、天津、青岛。最初，这些纺织厂大部分倚赖进口棉花（印度、美国棉花居多），因为中国虽是世上最大的棉花产国之一，本土棉纤维太短，无法用于机器纺纱。因此，随着中国纺织业者转而使用机器纺的棉线，供应原棉给手工纺纱业者的中国农民，在市场上节节败退。

　　中国政府随之介入。官方在华北、华中试种北美种棉花成功，有些美国种棉花（Trice, Alcala, Lone Star）在这里长得比本土种更好，每英亩产量（以重量计）多30%。现代纺织厂能将美国种棉花纺成纱，于是这种棉花的每磅售价贵20%。此外，还有一个见不到的好处：美国棉在黄河附近的沙质荒地上，在原本只有种罂粟这种作物才能获利的地方，都生长良好。

　　除了供应中国国内市场，这种棉花的外销潜力也很大；它在中国的栽种成本，比在美国约低了20%。这吸引到日本大阪纺织厂业者的注意。1920年，他们找上正计划为华北某水利工程提供融资的日本兴业银行，要求该银行务必使这工程所取得的新生地种植美国棉。

　　不久，一批美国科学农业志工和农经学家，中国纺织厂、英国纺织厂的业务代表，以及改革心切的中国官员，投入中国的棉业改革，提供种子、建议、信贷和销路保障。野心勃勃令中国官员和美国国务院不安的日本纺织业代表，使用他们已在朝鲜殖民地予以现代化的美国种棉，另行展开同样的计划。中国棉业改革汇集了多方的人才，包括康奈尔大学的农经学家巴克（John L. Buck）。巴克的妻子兼中文翻译赛珍珠（Pearl Sydenstricker），随着身为美国传教士的父亲来到中国；她在中国的生活经历化为《大地》（The Good Earth）等数部脍炙人口的作品，并影响美国人对中国的看法达数十年。

　　这些来自美国的改革人士知道，不仅要克服技术障碍，还要克服社会难题，但他们信心满满。其中许多人已在美国本土境内的"第三世界"，即南方腹地（Deep South）从事过农业发展工作，在那里推广过同样品种的棉花。他们针对教育程度差的美国人，举办示范农场、商品展览会，推行类似初期四健会的运动（4-H movement），并在商品展览会上演出短剧以说明新农耕技术，成效卓著，从而深信这套办法用在教育程度差的中国人身上同样有效。

有时，他们的天真和改变当地文化的雄心，会带来古怪的结果。在山东临沂所举办的中国第一届农产品展示会上，该县的农业发展部门首长和一名美国传教士上场演出短剧。剧中，农民因自种的本土棉花卖不到好价钱，而求助于中国神灵。那名传教士接着开示他们"偶像崇拜"无益，然后送他们到农业发展机构，由该机构发给他们新品种棉花的种子。这种新棉花解决了他们的问题，从而证明中国神灵不管用。但临沂正位于二十年前暴发拳乱、改信基督教的中国人与其他中国人相互残杀的地方附近——要推广新棉花，无疑有更好的办法。

牵动现实利害的问题，才更难解决。这种新作物有时与行之已久的地方习俗相扞格，因而破坏了社会的稳定。在山东西部，穷人有一沿袭已久的权利，即可在作物采收后的特定时日捡拾田里的落穗。但这种新棉花生长较本土种棉花慢，当"男男女女数十名，甚至数百名"（县府官员语）依照往例冲进田里，将大部分作物据为己有时，棉树的圆荚约有 70% 还没绽开。原为分发种子、传播知识而组成的当地"棉花会社"，为保护棉花，变成武装的保安会。有些县府官员最后带头向穷人甚至向代表旧势力的地方豪强宣战。地方豪强之所以反对新棉业，源于新种子、信贷、销路安排，使原归地方豪强控制的小农落入外人之手。

凡是全盘改种新棉花的地方，当地各阶层的小农都有了利润更高的收成。但地方上的公共保安开销也升高。在这同时，许多原习惯雇请较穷邻人协助采收（和保护收成）的农民，这时不愿冒掀起小型阶级战争的风险；于是他们的妻子、小孩开始肩负更多农活。而对外人的倚赖度提高，也有其危险：有一群供应种子兼购买棉花而死缠棉农不放的日本人，甚至试图用鸦片来换购棉花。

虽有这些不利事情，这新作物还是拓展开来。根据统计数据，中国某些地区的小农接受这新作物的速度，和美国南部的小农一样快，即使中国还多了军阀横行、交通不便等问题的阻挠。但它不是解决所有问题的灵丹妙药：由于社会冲突的成本升高，有些美国人开始对那些禁止使用较有效率的镰刀的村中长老另眼相看。那些长老认为新镰刀虽有好处，但比起它在农民、受雇采收工、小偷之间所引发的新冲突，弊大于利，因此选择禁用该款镰刀。

巴克希望他们的作为能让中国人了解，科学可以帮助穷人，而又不会引发阶级冲突，借此防杜共产主义的入侵，但这希望最后显然落空。讽刺的是，1920年代欲推广新棉花却遭拾落穗者挫败的那些地区，却在中国共产党政权成立后得遂所愿。中共在1950年代所打造的环境，使乡村穷人不再阻挠新种棉花的栽种。欲通过美国植物学、教育方法、参与世界市场，改善全球穷人生活，这种想法，史上不绝如缕；不切实际的希望，不懂世界贸易会影响地方社会的多个层面，也是如此。

4.12 一颗马铃薯，两颗马铃薯

使全球暴增的人口不致挨饿的那些美洲作物，

最初其实是颇低贱的食物。

有时，历史的重大转折，隐藏在不易察觉的小事物上。西班牙人征服美洲大部地区时，欧洲人所为之雀跃的东西是美洲的金、银。随着其他欧洲人跟进来到美洲，焦点转向烟草、咖啡豆、可可、糖这些珍奇农产品的出口。这些产品全是美洲作物，或者可以在美洲以前所未见之规模栽种的作物。它们没有一样对人很有好处，但欧洲人很快就爱上这每样东西，且把它们栽种在欧洲以外的地方。欧洲人清除林地开辟大种植园，引进奴隶，特许某些公司成立，王室垄断买卖，赚大笔钱，而后失去所赚的钱。

但后来使全球暴增的人口不致挨饿的那些美洲作物，最初其实是颇低贱的食物，根本不受大投资者青睐。栽种于美洲各地的那种玉米就是其一；有数百年时间，这种玉米都未催生出大规模耕种的新经营模式，但它非常耐寒，营养价值又高，因而即使没有大投资者的推广，仍很快就成为全球各地小农栽种的作物。

比玉米更卑贱的是马铃薯，1550 年代由西班牙军人在秘鲁安第斯山区"发现"。即使在原产地，马铃薯都被视为二流食物，栽种地从未扩及到北方的哥伦比亚，且绝大部分栽种于山坡上的贫瘠农地。没有伦敦商人为了马铃薯贸易而成立新公司；它受到欧洲老百姓极度的冷落，待遇远不如烟草之类营养成分较低甚至有毒的美洲作物。但天灾人祸的危机，反倒为马铃薯缔造良机，马铃薯的特性正符合危机时人类的需求；如今，马铃薯是全世界第四大的粮食作物。

马铃薯成为安第斯山区的重要作物，出于四个简单原因。第一，在极高海拔地区，马铃薯照样能生长，在其他可食植物几乎都不敌寒霜摧残时，它仍安然无恙。第二，马铃薯的单位卡路里产量大（大过稻米，更大大超过小麦、燕麦或其他谷物），又富含多种维生素。第三，马铃薯几乎不用照顾就能收成，使高地居民有时间砍树，采矿，采集其他山区、林区产物，用以向低地居民换取纺织品、陶器、水果（以及换取低地居民不攻击他们）。最后，马铃薯易于贮存（即使没有特殊贮存设施），从而大有助于作物歉收时他们不致挨饿（作物歉收是永远挥之不去的梦魇）。

西班牙水手将马铃薯带到菲律宾，航行途中且因有马铃薯可吃而不致得维生素 C 缺乏症。马铃薯靠着本身的优势，也就是使它在安第斯山区大受欢迎的那些优势，在亚洲也攻城略地，凡是因人口逐渐增加而日益往山上拓殖的地区，都是它大展身手的地方。在长江沿岸高地的开拓上，马铃薯和玉米特别举足轻重；因此，18 世纪中国人口之所以能增长到新高峰，这两样美洲作物居功厥伟，而山坡地森林遭砍伐殆尽，从而引发 19 和 20 世纪中国的生态灾难，这两样东西也是重要祸因。但是在欧洲，马铃薯才终于征服大部分人口居住所在的低地城镇和农田。

马铃薯以殊若天壤的两种身份，进入大西洋经济。它既是欧洲有钱人家餐桌上的奢侈配菜（与主菜相对），又是在西班牙秘鲁殖民地的矿场里工作的印第安奴隶的主食之一。马铃薯之所以能跻身为高贵食物，得益于欧洲人认为它们是强力春药；一如现代早期欧洲的其他大部分蔬菜和药用、调味用植物，马铃薯少量栽种于有钱人的庭园里。（有份17世纪的食谱，虽出自伦敦有钱人之手，却提到如果马铃薯太贵买不下手，可有哪些替代品。）至于马铃薯之所以成为低贱矿工的食物，理由再明显不过。因矿业而迅速发展起来的城市，都位于多山而不适种植其他作物或输入其他作物的地方。但这用途使一般人产生根深蒂固的观念，认为马铃薯是只适于奴隶食用的日常主食；因这观念作祟，欧洲老百姓延迟了数百年才开始食用马铃薯。那不勒斯人甚至在1770年的饥荒中因反对食用马铃薯而暴动。

1600年后欧洲人口急速增加，随之出现前所未有的粮食危机，一群人数缓缓增加的植物学家、改革人士、皇家专门调查委员会，开始想到用马铃薯解决这一危机。但迟至1770年，仍发生一船马铃薯运到那不勒斯救济饥荒却遭拒绝的事；在法国，到了19世纪初，仍有人深信马铃薯会造成麻风病。通常要在某地蒙受严重苦难之后，这种作物才能得到该地民众的全面接受。

爱尔兰，欧洲第一个以马铃薯为主食的地方，就是如此。据传说，西班牙无敌舰队进攻英格兰落败，英格兰人从其中一艘失事的船上抢救下马铃薯，从而使马铃薯于1600年前传入英格兰。这时，没有哪位求新求变的贵族推广这种神奇食物，但事后的发展表明，征服爱尔兰的英国人，其邪恶居心反倒比仁心善意远更有效促成了这种食物在爱尔兰的普及。为平定爱尔兰人一连串叛乱，英国人诉诸焦土政策，烧掉仓库、磨坊、玉米田、大麦田、燕麦田，杀掉牲畜，以让顽强抵抗的人民饿死。叛军也以牙还牙。在一片焦土下，马铃薯的优点正好特别凸显。它们生长在小块湿润田地的地下，四周环绕水沟，不易遭到火烧；它们密集存放在农民的小屋里，因此躲过火烧；它们不需要碾磨加工；没有犁的人家（当然还有那些没有耕畜的人家），用一把铲子就能栽种这作物。17 世纪时，战事加剧；据某则记述，1641—1652 年的叛乱期间，爱尔兰有 80% 人口死亡或外逃。到该世纪结束时，马铃薯已成为爱尔兰食物（和饮料）的主要来源：男性成人一天约消耗三千克马铃薯，除了牛奶，几乎不吃其他东西。马铃薯使爱尔兰人口得以迅速恢复，进而在 18 世纪增长到新高。这作物不只单位产量惊人，且种植几乎不需成本（不需仓库或耕畜，只需极少量工具）。通常，地主出租一小块地，以换取佃农替地主另一块地无偿耕种。因此，就连非常穷的人，都有能力比同样穷的英格兰人或法国人更早娶妻生子。极度贫穷，人口却有增无减，且全面倚赖似乎从不会歉收（1840 年代的大饥荒前是如此）的一种作物，这一综合现象使爱尔兰和马铃薯成为全欧的热门话题。但就在有些人认为饥饿欧陆将因马铃薯而得到拯救时，却另一些人看到日益可怕的梦魇。

启蒙时代的新哲学家——经济学家们——大部分预见到这一灾难的降临。对于马铃薯该为这场灾难负多大的责任，亚当·斯密、马尔萨斯等人意见不一，但他们都同意人口暴增很危险。马铃薯把社会所能接受的"基本生活工资"不断压低，就农庄而言，这种几乎不需成本和照顾的作物，再怎么说都是有利有弊。事实上，18 世纪期间认为马铃薯大有可为的人，正是那些希望它愈来愈廉价，以喂饱大量穷人，借此实现自己理想的人，这包括欧陆的军队指挥官（欧陆国家的军费增长速度大大快于税收增长速度）、英格兰新兴工厂的老板（这些老板竭力生产比工匠所生产者更便宜的产品，以攻占市场）。

在英格兰，许多制造商和改革者兴奋谈到马铃薯既便宜又营养，用来取代面粉制的面包，大有可为。到18世纪结束时，马铃薯已跳脱庭园局限，成为农作物，特别是在快速工业化的北英格兰。但仍有数百万老百姓不愿食用，例如，在许多英格兰工人眼中，爱尔兰人是愿意过着野兽般生活的低工资对手，且他们最喜爱的食物正证明了这点，因为英格兰人都拿那种食物来喂猪。对城市工人，特别是农业工人而言，吃和他们"上司"所吃一样的白面包，乃是他们所企求的身份象征；试图代之以马铃薯，无不受到他们的强烈抗拒。因此，实际所发生的，与那些对马铃薯寄予厚望者，大相径庭，至少大不同于那些较注重营养的改革者的设想。工业化初期的艰困年代，面包占去英格兰工人愈来愈大的日常开销，因此，他们吃的马铃薯的确变多。因为这时一旦买了面包，就再没钱买猪牛肉、乳酪、鸡肉，而马铃薯正可取代后三者的营养。只有最穷的人（不得不吃孤儿院、救济站、济贫院之马铃薯稀粥者），才以马铃薯为主要淀粉来源。因此，一两个世代后，一旦英格兰人生活水平开始好转，特别是撤销美国谷物进口禁令之后，蛋白质食物重回穷人餐桌，马铃薯在英格兰永远只能是次要的淀粉类食物。

一如在爱尔兰所见，战争、饥荒替马铃薯在中欧、东欧，打开了一个更大且更长久的开口。马铃薯产量高又易于贮存，使它们成为军队的最理想粮食，对于一心欲达成备战状态的政治家而言，亦然。普鲁士的腓特烈大帝（"军队要吃饱才能长途移动"），在今日波兰的许多地方和东德，积极推广马铃薯。在巴伐利亚王位继承战争（War of the Bavarian Succession，1778—1779，美国独立战争的一部分）时，双方阵营都极为仰赖这种神奇块茎，因而有人称这是"马铃薯战争"；波希米亚的马铃薯作物耗光，该战争随之告终。随着法国大革命而爆发的二十五年战争期间，前所未有的大规模军事动员，使马铃薯的食用扩及欧洲其他许多地区；俄国于1831—1832年的饥荒后，政府大力推广栽种马铃薯，为这一作物征服全欧画下句点。在西班牙人"发现"它三百年后，作为美洲对人类最重要献礼之一的马铃薯，这时在欧洲的栽种面积和食用人口都远过它在原产地时；但它是以穷人食物的身份，征服这个世上最富裕的大陆，虽有众多优点，在版图上的每一次扩张，却都让新使用者觉得是迫于无奈而接受的。

4.13 可可与强制：自由劳动在西非农业中的进与退

巧克力当然变得较贵，

但许多消费者觉得为了对得起自己的良心，

值得付出高价。

如果没人逼你为某人工作，你为何还是为那个人工作？这个疑问，今日的我们不会花太多心力去思考，但在 19 世纪和 20 世纪初，政治人物、知识分子和数百万其他人，看着数百万原本独立自主的农民和工匠成为雇员，数百万原为奴隶者努力追求既自由且安稳的生活时，心里却悬着这个疑问。许多答案彼此之间有细微的差异，但都可归结为两个基本想法中的一个（或两者兼而有之）。或许，为雇主工作说得通，乃是因为雇主拥有某样东西（或许是机器，特别是良田或高明的想法），使他得以付给你比你当个体户所赚的还要多的钱。又或许你当个体户这条路根本行不通，因为你无缘取得生产所需的土地或其他资源；而无缘取得这些资源，或许代表你若非真的缺少资源（例如你是小农家庭里诸多孩子中的一个），就是出于人为因素而缺少资源（例如当拥有政治权力的精英独占极重要的资源时）。

西非 20 世纪初期的可可豆荣景——大放异彩于殖民列强口头承诺终结蓄奴，但对实际该如何终结游移不定之时——正凸显了这些以及相关疑问。这在前阿桑特（Asante）王国，最为真切。它于 1898 年后成为英属加纳（Ghana）的一部分，从 1908 年左右开始成为可可豆的主要产地之一。

　　跨大西洋奴隶贸易于 1807 年后逐渐遭禁，各大奴隶出口者，包括阿桑特人，还是继续取得奴隶（大部分来自更内陆的弱小王国）；他们动用劳力，以出口棕榈油（供制造香皂和润滑油之用）、野生橡胶（在东南亚橡胶园接管世界市场之前）、黄金和后来的可可豆。劳动安排——人如何成为不自由的劳动者、从事多少无薪工作、受到多大程度的羞辱、他们或他们的小孩改变地位的容易程度——因情况而有颇大差异，但没有哪种劳动安排出于双方完全的合意。事实上，曾有人把在奴隶失去出口市场之际非洲境内奴隶买卖竟然成长一事，作为替 19 世纪晚期欧洲人的殖民行径开脱的主要理由之一，而有些受到惊吓的公司，例如吉百利（Cadbury's），保证抵制用奴隶种出的可可豆。欧洲人在母国把"自由劳动"当成文明表征大声鼓吹，可一旦掌权，就不清楚他们是否真的想在殖民地鼓励"自由劳动"。

　　这有一部分出于谁都看得出来的种族歧视。受尊敬的欧洲思想家主张，白人知道今日得工作明日才有饭吃，非洲人未必懂得这道理，因此如果不逼他们工作，他们或许就不工作。（根据某理论，非洲人被气候宠坏，在当地的气候下，植物全年开花，因此不必培养先见之明和律己精神。）但在这种貌似科学实则站不住脚的说法之外，却有一点千真万确：由于非洲许多地方仍有大量土地，人似乎能靠己力糊口维生，因此或许就不需要为他人工作赚工资。另有观察家认为，非洲人和其他任何人一样理性，但主张非洲人比现代西方人更看重社会团结，较不看重物质财富，因此未必会心动于雇佣劳动。

　　以上这些和其他说法使许多欧洲籍殖民地官员担心，除非对动用

武力一事至少继续予以容忍，否则对于他们自己和欧洲商人利害甚大
的出口生产、道路维护等多种活动都会完蛋。还有些殖民地官员积极
扩大强制性作为，若非规定产量配额，并以恐怖手段执行此规定（刚
果境内情况最为骇人，数百万人因此丧命，还有人因产量未达到配额
而被砍断手），就是订定可用现金缴纳的新税，或把替欧洲人工作（尤
其是在非洲南部开矿地区工作）之外的大部分赚钱方法断绝。相对的，
西非的出口荣景是在没有这类措施下达成的——在这一荣景里，当地
人不只主动积极，而且总是胜过想用据称"科学"的方法来辟建种植
园的欧洲人。数据清清楚楚，很难辩驳：光是阿桑特的可可豆出口量，
就从 1908 年的几乎为 0，成长为 1919 年的 3 万吨，到 1930 年代中期
的 9.2 万吨。（独立后，在 1964—1965 年达 31.2 万吨。）独立时，将近
一半的阿桑特男子，若非自称"可可豆农"，就是自称"可可豆与粮食
作物农"；这两类人里，女子所占比例差不多，另有 23% 的女人自称
"纯粮食作物农"。有些人赚了大钱，包括许多日后西非独立运动组织
的领导人。

　　但这一荣景是强迫劳动的产物，或者其实是市场的诱因催生出西
式劳动力市场？答案是两者皆然。土地的确不虞匮乏，但清理土地以
便种植可可树却很费劲：一般来讲，一英亩森林有约三百吨草木，清
除这些草木后，新植的树数年才会成熟。如果能不用干这些活，没多
少人想自己做；而且始终有别的土地待清理，因为（1）可可豆需求有
增无减；（2）老森林一遭清除，地力即大降（土壤其实很薄——许多
热带地区都是如此——而且大部分养分来自积约三十厘米厚的落叶和
其他腐殖质，而农民一旦清理土地，打断那一循环，这些植物物质即
消失不见）；（3）一种名叫肿枝综合病（swollen shoot syndrome）的严重

植物病，从 1930 年代起袭击了许多可可树（至今仍是困扰）。至于可可树下的土地，农民往往可以免费使用，只要那块地位于其酋长的领地上且农民继续履行忠贞子民的义务（或许包括一些自由劳动，且肯定包括仪式性义务）即可；农民一旦需要清理别的酋长辖地里的可可树土地（大部分种植园主最后需要这么做），该农民即付租金，而一般来讲，租金被估定为可可树开始生产后作物收成的一定比例。换句话说，这项产业的资本存量（可可树）需要不断予以更换和扩大，而要做到这点，关键不在于有钱投资，而在于有劳动力可动用。

那么，谁来干活？即使在 1908 年蓄奴遭禁之后，仍有一些奴隶继续从北方过来（甚至在 1940 年代仍有这样的情况），但这股劳动力渐渐减少。更大量的不自由劳动力，以典当品的形态呈现：被转交给债权人为其工作，直到欠款还清为止。欠款或许是酋长或殖民地法庭的罚款，或是婚礼（或较少见的）购买消费品（尤其是服装）的花费。有些人典押自己，但更多人是被亲族里的长辈典当；债权人也可以把他们再典当出去。在阿桑特，遭典当的人数在 20 世纪上半叶间增加，但大概还是少于奴隶减少的人数。的确有许多别无选择的人自行从事清理土地的辛苦活，但若非遭强迫的劳动力变多，清理速度会慢得多。一群自由人为了工资在可可树园工作之事，很晚之后才出现。

有遭典当的劳动力可供使用，仍赶不上劳动力需求的成长，原因之一在于种植可可树为需要现金的阿桑特男人提供了另一个赚钱途径；或者，他们即使能快速赚到钱，仍入不敷出，他们能拿可可树而非亲戚的劳动力去抵押借钱。当可可豆价格够高，劳动力可能变得缺稀，而由于种植可可树的收益很不错，种植园主觉得付出能使劳动者舍弃自给式农作、把其他地区的劳动者吸引来为其工作的工资，很划算。

在这些情况下，市场在减少强迫性劳动力的作用上，至少和往往态度模棱两可、行事缓慢的殖民地统治者所起的作用一样大。

这种看涨的价格偶尔才得一见。价格变动极大，原因之一在于需求变动极大（例如二战期间需求大跌），而可可树一旦种下，多年都会结果，从而使生产者难以调整供给量。政府制订固定的田租，并要求以现金缴纳，认为这做法比针对收成分成征收来得公平，而在行情最好时，固定的田租相当于一般收成的5%，但在价格暴跌时，却涨到相当于60%。独立后政府为固定价格所祭出的措施，一般来讲也不利于农场主：政府把价格维持在低档，取走此价格与世界价格之间的差额，以支应其他类计划的开销。

即使在荣景时，上涨的行情也只是让某些人受益。女人通过可可豆赚到钱的机会较少（尽管的确有许多女人种植可可树），因为她们被认为该揽下大部分粮食作物生产和其他不可或缺但无酬的工作。于是，或许不足为奇，典押女人（和小孩）之事未消，甚至在男人遭典当之事渐减之时还有增无减。出于类似的原因，女人被家庭拿来履行政府所规定之劳动义务的情况愈来愈多（任何殖民强权都不愿舍弃这种劳动义务）；于是，举例来说，道路维修（在高温、雨势大且植物生长快速的地区摆脱不掉的一项困扰），也愈来愈倚赖女人。（一般来讲，政府拨经费给酋长，以至少喂饱维护道路的工人，但经费用到这些工人身上的比例有多少则不得而知。）北边的热带稀树草原不利于种植可可树，因此该地区需要钱的男女，除了典当，可走的路较少，而不自由劳动力的向南流动未停，往往跟新出现的自由劳动者人潮一起南移。

不幸的是，该地区20世纪前三分之二时间里有限的社会进步，有许多在过去约四十年间化为泡影。随着人口增长，土地终于开始变得稀缺，化肥和杀虫剂提高了单位产量，但也提高了成本。空地变少，意味着外来移民无缘靠雇佣劳动存钱以拥有自己的土地，从而使受雇于农场的工作比到城里闯荡更不受青睐。在此期间，尽管需求有增无减，世界可可豆价格自1950年代以来，以实际角度看，下跌了约60%（自1970年代晚期的高峰以来则下跌超过80%），主因是有新供应者进场（大部分来自东南亚）和政府支持的定价机构（应债权人要求作为贸易自由化和"结构性"调整的一部分）退场。由于成本上扬和价格下跌，一心削减劳动成本的农场主再度大量使用强迫性劳动力。如今，这些劳动力有许多是童工，其中有些是本地小孩，有些则是来自更内陆、更贫穷地区的小孩。马里（Mali）和布基纳法索（Burkina Faso）目前是这类劳动力的主要输出国，科特迪瓦（Cote d'Ivoire，当今世上最大的可可豆生产国）和尼日利亚（Nigeria）则是主要的输入国，从中获取暴利者主要是各种人口贩子。标准做法是协助移居者非法越境，然后要他们工作偿还偷渡费。这类不自由的劳动者，大概比充当典当品的人，乃至一百年前的奴隶，更难脱身，受剥削程度更大；那些较古老的奴役关系虽然严酷，执行上却受到某些限制，农场主也知道，劳动者若被逼到绝境而逃走，大有机会找到新工作，找别人来替补成本可能很高。

但还是有一线希望存在，那是一百年前所没有的："公平贸易"组织。这类组织协助农场主组办合作社，以约世界价格两倍的价格收购他们的作物，前提是他们得符合某些社会、环境标准，当然包括不使用强迫性劳动力。（整个合作社必须符合这些标准才能被认定为"公平贸易"，因此农场主不会使他们邻居的处境退回过去。）巧克力当然变得较贵，但许多消费者觉得为了对得起自己的良心，值得付出高价。

　　一百多年前支持"开明"殖民主义的反蓄奴人士，就主张通过贸易促进体面经营，而这样的做法如今会比那时更有成效吗？眼下论断为时尚早——但如果我们能从"废除"蓄奴一事不尽如人意的历史中得到教训，或许我们就不会重蹈覆辙。让人吃得心安理得的巧克力，才会真的像一道美食。

4.14 试图掌控：天然橡胶的百年兴衰

如今的工业大国和军事强国，

大概不会因为没有巴西橡胶树而睡不安稳；

但愈来愈多的人靠这种古怪的多年生植物，

享受驰骋乐趣。

诚如大家所知，汽车使 20 世纪成为石油世纪，但诚如我们有时忘记的，汽车也使 20 世纪成为橡胶世纪。橡胶轮胎让汽车得以用超过八十公里的时速奔驰，而不会发出刺耳摩擦声，从而使汽车得以大受欢迎；但橡胶业本身其实已带人走过一趟狂野刺激的旅程。

橡胶首度成为热门商品，出现于 19 世纪末期的亚马孙雨林，该雨林里长着野生的巴西橡胶树（Hevea brasiliensis），也就是几种产胶乳的植物中最好用的一种。但橡胶的消费大户很快就觉得，从亚马孙大老远进口实在不理想。在多种林木杂生的原始森林里采收橡胶，实在很难有"效率"可言。在许多地区，橡胶树的平均分布密度，每英亩不到一棵，因而采收者得花很多时间从一棵树移到另一棵树，生产力因而很难提升。随着需求激增，价格跟着大涨：即使以美元的名目计价，天然橡胶于 1910 年达到史上最高价时的价格（每公斤十二美元），都比现今价格贵上数倍。

橡胶的主要消费国，即当时的所有工业强国，在国内种不成巴西橡胶树，因为它是热带植物，而这些国家全位在温带。英国很快就着手将橡胶树移植到其位于马来亚（今马来西亚）的热带殖民地，在这里，英国人不只能掌控当地政治情势，还能清除原生雨林，开辟出只种橡胶树的大片种植园，且树与树排列整齐，树与树间距离在不妨碍其生长下达到最紧密。这省去了在亚马孙雨林从一棵树走到另一棵所"浪费"的时间，工人得以持续不停工作。荷兰人靠着美国资金的援助，在荷兰东印度群岛（今印度尼西亚）如法炮制。工人（大部分是引自南印度的泰米尔人和华南的福建人）日子过得并不好，原因之一是，清除茂密森林后，更多阳光得以照进地面的水塘，为传播疟疾的蚊子创造了绝佳的滋生环境（在这之前，疟疾在这地区很罕见）。疾病、食物与医疗不佳、往往动用残酷惩罚，使头几十年的工人死亡率惊人，在大部分庄园，每年有5%的工人死亡，最糟的例子里，更有将近20%的工人死亡。（后来的卫生立法和组织工会大大改善了这一情形。）土地的日子也不好过，单一作物耗尽森林养分，森林很快就需要大量施肥。但橡胶树欣欣向荣，长得远比在巴西时还好。两殖民地里拥有小块农田者，不久即仿效大种植园种起橡胶（但他们从未只种橡胶）。两殖民地的天然橡胶产量很快即占全球产量的三分之二，且一直持续到晚近。事实上，相较于工人、土地，橡胶树的际遇几可说是好得过头。橡胶树一旦成熟，就可以连续生产橡胶许多年，中间只需投下极少的成本照顾。因此，大量栽种很快就导致生产过剩，1913年时价格已掉到每公斤两美元。自那之后，生产者常努力限缩供应量。

其他强权没有可供大片种植橡胶的殖民地。1920年代拥有全球85%汽车、消耗全球75%橡胶的美国，有一个热带殖民地，即菲律宾，但美国立法机构不愿为促进大橡胶园的发展而取消对土地所有权的限制。1920年代初，英、荷两国联手垄断价格，轮胎业巨子费尔斯通（Harvey Firestone）转而找上利比里亚，即由前美国黑奴的后代所统治的国家。他在那里租了约四千平方公里的地（约与美国特拉华州同大），兴筑基础设施，提供较低利息的贷款助利国政府偿还外债。利国政府接着向内陆的部落酋长指定人力配额，要他们各招募一定数量的人力；这办法招来奴隶买卖的指控，1930 年更由国际联盟某委员会确认这罪行。利比里亚生产出大量橡胶，但仍远不足以满足美国的需求。在这同时，费尔斯通的朋友亨利·福特回到巴西，1927 年买了约一万平方公里的地。但他的"福特兰迪亚"（Fordlandia）橡胶园最后一败涂地。野地里鲜少看到紧密相邻的巴西橡胶树，乃是为了避免某种害虫在橡胶树间蔓延开来。（这些害虫不存在于利比里亚和东南亚，那些地方的大橡胶园因而得以欣欣向荣。）福特兰迪亚最后成为毛毛虫的现成飨宴，1942 年遭废弃。在这同时，橡胶的缺货已促使其他美国企业家在南加州试种状似蒲公英的橡胶植物橡胶草（Kok saghyz）；1931 年，因产量低且橡胶价格于经济大萧条时期暴跌而弃种。（橡胶价格于 1932年达到最低点，每公斤 0.06 美元。）境内也无热带地区的苏联，更看重橡胶的自给自足，因而尽管橡胶草无利可图，仍在中亚持续栽种了数十年。

　　橡胶草的先天局限，也鼓励了合成橡胶的试验。初期由德国人拔得头筹，因为德国人担心战事一旦爆发，英国皇家海军会切断其热带产物的进口；第一次世界大战期间，德国人获得局部成功，1930 年代进一步改善该产品。（尽管战云密布，德国的法本化学工业公司仍让美国杜邦公司、新泽西标准石油公司分享这方面的技术；后来通过同一协议，后两家公司协助法本公司制造品质更佳的飞机燃料。）但当时的合成橡胶除了较昂贵，品质还较差，特别是不适于用来制造必须负相当重量的轮胎。（即使今日，合成橡胶又有进一步改良，且应用于大部分的一般汽车轮胎，但卡车轮胎仍大部分使用天然橡胶。）这使它不适于用在飞机轮胎或坦克履带之类东西上，因而使军方仍渴求天然橡胶。

过去，还有一种办法解决橡胶短缺的问题。1930 年代，日本既无热带殖民地，也无第一流的化学实验室，因此日本领导人决定，要在相互较劲的国际权力集团间确保国家安全，就得抢下英国、荷兰的马来亚、印度尼西亚两处殖民地，即使不可避免要和美国开战，亦在所不惜。

因为战争而使橡胶的主要生产国、消费国分属不同阵营，第二次世界大战是最后一次。世人一度认为品质逐步改善的石化合成橡胶，最终将使大部分天然橡胶失去市场，但 1970 年代石油价格飙升，天然橡胶价格也跟着回升；自那之后，天然橡胶一直占有全球市场约三分之一。如今的工业大国和军事强国，大概不会因为没有巴西橡胶树而睡不安稳；但愈来愈多的人靠这种古怪的多年生植物，享受驰骋乐趣。

V

暴力经济学

The Economics of Violence

令人遗憾的是，

认为市场经济扩散对于人类社会有益这一乐观看法，

隐瞒了市场经济所赖以建立而具重大历史意义的暴力基础，

以及始终存在于市场经济背后的不断动用武力一事。

历来常有人认为商业是人类得以文明开化的凭借，更有人提出"柔性商业"（doux commerce）理论，认为商业使人类免于暴力相向。竞争对手不为争夺数量有限的资源而动刀动枪流血死人，反倒可以各自专门生产他人所需的产品，互通有无。走上生产的专门化，而非破坏的专门化，盈余随之增加，生产成本随之降低。和平环境会大大降低保护财产的成本和危险，促进货物的交换。在古典经济学家亚当·斯密、李嘉图所想象的那种相对优势的世界，竞相将愈来愈多的物资纳为己有，不只会促成竞争，还会促成合作。市场会将个人动武侵略的冲动，转化为有益社会的繁荣。贪婪或许不是美德，但它可以预测，可能具有生产效益，而且比起例如追求彪炳战功，危险性低了许多。

有些史学家甚至主张，这梦想曾实现，至少曾实现过一段时间。真正的资本主义于 19 世纪初出现后，随之有了从 1815 年到 1914 年的"百年和平"。争斗局限于市场而非战场。

但令人遗憾的是，认为市场经济扩散对于人类社会有益这一乐观看法，隐瞒了市场经济所赖以建立而具重大历史意义的暴力基础，以及始终存在于市场经济（特别是非欧洲人世界里的市场经济）背后的不断动用武力一事。"原始积累"（primitive accumulation），也就是径自掠夺他人资产和强迫他人付出劳力，数千年来屡见不鲜。贡品和战利品为巴比伦人、亚述人、古埃及人、玛雅人提供了资金。那时候虽有某种贸易行为，但在财富的积累上，仍大大倚赖强制行为（包括明确或暗示的强制），更甚于倚赖志愿性交换。财富主要建立在军队和收税员的人数众多而力量强大上，而非生产技术和市场运作上。合乎经济理性的市场算计者，往往死于蒙古部队或维京海盗的刀子之下，

不然就是赫然发现武力的确是降低成本的有效手段，于是也跟进采取
暴力。在这期间，就连最残暴的统治者都往往体认到，如果善待商人，
商人既能增加岁入，也能提供情报。有位蒙古汗更加尊重商人，据说
要他的士兵向为了目标不惜跋涉万里的商人学习坚忍不拔、矢志不渝
的精神——蒙古士兵本就凭着不怕苦的精神震慑了欧亚大陆许多地方，
而蒙古汗竟还要他们向商人看齐，毋宁令人啧啧称奇。

　　贸易商与贸易商离乡在外时为他们提供保护者（包括不请自来的
"保护者"），两者间的关系历来多有变化。在威尼斯，政府曾强迫所
有贸易商利用政府所组织的船队远行，实际贸易活动的大部分和对贸
易商的保护都由官方统筹。葡萄牙人和西班牙人曾试图将此模式从地
中海外销到大西洋、太平洋、印度洋，结果有成有败。荷兰和早期英
格兰的海外商人，则曾采取相反做法，由官方赋予私人公司处理开战、
贸易事宜的特许权。因此，这时候，暴力与商业在同一只手里，只是
是在私人手里，而非官方手里。诚如连恩（Frederic Lane）所说，这
些商号"将保护成本内部化"，能够将这些成本纳入理性的规划与算计
中。另一方面，拿到特许权的公司必须支付这些成本，而随着战争规
模和开销于 18 和 19 世纪时日益升高，保护成本对政府以外的任何组
织或个人，都显得愈来愈承受不起。这时候欧洲人才开始想到贸易商
与政府间应有一"常态"分工，亦即贸易商只做买卖不打仗，政府则
打仗但不做买卖，只是说官方应扮演"守夜人"的角色，只负责保护
财产，还是扮演武装盗匪的角色，负责用武力"开辟"可从事新式贸
易的新领域，有时还界定不明。而即使在那之后，欧洲人对这一新分
工体制也非信守不渝，例如在非洲内陆开辟、统治殖民地的成本很高，
使欧洲多个国家在 19 世纪末期，再度赋予私人公司垄断贸易、扮演准

政府角色的特许权。

即便在今日，仍有许多公司，特别是在偏远地区经营而以资源为基础的公司，动用大批形同军队的私人警卫。因此，讲究和平共识的贸易和强制性暴力约束，有时似乎愈来愈泾渭分明，但从未到彼此各行其是、毫无瓜葛的地步。（在亚洲几个地区也可见到这两种政策的施行，只是两者所占比重因地而异：从一些威尼斯式的垄断到大型"自由贸易"区，甚至在某些官方特许地区，特许暴力和特许贸易的运作方式和特许公司差不多。）

此外，经济暴力不只是受"以物易物，实物交易"的欲望所驾驭的远古时代原始冲动。"西方人"常忘记奥斯曼土耳其人曾存在于历史，但他们缔造了世界最大的帝国之一，且维持了四百年，却是不争的事实。16世纪在苏丹苏莱曼大帝（Suleiman the Magnificent）治下，奥斯曼帝国国力臻于巅峰，版图西抵维也纳和德国雷根斯堡（Regensberg）城门，东达阿塞拜疆，北至波兰北部，南达埃及。靠着规模居世界前几位的军队、了不起的官僚体系（其中有些官员为基督教徒奴隶）、传扬安拉旨意的不屈不挠精神，土耳其人主宰了东南欧和中欧的政治，使广大地区享有相当程度的太平。连接欧洲与中国、印度、波斯的通路，因奥斯曼帝国的主宰而非常安全，从而使贸易非常发达。但促成这财富积累的动力来自征服；这积累的主要成本在军队开销。

奥斯曼土耳其人从贸易汲取资金，以支持军队、官僚体系的开支，从而阻隔了欧洲与东方的直接贸易，欧洲贸易商只得另寻通往富裕东方的路径。因此等于是土耳其人迫使葡萄牙人、西班牙人往南绕过非洲抵达印度洋，往西航越大西洋意外发现新大陆（见2.2节）。欧洲人

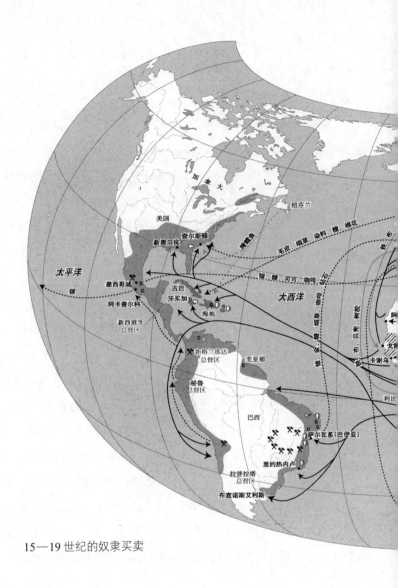

15—19 世纪的奴隶买卖

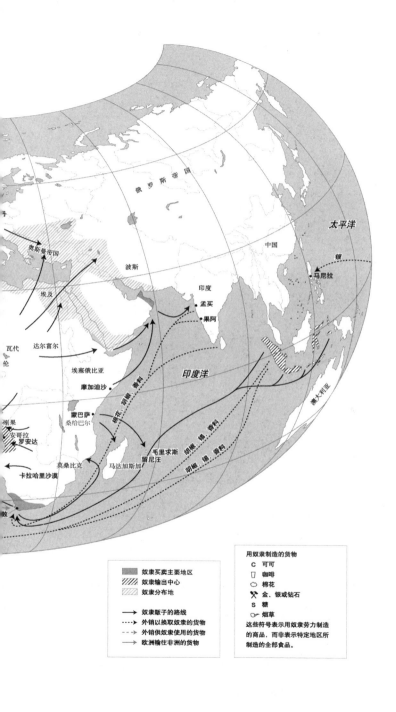

太平洋

俄罗斯帝国

奥斯曼帝国

埃及

瓦代
伦

达尔富尔

埃塞俄比亚

摩加迪沙

蒙巴萨·
桑给巴尔

刚果
安哥拉
罗安达

莫桑比克

卡拉哈里沙漠

波斯

印度

中国

银

马尼拉

孟买
果阿

印度洋

棉花、胡椒、香料

胡椒、锡、香料

毛里求斯
留尼汪

马达加斯加

胡椒、糖、香料

澳大利亚

用奴隶制造的货物
- C   可可
- ☕ 咖啡
- ◯   棉花
- ⚒   金、银或钻石
- S   糖
- ☞ 烟草

这些符号表示用奴隶劳力制造的商品，而非表示特定地区所制造的全部食品。

奴隶买卖主要地区
奴隶输出中心
奴隶分布地

→ 奴隶贩子的路线
┈▶ 外销以换取奴隶的货物
┈▶ 外销供奴隶使用的货物
→ 欧洲输往非洲的货物

展开大探险之前，与非洲往来已有数千年。欧洲主要是通过黄金、奴隶买卖，与撒哈拉以南的非洲地区搭上关系，而这两项贸易这时都掌控在控制非洲北部海岸的奥斯曼土耳其人手中。因此，葡萄牙人采取迂回战术，从而在科特迪瓦、黄金海岸开辟了贸易站，在圣多美等大西洋上的非洲岛屿建立了殖民地。但对欧洲现代早期的成长居功厥伟（对美国的成长当然贡献更大）的奴隶贸易，却是建立在暴力上。

在此我们再一次见到，暴力与商业活动的关系虽然改变了，但两者始终存在。非洲奴隶买卖往往是由非洲人自己起的头，但欧洲人的种种作为，从哄抬价钱（进而助长更多掳人为奴的行径）到提供火器给他们所中意的掳人团体，扮演了极关键的推波助澜角色。此外，非洲、欧洲两地奴隶贩子自发性交换"财产"的行为，彻底改变了奴隶的本质。在那之前，非洲境内的奴隶虽被视为财产，大部分仍拥有数种权利，且权利往往随着他们渐渐融入掳掠他们的社会而与日俱增，直到完全融入为止；他们所生的小孩还往往享有自由之身。但一旦成为跨大西洋贸易的货物，非洲奴隶的待遇就只会更近似于十足的动产，而欲维持这种奴隶体制，不靠大幅提升的暴力手段，绝不可能达成。诚如 5.1 节所阐明的，交换和利润是促成这一贸易的关键因素，但暴力和官方力量在此贸易中所扮演的角色，远比商业活动大得多。科技是用来动武和破坏，而非用于生产。

此外，只要奴隶大部分留在最初纳他们为奴的社会里，因为需要管理，加上害怕奴隶造反，捕捉奴隶的数量自会受到限制。但一旦有了两处大陆可供销售奴隶，这限制就消失。17 和 18 世纪，奴隶买卖前所未有地蓬勃，获利也空前。欧洲人当时还无法殖民非洲（19 世纪末期才有办法），因而，被欧洲人看上买走的奴隶，只能在别处工作。

非洲黑奴何其不幸，这时欧洲人开始嗜甜（见 3.6 节）。美洲印第安人不愿在甘蔗园工作。在加勒比海地区，他们一感染欧洲人带来的疾病迅即死亡，因而在哥伦布抵达新大陆的不到五十年后，该地区的美洲原住民（可能多达一千万人）几乎死光。在巴西，男性原住民不习惯于农活（见 1.8 节）。尽管遭掳为奴，远离家乡，受到虐待，印第安人就是不愿替欧洲人的热带农业长时间卖命。

　　贫穷白人以契约仆役的身份被带到某些殖民地，但按照契约，服劳役一段时间后一定可获得自由并获赠土地。热带小岛上的甘蔗园园主觉得这样的劳动条款难以办到，甚至美国弗吉尼亚的烟草田主人，即使在烟草田后面有大片未开发的荒地，也不愿授予土地给这类工人，以免他们拿到土地后也跟着种烟草，导致供给过剩。移民热带地区（和北美南部）的头两代欧洲人，死亡率非常高，因而只有少数白人契约仆役有幸活到获赠土地那一天；但随着死亡率降低，倚赖贫穷白人为劳力来源，成本就高得令种植园主吃不消。大部分种植园主于是想到，购买奴隶虽得先付较多的钱，但奴隶可役使一辈子，又不必送地给他们，整个算来还是较为划算。于是，非洲黑奴在毒热太阳下挥汗干活，生产利润源源输往欧洲。在此，我们又见到和平贸易商与残暴掳人者，紧密地结合在一块儿。更后来，欧洲人禁止奴隶买卖后，许多热带种植园仍不愿或无力支付具竞争力的工资，于是契约仆役重又登场，而这次登场的，通常是华工或印度工（见 5.9 节）。

　　西班牙人劫掠阿兹特克帝国、印加帝国以及他们所碰到的其他文明，借此更直接（但为时不久）取得财富。西班牙人熔化金质雕像和宗教圣像，大大增加了欧洲所拥有的贵金属（其中许多后来转运到亚洲购买香料、丝绸等货物）。接着，秘鲁的印第安人受迫在波托西的大银矿场工作（见 5.2 节）。印第安人按照徭役规定下到深深的矿井里工作，往往丧命矿场。但白银输入西班牙，造成西班牙通货膨胀，创造出对北欧洲货物的大量需求。事实上，西班牙的货物进口量因增长太快，导致后来西班牙所拥有的白银竟比最初从美洲进口白银时多不了多少，进而不得不改用铜铸币。因而，西班牙人掠夺墨西哥、秘鲁的财富，但因此而获利最大者却是卖货物给富裕西班牙人的英国人、比利时人、荷兰人、日耳曼人；他们之中许多人大概根本不知道，自己所赚的钱其实是血腥钱。在更远处，卖出货物而拿到大量拉丁美洲硬币的中国人和印度人，更没理由去想这些硬币里的金属是怎么开采出来的。

有些北欧洲人的确知道西班牙新财富的来源，因而决定不再通过西班牙人之手，改由自己去夺取。英国、荷兰、法国的商人，虽经官方授权组成商业公司，掠夺起来却和做买卖一样毫不迟疑。诚如 5.3，5.4 和 5.6 诸节所说明的，私掠船打着为国争光的幌子，强迫西班牙、葡萄牙在亚洲、非洲、美洲的殖民地与他们贸易。事实上，当时欲在海外创业的人，如果投资计划书里提及掠夺、光荣、民族骄傲，会比只是一味探讨有哪些商机更容易募集到资金。碰上不愿贸易的殖民者或原住民，这些冒险家就摇身变成海盗，干脆掠夺货物、强奸女人、烧毁城镇。这办法实际施行后显示获利极大，且还有一附带好处，即削弱西班牙、葡萄牙的资源和海军军力。这些私掠船和西印度群岛海盗的劫掠，令西班牙加勒比海地区的居民大为惊恐而逃亡，致使伯利兹、库拉索（Curaçao）、海地、牙买加、特里尼达等肥沃地区，遭英国、荷兰、法国占领为殖民地，葡萄牙人也因此遭逐出红海、印度洋。从事奴隶买卖或亚洲贸易或美洲贸易的正派商人，行径几乎和海盗无

异。同样的，德雷克（Francis Drake）爵士之类的英格兰民族英雄，
在西班牙人眼中根本是十足的海盗（德雷克获英女王伊丽莎白一世授
予捕拿敌船、货物的特许证，大肆劫掠西班牙的大帆船）。沃尔特·雷
利爵士在弗吉尼亚、圭亚那的殖民计划亦然。荷兰人在 17 世纪中期
以前，基本上被排除在殖民新世界的活动之外，却从其中一些最不堪
的方面获利不菲：在他们短暂控制了巴西部分地区时，也深深搅进了
奴隶贸易，并在此后一百年中助纣为虐。英国人也摆脱良心上的不安，
投入海盗与奴隶买卖的高档事业。诚如 5.5 节所揭示的，即使是鲁滨
孙这位受困海上而自力更生、自给自足的著名小说主角，其实也是个
奴隶贩子和国际贸易商。

　　英国、荷兰一旦称霸海洋，他们的商人一旦主宰世界市场，海盗
对他们而言，就不再是扩张商业的前锋部队，而是个困扰。因此，这
时候，英国皇家海军吊死了他们先前所授勋表彰的人。例如，5.6 节描
述了英国皇家海军如何翻脸对付菲律宾苏碌海的海盗，尽管在这之前，
英国商人曾替他们的远征行动提供武装，进而借这些行动之助，取得
卖给中国的货物。

　　贸易商和海盗关系密切，但贸易商靠武力强迫他人与之贸易时，
从不自称"海盗"。暴力可借以取得垄断地位时，暴力就是很管用的竞
争优势。诚如 5.7 节所阐明的，法人团体是为了支付集体暴力所需的
开销而诞生的。

　　具法人地位的公司，也希望保护自己的市场免遭外人入侵分食，
他们所谴责的西印度群岛海盗，就是不受他们欢迎的人物。5.8 节只有
一部分是为博君一笑而写，在这一篇中，我们看到 18 世纪的西印度群
岛海盗，比起同时代的海军或今日的企业掠夺者，还远更能达成上级

所交付的任务。一般人认为，西印度群岛海盗所提供的服务不利于经济，但这些杀人如麻者其实是非常民主、尽职的员工。他们虽是多民族、多种族组成的海盗，却恪守严格的行为规范和道德准则。但无可否认的是，他们一如其恃强凌弱、功绩彪炳的前辈，靠暴力维生、致富。他们的服务所促成的财富重新分配，比奴隶买卖、银矿开采或掠夺商人所促成的，更符合利益均沾的精神，但他们也倚赖恐怖科技来遂行个人目的。最后，动物权利保护人士可能认为，现代早期人类所从事的与猎捕人有关的几种贸易，与同一时期人类猎杀鲸鱼、海獭、海狸、（后来）水牛时的规模及效率大增，两者间有连带关系，从而看到一种令人不安的趋势。

已有许多学者指出，（欧洲和南亚的）大型金融资本家资助现代早期的战争，有部分是因为他们获利满满，但缺乏其他够吸引人的市场供他们将获利转投资。当时，地方贸易通常竞争太劲而获利不高；长距离贸易规模不够大（且诚如先前已说，往往和暴力密不可分）；就大部分地区而言，在机器问世之前，生产所需的资本相对较少。在这种环境下，借钱给正在打仗而需钱孔急的君王，相对较保险且获利较大（如有需要，这些君王可以压榨人民以偿债），而且能让债主得到重大的附加利益，即提高威信和对该地政治的影响力。这种借钱给政府的说法，证诸史实，不无可信之处，但机械化工业的兴起并未使资金抽离对暴力活动的资助（即使体现新兴科技的固定工厂、设备，成为运用前所未见之大量资本获利的工具，亦然）。投入战争的资本，在资本家的投资组合里，或许已只占较小比例，但可用资本的总量增长那么大，因而仍有相当多的资金可用于投入愈来愈大规模的国家暴力。事实上，19 和 20 世纪时，军费不只不断增加，而且许多时候还加速在增长。更仔细检视拿破仑下台后那个所谓的"和平世纪"，就可清楚看出这点。

有人认为，堪称始于18世纪下半叶的工业革命，使资本、市场取得至高无上的地位。这时候，相较于借愈来愈有效率的生产赚钱，战争变成次要。有人主张，巨额融资的当道，创造了百年承平。但这一观点太以欧洲为中心。没错，在拿破仑战争到第一次世界大战之间，欧洲没有旷日持久的大型战争。但对欧洲以外的地方而言，这一时期是一点也不和平的"帝国时期"。暴力不只被拿来遂行资本积累的目的，还充当自卫武器以对抗世界经济力量。

事实上，有时是二者兼具。尽管美洲各地的欧洲裔和混血精英都已与欧洲帝国决裂（1775—1825），新一波欧洲扩张主义的浪潮在19世纪席卷了亚洲大部和几乎整个非洲。与此同时，大西洋沿岸新独立的社群开始了血腥的内部征服，巩固对那些通常只在理论上属欧洲势力范围的大面积区域的控制权。而若想抵抗这些入侵，本地势力一般只能借助自身的进攻性内部殖民主义。5.11节清楚表明，现代埃塞俄比亚的诞生就是此类情况，阿姆哈拉人（Amhara）和提格里人（Tigrense）征服了近邻，强迫当地人在糟糕的条件下种植咖啡以供出口，并用由此赚来的钱购买欧洲的武器和进一步扩张。其他地方，从索马里和祖鲁到科曼切和苏族人，也开展扩张主义的战争并（不同程度上）与欧洲进行军火贸易，为建立能够保持独立的政权做着最终徒劳的努力。史上最惨烈的诸多战争，有一些就是约1851—1870年间在三大洲爆发，包括美国的南北战争、法军入侵墨西哥、南美洲的巴拉圭战争、印度的反英暴动、中国的太平天国之乱。现代武器使人类得以更有效率地发泄古老的杀人欲望，而军队规模和军费的与日俱增，创造了大好的获利机会。

奴隶制存在于许多时期、许多地方，且以多种形态呈现，将奴隶运到遥远异地贩卖也有悠久历史。但最大规模的两项奴隶买卖，都以非洲人为货物。其中一项，由穆斯林掌控，把掳来的人运到北非、中东和印度洋彼岸，从9世纪持续到19世纪。另一项或许规模更大，把约一千两百万非洲人带到欧洲人的殖民地（和美国之类的前殖民地），从16世纪持续到19世纪晚期。这些奴隶为美洲的经济作物（甘蔗、棉花、烟草、咖啡等）的生产提供了大量劳力，为矿场提供了部分劳力，也为使大西洋地区一度成为新一类全球经济中心的工商业发展，做出别的重要贡献。

除了蓄奴、海上劫掠、战争，暴力还以别种形态呈现。有时，在国内，破坏、杀人的矛头也指向富裕族群。民族主义和种族主义政策受到鼓吹以取得政治权力，没收少数民族的资产。欧洲史上最普遍受到这种迫害的族群，就是犹太人。5.12节介绍了德国一商人家庭的遭遇，他们乘着国际贸易的浪潮而发达致富，然后遇上民族主义者的仇外暗礁而船毁人亡。

暴力不只是全球经济下积累财富的主要工具之一，战争还是发明之母。许多创新发明，例如合成硝酸盐、合成橡胶、人造纺织品（尼龙），都是战争所催生出来的。食品罐头的制作，以及甜菜糖、草本代用咖啡（Sanka）之类新食物，也是因应战场需要而问世。新的机械技术（例如制造出可替换之标准化零件的科尔特［Colt］组装线），新式运输工具（例如潜水艇、飞机），其问世不只是出于对创造发明的热爱，同样出于强烈的摧毁欲念。更晚近时，对非常坚硬、极耐高温的武器零件的需求，和对用于飞弹导引的超磁性物质的需求，为今日手机、硬盘和 GPS 系统的诞生打好了基础，并且加剧了对用来制造它们的"稀土"的追求（见 7.13 节）。

最后，战争使人接触到遥远异地之人，接触到那些人最爱的消耗品。偶尔，这些接触具正面效益，促进这类货物的扩散。例如，西欧人与美国大兵一般来讲即属正面的接触经验：帮助西欧人摆脱纳粹的魔掌，也让口香糖和可口可乐的促销者，在战后欧洲找到比他们此前所碰到的远更愿意接受其产品的消费者（见 6.12 和 6.13 节）。

战争的总体经济成本，无疑已使任何这类益处都相形见绌。即使只从创造发明的角度去思索，战争既摧毁这么多才智之士，又使其他许多才智之士将心力从建设性计划转移到破坏性计划上，那么战争所压抑的技术进步，大概比它所催生的还要多。而且大规模破坏无疑已减少了全世界的总体财富。但因此而有所得的个人，不需要去注意或在意谁因此而有所失，一如奴隶贩子和美洲的种植园主，不必去思索他们运走数百上千万非洲人，对非洲造成何种损失。身为史学家，我们只能去检视人类已发明出何种东西，已如何积累、再分配财富。讲述这些过往时，我们看到血腥的手和那只不可见的手往往狼狈为奸；事实上，往往这两者为同一躯体所有。

5.1 没人性的买卖，道理何在

疾病和贪婪创造出四处离散的非洲人。

美国系移民所创造。我们每个人所受的教育都说，移民的奋斗和巧思，在荒野的美国大地上打造出文明。但少有人停下来思考，那些早期移民来自何处。事实上，在 1800 年前，越过大西洋而来的人中，可能每四个人里有三个来自非洲。一千万至一千五百万的非洲人，如牲畜般被赶上悲惨的奴隶贩运船，运到大西洋彼岸。

对于这跨洋的奴隶买卖，我们每个人至少都略有所知。没错，那很不人道，没错，那有利可图。但有个问题鲜少得到思索，那就是欧洲人为何大老远将非洲人运过大西洋用于美洲，而非在非洲就地运用？毕竟这买卖的"漏损"（Leakage）非常高。据估计，在非洲内陆所购买的黑奴，能够熬过大西洋的越洋航行和到美洲后的头三年者，每一百名里不到三十名，况且，在航运过程中，水手死亡率达五分之一。若将奴隶用于非洲殖民地，无疑会更有效率。他们了解当地的气候、作物、技术。奴隶制在非洲存在已久且甚广，那么为何要将他们运到遥远的另一个大陆？

答案似乎至为明显：欧洲人当时在美洲有殖民地，而在非洲没有。

但这情况既是促成奴隶买卖的因，也是奴隶买卖所造成的果。欧洲人为何未先殖民非洲？毕竟欧洲人在许久以前就知道非洲。欧洲人殖民美洲之前，撒哈拉贸易已提供欧洲大部分的黄金达数百年。欧洲人在欧洲以外所建立的第一个现代殖民地，乃是葡萄牙人于 1415 年所征服的非洲休达（Ceuta，今摩洛哥旁）。欧洲人对非洲水域的航行，比对跨海前往美洲的航行，了解更早且更多。

而且非洲的确有一些地方，适合欧洲人开发。最早的大面积甘蔗园，开辟于非洲的圣多美岛。16 和 17 世纪时，约十万非洲奴隶在圣多美岛上的甘蔗园、炼糖厂工作，而该岛上的庄园（fazenda）也成为巴西大规模外销复合体的原型（跨大西洋的奴隶运送，最终有约四成供应巴西的外销复合体所需）。

从地理、历史、逻辑的角度看，欧洲人理应将奴隶用于非洲，而非在美洲热带地区建立一个新天地。但揆诸历史，欧洲人直到 1880 年废除奴隶买卖后，才开始在非洲大规模运用奴隶。为何如此？

原因有一部分在于非洲人有大国家和先进武器可依恃，以对抗帝国主义入侵。非洲军人除了通过贸易取得火器，还早就拥有了马、轮子、铁，因而，在技术水平上，和欧洲人几乎不相上下。欧洲人虽靠火炮而略占上风，但诚如康拉德（Joseph Conrad）在《黑暗之心》（*Heart of Darkness*）里所清楚点出的，火炮只能打进内陆一丁点距离。

但这答案仍不足以令人完全信服。遭欧洲人征服的阿兹特克人、印加人，建立了比同时代欧洲人更大的国家和军队，但他们臣服于西班牙、葡萄牙人的剑和滑膛枪之下，却快得多。

有可能是价值观的问题？由于与非洲人通商已久，欧洲人可以通过贸易从非洲人那儿得到所要的东西，相对的，美洲印第安人在价值观上与欧洲人共通之处不多，因而对许多交易不感兴趣。

这主张不无道理。欧洲人通过在非洲的贸易，取得想要的主要货物。但欧洲人未能使非洲开放通商。西非社会当时仍未货币化，且要到 19 世纪末期才接受欧洲货物。非洲人对大部分欧洲货物不感兴趣，这点其实和美洲印第安人相差无几。

那么答案到底是什么？为何一千二百多万非洲人要到大西洋彼岸去？主要理由是疾病。美洲印第安人未接触过流行病，对流行病没有免疫力。西班牙人将天花、麻疹一带过去，印第安军队和帝国就土崩瓦解。许多地方遭征服后只数十年，就有 90% 印第安人死亡。加勒比海地区的原住民，五十年内几乎死光。美洲境内没有本土流行病，因此西班牙人的存活率高上许多。但存活不代表一帆风顺。西班牙人和后来的北欧人不想做粗活，于是运来非洲人代劳。欧、非两地贸易活跃，非洲人接触欧洲疾病已有长久历史。因而，相对来讲，他们对天花较能免疫。

在这同时，疾病也保护了非洲，使其免遭欧洲人殖民。非洲人对天花、麻疹已有某些程度的免疫力时，疟疾、黄热病和其他非洲本土疾病却会要欧洲人的命。因此，欧洲人不想在非洲大陆建立殖民地，而只留在非洲沿岸孤立的小贸易聚落里。

白银和后来的糖、烟草，偿付了购买奴隶的开销，反过来说，要生产这些商品，又需要奴隶为人力。非洲、北美洲、南美洲之间于是出现一互补性的三角贸易。比起在非洲本地建立殖民地，将往往是被其他非洲人诱捕而来的非洲奴隶运到美洲，变得更有利可图，且更为安全而容易。疾病和贪婪创造出非洲人的四处离散。

5.2 富裕一如波托西

矗立在这严酷不毛之地而偏处一隅的高峰，

最终影响了数百万人和历史的进程。

在南美洲内陆深处，从利马骑骡子要十个星期才能抵达的地方，矗立着约四千八百米高的里科峰（Cerro Rico），该峰四周荒凉、酷寒而贫瘠。这里是世界的尽头，却成为世界的中心。数万人涌到这里，建立了波托西城（Potosí）。殖民时代的南美洲自此彻底改观，世界经济随之改变。矗立在这严酷不毛之地而偏处一隅的高峰，最终影响了数百万人和历史的进程，因为那是座银山，有史以来所发现的最丰富的银矿母脉。

印加人已用燧石镐开采波托西银矿，将采得的银用于神庙和首饰。他们不想将这秘密告诉征服他们的西班牙人，但 1545 年时，西班牙人知道了这座山。最初，西班牙人运用印加技术和印第安人力。由于有四条蕴藏量惊人且接近地表的矿脉可供开采，这办法相当成功，维持了约二十年。但贪得无厌的西班牙人，很快就将这些易开采的矿脉采光。波托西的繁荣看似就要来日无多。

西班牙技术挽救了这危机。1570 年代，在总督托莱多（Viceroy Toledo）的指导下，生产技术有了革命性变革。1565 年在秘鲁的万卡韦利卡（Huancavelica）发现了丰富的水银矿，西班牙人得以利用水银从矿砂里抽离出银。但矿砂的含银成分愈来愈低，因而首先必须予以压碎。有钱商人和政府官员投入数百万比索的资金，建造了纵横交错的水道。为确保在这干燥地区整年有水，他们命人建造了四个大蓄水池，然后通过总数达三十个的水坝、地道、运河，将水送到压碎厂，为这些厂提供所需的水力。

同样重要的是，这位总督还解决了严重的劳力短缺问题。劳力短缺，源于波托西远离人类聚落，且秘鲁、玻利维亚的印第安人无意为工资而卖力。印第安人偏爱仅足温饱、实物交易的经济。托莱多于是根据印加人的徭役（mita）传统，制定了强征劳动制度，自此，印第安村落得提供一定数目男丁给西班牙殖民当局，供作采矿人力。

西班牙人早早就得动用公权力强征民工，因为印第安人害怕危险的采矿工作。矿工一周六或七天，在闷热又灰尘漫天的地道深处工作，有时得爬长达两百五十米的梯子，将约二十三公斤重的矿砂背出矿坑，坑口刺骨的寒风迎面袭来。为逃避徭役，有些村落向政府官员贿赂。如果贿赂不成，就必须提供男丁，男丁离村前，村民会先替他们举行丧礼。丧乐哀凄，很切合气氛。一名刚抵达波托西的神父，见到步履维艰走过的矿工，大为震惊："我不想见到这地狱景象。"

避不开徭役的印第安人，长途跋涉到波托西，在那里待上一年。矿场要用上一万六千名印第安人。已结婚的男丁，往往是全家人陪同到波托西，以提供其食物。1650 年时，有约四万名印第安人住在波托西郊外。但这只是该城人口的四分之一。

这座偏远不毛的山峰，催生出当时美洲最大的城市，甚至是世上最大的城市之一。1600 年，可能有多达十六万人住在波托西，使它的规模和阿姆斯特丹、伦敦或塞维利亚[1]相当。据1570年代一位实际目睹而大为吃惊者说道，"每个小时都有新的人受白银气味的吸引而到来"。

　　但波托西庞大的人口里，只有约15%在矿坑工作。其他人是来此赚这些矿工的钱。这里有数百名木匠、制帽匠、裁缝师、编织工、厨师。经营铸币厂的政府财政官员，严密监视此地的活动。多明我会、方济各会、耶稣会修士竞相传道，招揽信众，一座座华丽教堂随之兴起。这不是又一座漫无节制扩张、尘土飞扬的新兴城镇，而是根据整齐的西班牙棋盘式格局所建造的城市，城中心的石造建筑栉比鳞次，沿着至少三十个方整街区边缘分布。波托西当然也有酒馆、赌场，以

16世纪木雕作品，刻画了波托西矿井的劳工环境
（Theodore De Bry）

---

[1] Seville，在西班牙南部，为西班牙船始发地。——译注

及根据某项统计,有着一百二十名妓女。城内有约三万名短暂居留者,因而暴力和帮派械斗司空见惯。1585年,一名恼火的法官抱怨道,波托西是窃贼的渊薮,"拥有这世上最难搞的那种人"。

大批人涌到这偏远地方,只因为有百余年时间,这里是南美的经济中心和西班牙世界最繁荣地区之一。由于拥有世上最多的白银,波托西的物价也是当时世上最高的。这吸引了商人前来,因为该城周遭环境不适于人居,所有粮食和货物都得进口。

薪资微薄的印第安人,不大买得起进口货,但买进许多马铃薯、玉米啤酒(chicha)、古柯叶。节日时,印第安人狂饮玉米啤酒,以致波托西街上出现"一道道细细尿流"。印加帝国时期,古柯只有贵族可享用。但在西班牙人治下,古柯变得较"平民化",数千名工人咀嚼古柯叶以抑制饥意,提神醒脑。古柯来自近千公里外的库斯科(Cuzco),定期由五百只骆马组成的驮畜队运进波托西。这座采矿重镇需要十万只骆马,以满足其运输需求(因此城里的气味不难想象)。

西班牙化的城内居民,物质需求远比原住民大,进而使波托西成为一复杂国际贸易网的中心。葡萄酒来自智利、阿根廷,骡、牛、小麦也是;布料来自厄瓜多尔。巴西提供黑奴。波托西的有钱人家也渴望拥有法国帽和丝绸,佛兰德挂毯、镜子、网眼织物,日耳曼刀,威尼斯玻璃。这些货物不只通过合法的西班牙船经塞维利亚、巴拿马运来,还通过避开商业路线的走私贩子带进来。当时有所谓的perulero,即到西班牙直接进货,但回程时避缴高昂船税和国王税的利马商人。他们与法国、荷兰、葡萄牙贸易商一道坐船,将货物在阿根廷的拉普拉塔(Río de la Plata)卸下,然后走陆路运到波托西。波托西所产的银,至少有四分之一经这些非法路线流出。

16 世纪木雕作品，美洲驼被当作运输工具向新世界输送煤
（Theodord De Bry）

　　波托西的贸易网还远及太平洋彼岸。秘鲁商人将银运到墨西哥的
阿卡普尔科（Acapulco），一部分用以换取墨西哥的可可和胭脂虫红，
但大部分换取亚洲商品。马尼拉大帆船从阿卡普尔科出发，将里科峰
的白银运到西班牙人所掌控的菲律宾，而菲律宾是国际贸易中心，有
中国的瓷器和丝绸、印度和波斯地毯、来自马六甲的香水、来自爪哇
的丁香、来自锡兰的肉桂、来自印度的胡椒，在此集散。在塞维利亚
或伦敦或阿姆斯特丹可买到的东西，在波托西也可买到，但价钱高得
多。但既然拥有一座银山，价钱、距离、困难，也就不是问题。波托
西将全世界带到它那里。波托西的富裕，名闻遐迩。"富裕一如波托

西"成为最终的梦想。

然后，银矿告罄。经过百余年的繁荣，矿砂品质愈来愈差，生产变得困难，迫使矿场一家家关闭。1800 年时，这座一度和欧洲任何大城不分轩轾的繁华大都会，已几乎和鬼城无异。而曾竭力将最精致、最奢侈的货物送往这偏远地方，以满足该地矿工需求的外部世界，也遗忘了波托西。但波托西的遗产已重画了世界地图，已促进了世界经济。波托西与墨西哥的银，激起了英国、荷兰、法国的贪婪念头，使他们开始去抢夺和仿效西班牙、葡萄牙的殖民帝国。

5.3 英格兰的海盗业始祖

英格兰以扩张为目的的种种投资中，
掠捕他国商船并非最大的投资项目，
获利却最大。

1550—1630年间，英格兰朝着日后成为世上最大商业帝国之路，迈出了最初的几大步。他们在北美洲沿海地区和加勒比海地区建立了殖民地，创立了著名的东印度公司（常被视为世上第一个跨国公司），该公司很快设置了许多贸易站。英格兰还成立了其他公司，以与非洲、黎凡特（Levant，即西方人所谓的"中东"）、俄罗斯和其他地方贸易。英格兰总共投入约一千三百万英镑，成立数家追求海外获利的股份公司。但其中最大宗的一笔投资（超过三分之一），投入某种风险事业，即受政府特许并规范的海上劫掠事业，而西班牙和其属地为主要的劫掠对象。

英格兰以扩张为目的的种种投资中，掠捕他国商船并非最大的投资项目，获利却最大。有位史学家估算，1585—1603年，投资英国海盗的收益，平均达装备海盗船所耗成本的60%。（相对的，东印度公司的投资客，分红很少超过20%，而弗吉尼亚公司更是从没赚钱。）对商业活动原本心怀疑虑的投资客，之所以出资投入海外扩张，海上劫掠的刺激迷人是很大的诱因。

　　只要看似有利可图，商人都会投资，但这时候的英格兰贵族和地位仅次于贵族的中上阶层，仍有许多人鄙视商业，对于只从事贸易的企业，他们的投资少之又少。因而，针对他们而发的宣传小册，特别强调即使是消极投资客，都有机会借由协助英格兰私掠船削弱西班牙势力，为建立殖民地创造有利条件，从中不只获取利润，还能光耀门楣。因为随着殖民地的建立，使异教徒改信基督教的传教事业，以及其他非营利性的事业，随之有了开展空间。（有份针对某纽芬兰计划案而推出的小册子，甚至强调这计划将带来千载难逢的狩猎机会，于是向潜在投资客巨细靡遗地介绍了大部分人未见过的一种动物：麋。）

　　成就最不凡的海盗，例如弗朗西斯·德雷克，种种荣耀及身（包括获授爵位），其丰功伟绩成为流行叙事诗歌、大报的讴歌、报道题材，甚至成为布道的内容，从而替创业投资计划书的撰写者，创造了不少现成可用的材料。非商人出身的投资客，通常出资不多（平均约为商人的一半），但他们的参与至关紧要，因他们的参与，原本可能一心只想着土地的贵族变成海军的有力支持者。最后，在促成西班牙、葡萄牙帝国的式微上，海上劫掠（包括英国、荷兰的海上劫掠）的功劳，大概比北欧诸强国还要大。

　　海上劫掠为何如此重要？原因在于欧洲现代早期贸易的本质。当时，除了日益蓬勃的波罗的海谷物贸易这个重要的例外，欧洲的海上贸易几乎全是奢侈品贸易，包括香料、金银、毛皮和高级纺织品，以及后来的奴隶和糖。这些货物非常值钱，因而海盗船只要攻击一个目标得手，就能有丰厚利润回港。航运成本只占这些产品的最终成本的一小部分，因而，将航运成本降到最低的诱因不大：与其节约对大局没什么影响的成本而可能招来海盗洗劫，不如配置更多船员和许多火炮以提升安全性。

为防海盗而加强武装，结果反倒又助长了海上劫掠风。因为每艘商船都配置武器自保，碰上收益不足而又有机会可劫掠他船以补足收益时，每一艘船自然而然立即变成海盗船。数百年间，有所改变的都是下场的玩家，而非比赛。

首先是热那亚人和威尼斯人角逐霸权，然后是西班牙人、葡萄牙人抱走最大奖，接着是荷兰人、英国人以其人之道还诸其身，打败西班牙人、葡萄牙人。（相较而言，中国、印度、阿拉伯商船较常载运混合货物，包括许多笨重的日常食物，且印度洋和南中国海上偶尔才会碰上海盗，因而，船上只配置少量武器。于是，这些贸易商虽然航海、经商本事高超，遇上东来之欧洲人那种武装贸易，根本措手不及而只能任人宰割。）

但渐渐地，一种新贸易在欧洲出现，随之出现一种新航运业。随着16世纪时荷兰境内城市开始以东欧进口的谷物为食，突然间海上出现了许多非常廉价、笨重而令海盗看不上眼的货物。没有了海盗威胁，定期航行于波罗的海航路的船长，随之得以较不必担心安全；由于谷物、木材等波罗的海贸易商品的获利空间相对较小，这些船长若不削减成本，根本无利可图。

不久，荷兰人开始建造一种名叫"福禄特"的新船。这种商船速度慢，和其他欧洲船一样不适于远航，但比起同样大小的船只，它们所需的船员数少了一半，而且由于几乎不用担心海盗，波罗的海的荷兰船长可以充分利用这种船所容许的较低工资开销，增加获利。靠着一大队这种船，荷兰人很快就得以挺进欧洲其他水域，蚕食对手地盘。不久，荷兰人主宰了几乎欧洲所有非奢侈品的海上运输业务，埃及等地方的谷物运到南欧几座大城的航运路线，也掌控在他们手中。借由掌控了民生物资的贸易，荷兰人得以顺势成为欧洲大部分港口里势力最大的贸易社群。（战时，任何船都成为攻击目标，这时，荷兰人以专为护卫船只而造的战船，护送福禄特商船。以战船搭配专为贸易而造的新式商船，至为合理。）

南欧的海上强权，由于在欧洲内部航路上的势力遭削弱，在洲际航路上又遭海盗劫掠，一一垮台，剩下荷兰人和仿效荷兰人的英国人争夺海上霸权和商业霸权。最后，英国人胜出；而为了让竭力节省成本的商船（和日渐蓬勃的美洲农产品之类笨重货物的长距离贸易）有安全的海上环境，英国人设立了一支常备海军，矢志肃清全球各地的海盗，而这时候的海盗，大部分是遭推挤到国际海运业边缘的非欧洲人。在这个新秩序下，任何武装贸易船都会受到英国海军（以承袭德雷克和弗罗比舍［Martin Frobisher］传统遗风而自豪的海军）怀疑和骚扰。但事实上，英国海军在打造的世界，更类似于现代早期以前亚洲的世界，而英国海军那些赫赫有名的先驱，其实远更类似于它这时所斥为罪犯而欲打击的人物。

这两种英国水手，都是从海盗这角色分道扬镳演化出来；没有了海盗，这两种水手都不可能在最后成为海上霸主。

5.4 冒险、贸易、海上劫掠：
安东尼·雪利与佩德罗·特谢拉——两位现代早期旅行家

两人的生平说明，在 16 世纪晚期和 17 世纪初，
日增的好奇心和贪欲，日益精进的药物知识、运输、远航、战争，
已如何影响全球各地的人和政治格局。

引 言

大部分 16 世纪的欧洲人，一辈子注定辛苦工作，待在自己生长的地方，没什么机会远离家乡、跻身社会更高层或从事贸易。少数有幸享有高社会经济地位者，除非迫于环境而迁居或改变，活动范围也往往离自己的生长地不太远。但有一些男子，阅历不同于凡人，完成了令人赞叹的远航，参与了有利可图的贸易，遇过来自多个国家、多种宗教信仰、生活方式各异的人。他们通过著作，有时通过鼓励贸易，让一辈子待在家乡、生活平淡无奇的欧洲人认识了更广大的世界及其财富。置身寿命短且交通慢的时代，他们还是有办法游历世界。他们让世人认识到，在现代早期，致富之道有时是战斗、出国冒险，或拜地理边疆、宗教边疆的可渗透性之赐而得以实现的外交活动。这些人能在动荡的人生里扮演多种角色，人生之多彩多姿为世间少有。

安东尼·雪利

安东尼·雪利（Anthony Shirley）就是这样的人，他一生的多彩多

姿，在伊丽莎白女王时代名列前茅。他上战场打过西班牙人，当过波斯国王的外交官，曾受雇于英格兰商人向官方游说，做过西班牙人的代表，在加勒比海和地中海当过海盗，也就是说历任伊丽莎白女王时代清教徒的代表、伊比利半岛天主教徒的代表、波斯穆斯林的代表。他尝试过数种致富之道：在低地国寻求君王封爵，在那不勒斯寻求继承土地，在波斯为外国人寻求特殊通商权，在加勒比海、地中海、大西洋岛屿寻求不折不扣的战利品。他的一生正表明，在 17 世纪，至少已有一些人足迹甚广。

他生于富裕的持有土地的贵族家庭，在牛津大学拿到文科学士学位，"取得了适合装饰绅士身份的那些学问"，曾以研究员身份在牛津的万灵学院待过一段时间。雪利已挣到安稳且受人尊敬的地位，不久却了解到自己喜爱战斗和外交更甚于学术或专业工作。毕竟，在当时，离开家乡为女王打仗，有时是爬上更高社会地位的最佳途径。大学毕业后，他连同父亲和哥哥投靠甚受伊丽莎白一世宠信的埃塞克斯伯爵。父子三人一起在诺曼底、在西班牙治下的荷兰，与西班牙士兵厮杀。由于战功彪炳，他获法国国王授予的爵位，当时法国国王与英格兰人为盟友。但获法国国王授予的头衔，却引来伊丽莎白女王的不快。伊丽莎白紧盯着自己廷臣的私生活，既对法国授予头衔之事不以为然，也瞧不起雪利与某位贵族小姐的婚姻（这场婚姻最终并不美满）。

或许是为了赢回女王的宠信，或许是为了躲开妻子，雪利爵士于 1596 年走上了替己国掠捕敌方商船（或者从西班牙人的角度来看，即海上劫掠）这条较不寻常之路——但在他的家族里，走这条路没那么奇特，因为他的兄弟托马斯已是恶名昭彰的海盗。最初，安东尼和约四百名同伙从英格兰出航，攻打圣多美和佛得角这两个富裕的非洲岛屿上的西班牙人；然后他横渡大西洋，袭掠中美洲和数个加勒比海岛屿上的西班牙人移居地，尤其是当时仍属西班牙人的牙买加岛上的移居地。但他未能光荣返乡，或带着战利品返乡；事实上，他凭着好运气才得以返回英格兰，因为他的手下在牙买加叛变。他两手空空而回。

他在英格兰没待很久。为了发财致富，他决定前往意大利，助埃塞克斯伯爵从罗马教皇手里收复位于费拉拉（Ferrara）的公爵领地（教皇既是罗马天主教会的首脑，也是世俗君主）。但他去得太晚。等到雪利和其手下抵达时，这场领土纠纷已尘埃落定，由教皇一方获胜。仍一心想着致富的雪利，转到威尼斯。与侨居该地的英格兰商人谈过后，还是未能在当地找到雇佣机会，他转而与一名通译和二十六名英格兰人投奔波斯皇帝。他的旅费由阿勒颇和巴格达境内的英格兰商人提供，那些商人则把这笔开销算在埃塞克斯账上（令这位伯爵既意外又不悦）。这下子，雪利不再是战士、掠捕商船或冒险家，摇身一变成为外交官和商人。他在东方为其他英格兰人寻找通商机会，在波斯完成了他最了不起的成就。在那里，大权在握的阿巴斯国王佩服于雪利的军事历练和人脉，封这位英格兰人为"亲王"（mirza），要他出使诸基督教国家，以促成它们与波斯结盟。为拉拢基督教势力，这位波斯王让所有基督徒商人享有宗教自由、波斯境内通商权，并免除关税。雪利接下此任务，时机大好，因为某些信奉基督教的领袖（令雪利遗憾的是，其中不包括英国女王伊丽莎白）想借波斯之力打击地中海地区的土耳其人和印度洋地区的葡萄牙人。与此同时，阿巴斯国王想借西方之力对抗同样的敌人。（显而易见，这些举动与其说是"圣战"，不如说是帝国主义征战来得贴切；寻找结盟对象时，考虑的是其陆海军实力更甚于宗教信仰。）雪利与一名波斯特使一同出发，欲让诸基督徒国王相信与波斯合力对抗奥斯曼土耳其人是行得通的。他把弟弟罗伯特留在波斯，要他负责波斯国王军队的现代化事宜——实际上罗伯特也充当人质，以确保安东尼会返回波斯。

　　安东尼此次任务有成有败。这两位特使代表波斯国王出使欧洲八国，要在布拉格拜见神圣罗马帝国皇帝，在罗马拜见教皇，还要拜见英格兰、苏格兰、法国、西班牙、波兰、威尼斯六国的领导人。在莫斯科（沙皇是俄国东正教领袖）、布拉格（与奥地利神圣罗马帝国皇帝）、威尼斯、罗马（与身为所有天主教领袖的教皇），他们代表波斯国王（波斯什叶派领袖）磋商，谈出令人满意的结果。这些领导人都乐见波斯向基督徒打开大门，乐见与波斯结盟对抗强大的奥斯曼人。安东尼此时皈依天主教，也有助于达成此次任务。但对这位英格兰冒险家来说，有件事很不妙。他那位信奉新教的女王伊丽莎白，从头到尾未授权雪利出国执行任务，而且已在这期间以主导叛乱未遂的罪名下令砍了他恩公埃塞克斯的人头，从而使雪利更不得宠。更为重要的是，伊丽莎白与奥斯曼人关系良好，而与雪利正在磋商的对象——天主教徒——交恶。她不接受雪利的访问团，不准雪利回英格兰。

　　但其他君王对他有好感。神圣罗马帝国皇帝派他出使摩洛哥，然后这位以在战场上攻打西班牙人展开其国外冒险生涯的英格兰人，受马德里王廷之聘，担任等同于舰队司令的职务。他要在资金甚少的情况下打造一支舰队，以打败袭扰地中海商业的巴巴里（埃及以西的北非伊斯兰地区）海盗。他组建舰队的方式，包括说服海盗与他一起为西班牙效力（但其实是为了自己的利益）和捕捉地中海上的船只，因此广受鄙视，尤以在英格兰为然。西班牙人这场远征以失败收场，雪利随之返回西班牙。1636 年他仍在谋划干什么大事，但接下来，据替他立传者叙述，"他消失无踪，死于何时且埋在何处均情况不详"。

但他并未被遗忘。雪利的谋划似乎在波斯的阿巴斯国王那里结出了果实。1603 年，波斯军队经过安东尼弟弟罗伯特的训练，在神圣罗马帝国军队的协助下，以东西夹击之势战胜了奥斯曼。欧洲与波斯的贸易往来随之增长。

安东尼·雪利对西欧人知识的最大影响，将会通过他的著作和在他人的记述、戏剧里露面来达成。雪利谈论他在圣多美、加勒比海地区经历的回忆录，被收入理查德·哈伊克律特（Richard Haykluyt）1600 年编纂的英格兰人游记汇编，他的波斯之行报告——以及同行伙伴威廉·帕里（William Parry）所写的报告——描述波斯伊斯法罕豪奢的宫廷生活，使欧洲人更加了解富裕的东方，更想了解波斯。波斯的富裕形象深印欧洲人脑海，因而在剧作家本·琼森（Ben Jonson）的《福尔蓬奈》（*Volpone*）的台词里，甚至在莎士比亚的《第十二夜》（1602 年首演）乃至《李尔王》的台词里，都可见到对于波斯的这一观感。事实上，雪利的某些回忆（或者说虚构的故事）太精彩迷人，因而有某位替他立传者甚至声称这位冒险家其实是莎士比亚诸剧作的真正作者，只是这一毫无根据的论断至今未获其他哪个人支持。

佩德罗·特谢拉

此时代另一位游历甚广的旅行家，也让人认识到，当时的世界已渐渐成为为人所知且彼此关联的世界。这位葡萄牙旅行家，名叫佩德罗·特谢拉（Pedro Teixeira），被他的某位通译称作"早期——或第一位——'走遍全球者'"。他以民间身份出外闯荡，踏上知性发现之旅，而非征服之旅。他出生于里斯本，可能是位医生，而且肯定对致瘾物很感兴趣，为了探究其他地方的风俗和疗法而四处探险。他于 1585 年从葡萄牙出发，踏上环球之旅，途经葡萄牙、西班牙在印度的殖民地、菲律宾、墨西哥、古巴，1603 年返国，成为由伊比利亚人所主宰之新兴太平洋、大西洋世界的一分子。然后，经过十八年的旅行，四处游历之心未减，他于 1603 年再度来到印度；这一次他走较短的路线返国，先坐船到波斯，然后走陆路到巴格达、黎凡特地区东部、威尼斯，最后来到安特卫普，并在该地写下他的游记（并翻译了两部以波斯语写成的波斯史书）。环球之旅和对致瘾物的兴趣，使特谢拉大概成了史上第一位以亲身见闻报道世上各大提神食物（鸦片、茶叶、可可豆、槟榔、烟草、咖啡）的作家。

就在这时，已有一些欧洲人在寻找药方，治疗喝葡萄酒、啤酒以及杜松子酒后的头脑昏沉，结果找到咖啡、茶叶、糖之类可提神的食物，从而为后来所谓的"勤劳革命"（见 7.2 节）打下了基础。特谢拉为他称为"kaoàh"的饮料和咖啡馆、咖啡馆所用器具，提供了最早的详细描述之一。咖啡，与烈酒不同的是，使人较易长时间工作并保持专注（见第三章导论）。这些致瘾性食物，有一些成为 18 和 19 世纪国际贸易的重要推手。

雪利和特谢拉两人的生平说明，在 16 世纪晚期和 17 世纪初，日增的好奇心和贪欲，日益精进的药物知识、运输、远航、战争，已如何影响全球各地的人和政治格局。

5.5 鲁滨孙的高档生活

即使是颂扬新教徒严肃价值观的作品，
仍避不开奢侈品和奴隶制的诱惑与财富。

在一般人眼中，鲁滨孙似乎不是个奢华成性之徒。相反的，他通常被视作勤奋、节俭、朴素的象征。1719年就已出版的《鲁滨孙漂流记》一书，如今被视作马克斯·韦伯（Max Weber）提出新教伦理的灵感来源，用来解释信仰、储蓄、投资之间的关系，而未被视作对休闲或虚荣性消费的礼赞。

但这本书和作者笛福所欲传达的旨意，一直以来常遭到误解，与笛福的本意大相径庭。这小说其实不在歌颂自给自足，反倒在颂扬世界贸易（特别是奢侈品的世界贸易）和奴隶制。

没错，在这部小说（堪称是第一部以英语撰写的小说）前头，鲁滨孙父亲告诫他勿养成奢华习性。小说里剩下的部分，鲁滨孙则不时在懊悔自己未听父亲的话，加入英格兰中产阶级，反倒出海从商。

在书中部分地方，《鲁滨孙漂流记》的确在颂扬勤奋精神。鲁滨孙流落荒岛期间，从未沉迷于享乐或休闲活动。他具有会计的精神（笛福有段时间也具有），时时计算库存的物资和度过的年月日。他把从失事船带上岸的酒留供特殊时候使用，而非一次狂饮而尽。他把闲暇用于研读《圣经》，而非探索该岛。事实上，他在岛上第十八个年头才走到该岛的尽头一探究竟！

鲁滨孙不只蔑视怠惰，歌颂劳动，身为正派的中产阶级英格兰人，他还拒斥奢华。船上的精美衣服，他一件也未带上岸，反倒用山羊皮制作粗糙衣物，而他穿衣完全是因为怕晒。在这个与世隔绝的孤岛上，他完全根据是否有用来断定物品是否有价值。他爱木匠的一组工具箱更甚于钱，前者可利用来制作器物，后者因为没东西可买而被他斥为"蠢东西"。

自给自足、俭约、节制，似乎不是后来促进世界贸易发展的价值观。但事实上，鲁滨孙和创造这人物的笛福，都与往往以奢侈品为基础的国际贸易，关系非常密切。

笛福从事写作前是个企业家。他买进法国灵猫，用来制作香水，替正与法军作战的英国军舰保险，投资打捞沉船宝物，替圭亚那殖民计划撰写宣传资料，入股不光彩的南海骗局[1]，参与黑奴买卖。他深信英格兰能否富强，取决于国际贸易，而非自给自足。

这观点事实上是《鲁滨孙漂流记》一书的基本精神。鲁滨孙困在加勒比海的荒岛上，上岸时只具备少许机械技能，他赖以为生的东西，几乎全来自他在其上担任船员的那艘欲航往非洲的失事船。枪支、火药、食物、工具，每一样都非岛上本有。没有这些东西，这岛屿在鲁滨孙眼中是"不毛"、无用之岛，而非桃花源般的热带天堂。

首先船上为何有这些东西？父亲告诫他当个循规蹈矩的中产阶

---

[1] 指1720年英国南海公司在南美进行的股票投机骗局，使许多投资人一夕破产。——译注

鲁滨孙·克鲁索插画
（Alexandre Chaponnier, Paris: Martinet, 1805）

级，要么从事贸易，不然就当律师，但鲁滨孙未听父言，反倒投身非
洲奴隶买卖这极有利可图的事业。第一趟远行成果丰硕，他拿"玩具
和无价值的东西"换取奴隶，将获利的一大部分拿去投资。再次前往
非洲做买卖途中，落入摩洛哥海盗手中，当了四年奴隶。但他偷了一

艘船，跟一名奴隶难友一起逃脱，人生际遇再度转折。逃亡途中，一名葡萄牙籍奴隶贩子在大西洋上救了他们，载他们到巴西。他将那艘船和那名奴隶卖给救命恩人。在巴西，他购买土地，开始种植烟草和甘蔗（当时美洲主要的奢侈品作物）。后来他再度搭船前往非洲购买奴隶，途中船只失事才流落荒岛，而他之所以到非洲买奴隶，是因那里的奴隶比巴西市场上的奴隶便宜。

因此，到这阶段为止，鲁滨孙的人生若非从事贸易，就是在购买奴隶以为己所用。他买卖的是当时主要的奢侈品，即奴隶、烟草、糖。在荒岛上的二十八年间，他自给自足；他活了下来，且日子过得还算舒适。但他未积累财富。他在岛上从未搜寻可成为上好出口货的任何资源，事实上，对于他此前所不知道的东西，他一概视而不见。因此，获救时，他所拥有的财富，就只是他当初从失事船上抢救下来的钱币，也就是最初打算用来经商的钱，而非他自己劳动的成果。

后来他将奴隶引进"他的"岛上，开辟殖民地。但殖民地的经营费用，来自他巴西甘蔗园的获利，来自他第一次远行购买奴隶的投资获利，而非来自他在荒岛上积累的财富。与世界经济和其奢侈品重聚后，鲁滨孙重拾"遨游"世界各地的生活，更尽情去冒险，但未重拾辛勤工作、自给自足的生活方式。鲁滨孙和笛福身陷于盛行奢侈品贸易的世界里，因而即使是这部为颂扬新教徒严肃价值观的作品，仍避不开奢侈品和奴隶制的诱惑与财富。

5.6 没有岛屿在风暴中：
或中英茶叶贸易如何淹没太平洋岛民的世界

苏碌人昔日的秘密战友，这时已转向毒品贸易，

并运用世上最强大的海军，高举文明大旗，追捕他们。

拿鸦片换茶叶的贸易，在世界贸易史上或许不是较光彩的一页，却是颇为人知的一页。18 和 19 世纪，英国人迷上了中国茶，因而需要把东西卖给中国，以免一直陷于入超，但中国不需要欧洲任何东西。有很长一段时间，英国一径在将银币输往东方，但最终，国内要求停止白银外流的政治压力排山倒海而来，势不可当。

英国四处搜寻白银的替代品，最终找上可在他们的新殖民地印度大量生产的鸦片。最后，这一致瘾性作物畅销，解决了英国东印度公司的难题，却造成无数中国人染上毒瘾。1840 年代，中国政府决意禁绝鸦片，引发鸦片战争，中国惨败，被迫开港通商，接受传教士传教和其他较难察觉的西方文化。

但事实上，事情非如此简单。英国人确曾找到可在中国销售的其他商品，而且中国对这些商品的产地有强大影响，且大部分是负面影响。

英国东印度公司所想卖给中国的欧洲商品，的确不大受青睐，例如英国羊毛在英格兰船只所停靠而位处亚热带的广东，就卖得不好。

但英格兰贸易商并不笨，运来鸦片之前许久，他们就已发现中国人习惯从亚洲其他地方买进其他东西，包括鱼翅和燕窝（皆为高贵食材）、珍珠、特殊木材（特别是檀香木），以及较日常的产品，例如印度棉花（由广东附近人民纺成纱，织成布，然后往往再外销）和越南糖。但这些商品每样都有其难题。

棉花市场很大，却不易进一步拓展，因为中国所需原棉，大部分自产；蔗糖也是。另一方面，中国对檀香木的需求似乎永无餍足，因而檀香木的问题在于取得足够的货源。檀香树生长在许多太平洋岛屿上，但分布面积不大。当时对计划性永续林业几乎一无所知，因而欧洲船一发现产檀香木的岛（包括像夏威夷这样的遥远岛屿），即竭尽所能搜刮岛上的檀香木，直到便于砍伐的檀香树都砍光，就转移到另一座岛。一个又一个的岛，以此方式，被引进长距离贸易里，享有短暂的贸易荣景，然后旋即遭弃，而留下的往往是已严重受损的当地生态。事实上，若非后来鸦片贸易兴起，提供了销往中国的替代货品，这其中有些岛屿，很有可能被那些一心要让舶来品源源不绝输入的部落酋长给摧毁净尽（舶来品的输入提升了他们的威望）。在这同时，寻求鱼翅、燕窝、珍珠，寻找其他热带树所产的树脂，则造成更为怪异的结果。

问题出在这些商品无法人工栽培，全是自然野生，只能从海洋、丛林等险恶地方采集来。这些地方大部分位于丛林遍布的岛屿上或这些岛屿附近，即今日菲律宾南部和印度尼西亚东部诸岛上或附近。这其中任何商品的采集工作都很危险、不舒服，且需高超本事（特别是潜水采珠）。而且这些岛屿和邻近岛屿都人烟稀疏，劳力短缺，利于工人讨价还价，因而，以英国人所愿意支付的工资，根本找不到足够的自由工人从事这些工作。

就在这关头，苏碌苏丹国（Sultanate of Sulu）挺身相助。这是由几个岛所组成的王国，西班牙虽宣称据有这些岛，但这王国实际上享有独立地位。该王国已和西班牙打了许久的仗，一直在寻求盟邦（和资金）支持，以持续这场战争，因而极渴望得到英国的枪支、钱，以及可赠予其主要部众以兹笼络的各种舶来品（例如布和铜制品）。与西班牙人断断续续打了数十年的仗，已把这王国的两项专长（航海和劫掠奴隶），磨炼到神乎其技的地步。

身为穆斯林，苏碌人理论上不能以其他穆斯林为奴。但信仰基督教的菲律宾人和这地区许多本土宗教的信徒，倒是绝佳的猎捕目标，而且在苏碌社会，长久以来一直将蓄奴视为身份地位的重要象征和财富来源。通过英国人的关系，苏碌王国的热带海洋产品和丛林产品更容易打进中国市场，英国人提供的枪支则使该王国的军力更强，于是苏碌人掳人为奴的活动，在 19 世纪初期达到新高峰。

为防范奴隶出去采集丛林产物时逃跑，苏碌人祭出多项奖励措施，包括利润分红、晋升奴隶头头、最终获得自由之身。一个个由奴隶头头、奴隶、奴隶之奴隶组成的庞大金字塔状组织出现；掳人为奴从时有时无的威胁变成时时存在的严重问题。许多较弱的王国因此覆灭或成为苏碌王国的属国。西班牙人升高征讨苏碌王国的行动以为因应。战争打了许多年，西班牙人多尝败绩，但在 1870 年代，终于征服了这几座岛屿。

有人可能会不解，如果军力比西班牙强大得多的英国，支持这苏碌王国的掳掠作为，西班牙人怎么会赢。这问题牵涉的情势在最后有了怪异的转折，即英国人一改初衷，转而在根本上支持消灭苏碌王国，尽管这王国卖给英国人所渴望的商品。1807 年，英国国会立法禁止奴隶买卖，皇家海军基于职责得在世界各地协助执行这一禁令。因此，来自英国商人的需求，促成苏碌人四处掳人为奴，苏碌王国却也因这一需求而成为英国政府眼中的不法王国。

如果英国东印度公司保住了它独占英国对中贸易的政府特许权，如果该公司未拿鸦片来抵销购买茶叶的开支，皇家海军说不定会抱持全然相反的立场。但该公司的独占权于 1834 年遭撤除，而在那之前许久，鸦片销售的畅旺，早已使珍珠、燕窝之类商品，在对中贸易所占的分量上变轻许多。在这同时，已在海上暴力方面练就一身功夫的苏碌人船长，乐于以海上劫掠为副业，而随着他们对中贸易的获利愈来愈微薄，海上劫掠对他们愈来愈重要，但无疑也因此使他们与马尼拉、新加坡或伦敦为敌。

19 世纪中叶，他们成为人见人厌的贱民，而他们昔日的秘密战友，这时则已转向毒品贸易，并运用世上最强大的海军，高举文明大旗，追捕他们。

5.7 法人企业的粗暴诞生

什么因素促使公司转而必须拥有永久生命？

一言以蔽之，暴力。

---

17 世纪时，欧洲人为何创造出全球最早具法人身份的公司？从 2018 年回顾过去，答案似乎再清楚不过：具法人身份的公司，似乎是再合理不过的做生意工具，特别是在大规模的生意上，因而他们未更早发明出来，反倒令人不解。但真正的答案其实更错综复杂，且与今人眼中法人身份的好处，关系甚浅。

最早真正具法人身份的公司（荷属、英属东印度公司及西印度公司和诸如此类的公司），几乎称不上是最早的大型合伙企业，但它们有几个创新之处。首先，它们是匿名的，亦即并非所有合伙人都得彼此认识。它们将所有权与管理分开：由选出的董事做决定，大部分投资人若不接受这些决定，就只能卖出持股。其次，它们是永久存在的实体：如有一个或多个合伙人想退出，不必重新商定整套协议。最后，它们是独立于任何股东之外而具法律地位的实体，且拥有无限的生命。16 世纪和那之前的大型合伙商号，创立时都定下了解散日期，有时定在一次航行结束时，有时是在特定的几年后。届时，商号的所有财产都要清理，分发给合伙人。东印度公司之类新商行，类似现代法人团体，不自我清算；它们逐年积聚资本，而不将资本配还给其个别所有人。个别来讲，大部分这些特点可以在许多时期、许多地方找到，但这种兼具上述种种特点的形态是前所未见，而且最终改变了经商方式。

这的确是非常高明的发明，但当时有多少人需要它们？少之又少。接下来的两百年里，几乎没有具法人身份的公司为了制造业或欧洲内部贸易而成立。当时几乎所有生产的资金需求都很小，小到不必冒风险与陌生人打交道就可以募集到所需的资金。即使是工业革命后新兴的大量生产工厂，包括韦奇伍德（Wedgewood）瓷器厂、施耐德（Schneider）制铁厂（即克勒索金属加工厂［Le Creusot］），以及几乎所有的英格兰棉纺厂，都是家族商行，推动这一新经济发展的煤矿开采公司也是（但建造收税公路、开凿运河的公司有一部分不在此列）。一直要到1830年后，铁路建设如火如荼，才终于出现一项需要大量资金的产业，而由于投资后要等很久才能拿到获利，具法人身份的公司变得真正不可或缺。

即使在17世纪，需要大量耐心资本[1]的活动，仍是涉及欧洲境外的经济活动。搭船往返东亚一趟可能需要三年，如果合伙企业想将风险分散于数次航程，合伙人还得等更久才能拿到最后股利。但即使如此，都未使当时的公司具有永恒生命，例如与俄罗斯贸易的英格兰莫斯科公司（English Muscovy Company），就不具这一特色。此外，投资人普遍不愿接受公司具永恒生命的观念。由于股票市场还未发展完备，除非公司明订解散日期，否则投资人不知道自己能否拿回本金。部分因为这关系，荷属东印度公司受特许成立之初，具有的生命虽长但有限

---

[1] patient capital，即投资后需要耐心等待报酬的资金。——译注

（二十一年后停业清理），且强制其分发高股利。而亚洲商人从事的长
距离贸易，距离几乎和欧洲商人一样长，且在 18 世纪期间，在连接中
东、印度、东南亚、日本、中国的贸易路线上，往往还更胜欧洲人一
筹，但他们似乎不需要成立具法人身份的公司。

因此，什么因素促使公司转而必须拥有永久生命？一言以蔽之，
暴力。各个东印度公司不只拿到贸易的特许权，还拿到向葡萄牙人开
战的特许权，因为葡萄牙人创立了筑有防御工事的殖民地，且运用其
海军独占对亚洲的贸易；在美洲，各个西印度公司，也面临葡萄牙人、
西班牙人类似的独占主张（和强大得多的殖民地）。这些北欧国家理解
到，为相抗衡，他们得如法炮制，亦即占领土地，在其上兴筑防御工
事，武装船只以巡逻海域。但这表示得耗费大量的固定资本在要塞和
船舰，以及民生物资之类的营运资本上。（亚洲贸易商大体上不愿玩这
一套，而把重心放在欧洲人所无法遂行垄断的大片海域和沿岸上。因
此，他们的间接费用远更低，能够在欧洲人无法靠武力达成垄断的地
方，也就是除了一些位居战略要津的海峡以外的几乎任何地方，以比
欧洲人更低的价格卖出货物。）在美洲，贸易距离较短，但其他问题更
为棘手。在亚洲，筑有防御工事的欧洲人基地，可以从邻近高度商业
化的社会购买必需品、雇用人力，在美洲的基地则必须更加自给自足，
因而必须是具有生产性农业的不折不扣的殖民地，而这样的基地需要
花更久的时间来打造。

欧洲的海外风险事业需要在防卫上投注如此大的资本，若不引进
许多不相关的合伙人，根本无法遂行。而由于需要如此多的固定资本，
这类风险事业若没有非常庞大的贸易量以产生足够利润，根本不划算。
而非常庞大的贸易量，意味着得将非常庞大的营运资本绑在扣在海外

的存货上，以等待时机用存货换取货物卖回欧洲。事实上，替荷属东印度公司在亚洲建立帝国的科恩（Jan Pieterszon Coen），为了争取更多资金，和阿姆斯特丹的关系几乎是抗争不断。人在欧洲的董事会成员一再建议，宰制海上后，他可以借由劫掠，在不需更多资金的情况下，垄断运回欧洲的香料贸易；他响应道，劫掠阻碍贸易，公司就无法产生够大的贸易量以支付成本，即使他真达成垄断亦然。为清偿要塞的成本，就必须开辟全新的贸易路线，大大扩大其他路线，而那意味着需要更多资本和更大耐心。经过几年冲突，以及希望公司逐步缩小规模而不要扩大营运的股东的许多抗争，科恩和其继任者终于获胜：公司在二十一年后未停业清理，反倒再获特许，董事可在需要提高资本时自主降低发放的股利，荷兰投资人懂得如今日股东那样来行事。

当然，公司自行筹措保护成本这样的观念，维持不久。18世纪时战争成本剧增，英格兰、荷兰辖下的公司都不堪负荷而呈现不稳；他们试图将这些成本转嫁到他们所垄断的商品上，结果使他们大受排斥，且往往还遭走私贩子打击销路。（英国东印度公司在美国贩卖茶叶所面临的难题，只是其中最为人知的例子。）到了1830年代，这些公司全倒闭，它们的殖民地遭政府接收，就在这时，资本密集产业挂帅的新时代，也即将为它们所开创的那种公司，创造出更能一展所长的空间。

5.8 西印度群岛海盗——当年的企业狙击手

让人意外的是，海盗往往恪守道德经济。

他们不受官方法律的管辖，于是得自行打造法律，

供他们在海上和大陆上遵行。

海盗受人唾弃。今人视他们为野蛮、掠夺成性的独裁者，寄生虫和懒惰虫，"人面兽心"。他们是无法无天、寡廉鲜耻之徒。相对的，金融资本家常被视作有创意的才智之士，是将资源引入最应帮助的企业以提升生产力的人士。海盗威胁、蔑视讲究利润和财产的资本主义体制，而金融资本家则是该体制的守护天使，确保其顺利运作。但在许多例子里，这两者间的差异，其实没那么大。企业狙击手[1]，就和海盗一样，常将有变成乌有，拆除精心组合的结构，留下孤立无援、陷入绝境的受害者。企业狙击手和海盗一样，利用他人的钱图利自己。

但将现代的企业狙击手比拟为海盗，在某方面对海盗不公平。最近几十年的深入研究显示，16、17 和 18 世纪的海盗可供金融资本家借鉴的地方，其实不只在劫掠方面，还在人事关系上。让人意外的是，海盗往往恪守道德经济。他们不受官方法律的管辖，于是得自行打造

---

[1] corporate raider，试图借由大量买进某公司股份以接收该公司的个人或公司。——译注

法律，供他们在海上和大陆上遵行。

　　海上劫掠行为，存世已有数千年，且遍及世界大部分地区。谁是海盗，通常由海军军力最强大的强国来界定。据说有名响叮当的海盗曾告诉亚历山大大帝："你夺取了整个王国，而被誉为伟大帝王。我只夺取船只，只是个低下的海盗。"

　　16世纪，拜造船与航海技术之赐，国际贸易大为蓬勃，海盗业跟着更为兴盛。西班牙人在美洲发现金、银后，加勒比海地区的海盗业尤其发达。美洲早期的海盗，例如霍金斯（John Hawkins）、德雷克之类人物，试图侵入西班牙人掌控的加勒比海地区贩卖违禁品，结果遭拒，于是投身海上劫掠。英格兰与西班牙或荷兰与西班牙战争期间，私掠船获颁"捕拿（敌船或货物的）特许证"，使他们成为所属国家海军的志愿军。对这些16世纪的海上劫掠者而言，海上劫掠只是贸易与战争的延伸。商人替这些船所配备的装备，就和任何商业性冒险行动所配备的装备差不多，大部分战利品归股东。这时期的海盗无疑运用了掠夺性的贸易行为。

　　但17世纪中叶时，这些早期的商人海盗让位给西印度群岛海盗，他们不是地下的商业头子，不是替母国海军效命的兼职游击队。他们是由多种族、多民族所组成而具民主精神的海盗帮。最初，他们的成员是乘船失事上岸的人、逃脱的奴隶和罪犯、宗教上和政治上的难民，在西班牙岛（Hispaniola）上的偏远角落，靠行乞为生。他们不闹事，不危害社会，但西班牙总督无法忍受这些人不受其管辖，于是派兵剿捕。他们退到小岛托尔图加（Tortuga），创立"海岸兄弟会"（Brethren of the Coast），对所有西班牙人宣战。西印度群岛海盗与私掠船联手，让西班牙人损失惨重，不只迫使西班牙人耗费巨资成立跨洋护卫船队，

苏格兰海盗保罗·琼斯（Paul Jones）插画
（美国国会图书馆，Harris & Ewing 藏品）

沿海建造要塞，还夺下许多艘满载白银的西班牙大帆船，甚至洗劫了一些西班牙的主要港市，例如卡塔赫纳（Cartagena）、波托贝洛（Porto Bello）。西班牙人抛弃了他们所掌控的加勒比海地区大部分，而在大陆沿岸，为避免海盗威胁，西班牙人建造的城市至少距海八十公里。

西印度群岛海盗如何变得如此人多势众、锐不可当？因有许多英国、法国、荷兰的私掠船加入他们的行列。这些私掠船在战争结束后成为自讨生活的蹩脚佣兵，其活动不再受到帝制强权的容忍。他们这时的所作所为，就和先前担任私掠船时没有两样，只是他们逾越了区隔爱国、荣耀与海上劫掠、恶行的那条分界。但海盗与企业狙击手的不同之处，不只这点。

西印度群岛海盗实行合伙制，每个成员都是股东，利害与共。出发之前，所有成员拟出行为规章。成员根据海军素养和作战本事、博得尊敬与执行纪律的能力，公推出领袖。没有哪个人是靠有权有势的父母，或大学同窗情谊，或人在外地之投资人的远程操控，当上海盗船船长。海盗船船长决不独裁，这点与皇家海军不同。据某位观察家的记载："只有在自己也可能当上船长的条件下，他们才允许别人当船长。"规章由船员议会来执行。喝酒、赌博、嫖妓、鸡奸男童，在大部分海盗船上虽被允许，但有些反社会行为会遭严惩，例如私藏某些战利品会遭流放荒岛或处死。

西印度群岛海盗的冒险事业，基本上采合伙制。每个人所领的报酬多寡，都取决于他们所劫得的财物："没有猎物，就没有报酬"乃是他们的座右铭。一旦劫获财物，战利品分配给所有海盗，每人应得的份额经大家投票决定。通常船长领两份，有些职员，例如船医，领取一份半，其他人全领取一份。船归船员共同拥有（船通常是抢来的），因而不必像早期海盗那样将一部分收入付给欧洲国内的投资人。西印度群岛海盗施行自己的一套劳动价值理论，也有自己的一套伤残保险和寿险。丧失身体部位者，发予救济金，遗孀有时则可以继承已故海盗丈夫应得的那份战利品。

　　遭他们打劫的船只，若未抵抗，他们往往极善待掳获的船员和乘客。西印度群岛海盗会留下食物和船给他们，或送他们到安全的港口。但如果遭劫获船的船长曾虐待船员（常有的事），这些海盗会让该船长"得到应有的待遇"。受俘的船员往往更向往海盗的民主生活，因而跟着加入海盗行列。诚如打劫过四百艘船的海盗船船长罗伯茨（Bartholomew Roberts）所解释的，"老老实实替主人卖命，吃不饱，工资低，还做得要死要活；而在这里，富足，吃得饱，快乐又自在，自由又有权，既然做这一行的风险，最糟糕也不过是快窒息时一两个不快的表情，那么谁不愿意靠这个拼个跟债主平起平坐的机会？"

　　由此，我们看到了海盗与企业狙击手间的另一个不同之处。后者蔑视、解雇自己的船员，把狙击得手的船击沉，弃该船的船员和乘客死活于不顾，靠自来水笔而非剑来夺财。因此，这种人不担心遭吊死，赚饱了钱，就退回到他自己的加勒比海小岛，有法律为他服务的小岛。噢，要是海盗正义的年代重现于今日该有多好啊！

5.9 没有最糟，只有更糟：
奴隶制终结后的解放、契约仆役与殖民地种植园

废除奴隶制，

有部分是因为人们深信倚赖自由劳力不只有助于提升道德形象，

而且获利还会更高。

19世纪的西方社会，在观念上有了一独步全球的进步，即深信自由市场和人类自由通常不可分割。而这自由观念少数几项最光荣的成就之一，就是废除奴隶制：大英帝国于1833—1834年废除，美国于1865—1866年废除，其他地方则在19世纪的不同时期废除。许多人不计任何代价也要废除奴隶制，但其他人之所以赞同，有部分是因为他们深信倚赖自由劳力不只有助于提升道德形象，而且获利还会更高。但当事态的发展不如预期那么顺利时，奴隶制的废除（和涉及更广的劳工政策），就出现了奇怪的转变。

殖民地甘蔗园所带来的问题最大。英属加勒比海殖民地即将解放奴隶时，艾尔金勋爵（Lord Elgin）信心满满预言道，工资发放将使这些获得自由之身的奴隶工作更卖力，进而抛砖引玉，使全球各地的奴隶主跟着放下鞭子。但他大概不知道许多奴隶实际上的工作有多辛苦。在美国某些甘蔗园，奴隶一天吃下超过五千卡路里热量的食物，比攀登珠穆朗玛峰所要耗费的热量还高，却没有变胖。如果可以选择，他们什么都肯做，比如在无主的山坡地上耕种自给自足，或租个较好的

土地种作物卖给当地市场，或从事农业以外的职业，但就是不愿留在甘蔗园工作。（刚获自由之身而已成为"真正"一家之主的男人，往往特别不想让"他们的"女人到田里工作。）有些殖民地立法机构急于压低劳动成本，于是立法规定刚获解放的奴隶得在甘蔗园"见习"（尽管他们不需要人来教他们如何砍甘蔗）。殖民地当局深信，基于趋利避害的普世理性法则，人为了怕挨饿，自会卖力工作，在开支上精打细算，但接下来的几十年里，殖民地当局一再主张，唯有非洲人和非洲裔加勒比海人不适用这法则；因此，这些奴隶出身的人仍"需要"接受强制劳役，直到他们已成熟到可接受市场导向的世界为止。这观念一旦落实，跟着也被用在新殖民地上那些从不是奴隶的非洲人身上。于是，在南非纳塔尔（Natal）的矿区，在塞内加尔的道路上，在其他地方，强迫非洲人付出劳力，都成了合理的事。事实上，尽管许多非洲人就和非洲以外的许多人一样，不愿将竭尽所能地赚钱当作人生唯一目标，但还有许多非洲人之所以无意投身种植园，完全是因为他们自己正忙着生产本地市场所需的作物。20世纪初英国在南非的殖民地，就对此知之甚详，因而还禁止黑人小农种植市场作物，以保护白人殖民者的利益。

但这类措施所提供的劳力仍不敷所需，即使新、旧热带殖民地引进的契约仆役也是如此。两百多万契约仆役（以印度人、华人居多），被运到加勒比海、印度洋、夏威夷、东非的种植园。还有更多人前往东南亚，只是他们所签的工作契约，条件差异极大，因而很难断定到底有多少人可被视作"契约仆役"。一如北美殖民地初期前来北美讨生活的白人契约仆役，这些新契约仆役要贡献一定期限的劳力（通常是五年），以偿还船费；与那些白人不同的是，工作期满所能领到的额外奖赏，通常不是一块地，而是他们许多人所拒领的返乡船票。

从一开始，就有一些人称他们是"新奴隶"，而这样的称呼，既可说对，也可说不对。他们的工作有期限，有工资可领，且签了合约（但如今很难断定他们签约时对合约作何理解）。他们仍是具法律地位的人，而非私人财产，因而有些政府在一些重要方面明确规范他们应受的待遇。前往大英帝国的船和乘客，至少都得接受最低限度的健康检查，因而，这些航程的死亡率，只有从中国到古巴这一基本上未受管制的航程的三分之一。有些殖民地要求输入的劳工里有三分之一是女人，使契约仆役得以发展出更类似其他移民社群的聚居区。最重要的，只要是实行法律的地方，主人就较不可能非法延长契约仆役的工作期限或克扣工资（工资最后增长到几乎和欧洲较穷地区房屋构架工人一样高，而比印度或中国的同类工人工资高出许多）。但法律大体上仍是主人的工具，例如旷工可能入狱，因而他们很难称得上是"自由工"。

但对种植园主而言，以往实行奴隶制的好处，终究一去不复返。在英属加勒比海地区，他们常抱怨印度契约仆役的每日产能，几乎不及非洲奴隶的一半。即使将思乡对契约仆役的影响考虑在内，由此仍可以看出当年奴隶受到何等程度的压榨，以及强制劳役一旦受到限制，即使只是些许的限制，就如何不可能再现这种产能。到了1920年，中国、印度已禁止"苦力买卖"，契约仆役不再是招募劳工的合法方式（但直至今日这仍存在，只是转入地下）。契约仆役存在期间，有些人靠这赚了大钱，有些契约仆役也改善了生活。契约仆役无疑改变了非洲许多地区、美洲和其他地方的种族混合比例，但从另一个角度看，这种招募工人的方式注定要失败。而这失败提醒世人一个难堪的事实，即光称奴隶制为"落伍"，无法解决某些非常现代之企业（和它们的顾客、银行业者等人）倚赖强制性劳力的问题。

5.10 血腥象牙塔

撰文 / 茱莉娅·托皮克

> 象牙高贵细致的质感和半透明的外壳，
>
> 乃是数十万头象和数百万非洲人流血所换来的。

台球看来是个无害的休闲活动，是个与世界历史潮流几无关联的消遣。但 19 世纪滚动于台球桌上的球乃是用象牙制成。人类使用象牙已有长久历史，最初将其用于装饰的，是两万多年前的石器时代人，后来，古埃及人、米诺斯人（Minoan）、古希腊人，利用象牙雕制小雕像、首饰、神像。《圣经》中的所罗门王有一象牙制的王座。欧洲中世纪的教堂、神殿，饰有象牙像。

然后，工业革命为这古老的珍贵材料找到新用途，用于制作台球的球、钢琴琴键、小刀握把、棋子。象牙的价值和贸易量随之暴增。到 19 和 20 世纪之交，一年输入伦敦、安特卫普、汉堡、纽约的象牙超过一千吨。那些就着精致台布悠闲击球，后面还有人轻弹钢琴替他们伴奏的贵族，对象牙的来历其实有所不知。象牙高贵细致的质感和半透明的外壳，乃是数十万头象和数百万非洲人流血所换来的。象牙创造了殖民地。

在重商主义时期，比利时这个小国未曾建立任何殖民地，利奥波德二世（Leopold Ⅱ）上任后，一心想替比利时开辟殖民地，而他知

道若想取得领土，就得将目标指向非洲，因为非洲是唯一一个只有极
小部分遭欧洲强权殖民的大陆。非洲整个陆地面积的八成，当时仍
受原住领袖统治，使非洲成为"正适合征服"的大陆。通过一连串
精明的外交手段，他将刚果地区纳入掌控。诚如霍克希尔德（Adam
Hochschild）在最近某一研究中所说，"如果他想在取得非洲领土上有
所斩获，就得让每个人相信他完全无私心才可能如愿。"在这个无比嘲
讽而悲惨的历史一刻，他在欧洲那些推动废除奴隶买卖的人士里找到
了盟友！但他所追求的和那些人士的目标正好相反，他是要在国际人
口买卖已几乎绝迹之后，在非洲重振奴隶买卖。

　　许多欧洲大国政府已通过签订条约和公开宣示禁止奴隶买卖，但
非法的奴隶买卖仍非常猖獗，利奥波德公开表示对此事的忧心，借此
首度表露他对非洲的关注。利奥波德宣称，派遣部队到非洲肃清奴隶
贩子，乃是为了协助保护非洲人，并宣称他有心推动刚果现代化。他
创设了国际非洲协会（International African Association），以打开进入非
洲内陆的通道，进而建造医院、科学研究站、绥靖基地。该协会据称
欲促成不同部落间的和平相处，带给他们公平公正的仲裁，以废除奴
隶买卖。利奥波德让世人相信，他这么做纯粹出于慈善之心。

　　但慈善得不到报酬，且靠慈善来维持一殖民地，力量太薄弱。利
奥波德的目光转向该地区丰沛的象牙来源，即受热带森林保护的象群。
但欲开采象牙，得先掌控该地区。

　　利奥波德于 1879 年开始运用非洲佣兵，控制刚果人、俾格米人
（Pygmy，即矮黑人）、昆达人（Kunda），以及其他没有土地所有权观
念的民族。他们无法理解，他们所世居数千年的土地，竟可以归某人
所有。1888 年，利奥波德将其佣兵组成"官军"（Force Publique），下

图为无法完成橡胶收割配额的刚果劳工，被比利时殖民者砍断手臂以作惩罚

面再分成数支小部队，每支小部队通常由数十名黑人士兵组成，而由一两名白人军官统辖。一批替比利时政府效命的白种人，负责强拉民夫入"官军"，捕捉壮丁充当工人，利奥波德根据他们所强拉、捕捉的人数颁予他们奖金。这批白人上缴他们所谓的"心甘情愿而积极肯干"的工人时，通常替他们上了脚镣手铐。

利奥波德统治其殖民地，大部分倚靠军力。他分隔出数小块地区，让积极肯干的白人全权管理各地区居民。利奥波德放手让白人管理各地区，一次为期数个月；士兵虐待刚果人，几未受惩罚。

当地原住民受到残酷对待。白人顺刚果河而下时，会射杀岸边的隆达人（Lunda）或蒙戈人（Mongo）取乐。他们深信原住民只是动物，较劣等且不具人类情感，因此，虐杀他们不算伤天害理。在刚果，惩罚俘虏的常见方式，乃是鞭打，用链条将他们拴在地上，连续抽打三十下，有时还更多；有时则割下耳朵或砍掉手脚。

　　原住刚果人和隆达人乖乖听话后，利奥波德开始将有人居和无人居的土地（以及其上的任何东西），视为他的财产。他的士兵杀大象，留下一堆堆象尸，非洲人则被迫背运象牙。这个口口声声主张废除奴隶制的国王，靠奴隶制大发其财，却将那地方无情地称为刚果自由邦。象牙和农产品装满船运到比利时，但回程船抵达刚果时，船上几乎空无一物，因为非洲的工人没有工资可领。比利时人为了取得台球弹子和钢琴键的制作材料，剥削了刚果的资源。这是偷窃，而非开发。

　　利奥波德以正义为幌子，征服了刚果地区。他大声疾呼保障公民权，废除奴隶制这一暴行，却以铁腕统治该地。五百万至八百万非洲人和数十万头遇害大象，在刚果河沿岸所流下的鲜血，这位国王未曾看见。于是，愈来愈多弹子，滚动在纽约、伦敦、安特卫普的高雅台球厅里。

5.11 非洲如何抵制帝国主义：埃塞俄比亚与世界经济

> 埃塞俄比亚其实已沦为殖民地，
> 但在此开拓者有一部分是内陆的本土
> 阿姆哈拉人和提格里人。

在现代早期，非洲与世界经济有点疏远，只通过有害无益的奴隶贸易与世界经济搭上点关系，但在 19 世纪下半叶遭西欧列强占据时，这块大陆与世界经济的关系密切了许多。北方的工业革命和运输革命，催生出苏伊士运河和极欲在非洲建立殖民地的心态。1884 年，柏林会议瓜分这块大陆，开启"瓜分非洲"（scramble for Africa）的时代后，这一欲望更为强烈。而在欧洲人的这波猛攻中，有个国家保住了独立地位，成为非洲反殖民主义的支柱——埃塞俄比亚。埃塞俄比亚的邻邦索马里、肯尼亚、苏丹、埃及都已沦为意大利人、法国人、英国人和更早时奥斯曼土耳其人的殖民地，但埃塞俄比亚仍未遭外国占领（若不论 1870 年代埃及人和土耳其人在哈拉尔［Harrar］的短暂占领但后来撤出，以及 1936—1941 年意大利人的征服未遂的话）。20 世纪，埃塞俄比亚皇帝海尔·塞拉西（Haile Selassie）——1930 年即位之前人称拉斯·塔法里（Ras Tafari）——谴责意大利对埃塞俄比亚的短暂征服，受到国际联盟（League of Nations）的大加赞扬，因而登上美国《时代》杂志封面，封面人像底下配有图说"万王之王"。差不多同一时候，他开始受到另一种国际肯定，以牙买加为大本营的拉斯·塔法里团体对他崇敬有加（如今亦然），视他为上帝或耶稣，认为埃塞俄比亚是《圣经》中不受"巴比伦"（欧洲文明）摆布的"锡安"（Zion）。在位长达四十年的塞拉西，因抵抗欧洲殖民主义的成就而甚受其他非洲国家元首敬重，1963 年获选为非洲统一组织（Organization of African Unity）的第一任主席。为何独独埃塞俄比亚和塞拉西能在欧洲人征服非洲的狂潮下屹立不摇？埃塞俄比亚有何与众不同之处？它如何保住了独立自主之身？

最常见的答案是，埃塞俄比亚是个有三千年王朝历史的文明古国，这一悠久文明赋予它特殊优势，得以抵住外国侵略，借由诉诸传统使国家不受外来控制。有人则认定是因为皇帝塞拉西乃天纵英明的领导人，一心追求独立自主和现代化。然而这些解释再怎么言之有理，其实都有待商榷。

这个文明古国的确很早就为欧洲人所知。希腊地理学家希罗多德在一张公元前 5 世纪的地图上列出几个非洲地名，埃塞俄比亚就是其中之一，荷马则提到埃塞俄比亚人住在世界的另一端。这不只反映了两地人民之间的认识和商业交流，也反映了一方的偏见：埃塞俄比亚一词意为"晒黑的脸"，借此把非洲人和肤色较浅的北方人区隔开来。不久，"埃塞俄比亚"一词就被用来代表非洲所有民族，好似整个非洲大陆住着同样的人。

埃塞俄比亚不只国名悠久，也宣称立国悠久。海尔·塞拉西自称上承一连绵不断的世系，传到他已二百二十五代，源自三千年前的孟尼利克一世（Menelik I），即《圣经》中所罗门王和（据说是埃塞俄比亚人的）示巴女王的儿子。除了这一犹太传承，埃塞俄比亚也是世上最早接纳基督教的地方之一（公元 350 年左右，其国王皈依了基督教）。非洲境内有基督教王国一事，约八百年后由十字军在欧洲境内传播出去，当时十字军从巴勒斯坦带回约翰长老（Prester John）的故事，说此人是位虔诚的基督徒君主，统治一富裕国度，该国的人民散发着异国气息、热爱和平、不作奸犯科、团结一心。于是，对埃塞俄比亚的正面看法，在欧洲人的脑海里伫留了颇长时间。

有些欧洲人和北美人对这个文明古国的确没那么敬畏；开拓殖民地者和冒险家往往把埃塞俄比亚归入"最黑暗非洲"（Darkest Africa），认为埃塞俄比亚人和其他非洲人没有两样，都是未受历史进步之风吹拂的原始人。但古埃塞俄比亚并非"最黑暗非洲"，在我们今日称为埃塞俄比亚的这块土地，其人民并未离群索居于偏远僻静的山区，而是老早就拿兽皮、长牙、麝香、黄金之类的天然产物与外人做买卖，商业足迹广及尼罗河更下游、北边红海对岸、阿拉伯海沿岸，还进入波斯湾，达印度洋彼岸。他们与埃及人、希腊人、罗马人、阿拉伯人、波斯人、印度人有密切的商业往来，与中国有间接的贸易关系。

但埃塞俄比亚人早早就加入地中海、印度洋商业网络一事，并未能解释他们为何顶住了 19 世纪欧洲殖民主义的进逼。埃塞俄比亚高原的许多地方，在穆罕默德出生约两百年后，红海对岸也门境内的穆斯林开始占据非洲沿海地区时，与印度洋、地中海的商业世界断绝了往来；到 15 世纪，这些穆斯林已建立具备一切国家要素的政权。信奉基督教的内陆高原，人称阿比西尼亚（Abyssinia），走上闭关自守之路，不理会外部世界。

那么，解释埃塞俄比亚为何能保住独立地位的那些常见说法，还有什么地方说不通？其实，在 20 世纪初期"埃塞俄比亚"一名重新出现之前，并没有所谓的埃塞俄比亚；今日埃塞俄比亚的国土上，过去林立着至少七十种语言、八十个族群和数十种宗教，未形成统一的国家。过去的埃塞俄比亚分成三大区域：位于中部和西部、信仰基督教的高原区，被称作阿比西尼亚，此区境内又分为许多彼此争斗不休的王国和公国；南部地区，泛称奥罗莫（Oromia），住着许多放牧为生的族群，于 16 世纪从索马里和肯尼亚入侵，信奉传统宗教；位于东部哈拉吉（Hararge）和厄立特里亚（Eritrea）的穆斯林区。过去的"埃塞俄比亚"并非一统的君主国，反倒受苦于封建分裂、军人掌权，以及有钱的教会喜好投建教堂和隐修院而非公共工程的作风。经济四分五裂，因内部纷争、领土遭占领、宗教圣战而难以壮大，且外来的土耳其、埃及、欧洲帝国主义者进场，又加剧了圣战。

如果悠久历史和人民同质的说法，未能解释埃塞俄比亚为何顶得住殖民主义，那么埃塞俄比亚的富饶一说行吗？欧洲人把约翰长老统治的王国想象为非常富裕之国，但其实这是个没有银行的国度，以食盐为货币，运输速度慢得叫人头疼。行走缓慢的旅行队，从内陆到海岸，得穿过时时有土匪出来拦路索要过路费的地区，可能要花上一年才能抵达。只有很值钱的物品才禁得起这样的成本和延宕。有位基督徒公爵，名叫拉斯迈可（Ras Michael），为阿比西尼亚境内形同没有贸易一事，提供了最深刻——且最让人难过——的解释。1810 年，他款待英国旅行家亨利·索尔特（Henry Salt）——第一位来到他宫廷的英国特使——"表示他极想竭尽所能促进与英国的交往"，但又担心英国商人"从事如此不牢靠的贸易（会亏本）；尤其是因为阿比西尼亚人不大熟悉商业交易，诸省局势不靖，从内陆带来的黄金和其他货物无法正常流通，使他更加担心"。这位公爵推断，即使他的政府能平息内战，剿灭领地上的盗匪，穆斯林在红海的海军优势仍会使海外货物无法靠岸。

那么，在这些前景特别黯淡、似乎已为殖民征服准备好条件的情势下，埃塞俄比亚人怎有办法缔造一个民族国家和堪称出口型经济的经济体？答案在于，埃塞俄比亚其实已沦为殖民地，但在此开拓者，有一部分是内陆的本土阿姆哈拉人（Amharas）和提格里人（Tigrayans）。这两个民族于1875和1876年打败埃及人，1896年在阿杜瓦（Adwa）打败意大利人，大体上征服了奥罗莫人（Oromos）、锡达莫人（Sidamos）、索马里人之类的邻族。1872年后组建民族国家的历任埃塞俄比亚皇帝，约翰四世（Yohannes IV）、孟尼利克二世和海尔·塞拉西，乃是在与欧洲人合作下完成大业。但这需要细腻且战战兢兢的周旋才得以成功，因为欧洲人打的算盘是征服埃塞俄比亚，而非协助埃塞俄比亚。

与欧洲人的合作采取两种方式：购买现代武器和弹药以打造强大的陆军，从而需要增加出口和改善运输系统；挑动欧洲列强互斗以从中得利。这两种做法都有风险，都需要让步——邻邦索马里苏丹国的统治者也发现了这个道理。欧洲人宣称只想要港口、加煤站和借以终结索马里地区（Somalias，今日的索马里当时分属英、法、意三国所有）蓄奴的驻军，但随着橡胶、咖啡之类的新商品变成重要出口品，欧洲人有了别的企图。1870年代起，诸索马里苏丹国与欧洲人缔结友好条约，成为欧洲列强的受保护国，最后则沦为意、法、英的殖民地。

意大利人在埃塞俄比亚祭出同样手法，但皇帝孟尼利克二世让其无法得逞。他打出彼此有点矛盾的双重攻势：既强化封建主从关系，也追求现代化。为保卫初初打造成的国度，这位皇帝继续征伐邻近部族和王国。孟尼利克的军队运用欧洲现代武器并承诺给予土地、子民、奴隶以收买军阀，把阿比西尼亚的疆界往南、往西推了甚远，征服了哈拉吉之类重要的穆斯林据点，打败了半游牧的奥罗莫人，并收买了其他信奉基督教的小国君主。

这场战役以埃塞俄比亚不受外人摆布为目标，夺取了广大土地，终结了共有财产，使被征服者沦为奴隶，受征服他们的军人、贵族乃至教士控制。这批新夺取的土地，有一些被辟为咖啡园，生产咖啡豆供出口。咖啡树起源于埃塞俄比亚，却直到孟尼利克、海尔·塞拉西的军队先后征服咖啡豆产区，把它们的产品输到海外，埃塞俄比亚的咖啡豆出口才趋于大量。讽刺的是，现代、进步的武器和铁路，在电报的加持下，有助于保卫国家，使其不致落入帝国主义者之手，但同样是这些东西，最初却强化并改变了该国古老的蓄奴制。埃塞俄比亚过去的蓄奴制，使数百万人离不开境内的封建领主，使另外数百万人远赴异国从事厨师、搬运工、军人这些服务性工作，并提供主子基本的维生食物和薪材，而"现代"蓄奴制则使埃塞俄比亚奴隶首度开始从事商品生产，尤其是咖啡豆生产。

这称不上反殖民政策，因为它是不折不扣的内部拓殖计划。它堪称反欧举动，因为出口收益有一部分用于国防，但这样的反欧并不牢靠。为了扩张，孟尼利克最初不得不与欧洲列强签署协议。意大利人利用其与埃塞俄比亚签署的条约取得红海边的厄立特里亚，并据此条约宣称埃塞俄比亚全境受其保护。孟尼利克的因应之道，乃是找上与意大利互别苗头的帝国主义强权——法国，批准该国兴建埃塞俄比亚的第一条铁路。这条铁路长约784公里，连接埃塞俄比亚新首都亚的斯亚贝巴（Addis Ababa）和法国在红海的港口吉布提（Djibouti）。英

国人和法国人供应的军火，使埃塞俄比亚部队得以挫败 1896 年意大利
对阿杜瓦的进攻，现代非洲军队击败实力可观的欧洲军队，这是头一
遭。四十年后，法西斯意大利军队再度进犯，从其位于厄立特里亚和
索马里的殖民地入侵，将埃塞俄比亚全境纳入意属大索马里（Greater
Italian Somalia），迫使继孟尼利克之后登上皇位的塞拉西暂时流亡。
1941 年，塞拉西结束流亡，但靠的是来自非洲和印度的英国殖民地部
队与埃塞俄比亚人联手赶走意大利人，才得以返国。

海尔·塞拉西"追求现代化者"（modernizer）的形象也令人存疑。
这位埃塞俄比亚解放英雄，在 1942 年，即在位第十三年，才明令废除
蓄奴。而官方落实法令，让奴隶享有真正的自由，又过了更久才实现。
废除蓄奴既出于国外压力，也出于国内政治考虑。欧洲人在 19 世纪就
基于道德因素和经济效率方面的考虑，力促废除蓄奴，而本身养了许
多奴隶的孟尼利克和海尔·塞拉西，想削弱不服中央政府命令的蓄奴
地主的自主性，于是下令废除蓄奴。

英国人援助埃塞俄比亚时并非全然没有私心。他们希望将埃塞俄
比亚纳为他们非洲帝国里的另一个殖民地，但事与愿违。二战造成的
惊人伤亡和破坏，以及大英帝国各地风起云涌的民族主义，导致大英
帝国和殖民主义的衰亡，而美国、苏联则崛起为世界级强权。

海尔·塞拉西因终于废除蓄奴和继续操弄列强互斗而从中得利，
以保住国家主权而受到赞扬。到 1960 年代，他已是在位最久的国家元
首，国际威望崇隆。但在国内，改革的迟缓引发一起兵变，1974 年他
被拉下台，来年去世（或遭暗杀身亡）。

他所留下的国家保住了主权和厄立特里亚以外的疆土。经过三十
年战争，厄立特里亚终于在 1993 年独立。但埃塞俄比亚的成就，有赖

于一开始强化地主、教会、军方的权力，广大农民的利益则在这一过程中被牺牲。现代经济建制慢慢才进入该国，出口部门颇为活络。尤其是咖啡豆，成为该国赖以立足于国际的命脉，占到该国出口额的一半以上。一如后来在非、美、亚三洲其他咖啡豆产区所发生的，咖啡最初带来的现代化，改变非常缓慢。孟尼利克承诺废除蓄奴，却与贵族结盟，强化并确立封建制度，同时维持蓄奴制。安哈拉族军官、贵族和教会官员获得对卡佛（Kaffe）、奥罗莫、锡达莫等南方诸地的控制权。封建的租佃关系出现，取代盛行已久的传统共有土地制。至少三分之一的产量被不事生产的土地所有者、教会官员和政府官员，以地租的形态搜括走，而这些人对增加农产量一事兴味索然。土地所有者和佃农对基础设施的投资都不多。咖啡树种植大部分属小规模自给农业，在贫瘠地区有些半野生的咖啡树。史学家戴维·麦克柯里兰（David McClellan）指出，"资本主义在它最管用、最能发挥效率的地方冒出，却是在那里的新版封建制结构内被运用。"海尔·塞拉西于统治四十年后被推翻，彼时这一说法仍然适用，埃塞俄比亚遭逢可怕的饥荒，卫生和教育方面的统计数据仍然低得惊人。表面上看，埃塞俄比亚似乎明显不同于沦为殖民地的非洲地区，其实欧洲殖民列强在此的参与和给埃塞俄比亚人民带来的后果，与沦为殖民地的非洲地区差异并不大。世界经济并未善待埃塞俄比亚人民。

5.12 只此一次：罗森费尔德家族传奇

过去，纵横各大洲的企业，得以凝聚不散，

靠的是血缘关系，

而非不具人格的股票。

在具法人地位的公司问世之前，合伙是最主要的商业组织形式。纵横各大洲的企业，得以凝聚不散，靠的是血缘关系，而非不具人格的股票。被居多数的族群视为"外来者"的少数族群，往往形成专门从事特定行业的封闭社群。外来者身份使他们得以游走于不同族群间，但也使他们易成为民族主义者、种族主义者攻击的对象。

就拿塞缪尔·罗森费尔德父子公司（Samuel Rosenfelder und Sohn）来说，这家贸易行总部设在欧洲的毛皮之都莱比锡，创立者塞缪尔·罗森费尔德于 1820 年代生于德国的诺德林根（Nordlingen）。他最初只是个小贩，每天凌晨三点前起床，前往周遭农场，趁农民下田干活之前与他们交易。他向他们买进多余的牛皮或他们所求售的任何兽皮，然后转卖给工厂。这些农民养牲畜，种庄稼，大部分供自己食用，因而他在每个农家即便能买到兽皮，数量也不多。塞缪尔日子过得很刻苦，直到去世时仍极节俭。他坐火车时搭三等车厢，住小公寓，没租办公室，而是在街头做生意。

19 世纪中叶，塞缪尔孤注一掷，搬到欧洲的毛皮之都莱比锡。在那里，他窥见国际毛皮贸易的动态。在合成材料和高效率暖气技术问世之前，在貂皮大衣、海狸皮帽仍风行的年代，各式各样的毛皮、兽皮需求极大。许多较珍奇的动物仍靠设陷阱捕捉，但人工饲养取其毛皮，已渐成趋势。长毛皮动物的自然分布状态，使每个国家各有不同的毛皮特产，从而助长国际贸易。

在全欧各地商人云集的莱比锡大型交易会上，塞缪尔首度结识了其他地方的商人。他在那里建立的人脉，使他在其他市场取得信用。于是他派儿子马克斯（Max）为代表到国外（日后马克斯将继承这家莱比锡公司），他的另一个儿子阿道夫（Adolf）则搬到巴黎，自己开设毛皮公司，与这家德国公司仍有贸易往来。（诚如后面会看到的，家族关系的向心力如磁石一样大。）俄罗斯诺夫哥罗德（Novgorod）的大型交易会，提供了供制作高贵毛皮大衣的狐狸皮、貂皮、紫貂皮、鼬皮。在土耳其的伊兹密尔（Ismir），塞缪尔买进数千张供制作手套的狗皮、猫皮（一般认为猫皮能治气喘）。兔皮则来自意大利、西班牙、澳大利亚和阿根廷。

最初，罗森费尔德只是生产者与制造商间的中间人。毛皮、兽皮生意的荣枯易受时尚、气候、疾病影响，因此，他大部分利润的赚取，靠的是囤积居奇、等待好价钱时卖出，而非靠着薄利多销的有效率经营模式。有时这办法很管用。1920 年代，该公司大量买进非洲猴皮，不久猴皮销路大好，借此赚了大笔钱。

渐渐地，他的公司也开始从事毛皮清洗、将兽皮分类、制成皮革的业务，为此雇用了十余名员工。但该公司基本上仍是中型的贸易行。20 世纪初，该公司的经营核心是马克斯和他的三个儿子费利克斯（Felix）、古斯塔夫（Gustav）、尤金（Eugene）。他们年纪轻轻就接下赴欧洲各地参加交易会的工作。后来父子间出现争执，三个儿子出去创业，开设商行，但他们的商行取了和原商行一样的名字"罗斯费尔德"，这想必会把客户搞糊涂。古斯塔夫和罗森费尔德父子公司仍有往来，但是远距往来。他于 1920 年代前往阿根廷，投资兔子和无尾刺豚鼠（南美大型啮齿类动物），然后迁居美国康涅狄格州的丹伯里（Danbury），当时美国境内最大的帽子产地。（该镇镇郊立有一大告示板，上面写着"丹伯里盖住天下人的头"。）古斯塔夫在这里开设自己的公司。他将业务由毛皮扩大到兽毛，设立联邦毛皮公司（Federal Fur Company）。他将残余的兽毛卖掉，供人和羊毛一起纺成纱，制作高级衣物。他的姻亲罗格（Gustav Rogger），1931 年在伦敦开分公司，后来转交儿子沃尔特（Walter）经营，罗格自己则返回莱比锡。

欧洲几度遭逢危机时，该公司有时生意兴隆。例如第一次世界大战时，罗森费尔德公司卖俄罗斯羔羊皮与绵羊皮给德国国防军（Wehrmacht），赚了大笔钱。但这场战争也使该家族陷入分裂。人在法国的阿道夫，因为娶妻，成为法国贵族阶层一员，隐藏自己的犹太人出身，为法国打仗，但马克斯支持德军。战后，两兄弟几年不讲话。

相较于纳粹在德国掌权后该公司所面临的危机，这只是小问题。费利克斯心知纳粹当权后，犹太人前途堪虑，于是前往美国（尤金这时已死），催促亲戚罗格将该公司资产移出德国。这并不容易，因为德国政府禁止犹太人带钱出境。罗格照理应以低于行情的价格，将上等毛皮送到美国的古斯塔夫·罗森费尔德手里，到了美国，自然会有利润产生。不幸的是，罗格不知这计划，一心欲获利的他，一如任何有生意头脑者，将劣等毛皮送到美国，以便在德国获取更大利润。更不幸的是，罗格还来不及清理资产，就被送进集中营。

所幸，与美国的关系救了他一命。该公司犹太职员阿克曼（Joe Ackerman）勇气过人，租了一辆大黑头车，车头挂上醒目的美国国旗，大刺刺开进集中营，坚持求见指挥官。他几近狂妄的自信和沉稳笃定，使指挥官终于同意见他，然后他用钱疏通，让罗格获释，罗格最后前往美国。罗森费尔德父子公司从此不再是德国公司。家族成员逃往英格兰、以色列、瑞典、秘鲁、阿根廷、美国。公司本身分裂，散居各地的趋势，因政治上的种族歧视而更为加快。

第二次世界大战后，古斯塔夫·罗森费尔德继续经营其公司一些年，将用来制作毛毡的兽毛卖给史泰森（Stetson）毡帽公司。但合成材料开始取代天然皮，皮裘和皮帽逐渐不再流行。到了1940年代末期，该公司停业，卖给竞争公司。为重振该家族的毛皮生意，古斯塔夫的两个外甥库尔特·乔皮克（Kurt Tschopik）、弗雷德·乔皮克（Fred Tschopik）做了最后努力。1947年，他们两人买下洛杉矶的斯宾塞兔子公司（Spencer Rabbit Company）。该公司宰杀兔子，贩卖干兔皮和兔肉干。但到了1953年，他们也退出兽皮业，库尔特成为房地产经纪人，弗雷德成为大学教授。如今，塞缪尔·罗森费尔德的后代散居全球各地；但没有人继续从事曾让他们家族四代人投入，而业务涵盖三大洲的那个行业。罗森费尔德父子公司，被国际市场、世界历史的潮流冲散瓦解。长久以来备受他们珍视的家族关系、种族关系，促成该家族事业的覆灭和某些成员的丧命。但后人记得他们的事迹。

VI

打造现代市场

Making Modern Markets

贸易所打造出来的世界经济，

显然是一种复杂的社会现象，

这现象不必然将利益最大化，

不必然符合新古典经济学的法则，

甚至不必然遵守许多人称为常识的东西。

　　真正的世界经济，乃是有庞大货物、资本、技术游走世界各地的经济，而这种经济要诞生，法律和习惯行为必须变得更可预测且为普世所奉行。观念上的主要改变，乃是标准化和人与人之间的关系不涉人情。要将自给自足式的生产和使用价值的交换，大幅转变成受市场驱动的货物、利润观，需要一些重大改变。欲让人觉得世界经济的存在"理所当然"，且鼓舞人在世界经济里贩卖获利，需要新的国际体制和观念革命。世界经济所涉及的观念，已根深蒂固于我们的日常生活中，因而我们觉得它们的存在天经地义，无法相信它们是社会所创造的。这些观念包括：时间是货物，黄金是金钱，是评价万物的依据，是一以贯之的可通用的标准和度量衡、神圣不可侵犯的财产权、股份有限公司、包装产品、公司商标。两百年前，这些观念大部分都还是世人所陌生的。每个观念都涉及意识形态、社会习俗、政治斗争，以及历史进程。

　　诚如先前已介绍过的，在货币问世之前，已有大量的长距离贸易，但对从事世界贸易者而言，货币使世界转动，仍是颠扑不破的真理。当然，在有史以来的大部分时期，人类对于何者构成货币，没有共识。甚至，早期的交易就和巴西戈塔卡人的交易方式差不多，亦即一物换一物，面对面实物交易。货币乃是价值的象征，其重要性主要在于可用来购买东西，而非其固有的使用价值，但货币的诞生很缓慢。对美国西北地区的原住民而言，货币曾是贝壳；对阿兹特克人而言，货币曾是可可豆。在俄罗斯部分地区，茶砖曾充当货币，但在许多地方，曾拿盐当货币。在萨尔瓦多之类未充分货币化的社会，据说还曾拿肥皂和臭蛋充当货币（用臭蛋积累大量财富，实在无法想象）。但贝壳与可可豆间该如何换算？

随着不同民族间的货币兑换问题日趋严重，久而久之，金和银成为最主要的价值象征。金、银的价值是否是固有的，它们是因为出现和有用而成为大家所渴望拥有的商品（马克思称此现象为商品拜物教），还是因为它们本身体现了价值，关于这点，各界看法非常分歧，但无论如何，国际贸易商愈来愈接受它们。从中国、印度到非洲、欧洲、美洲，很早以前就都认定金、银是有价值之物。

诚如 6.1 节所探讨的，由于墨西哥比索作为全球最强势货币将近两百年，确定货币价值一事，因此变得简单。墨西哥、秘鲁的丰富矿脉，以前所未有的方式将全球商业货币化。白银从美洲流向欧、亚、非洲。但 19 世纪时，各地陆续发现藏量巨大的金矿，随之出现一个问题。首先是在加利福尼亚发现（见 4.4 节），继之以澳大利亚、南非、阿拉斯加。花了超过半世纪的时间，白银对黄金的相对价值，人类才获致共识，并将该价值确定在各国货币上。直到第二次世界大战后，金本位制才废除。

货币的发明和货币等价的确立，只是世界经济迈向整合的诸多步骤中的两个。在其他度量衡和贸易工具上获致共识，也不可或缺。19世纪的公制革命（见 6.2 节），乃是普世奉行、固定不变之度量制得以创立的必要条件。因地而异的度量制，凸显了各地的习俗和主权，终究不敌国际贸易与国家力量的同质化威力，纷纷改采公制。自此，阿姆斯特丹或纽约的贸易商，知道自己在秘鲁买了多少鸟粪，而不必去猜测用的是什么计量单位。人类最终走向商品化，走向为销售而生产货物，走向能借由将货物的属性量化，以将某货物转换成某数量的另一种货物，这是关键一步。这也使那些向来善于使用地方度量衡的地方商人，势力受到削弱。

1900 年国际谷物市场的创立，更进一步阐明了商品化过程（见 6.4 节）。铁路载货用起卸机，使美国或阿根廷许多农民的小麦同质化，因为他们的小麦全被凑在一块。海运革命使原本各自为政的亚洲稻米市场整合为一。印度种稻地区的居民，平常都买米为食，但如今，碰到旱灾时，他们可以改买价格更便宜的小麦。稻米的国际价格首度影响小麦价格，从而创造出综合性的谷物市场。人们可以思索、计算欲购买某数量的小麦，需要多少米。因此，加拿大萨斯喀彻温省（Saskatchewan）小麦的收成多寡，会影响中国四川省的稻农。

19 世纪的运输革命不只影响货物的价格和可互换性，还影响时间本身。人类订出时辰已有数千年历史，但都是根据各地太阳的位置来确定时辰。只要人、货移动缓慢，时间仍不是金钱，再多样的时区都不构成问题。但 1870 年美国境内有约三百个不同时区和八十个不同的铁路时刻表（见 6.5 节），严重影响了铁路营运。让两列火车在同一时间同一地点行驶于铁轨上，既损利润又极危险，于是各铁路公司于 1883 年会商，确立全国的时区。随着欧洲跨国铁路的出现和 19 世纪后半叶电报的问世，确立国际共同认可的时区成为当务之急。

时间不只标准化，随着期货商品的问世，时间还在 19 世纪时商品化。谷物的商品化（见 6.4 节），最初限于现存的谷物。但不久，想靠期货来筹钱的农民，还有想靠期货做投机生意兼防范因价格剧烈变动而遭受损失的商人，开始拿预期会生产的作物来销售。从此，全球各大市场的商人，不只购买数千公里外的商品，还购买尚未问世的货物。

通过书面单据买进尚未收成之作物的所有权，商人似乎不觉得有什么特别奇怪的，而这有部分是因为他们已将公司股票的观念确立为商业文化的一环。5.7 节"法人企业的粗暴诞生"，探讨过不具人格性之股份公司，如何彻底脱离原来大行其道的合伙商行。投资人可以买下公司，甚至接收公司或卖掉公司股票，过程中未与任何股东见面。公司本身比其所有者还重要，且能活得比他们久。股东的个人声誉和看法，甚至不值一顾。股东的义务多寡，完全取决于其所拥有的股票多寡。

讽刺的是，股票这种不具人格性的东西，乃是资产阶级最初赖以社交互动的诸多场所中的一种所催生出来的。17 世纪伦敦的咖啡馆（见 3.4 节），是最早的男人俱乐部之一，是组织政党的最早场所之一，并成为最早的股票市场、商品交易所、保险公司。咖啡馆的生意推动了商业发展。

不只法人团体为了让自己得以在股票市场被人买卖而发展出自己的法律身份和生命，债券亦然。借钱当然是存在已久的行为，《圣经》上就有记载。但在债券问世之前，借贷通常是由商人或银行借钱给个别借款人或统治者（见 6.3 节关于罗斯柴尔德家族的内容）。19 世纪，债券问世。政府、金融机构或公司发行债券举债，投资人买进债券，即持有发行者的债务（而非股票之类的资产），一段期间后，发行人得将债务连本带利偿还投资人。债券可以由与原始买卖无关的第三方买进、卖出，这点与先前的债务不同。政府喜欢这种借款方式（即发行公债），因为此举把责任分摊给众多放款人，也让政府控制住那些放款人：随着美洲和其他地方新成立的政府想利用欧洲境内的资本市场，随着富有的欧洲人想方设法在风险最低的情况下趁机牟利，这种借款方式变得愈来愈重要（见 6.7 节）。

虽有这样的安排，债券还是有可能因为无法还本付息而作废，有时且造成深远后果。1860 年代墨西哥皇帝马克西米利安（Maximilian）

所发行的小蓝债券就是一例。墨西哥人把这位入侵的欧洲人赶走之后，不想偿还此债券的本息。结果，这场纷争未靠市场的供需机制解决，靠六个国家在国际上长达五十年的外交运作，才让小蓝债券寿终正寝。

债券曾长期属国际银行（以家族为中心的合伙商行）的禁脔，但诚如小蓝债券传奇所彰显的，19世纪末期，股份公司银行开始入侵这块市场。与此同时，不只是新公司挤进了全球金融家的俱乐部：还有像柏林、纽约和（更晚进场的）东京这样的新兴市场。

在国际金融领域一直不敌欧洲银行竞争的美国银行，开始进场较量。小蓝债券的结算，为美国资本家打开了进入墨西哥的缺口，使墨西哥成为美国法人团体的实验场，且这些法人团体的老板往往是金融资本家（见6.6节）。美国银行家在国界之南发展顺利且在中国取得立足点（尽管不稳固），然后在第一次世界大战重创欧洲金融市场时得利。到1920年，全球金融中心已经转移至纽约，在那里，一种与众不同的做生意的方式将会改变接下来的数十年（见6.7节）。

不具人格性的有价之物（例如债券），发展出一如银行和其他法人企业所拥有的社会生命，但非常人格化的东西，例如人类劳力的成果，却往往遭异化，不再为生产者所掌控，与生产者本身疏离。世界经济的发展和工业科技的兴起，已彻底扭转"人最了解最靠近自家之物"的传统观念。包装技术，加上广告（见6.9节），促成较远甚至来自外国的东西，反倒比本地的东西更为本地人所熟悉、所信赖。包装原是为了保护商品，这时变成营销商品的宣传工具。包装使异国商品变得熟悉，让人想入手。罐装技术和政府检查的进步，使人开始认为外来的工业产品比本国制的同类产品更为卫生。广告商告诉我们遥远异地的商品，大力形塑我们的自我认知，特别是传达流汗乃是低度发展象征，而非健康劳动象征这样的观念（见6.11节）。

但广告的新奇之处，在于催生出一种有价值的新东西——商标。一如6.10节所探讨的，商标的知识产权乃是19世纪所发明。公司可以买进，卖出，拥有名字，即使该公司转归别种宗教、别种国籍、别种专业的他人所有，消费者仍忠于该名字，但在过去，这种观念大概会被视为荒谬。过去，人信赖主事者，信赖包装里面的东西，但不信赖包装盒上的名字。但信赖不具人格性的大企业，加上政府管制日增，促成了观念革命。

商标之所以值得信赖，一部分源于一种未言明的假定，即某公司若大到有能力做广告，就必然好到有能力生产珍贵的产品。这观念乃是社会达尔文主义"适者生存"观进一步演绎的结果。凡是经营成功的公司或产品，必然是最好的公司或产品。但在工业上，某一标准（不管那是铁轨轨距或放映系统规格或计算机系统）的蔚为主流，不必然是因为那标准从任何客观角度来衡量都是最好的而雀屏中选。过去，全球铁轨所选用的轨距（见6.14节），因太窄而无法行驶速度快而体型大的列车。但那是第一个采用的轨距，它的成功意味着其他人建造铁轨和火车头时，不得不迁就这较窄的轨距。打字机键盘一度也有同样情形（见6.14节）。因而，实际上，往往是起头者得以生存，营销能力最强的公司得以生存。

综观历史，世界经济并非总让最优秀者出头，同样的，迫切需要也不必然是发明之母。6.15节阐明，从罐头这一看似必需的物品出现，到发明出开罐器，中间隔了很长时间。人类找到的解决办法，有时是次理想的办法。或者，真发明出理想的解决办法，例如洗碗机，却不受大多数人青睐。迫切需要所发挥的作用并不明显。发明不只有赖于需求和创意，还得看消费者是否愿意运用该创意。有时，新必需品变得无比普及，以致我们会认为人类自古以来就有项需求，过去一百五十年里已变成民生必需品的形形色色香皂、除臭剂、漱口水之类产品，就给人这样的想法。但事实上，那是广告商、科学家、传教士（"清洁仅次于圣洁"，即保持清洁的重要性仅次于保持对上帝的虔敬）、政府、教育人员，改变了我们的个人卫生观念所致。而在那改变的背后，还有一更深层的改变，即我们所借以了解自己的媒介有所改变。广告告诉你有口臭，有体臭，有或许不会使你生病，但会让你失去饭碗、老公之类重要东西的其他毛病；广告还告诉你，不能指望朋友和挚爱的亲人告知你有这些讨人厌的毛病。所幸，广告商和立场公正的匿名专家适时出现，告诉你真正需要的东西（见 6.11 节）。

　　广告也使美国人（大多是男人）相信嚼口香糖是摩登、健康、开心的事。诚如 6.12 节所指出的，美国境内从城市化，到营销革命，到 19 世纪晚期反嚼烟草运动的一连串变化，使箭牌、亚当斯（Adams）之类口香糖品牌成为家喻户晓的名字。在墨西哥的尤卡坦半岛，即制作口香糖所需胶乳的产地，北边新兴的需求，为开采这种胶乳的玛雅人和其他当地人带来别种影响，而且是让人没那么开心的影响。

　　更晚近，可口可乐在战后发动的大规模宣传，促成参照群体（reference groups）[1]的又一次转移，使数百万欧洲年轻人相信，他们所应仿效的对象不是近旁的同侪，而是喝可口可乐的健康美国人，特别是美国大兵。父母抱怨小孩喝可口可乐而非啤酒或葡萄酒，会稀释

---

[1] 参照群体指的是个人在感情上亲和、在理性上认同的群体。个人未必是该群体成员，但心态深受该群体影响。——译注

他们的比利时或法国传统，但可口可乐公司完全不反驳，反而以自那之后一再重复施行的策略，攻占了年轻人市场（见 6.13 节）。如今，数百万从未去过纽约、巴黎或东京的人，"需要"能让他们融入那些地方（或者说他们借大众传媒之助想象出的"那个地方"）的商品。

最后，我们不该忘记，世界贸易的扩张和商品化的过程，倚赖一以人类为中心的世界观。随着货物变成商品，人类愈来愈相信世界的存在是为了满足人的需要和需求。人类把所有心力用于将自然变成"自然资源"或"生产要素"，用于使这些东西变得对人有用，有利可图。于是，美丽世界，例如巴西的大西洋岸森林（见 4.1 节），遭砍伐，留下光秃、贫瘠的山地。在其他例子里，环保风潮的兴起大大形塑了贸易的地理分布状况，把环境伤害集中在某些地方。例如所谓的"稀土金属"，20 世纪用于许多高科技产品上，其实本身并不稀有；但开采和提炼稀土会造成极严重的污染，在极重视环保的地方开采和提炼就难以获利；因为这一点和其他原因，如今稀土大部分产于内蒙古（见 7.13 节）。其他原不受青睐的偏远地方，例如隐身在比利牛斯山区的安道尔（Andorra），即使没有机场或海港，仍成为世界经济里举足轻重的角色，因为互联网铲除了地理所竖起的障碍。与此相反，巴拿马城成为一个国际银行及零售中心，既是因为监管的缺乏，又是因为其处于地峡之上的地理优势（见 6.16 节）。贸易所打造出来的世界经济，显然是一种复杂的社会现象，这现象不必然将利益最大化，不必然符合新古典经济学的法则，甚至不必然遵守许多人称为常识的东西。

6.1 墨西哥与巴西的金银

> 这是两个国家的故事：
>
> 一个是自由共和国，拥有丰富的银矿蕴藏和受世界各地人喜爱的通货，
>
> 另一个是蓄奴的君主国，自产的贵金属和可兑换通货极少。

从 2007 年经济大衰退到 2011 年，金价涨了约两倍，银价则涨了三倍多。2011 年后迄今，金银价都跌了一些，但还是远高于衰退前的水平。在这期间，美国 2016 年共和党党内总统候选人初选里声势分居一、二的唐纳德·特朗普和泰德·克鲁兹，都表示支持重拾金本位。简而言之，许多政治人物和国际贸易家仍对贵金属情有独钟——尽管已有纸币，且只要轻轻一按，就能完成大笔金钱的数字电子交换。对贵金属的渴求，有时表明了人类对黄、白这两种金属的原始渴望，因为全球各地的人们数千年来都想拥有它们；但那也反映了对于政府决策者的不信任。金本位支持者相信，由不可见的"市场"之手来分配生产力量，比由政府官员来做更好。金本位和银本位也是 19 世纪重商主义遭扬弃、改由自由贸易当道时，导致国际贸易大幅增长的自我调节市场这一概念的核心。但审视墨西哥和巴西的货币政策——墨西哥的白银比索曾在长达三百多年的时间里是世界贸易的支柱，且曾作为美国的法定货币直到 1857 年，而 18 世纪巴西的淘金热则是促成英格兰采金本位的推手——可以看出，选用金属以稳定货币一事并非势所

必然；市场并非总是比政府的金融官员更内行；银币或金币并非出口畅旺所不可或缺；银本位或金本位未必促进经济发展。墨西哥和巴西的货币路线彼此大不相同，但到了 1914 年已走上类似的制度。

墨西哥比巴西更早令欧洲人感兴趣，从而在不久后也令中东、非洲、亚洲的人们发生了兴趣。五百年前的世界，硬币不多。大部分交易是以物易物。新世界的财富涌入那个较老旧的世界。金和银乘着西班牙大帆船和为葡萄牙人服务的船，先后横渡大西洋来到欧洲，大大增加了交换媒介，促进了欧洲的商业。它们也有助于在欧洲引发一场价格革命，而这场革命既使北欧诸国（而非伊比利亚半岛的殖民强权）更易积累财富，又启动了工业革命。商人和贵族数千年来看重贵金属，因此，金银的用处即使比起较不"值钱"但更加不可或缺的东西——例如谷物、水果或葡萄酒——少了许多，还是充当了价值象征。金银本身虽无法让人温饱，其高价值／重量比率，还有各种文化对贵金属的渴求，却使它们在维持和扩大世界市场方面举足轻重。

到了 17 世纪，据经济史学家卡洛斯·马里沙尔（Carlos Marichal）所说，新西班牙（墨西哥在殖民时代的名称）的白银比索已成为"世界上流通最广的货币"。比索以世上最先进、最可靠的技术在墨西哥铸造，纯度极高且质量极为一致，从而为世界的钱币立下了标准。比索吸引数千名加勒比海海盗猎寻"八雷阿尔币比索"（piece of eight，旧时西班牙硬币名），有助于欧洲人所组建的数支大军筹得资金。就连远在红海、印度洋的商人都把比索（往往被称为"piaster"）当宝。为确保比索安然运抵欧洲，西班牙人打造了世上最大的海军和分布范围最广的要塞体系，但为此所费不赀。在墨西哥铸造的比索，大部分被运到境外，用以支应当时世上最大帝国的开销，让母国和北欧享有富裕生活。至于墨西哥境内的经济，则大体上以私人临时通货、票据为基础，或者在绝大部分人居住的乡村，以物物交换为基础。

比索把美洲和欧洲拴在一块儿，也强化了欧洲与亚洲的关系。欧洲人吃得糟糕，穿得粗糙，很想要亚洲的香料和丝织品。但欧洲人的货品，除了白银，能被亚洲人看上眼的很少。白银让欧洲人有东西可用来购买东方货，因为白银在东方很受看重。事实上，墨西哥比索因白银纯度高和重量一致而甚受青睐，在中国、印度、菲律宾流通很广，往往充当地区性通货。18 世纪，比索的白银含量数次贬值，但它仍是世界上大部分地方的主要通货，角色和今日的美元、欧元差不多。

巴西走的路不同，因为巴西不产白银。但 1695 年，探险家和奴隶贩子在某省的河床里发现沙金——该省省名米纳斯吉拉斯（Minas Gerais），意为"大矿区"，因此矿藏而得名。随之出现的淘金热，把三十多万葡萄牙人引来这个美洲殖民地（当时葡萄牙人口只有两百万多一点），大大充实了里斯本的国库。18 世纪大半时间，巴西供应了世上大部分黄金。但黄金不在巴西铸成硬币，留在那里使用的也不多。这时的巴西，是个主要靠奴隶来生产的出口型经济体，以大抵自给的乡村农业为基础，国内交换的需要相对较低。一如在墨西哥，巴西的贵金属大大促进了其他地方的经济成长。米纳斯的黄金不只流到葡萄牙，再从那里流到北欧，还流到非洲购买奴隶，流到印度洋地区购买布匹和香料。

墨西哥和巴西如愿独立时（分别是 1821 和 1822 年），承继了银本位和金本位。这不再出自伊比利亚半岛上国王的命令，而是出自英格兰境内银行家的要求。这时，巴西的港口向全世界敞开，而非如殖民时期那样只向西班牙、葡萄牙的重要城市敞开，而且墨西哥、巴西的决策者能自行决定在英格兰（19世纪世界金融首府）借款之事，因此把目光转向了伦敦港和伦敦市。

独立后的头一百年，墨西哥一如外界所料，走上铸造并出口白银比索之路，即使在独立战争后白银产量短暂暴跌时亦然。事实上，直到1880年代为止，墨西哥的出口品，除了银条和银币，几乎没有别的。但墨西哥实行新古典自由主义式（neoliberal）改革，创立了省级和半民营的铸币厂，以和墨西哥市的铸币厂竞争。世上大部分地区长期采用银本位或金银双金属本位，直到19世纪最后二十五年才改弦更张，因此这一改革大有利于出口，但这么多白银送到国外，使墨西哥仍然国库空虚，从而抑制了经济成长。

巴西试图坚守金本位，即使黄金产量已然大跌。1808至1820年住在巴西的葡萄牙国王，初抵巴西时创立了拉丁美洲第一家银行——公私合营的巴西银行（Banco do Brasil），以发行通货和借款给政府。此银行发行了巴西雷阿尔币（real，意为"国王的"），是以该银行的储备和该国王的宝石为基础发行的纸钞。十二年后，国王若昂（King João）带着该银行的黄金储备返回里斯本，巴西成为早早就使用不可兑换之通货的国家。该银行发行的纸钞，严格来讲，仍以黄金价值为基础，实际上靠对政府某一能力的信任来支撑，即取得借款和通过课税取得岁入的能力。这与墨西哥模式大不相同，后一模式立基于支持货币的贵金属，或就墨西哥的比索来说，立于构成硬币的贵金属的固有价值之上（以及重量之上，因"比索"一词在西班牙语里意为"重量"）。不过，这时被称作巴西皇帝的巴西新国王，还是很想实行金本位，因为巴西是英国的亲密政治盟友和重要贸易伙伴。事实上，巴西在独立后的头一百年里，常被视为大英帝国的非正式成员。

理论上，墨西哥的通货价值和其政府的国际信用应比巴西稳定得多，因为它们有该国可观的白银产量支持。尽管遭遇一些难关，墨西哥仍是世上最大的白银生产国，直到 1870 年代产量被美国超越，才失去这一宝座。另一方面，正统自由主义经济学家预言巴西会受到银行或政府官员不按牌理的操弄，他们能不顾政府从采矿、获利、税收或贸易盈余弄到贵金属的多寡，想发行多少货币就发行多少。古典经济学家大概会认为巴西因其通货的不明确，将比墨西哥背负沉重许多的外债，遭遇严重许多的通货膨胀。然而结果并未如此。

墨西哥惊人的白银财富让欧洲银行家在 1824 和 1825 年安心借钱给这个新国家，但墨西哥未能偿还借款时，他们即弃这个新共和国而去。事实上，由于墨西哥前后长达十余年的数场独立战争所造成的生灵涂炭和严重破坏——接着又遭遇西班牙人（1829）、法国人（1838）、得克萨斯人（1836）、北美洲人（1846—1848）和法国人、西班牙人、奥地利人（1862—1867）接连入侵，更别提内战和叛乱——经济破败长达五十年。难怪墨西哥联邦政府一直到 1894 年才首度达成收支平衡，其财政部停止偿还 1828 至 1886 年所欠的外债（世上最长的延期偿还）。虽有丰富的白银蕴藏，却没有哪个国家愿与墨西哥往来。直到19 世纪最后几年，国内政局总算安定，不再有外敌入侵，墨西哥才恢复其信用。而墨西哥有幸迎来安定政局和外敌不再入侵，乃是因为西欧和北美的资本家在 1880 年后开始投资墨西哥的铁路、矿场、牧场和工厂。随着墨西哥前景更受看好，1888 年该国得到德国一笔大型合并贷款供其偿还债务，1898 年得到英国给予一笔合并贷款。白银并非墨西哥得以复苏的原因。事实上，该国经济开始繁荣时，正是白银价值和其在出口、国内生产中的角色剧减之时。由于世界局势和其他原因，墨西哥实际上最终不得不放弃银本位——但并非毫无挣扎。

比索衰落于 19 世纪其他国家满心乐观走上金本位之路时。英国人首开先河：1821 年，（以纯度 92.5% 的标准纯银为基础的）英镑采金本位。随着英国主宰全球商业和伦敦成为世界金融中心，英国金币慢慢成为首要通货。1840 和 1850 年代加利福尼亚和澳大利亚境内的大淘金热，使金本位更易被采用——并加速白银的没落。硬币的大量通行，促成 1848—1873 年世界贸易的空前荣景。19 世纪更晚些时候，在南非、阿拉斯加和育空（Yukon）地区发现黄金——以及采用氰化法得以从低级矿石中提炼黄金——黄金的供给增加。进入 20 世纪，每年的黄金产量已比 1493—1600 年所开采的全部黄金还要多。黄金变多，提高了白银的相对价格。硬币的银含量超过其货币价值，导致它们遭熔掉出售以取得它们的商品价值。到了 19 世纪最后三十年，黄金似乎已是作为货币体系之基础的更可靠金属。

并非人人乐见此一情况。数个国家致力于打造国际复本位制协议。拿破仑三世想谈成以法郎为基础的协议，希望通过外交活动取得英镑通过商业所获得的最高地位。美国想保护已开始从内华达州的康姆斯托克矿脉（Comstock Lode）生产大量白银的本国银矿工人和 1870 年代后在落基山脉（Rocky Mountain）发现的银矿，希望稳定的银币供给使其得以夺下部分的亚洲贸易市场。

但英国人不愿穿上桃乐丝的银鞋（桃乐丝是《绿野仙踪》的女主人公，米高梅电影公司将此故事拍成电影时，把桃乐丝脚上的鞋子涂成红宝石色，以发挥特艺七彩这种彩色电影拍摄技术的魅力）。伦敦的金融区仍坚守金本位；国际复本位制协议并未谈成。最终，大山走向穆罕默德。由于国际银行业和商业的成长，谁都看出一个稳定的货币标准有其必要。德国人头一个屈从，1871 年打赢普法战争后，收下以法国黄金支付的赔款；不久后德国采用金本位。美国和其他欧洲强权很快跟进。结果，就在墨西哥和美国正运用更先进的技术开采丰富的新矿脉时，对于白银和比索的需求大跌。银价从 1873 至 1900 年跌了一半。

比索相对于黄金价值的波动，令尚在使用白银的亚洲国家大为忧心。欧洲列强开始自铸金币供东方贸易之用，亚洲开始退出比索阵营。1869 年苏伊士运河开通，促成欧亚间贸易更快增长和运输成本降低，欧洲随之能用黄金购买先前用白银购买的货物。1873 年，世上将近一半人口仍以比索为法定货币，到了 1900 年，只剩墨西哥人和中国人仍承认比索为法定货币。比索作为全球性的价值标志，风光了三百年，在 1905 年画下句点。美国欲说服墨西哥和中国跟着其新近拿下的殖民地古巴、夏威夷、巴拿马、波多黎各、菲律宾一起采用以美元为基础的通货，而墨西哥 1905 年的货币改革，就是美国这一作为中的一环。墨西哥同意以美元金币为比索的价值基础，美国则以协助支持白银的国际商品价格作为回报。白银比索悄然消亡。

另一方面，巴西从未完全采用金本位，它其实也不必这么做。巴西君主国从 1822 至 1889 年，存世六十六年，其间的大部分时候，该君主国享有拉丁美洲最好的信用。欧洲银行家对于巴西顺利且相当平和地转变为独立国家一事持肯定态度，这一转变就像是巴西皇帝佩德罗一世（Pedro I）从其父亲葡萄牙王若昂六世手中承继王位那么自然。英国人居间促成这一转变，因为他们虽是葡萄牙人的长期盟友，却也很想与巴西贸易。这个新国家未遭遇外国干预或大型内战（尽管发生了数场惨烈的地区性叛乱，并在邻国巴拉圭境内打了一场大型战争）；

因此，它以咖啡豆和后来加上橡胶为基础的经济，得益于安定局势和与欧洲关系友好而欣欣向荣。巴西与其他所有欧洲大国一样实行君主制——巴西皇帝往往与这些大国的君主有亲戚关系——并且是英国密切的贸易伙伴，因此很容易自外借款。巴西政府力求平衡收支、如期还债、维持其货币米尔雷斯（milreis）的币值。巴西于 19 世纪输入百万非洲黑奴，且是西半球最后一个废除这项不人道制度的国家，但这无损于巴西的国际信用：巴西如期还债，因此保有健全信用，令欧洲人满意。帝国的最后一年（1888），米尔雷斯的币值高于票面价值（也就是高于其规定的黄金价值），因为有大量欧洲外资涌入。罗斯柴尔德（Rothschild）银行（见 6.3 节）锦上添花，以其威信支持这个热带帝国，成为巴西的官方银行家。

巴西帝国终结以及共和国于 1889 年创立后，曾试图创建靠政府债券而非黄金支持的银行通货。1889 年掌权的共和派想推动工业化，并减轻对咖啡豆、橡胶出口的倚赖。但这一作为导致股市泡沫，即巴西语所谓的"配鞍上山"（Encilhamento）。没有了皇帝佩德罗一世和其旨在讨好欧洲银行家的限制性货币政策，巴西终于遭遇经济学家所预见的难题：破纪录的通货膨胀、米尔雷斯币值暴跌、债务延期偿付、对外信用摇摇欲坠、外来投资停摆。但 1898 年罗斯柴尔德家族拟出一项资助性贷款（Funding Loan），其作用类似墨西哥于同年取得的转换贷款（conversion loan）。为取得这项贷款，巴西财政部部长得提升币值，交出通货印制权。到了 1906 年，为捍卫旨在保护咖啡豆国际价格的国家政策，兑换银行（Caixa de Conversao）已经成立，以推动靠黄金支持的可兑换通货，令外国投资者放心。但事与愿违。第一次世界大战爆发打乱了布局，使巴西无法重拾可兑换的通货。巴西经济学家继续听取欧洲银行家和政府官员要他们采用金本位和可兑换通货的叮嘱，尽管自己国家的历史已表明金本位并不怎么必要。到了 1930 年，现实终于打破了经济意识形态。巴西从此连口头宣称采用金本位都没有过。

以上就是这两个国家的故事：一个是自由共和国，拥有丰富的银矿蕴藏和受世界各地人喜爱的通货，另一个是蓄奴的君主国，自产的贵金属和可兑换通货极少。国内外的政治体制和境外发生的世界经济大事，使这两个国家走上不同的道路。黄金和白银在两国的冒险过程里扮演了重要角色，但都未能替经济发展提供什么灵丹妙药，只让世人认识到经济理论需要服从历史形势的现实。

6.2 称量世界：公制革命

度量制度乃是
历史进程、社会斗争、观念革命三方和合的产物。

第一次世界大战结束后不久，一名法国人走访了苏联，见识到米制的普行及其好处，对此赞赏有加。结果，款待他的俄罗斯人哑然失笑，惊讶于这个外国人的愚蠢："仿佛用厘米可以测量我们俄罗斯的道路似的！"那愚蠢就和用法国谷物酿俄国伏特加一样。

我们不理解俄罗斯人为何有此反应。如今，我们觉得度量衡（如果还能想到它们的话）乃是理所当然存在、不涉价值判断的中性东西。它们纯粹是用来促进贸易和计算的工具，本身不具价值或意识形态。但今人对度量衡的看法，不只会让那些惊讶的俄罗斯人感到极度陌生而困扰，过去的大多数人，若地下有知，也会有同样的反应。度量制度乃是历史进程、社会斗争、观念革命三方和合的产物。

大部分度量标准是拟人法。过去，人用手臂（一寻／手臂伸直的长度）、手指（拃／手指张开后拇指尖和中指尖或小指尖的距离）、足（一尺）、手肘（一大匙／手肘到中指指尖的距离）测距，也根据力气、视力或听力来测距。在撒哈拉沙漠里，距下一个绿洲的距离远近攸关生死，该沙漠的游牧民以一棍抛出的距离、一箭射出的距离、从平地可目及的距离、从骆驼背上可目及的距离，作为长度单位。拉脱维亚人则使用可听及牛叫声的距离。

农业民族以实用性而非抽象尺度测量田地。在法国，人们以一个男人带两头牛一天内能犁出的田，作为面积单位（argent［阿尔让］）。这当然会因地形、岩石、树木而有所改变。其他许多类似的度量法，则是以将田地处理到可供采收所需的人力数量作为基准。在尚无土地市场运作的前资本主义社会，这是适切的计算方法。

在从巴西、哥伦比亚到法国、意大利，再到日本的许多地方，生产力都是举足轻重的衡量工具。他们往往以土地所生产的种子数量作为土地单位。因此，同一单位的土地，面积可能差异极大，甚至可能因年而异。对于自给自足的农民而言，收成数量乃是比土地面积重要得多的统计数据。

这些度量单位，即使有时名称相同，大小却有极大差异。法国曾有一省，境内有九种不同面积的"阿尔让"；面积最大的"阿尔让"是最小者的五倍。（然而历史上也存在一些令人困惑的反例。考古学家已经发现，在约五千年前的印度河流域，相隔数百英里，曾使用同样的测量距离与重量的工具，而且它们彼此完美适配——即便我们没有任何证据表明这些地方归属同一个政府。但是这种情形我们或许可称之为"自发的标准化"，是相当个别的，也是对于常见测量法的地方性抵抗。）

度量衡之所以如此庞杂，有很大一部分源于各经济体规模小，各自独立，彼此几无往来，且恪守传统。一地的度量法，乃是该地世仇、争斗的产物，只有当地人理解，且可用以区隔谁是自己人，谁是"外人"。这种情况下，改变被视为颠覆；新度量法被视为用来欺骗不熟悉该度量法之生产者或消费者的东西。人民几乎不具计算能力，甚至未使用一样的数字体系。现代早期，采二十（脚趾和手指的数目之和）进位制更多于十进制。超过简单除法的任何计算，都是晦涩难解。因而，不同度量法间的换算极难且不可信。

但度量制度的庞杂，并非纯粹肇因于人民的智慧（或无知）。长达数千年的岁月里，度量衡被视为正义与主权的象征。掌权意味着有权决定衡量的标准。当度量制度的确立者同时是收税员和放贷者时，滥用往往随之滋生。帝制时期的中国，存在两种"斗"，大斗比小斗的容量多了三分之一以上。官员征收农民粮税时常用大斗，出借谷物时常用小斗。封建体制下，每位领主各自设定自己的度量衡，由其法庭裁决度量衡争议。在西里西亚（Silesia）之类地方，度量制度的庞杂更为严重，因为当地除了为数众多的小领主，还有教会和市政当局，各有自己的一套度量衡。

度量单位的内涵有时遭刻意更动，以掩饰价格差异。对前资本主义时代的人而言，价格大变动令人不安，因为攸关生死。面对这种情形，他们的因应之道不是找别的卖家，而是暴动。为避免这类情况，商人往往更动度量衡的内涵。在尚未采用公制的欧洲，药店用的磅，重量极轻，香料商人用的磅更重些，肉贩用的则又更重。1826 年，在意大利的皮德蒙特（Piedmont），商人一致同意用磅（libra）作为重量单位，但用于糖、咖啡、食品杂货的磅，重 12 米兰盎司，用于蜡烛者重 14 盎司，用于上等肉和奶酪者重 32 盎司。面包，现代早期欧洲最重要且最可能引发政治问题的食物，以长条形一大块为单位贩卖。价格虽然不变，但一如今日的巧克力棒，面包的大小变化极大，视谷物价格而定。诚如波兰史学家托尔德·库拉（Witold Kula）所深刻指出的："在一定程度上，将这视为防范社会反抗市场发展的安全瓣或缓冲，也不无道理。"

综观欧洲历史，最早尝试大规模统一度量衡者首先是古希腊人，其后依序是古罗马人和查理曼大帝（Charlemagne），但那些作为只是他们意欲扩张、巩固帝国的副产品，背后的动机乃是扩大税收。但由于没有地方人民观念上的变革做配套，或是这些作为未促成地方人民彻底转变观念，大抵以失败收场。

直到 18 世纪快结束时，法国大革命人士创造出米制，并四处传播，度量衡才迎来统一。米制的订定，乃是根据客观且不变的天文学计算结果（一米等于沿着子午线由赤道到南极或北极之距离的千万分之一），而非根据某地的拟人化计长单位，因而米制要获接受，需要思想上的革命和商品化的发展相配合。思想革命，指的是接受"法律面前人人平等"的观念，也就是说，立法者或测量者不能独断独行。至于商品化方面，随着为远地市场生产货物的兴起，货物失去了个别生产者或消费者所赋予的特殊之处，成为具有共通属性且属性可以衡量的规模化产品。

随着货物变成商品，货物的属性遭抽象化为可测量的数据，它们变得可互换，且可用同一标准衡量。这保障了农民，使他们不必受自定义斤两的地方官员或商人剥削，但也毁了许多国际贸易商的生意。在这之前，只有贸易商能了解庞杂的各地度量衡，换算不同的地方度量衡。一旦这技能没了用武之地，他们的关键地位就为最大消费市场里的大型进口商所取代。度量衡不再象征地方的历史和传统、斗争和胜利，反倒成为今日我们所认为的没什么稀奇的平凡玩意儿。

6.3 从宫廷银行家到现代世界市场的设计师：罗斯柴尔德家族

罗斯柴尔德家族赋予他们的事业以人情味和个性，

以及较保守的作风。

法国大革命常被视为世界经济的分水岭：它推翻了封建的"旧制度"（Old Regime）世界和重商主义政策，同时开启了自由主义挂帅、自由贸易下经济快速成长、局势相对和平的百年。事实上，这种一个时代彻底结束、另一全新时代接着登场的现象，历史上很少见。时间的推移和局势的演进较为缓慢。这个与 19 世纪欧洲诸经济体和接下来世界经济的大幅扩张关系最密切的家族，实际上来自"旧制度"时代——最初靠借钱给君王而发财。这些小商人发迹于德国美因河畔法兰克福城墙外狭窄拥挤的犹太人居住区，其事业和投资最后却遍及全球。罗斯柴尔德家族（the Rothschilds）出现于一个过渡时期，早期靠与贵族统治的"旧制度"世界所建立的关系和传统经商手法发达起来。但他们别出心裁，想出会在最近两百年里成为世界市场大幅扩张之基础的新方法。

罗斯柴尔德家族发迹于美因河畔的法兰克福，那里也是 19 世纪其他许多国际大商业银行的发迹地。（即使今日，法兰克福仍是这样一个银行业中心——有时被戏称为"美因哈顿"［Mainhattan］——因而是欧洲中央银行的所在地。）这个家族的族长迈耶·阿姆舍尔（Mayer Amschel，1744—1812），以他犹太人居住区房子门上的红色标记（Rothschild）作为姓氏。一如大部分商人银行家，迈耶最初从事商业。他的大部分所得来自货币兑换，在神圣罗马帝国由二百五十个公国组成且大部分公国有自己的国库、金属货币和法律的情况下，兑换是有赚头的行业。公国林立产生零散型市场（fragmented market）和非集中化的金融体系，从而予人套利的机会。罗斯柴尔德家族以跨国移动资金和货物作为赚钱的主要凭借，此举有助于加速经济交易、积聚大量投资资本、巩固民族国家。

从迈耶本身的条件来看，似乎没资格创立财力雄厚的国际银行。他贫穷，或至少处于中产阶级下层，教育程度也不高。但他了解钱币，最终了解金融市场。身为犹太人，他对国君不构成潜在政治威胁，因为他是没有政治权利的外人。事实上，在法国大革命的影响传到法兰克福之前，一如其他犹太人，他得住在犹太人居住区，夜里、礼拜日或假日不得离开该区。

迈耶结识了日后会成为黑森－卡塞尔（Hesse-Kassel）亲王的威廉（Wilhelm），自此开始发达。黑森－卡塞尔是个相当小但富裕的公国，威廉则是资产阶级贵族，对投资和获利——以及钱币——很有兴趣。迈耶把他最好的钱币以低于市场的价格卖给这位国君，赢得国君欢心。当威廉成为神圣罗马帝国（当时仍是欧洲强国之一）的选帝侯，地位获得提升时，罗斯柴尔德成为黑森－卡塞尔的宫廷代理人，后来更成为神圣罗马皇帝的宫廷代理人。那时，他是个谦逊的"宫廷犹太人"，类似其他数十名寻求君王赐予特权和保护以抵销因反犹法而加诸劣势的犹太人。

    战争和好运让罗斯柴尔德家族富裕起来。国君威廉通过将其黑森部队出借给英国人镇压美国革命而致富。三十年后，拿破仑的军队进入黑森-卡塞尔，这位选帝侯逃走，但不久后把自己名下的大部分财产交给罗斯柴尔德管理，罗斯柴尔德运用这笔财产赚了钱——就法国人来说，他是在非法运用这笔钱。通过借钱给反抗拿破仑的诸王国，罗斯柴尔德财富大增。如果说法国大革命预示了新时代与现代的到来，这个法兰克福家族此时站在了旧时代且反动的一方。

    这使该家族扩散到欧洲各地。萨洛曼（Saloman）前往维也纳，在当地与首相梅特尼希（Metternich）交情甚好，为奥地利的战争开销筹措到经费。纳坦·迈耶（Nathan Mayer）先是去曼彻斯特，担任该家族纺织品事业的寄售代理人，然后移至伦敦，把英国人付给国君威廉的黑森部队雇佣费拿去投资，实质上就是把雇佣兵服务费（流血赚来的钱？）化为现代资本。卡尔（Karl）被派去那不勒斯，但约五十年后意大利重归一统，该地商行停业。詹姆斯创立了巴黎商行，以收集法国金币送给惠灵顿（Wellington），助他攻打拿破仑。安塞尔姆·迈耶（Anselm Mayer）承接了法兰克福的事业。

    打败法国革命势力后，奥地利国王非常感谢罗斯柴尔德家族提供的金援，1822 年把他们都封为男爵。诚如尼尔·弗格森（Niall Ferguson）所指出的，罗斯柴尔德家族为诸多专制君主的复位提供了资金，成为众所周知的"神圣同盟的首要盟友"。至这时为止，罗斯柴尔德家族效忠于贵族阶层，以货币兑换和放贷为事业重心，正迅速成为欧洲史上——和世界史上——最有钱的银行家，但他们的经商手法和中世纪商人银行家没有两样。

    作为反法国大革命的封建财阀，罗斯柴尔德家族受其敌人谴责，却也成为在法国大革命的灰烬上建立起来的新经济秩序的主要建构者。著名德意志诗人和替法国大革命辩护的激进自由派人士，海因里希·海涅（Heinrich Heine），公开宣称罗斯柴尔德家族是和罗伯斯庇尔（Robespierre）同类的革命分子，因为他们"把国债券体系提升到最高地位，从而使财产和所得开始流通，同时让货币享有土地先前所享有的特别待遇，借此打破了土地的支配地位"。罗斯柴尔德家族既得利于民族国家的问世，也得利于19世纪主张国与国应相互提携的理念。此家族事业的每个分支都与所在地的统治者建立起密切关系，但也差不多以涵盖多国、跨国界的国际事务代理人的身份营运。该家族诸位子弟集合资金投入联营事业，也共享信息。他们打造了一个遍及全欧的金融家网络，借此降低风险，提升国际影响力。事实上，罗斯柴尔德家族一开始能发大财，成为国王和不单图私利而对国家有所贡献的商界领袖所倚重的银行家，凭借的是他们获致国际信息并据此在整个欧陆、后来在全球迅速采取相应作为的能力。

电报问世之前，该家族成员利用信鸽和快船迅速传递信息。为惠灵顿的部队筹措经费，且在滑铁卢目睹拿破仑彻底溃败的内森，使用这些方法在伦敦市场获取暴利。后来，这些获利资助了电报的普及（而罗斯柴尔德家族当然拥有专用的私人电报线）。他们的通信网速度快、可靠且保密，有时被国王的代表拿来与敌人或竞争者通信。这些银行家与统治者交情匪浅，在没有法律禁止内线交易的时代，得以掌握金融、商业活动方面的内幕消息。信息快速且安全地在此家族内传播并传送到家族客户手中，降低了交易成本和风险，也使该家族较易凑集许多小额投资开展大型事业。钻研资本主义兴起的著名德国社会学家维尔纳·桑巴特（Werner Sombart）推断，"现代股市，不只从量的角度来说是罗斯柴尔德家族所造就，从质的角度来说亦然。"这是因为罗斯柴尔德家族推动有限责任法，从而催生出法人团体和法人团体所发行的股份。

这个犹太银行世家也协助建立了国际金本位和银本位，而国际金银本位往往被认为是促成国际金融与商业大幅扩张的功臣。内森是第一位在伦敦发行英镑应付债券的银行家。他不只协助巩固了"伦敦金融城"作为大幅扩张之大英帝国的资本主义中心的地位，还协助巩固了它作为世界金融中心的地位，以及1930年代之前英镑作为独大通货的地位。

这个家族认识到金本位受到愈来愈多国家的采用，于是除了大举投资墨西哥、美国、西班牙这类遥远地区境内和大英帝国成员南非、澳大利亚境内的银矿、铜矿、汞矿，也大举投资金矿。找来诸多国际银行家合组放款银行团，乃是这个家族破除资本、贸易流动障碍的法门。事实上，他们所扮演的角色，如同早期的国际货币基金会（今日监督诸国信用与通货的国际机构）。19世纪中叶罗斯柴尔德家族的角色，从运用自己名下资本做投资，转变为替匿名第三方审批贷款和承销债券，从而为他们所发出的贷款背书。他们喜爱金额大、利息相对较低但可靠的贷款，甚于他们先前策划过且这时某些竞争对手仍然偏爱的快速获取暴利的活动或风险性投机事业（见6.7节）。

罗斯柴尔德家族的事业，始于替重商主义国君和战争筹措资金，但到了1830年代，他们已成为资助民主主义共和国和大力鼓吹和平、自由贸易的自由派。身为在许多国家生活、工作的犹太家族，他们在为民族国家筹措资金的同时，也是国际化的重要推手。他们通常能巧妙地化解事业上的这些矛盾之处，因而既招来社会主义革命分子的仇视，也招来他们的主要敌人——反犹民族主义分子——的仇视。社会主义者不欣赏罗斯柴尔德家族更早时的革命性经济角色，因为那一角色协助打造了自由放任资本主义，激烈反对任何带有福利国意味的事物或关心工人遭遇的主张；在社会主义者眼中，罗斯柴尔德家族是反动派，因为他们反对那些鼓吹欧洲社会要进一步做出这些改变的运动。

　　但在这期间，反犹人士对一个出于想象的国际大阴谋大为光火。他们认为有钱的资本主义犹太银行家和卡尔·马克思、利昂·托洛茨基、罗莎·卢森堡（Rosa Luxemburg）之类坚定反资本主义的犹太革命分子联手拟定这一阴谋——尽管这些革命分子关注的重点明显各不相同且公开反对此阴谋。许多反犹人士无疑非常清楚，得到罗斯柴尔德家族提供资金的大商人和实业家，对待他们的小竞争者，往往就和对待自己的工人一样毫不手软，而且影响力也渐渐凌驾许多旧（且信奉基督教的）贵族。海涅的看法至少有一部分是对的：把金钱的地位提升到和土地、血一样高，在做法上是革命性的，尽管那和社会主义者想要的革命差了十万八千里。

　　罗斯柴尔德家族在 20 世纪依旧意兴风发，但他们的金融影响力，随着公私大银行问世和欧洲对世界的支配力降低，相对来讲不如从前。此家族更早时的成功之道，乃是维持住一个遍布许多国家、受到严密掌控且成员彼此熟悉、相互支持的家族事业（结婚对象仍限于堂表兄弟姊妹，使公司成员彼此有亲缘关系且都有犹太血统），同时打造现代世界经济的金融、货币工具和技术。老式家族合伙关系与 20 和 21 世纪的投资、营运看来扞格不入，并不难理解。新法人团体是没有个性的匿名机构，追求最大获利，但对自身的经营作为只负有限责任，而罗斯柴尔德家族赋予他们的事业以人情味和个性，以及较保守的作风。

这肯定为他们招来许多誓不两立的敌人，但也使公司得以兴旺、发展长达两百五十年。如今这个家族在世界经济的金融领域仍然举足轻重，但其他银行家的实力比他们大上许多。在互联网公司破产、衍生性金融商品交换契约浮滥、令人兴奋但高风险的获利和随之而来的经济崩溃不时可见的今日，谁敢说老作风不可取？

6.4 谷物全球化——与全球造就"谷物"

史上头一遭，新加坡感受到加拿大萨斯喀彻温一地小麦收成的冲击，

尽管当时新加坡没人食用小麦。

---

19 世纪，即距人类开始定居务农生活，开始种植、照料、采收大麦，或许已过了一万年之际，人们创造了"谷物"。"谷物"是种抽象商品：在某些地方以品种多不胜数的稻米、小麦等淀粉类食物为代表，但还是可以被统归为通过一松散整合的全球市场互相影响的单一类作物。在此期间，经过重整的全球农业使无数人迁移到世界各地，把重要产区的生态改造到不复原样。

那一市场的问世，源于两个巨大回路的问世。其中一个回路始于1840 年代，在 19 世纪最后二十五年变得稳固，把小麦从北美、阿根廷、澳大利亚、俄罗斯送往欧洲，尤其是英国和其他一些城市化地区（例如美国东岸）。另一个回路稍晚出现，约 1920 年已完全确立，把缅甸、暹罗（泰国）、越南、中国台湾、朝鲜、菲律宾、爪哇的稻米输出者，与亚洲其他地方（尤其是日本、中国大陆、印度）的消费者、欧洲境内工业淀粉的生产者连在一块儿。这两个回路的创造，随后连成一体，花了约七十五年，而且过程惊人复杂。

这两个回路不只变得相互关联，而且共有某些基本的推动力量。

新兴的全球小麦输出中心，属于我们很少拿来和此时新兴的稻米出口国（缅甸、泰国、越南）相比较的那些社会（美国、加拿大、阿根廷、澳大利亚、俄罗斯），但迁移、市场、环境改变方面的基本特点，使得这些发展对真正种植小麦、稻米者的影响，在新、旧农业中心区之间有某些令人意想不到的相似之处。但政治形势和高层次商业组织方面的差异，使这些相似之处大体上受到掩盖，从而使我们认为其中一个世界与"农场主"密切相关，另一个世界则与"农民"密切相关。

有些农产品，例如烟草和糖，在欧洲人建立殖民地后不久即开始运往大西洋彼岸，但从美洲运到欧洲的小麦，19 世纪初以前并不多。到了 1830 年代，由于英国工业化、欧洲大体上城市化、运输成本降低、美国境内向西扩张，情况已开始转变。1840 年代出现了爆炸性增长：英国于 1846 年转向自由贸易，粮食大量输入；在此期间，横渡大西洋的成本逐渐降低，终于使迁移成本低到数百万相对较穷的欧洲人，不必借钱、当契约仆役，就负担得起。（这反映了 2.4 节所述之情事的大幅加速。）当欧洲农业在"饥饿的 1840 年代"也遭遇严重歉收（尤其是德意志部分地区和爱尔兰境内），外移人数大增。许多外移者落脚美国城市，但还有许多外移者则提供了使愈来愈多内陆地区得以成为出口导向农场的劳动力。

美国内战短暂打断了这一过程，但内战结束后又再重启，而且势头更猛。跨大西洋运输变得更便宜、更快速：将小麦从纽约运送到利物浦的成本，从 1868 年至 1902 年下降了 79%，而铁路和五大湖汽轮则使内部运输成本有差不多幅度的降低。随着内战结束，美国陆军加大力度"绥靖"北美大平原，把原住民和他们所猎杀的美洲野牛驱离可用来种植"小麦"这种禾本科植物的大片草原。（新的面粉磨制技术——

用于适合北美平原上生长的硬粒小麦效果更好——也对此有所贡献，使明尼阿波利斯成为 19 世纪晚期世界的面粉磨制中心。）加拿大、澳大利亚、阿根廷干了类似的事。阿根廷有计划地驱赶原住民，从而在 1870年代晚期掌控了约略相当于法国、西班牙两国面积总和的土地，并迅即将大部分土地辟为农场和牧场。俄罗斯也用军队将老早就宣称为其所有的土地纳入更彻底的掌控，然后将其中许多土地（特别是克里米亚半岛境内）辟为出口小麦的产地。新技术——最著名的是塞勒斯·麦考密克（Cyrus McCormick）的收割机和约翰·迪尔（John Deere）的钢犁以及后来的拖拉机和联合收割机——使农场主得以用比过去少许多的单位面积劳动力经营大农场，并降低成本，弥补长距离运输开销和往往比更集约经营的小农场还要低的单位面积产量。

这些推动力量在正向的反馈回路里变得更强。只需要一座大农场和相当多的资本，就能利用这些新技术，而欧洲（还有美国东部）境内的数百万农场主，这两样东西都没有。（已开发地区边缘的许多拓荒者，拥有的资本也不多，但他们如果有足够的土地，拜银行兴起和土地所有权确立之赐，就能拿土地抵押借款。）随着来自美洲、大洋洲的小麦变得更多、更便宜，数百万欧洲农场主放弃家业，许多人远渡重洋到美洲；这使他们得以耕种更大面积的土地，留在欧洲的农场主压力更大。有些欧洲国家提高关税以免本国农场主受害于农产品进口，但（与流传的说法不同的是）这时期大部分农产品关税很低：比 20 世纪大萧条期间所定的关税低上许多，而且在当今这个被认为是自由贸易的时代，世上许多最富有的国家里仍然如此。无论如何，关税太低，不足以挡住这股趋势。（粮食占了大部分劳动者预算的很大比例——就大部分国家的一般劳动者来说，超过一半甚多——若真的采行高关税，制造商得支付高出许多的工资，从而削弱他们的竞争力。）

　　数百万欧洲农场主外移，也使某些留在欧洲的农场主得以买下更多土地，其中某些农场主拥有的土地大到可以采取机械化经营，从而使欧洲的小麦农业得以局部存活。例如，匈牙利的农场1863年只使用168台蒸汽机，但到了1871年，已增加到3000台；于是，如此创造出的大农场所发挥的作用，和海外大农场非常类似——竞争力高于附近农场、单位面积使用的劳动力较少，诸如此类。匈牙利出口大增，而面积大到足以养活一家人的农场所占的比例降到30%；在加利西亚（波兰）则降到19%。有些位于都市大市场附近的欧洲小农场主经营得很成功，但他们是借由弃种谷类作物改种蔬菜、生产乳制品以及生产把新鲜（从而把产地）看得最重要的其他产品来取得这一成就。

　　当然，这一大模式里存在一些差异。例如，在阿根廷，人数不多但拥有土地面积极大的地主，对农业（和牧业）的主宰能力大大高于北美洲或大洋洲境内的地主。这限制了他人的发展机会，而且阿根廷位于南半球，小麦采收时正值欧洲的冬季，因此阿根廷远更倚赖能每年往返南欧（尤其是意大利）的短期移工。但世上诸多新小麦产地无疑一脉相连，彼此相似，靠它们所产小麦填饱肚子的那些地区亦然。

　　而我们对稻米种植的印象，似乎与此没有关联，即使在现代亦然。最有生产力的稻米种植方式，得将秧苗一棵棵小心插入暂时注满水的田里，工活非常细腻，不易机械化。（如今，在中国台湾和韩国之类的高工资地区，即使不缺资本，一般来讲仍是用手插秧；另一项需要非常细心的农活，把田地整平再注水，如今借由激光的使用精确度已提升。）但过去，在已开发地区边缘的一组新稻米产地，发生了与小麦故事极类似的情况——而且给较传统的稻米耕种心脏地带带来了类似的效应。

19 世纪中叶，世上最大的稻米产地是中国和印度，日本和爪哇远落于其后。但中国和印度也是当时最大的消费地，出口或进口的稻米不多——尽管中国和印度境内稻米贸易量很大，尽管中国东南沿海地区进口稻米——主要来自暹罗（泰国），而且数量在慢慢增长。随后，情况有所改变。

19 世纪中叶起，越南、缅甸境内的新殖民地政权，对湄公河三角洲和伊洛瓦底江三角洲的控制，比此前的任何政权都更牢固；殖民地政权的工程师开始排干这些多湿地的低地区，从而大大增加了可耕地面积。仍保有独立地位但大体上受英国保护的暹罗，在昭披耶河三角洲做了同样的事。（在这三个例子里，这些 19 世纪的政权都在延续前任政权的作为，但相较而言成功许多。）一如位于已开发地区边缘的小麦产地，这往往得把原住民赶走。而且正如在北美大平原上所见，这一过程涉及将生态彻底简单化——在这里则更为彻底。生态极富多样性的丛林和森林被清除，换成一望无尽的稻田；象、虎等大型哺乳动物失去栖地，遭遇一如美洲的野牛、野马等大型动物。（在大洋洲这类动物最初也少了很多。）而在这些地区，这时已变得"无人居住"的地方，吸引许多人从人口较稠密的地方移来。这些人主要是缅甸境内的印度人，因为当时缅甸、印度都受英国统治。在暹罗和越南，移民有一部分来自本国北部人口较稠密地区，还有一部分来自中国东南部。越南、泰国境内流通的剩余稻米，大部分被运到印度和中国，供应随着全球贸易增长而迅速成长的中、印沿海城市（上海、广州、香港、加尔各答、孟买等），剩余的稻米则有许多被运到数个东南亚岛屿，那些岛屿上的矿场、种植园和伐木营地（生产锡、橡胶、烟草、咖啡、黄金、茶叶等），助长了日益工业化的北大西洋地区对于这些东西不断增长的需求。19世纪晚期和20世纪初，城市快速成长使日本也成为粮食进口大国，而日本压榨其在台湾地区、朝鲜半岛的新领地来供给自身需求。这些例子里，新稻米产地的农场，就小麦农场的标准来看，小了很多；诚如前面已提到过的，种稻需要细活，机械化难度高了许多。但比起中国东南部之类地方的农场，这些新农场的确具有经济规模，其中有些还具有其他竞争优势。

　　于是，一如在小麦身上所见，反馈回路不久就变得更强，尽管程度不如小麦。大部分中国、印度农场主通过新稻米产地所无法服务且相对更本土的市场（新稻米产地无法服务这些市场，部分因为内陆运输成本相对较高，尤以中国境内为然），供应粮食给本国同胞，但那些靠供应粮食给人口稠密的沿海地区来维持农场者，最终还是感受到来自外部的竞争压力。有一段时间，需求快速增长，使城市市场中的价格，在以白银计价的情况下，持续上涨（在中国和印度，白银是国内通货的基础，用于人民的日常需求）；在以黄金计价的情况下，价格则持平（黄金是英镑、法郎、美元等主要全球性通货的基础）。但1920年代起，米价暴跌。1935年，以白银计价的一公斤稻米价格，相较于1920年，在新加坡跌了68%，以黄金计价则跌了88%；在河内，米价则分别下跌63%和86%。在此期间，面临这些压力的农场主所能改换的道路，比欧洲的农场主少：他们的城市所产生的工业职缺较少，而且受制于歧视性法律而无缘投入北美、大洋洲和其他数个值得投奔之地的劳动力市场。因此，许多人继续流向已因出口畅旺而加剧自身难题的那些地区，或流向亚洲边缘其他地区的种植园、矿场、码头。

　　由此，在地理景观这个层次和在农场主（包括暂时移居者和就此定居者）的经验上，相似之处大概凌驾差异。但在更高的政治经济层次上，差异则相当显著。

首先，所有的新稻米产地，除了暹罗境内的，都位于殖民地，而暹罗再怎么说都只能算半独立国。一般来讲，殖民列强关心城市食米者（乃至种植园里生产橡胶之类战略性产品的食米者），远甚于关心农场主。在某些殖民地，从事农活者并非土地所有者本人，这些殖民地政府通常更关心农场主的死活，如果（一如在越南所见）土地所有者是欧洲人，劳动者是亚洲人，而且始终可以输入更多亚洲劳动力的话，尤其如此。其次，机会有限，加上距离较短，因此返乡的移民多上许多：最初他们并非如阿根廷境内的许多移民那样一年回去一次，后来才变得如此。1850 至 1940 年差不多有两千万中国人来到东南亚，其中只有两百万人就此定居异乡；相对的，1846 至 1940 年离开欧洲的五千五百万人，超过三千五百万在当地留下。对小农场主来说，这些小麦产地谈不上人人平等的天堂，但相对来讲，他们享有多上许多的权利——我们为何称他们为"农场主"（farmer），而亚洲小农场主即使终于自有土地、和西方小农场主一样参与市场，我们还是称他们为"农民"（peasant），原因就在于此。（俄国耕种者所享有的权利，在小麦农圈子里，大概最少，尽管情况比农奴制地区的形象让人联想到的还要复杂；他们一般来讲被当时人和历史学家称作"peasant"绝对有其缘由。）用语上的差异，其实差不多滥觞于这个时期。过去中文对务农者的称呼，既可译作 farmer，也可译作 peasant，到约 1930 年为止，farmer 和 peasant 这两个词在英语里一直同样常见；那之后（随着米价暴跌）两者的使用率才变得悬殊，到了 1950 年代，peasant 的常见程度已是 farmer 的五倍之多。

与此同时，小麦的营销比稻米的营销受到远为彻底的改造。大部分稻米从离开农田到为人所消费，除开去壳然后煮熟，本身形貌改变不大（至今依旧如此）。相对而言，没人直接吃小麦：小麦先磨成粉，然后制成面包、面条、饼干、谷类脆片等种种食物。以米为主食的消费者，了解自己所吃的稻米品种，这是原因之一；他们往往特别偏爱某个品种的米（如今仍然如此）。因此，就在有更多稻米经长距离运送销售到异地时，市场仍相当细分；除开某个重大例外（接下来就会谈到），消费者不会因为别种米较便宜，比如越南米，就从泰国米改吃越南米。相对的，面粉厂和面包店变得极善于制作外观和味道没变但用到不同类面粉（视当下能取得哪种小麦和哪种小麦最便宜而定）的面包。于是，小麦变成远比稻米更标准化、可互换且抽象的商品。事实上，有很长一段时间，把许多不同类稻米与一个整合市场连在一起的主要因素，乃是有些稻米被拿去制成工业淀粉，再制成黏着剂、建材等东西：没有哪个讲究吃的人尝过工业淀粉，于是工业淀粉的制造者的确构成一群看哪个最便宜就买哪个的消费者，从而使一地（比如缅甸）的丰收能影响各种在国际销售之稻米的价格。

这期间，在面粉厂懂得如此利用标准化之前，小麦甚至就已开始被标准化——尽管最终这两个过程相辅相成。更早的推动力来自运送小麦的过程本身。

国际小麦贸易首度急速增长时，船只将小麦从美国中西部运到曼哈顿，这时用来装小麦的袋子就是小麦离开农场时所用的袋子。小麦抵达纽约港时，仍被视为农场主琼斯或史密斯的小麦，属于该农场主所有；至这时为止，中间人是抽佣代理人。纽约贸易商会对小麦取样，评估货色，然后才买下该农场主的小麦。琼斯和史密斯或许会因质量差异拿到大不相同的卖价：并没有约定的"小麦"价格这回事。

铁路问世使这一切改观。让火车猛烧着煤等待装货或卸货完毕，成本非常高，因此必须迅速完成装卸货。于是，不久后，发货人就不再把小麦以袋装形式上货，而是使用具有起卸机器、能把谷物释入货车车厢的谷物仓库。但这意味着琼斯和史密斯两家的小麦会在仓库里混而为一，分不出是谁家的。于是，得在运抵铁路线尽头站之前就把小麦卖掉，某农场的小麦自此变得可以和别家农场的小麦互换。

小麦继续分等级，但这时只分为几类，凡是同属一类的，不管是哪批货，都被认为一模一样。"小麦"就此诞生；而由于一吨今年的"二号春麦"这时也可和一吨来年的"二号春麦"互换，小麦期货买卖、选择权和芝加哥期货交易所就此诞生。（芝加哥期货交易所创立于 1848 年，1865 年开始买卖。）不久后，在该交易所买卖的纸上"小麦"，比经由芝加哥运出的真正小麦多了十四倍。不管小麦农喜不喜欢，这时他们都在生产一种会被世上任何地方的买家和银行家认可为担保品并予以信赖、使用、接受的商品；他们全都彼此直接竞争，而大部分是在价格上竞争。许多小麦农愈来愈自视为正好以植物为产品的企业家；到了 20 世纪初期，许多美国农场主已更喜欢别人称他们为"growers"，认为 growers 是有别于落后的 farmers 的摩登身份。（不妨与差不多同时变成 peasants 的中国 farmers 比较一番。）

稻米的交易、期货市场也随之问世，首度出现于新加坡，但发展较为缓慢；不可互换的品种，还是比小麦多了许多，如今仍是。但即使没有一个完全一体化的"稻米"市场，仍存在某种程度的一体化。工业淀粉需求，诚如前面已提过的，创造出一组乐于改用其他品种之稻米的消费者；随着时日推移，由于人的迁移和食物的全球化，在并非传统的食米区域，消费的稻米愈来愈多，而且这些区域的消费者不执着于特定品种的米，看哪种较便宜就买哪种。

借由这些过程，小麦、稻米的全球价格最终在世界各地连在一起。当然，原本就既食用小麦也食用稻米的地方，这两种价格始终相关联，如果有许多消费者得在开销上精打细算，情况尤其如此：例如，在 18 世纪中国的某些地方，小麦、稻米的价格比，颇为一致地反映了它们的相对卡路里价值，且会一起涨跌。但中国境内兼食稻米、小麦的那些地方，进口谷物不多，而且完全不出口谷物；要创造出全球性"谷物"，得有会在稻米、小麦价格分歧时买进某种谷物和／或卖掉别种谷物的国际性粮食市场参与者才行。拜人类的迁移和商界、政府两者有计划推广新粮食之赐，如今有许多这样的国家。（例如美国于二战后努力在日本打造小麦的销路。）最初，有一个发挥这种中介作用的重要市场：印度。

19 世纪的印度是世界上最大的谷物出口国之一，只是我们今日往往忘记此事——这既反映了印度当地的确有谷物剩余，也反映了英国殖民地当局牺牲农民和劳动阶级消费权益以促进出口的政策。事实上，印度当时既出口稻米和小麦，也食用稻米和小麦。数百万印度人习惯于兼有这两种谷物的料理，许多人也因为太过贫穷而视价格来食用其中一种。因此，19 世纪晚期世界米价上涨时，印度出口商做出回应。由于印度国内米价也上涨，消费者转而食用小麦。输往伦敦的印度小麦因此变少，美国堪萨斯州的农场主面临的竞争随之减轻许多。

史上头一遭，在最基本的商品上出现了全球性市场。史上头一遭（不管喜欢与否），新加坡感受到加拿大萨斯喀彻温（Saskatchewan）

一地小麦收成的冲击，尽管当时新加坡没人食用小麦。经过数十年的剧变，此时已创造出清晰可见的有力联结——和极其明显的强烈差异。

6.5 时间如何变成那个样子

> 如今每个人都知道时间就是金钱，
>
> 但比较不知道的是，时间乃是生意人的历史发明。

你应该曾经坐在高档餐厅里，望着墙上的时钟，然后注意到这时是纽约的正午 12 点，伦敦的下午 5 点，巴黎的傍晚 6 点，东京已经是次日了。你觉得这稀松平常，理所当然，根本就和日出、日落一样是自然的一部分。

但标准时间绝非自然的一部分。即使今日，世上仍有一些地方不遵行标准时间。领土横跨数个时区的中国，统一使用北京时间。因此，当广播电台宣布天亮，北京市里有人就着晨光做起健身操时，中国西部的人民，例如在乌鲁木齐，却是摸黑起床。

19 世纪进入最后四分之一以前，世上大部分地区没有标准时区，也没有以首都时间决定全国各地区的规定。那时候，时间毋宁是各地自己作主。时钟根据太阳运行来调校，但对太阳的观测不精准。旅行靠徒步或骑马，旅行距离不长，也不常远行。没有地区性电台或电视台报时。隔壁城镇的时间差个 15 分钟，没什么要紧。但铁路问世使这一情形全面改观。

有了铁路后，旅行和货运的时间缩短，更大空间内的时间趋于统一变得重要。1840 和 1850 年代铁路公司变多，时区众多顿时令它们困扰。如果每个镇各有自己的时间，要如何协调各地的时间表，确保火车在正确时间行驶于侧线，替火车补给？问题在哪里非常清楚，但解决很难。每个镇都觉得自己的时间才对，因为这是根据太阳于该镇日正当中的时刻订定。也就是说，在时间的确定上，每个镇在某种程度上都自认是世界的中心。要如何让大部分镇甘心接受其他镇的时间？由于事涉每个镇的颜面，问题很棘手。

铁路公司的解决办法不是说服各地领导人同意规定的时间，而是促成他们之间达成协议。最初促成时制一致的动力，不是科学或政治力，而是商业。在同一条铁路线上的镇，全配合所经火车的时刻表调整时间。但在多线辐辏的城市，这办法未促成时制的统一，反倒更乱。例如，在巴西最繁忙的圣保罗火车站，配合三个时刻表，挂了三个时钟，一个时钟显示从里约热内卢驶来的火车到站时间，一个显示圣保罗州内陆线的到站时间，还有一个显示从桑托斯港（Santos）驶来的到站时间。在美国，时制混乱可能更为严重。布法罗城火车站有三个时钟显示不同时间，匹兹堡则有六个！

英格兰，第一个制造火车的国家，也是第一个根据格林尼治时间拟定标准火车时刻表的国家（1842）。幅员辽阔的美国，进展较慢。1870 年时，仍有约三百个各行其是的地方时区，八十种火车时刻表。随着往西开拓促进了更长距离的运输，铁路线横越更多时区。1870 和 1880 年代铁路公司的合并潮，扩大了铁路网，时间表的统合变得迫切，也变得可能。1883 年 11 月 18 日，人称"两正午之日"，因为那一天正午，各时区东部的时钟全部回拨，以创造出全国一致的铁路时刻表。政府的脚步则较慢，再过六年，才将全国划为四个时区，直到 1918

年，标准时间才得到法律认可。

但巴黎或东京最终接受类似安排的过程，却不能拿美国的情形来比附。显然，法国、日本的铁路没有横跨那么大的领土。达成政治协议，势在必行，而由于民族主义作梗，政治协议喧腾了数十年才达成。当时已知地球的大小，经度也已普获接受。因而，将世界划成二十四个时区，轻而易举。问题症结在于，应选择何地作为标准时间的所在。从某个角度看，争执在于该以哪个地点的时间作为世界其他地方奉行的标准。法国人已在19世纪为统一度量衡付出许多心力（米、公斤／千克就是他们最值得称道的成就），当然希望巴黎成为世界的中心。当时为世界首要强国的英国，则希望选定英格兰，特别是格林尼治。19和20世纪期间，为解决这一问题，召开了不少国际会议。但有几个国家，特别是法国、巴西，迟迟不愿加入，直到第一次世界大战爆发前夕才改变心意。

因为迟不加入，这些国家面临了一些严重问题。在巴西，根据第一次世界大战爆发前后所做的一项调查，尽管绝大部分州应该都在同一时区，但每个州各有自己的时制。而各时制间的差异，往往很细微。例如里约热内卢州的首府尼泰罗伊（Niteroi），与十六公里宽的瓜纳巴拉湾（Guanabara Bay）对面的里约热内卢市，时间相差只有一分钟。在其他例子里，差异就较大。一名联邦众议员候选人，率领支持群众进入他选区所在的内陆偏远地区，赫然发现投票所已关闭，因为该区的时间比首都快了三小时。随着巴西经济和世界经济的联结愈来愈紧密，这也严重危害到商业。

当然，我们知道这些问题最终获得解决，而且是在19世纪时轻松解决，不只要归功于理性主义，也要归因于帝国主义。亚、非国家融入国际贸易和国际运输的程度甚低，时制统一并非非做不可，但欧洲列强能够说服亚非国家领袖接受标准时间，原因就在于，其中许多领袖本身是殖民地总督。1870—1914年间，全球有四分之一的地区落入欧洲、北美列强掌控。列强认为推行标准时间有其好处，于是强制其他国家施行。在欧洲人华丽客厅做出的这些决定，花了很长时间才被中非村民或安第斯山高地居民所接受。但随着世界经济的触角伸入与世隔绝的角落，这些地方慢慢地也被纳入标准时间。如今每个人都知道时间就是金钱，但比较不知道的是，时间乃是生意人的历史发明。

6.6 美国如何加入大联盟

美国所掌控的资本大量流入墨西哥，

促成美国建立经济霸权。

这是美国得以从世界列强手里夺下的第一个重要地盘。

如今，大家似乎觉得美国在国际资本市场上扮演举足轻重的角色，乃是理所当然的事。一直到 1980 年代，美国都是全球最大的资本输出国。但美国开始大规模输出资本，乃是 20 世纪的事。19 世纪，甚至晚近至 1914 年，美国的贸易赤字，仍高居世界之冠，部分源于美国是当时世上最大的外资收受国。（贸易赤字把美元留在外国人手中；如果美元持有者此时不想消费美国货，大概会用那些美元购买他们希望在日后带来更多收入的资产。）

史学界一般认定第一次世界大战是转折点，也就是在这场大战中，因为美国资助同盟国打仗，使它首度由债务国变成债权国。但在战前，美国资本家已开始在国外崭露头角。

他们的第一个联合对外投资对象是墨西哥。事实上，墨西哥可以说成为新式工业团体和国际协议的实验场。当然，在这之前，对美国而言，墨西哥长久以来就是很重要的国家。由于墨西哥比索是美国的法定硬币（1857 年为止），墨西哥的银矿原本就曾令美国人心向往之。

但尽管美国通过 1830 和 1840 年代的得克萨斯战争、美墨战争，夺取了墨西哥一半的领土，美国资金南流的速度却很缓慢。1900 年时，投入墨西哥的英国资本，仍远超过美国黄金。除了一些大型铁路线，仍以规模很小的个人直接投资为主。

1890 年代的经济大萧条后，情势全面改观。一部分美国顶尖企业巨子，原来几乎不投资国外，这时开始投资墨西哥。在那场大萧条期间原本紧缩信贷的美国银行，这时开始热切寻找放款对象，且找上了重整美国经济的那些人。大量的可轻易变现资产，促成了"大合并运动"（Great Merger Movement）这一最著名的结果。J. P. 摩根（J. P. Morgan）之类金融资本家，手中有充沛资本，又正逢一些公司因大萧条而仍摇摇欲坠，于是趁机并购，创造出几家美国当时有史以来最大的企业，包括资产总额十四亿美元的美国钢铁公司（United States Steel）。当时经济规模虽不如今日，但创造出美国钢铁公司的那次并购，至今仍是史上最大规模的并购之一。

这批重整美国企业的金融家和股市秃鹰，把目光投向墨西哥。J. P. 摩根、库恩洛布公司（Kuhn, Loeb and Co.）社长希夫（Jacob Schiff）、施派尔（James Speyer）、洛克菲勒（William Rockefeller）、哈里曼（E. H. Harriman）、古根海姆家族，利用与英国、德国资本市场的密切关系（往往是家族关系）和对美国新兴资本市场的掌控，募集资金投入工业。他们开始草拟宏大计划往国际发展，而他们在墨西哥开展的工程，正是这些大计划里关键的一环。哈里曼打算建造一个铁路—海运网，将美国与南美、亚洲连接起来。他试图掌控墨西哥大部分铁路时，脑子里就有这一打算。与哈里曼在几个工程上合作的洛克菲勒，则决心掌控富含矿物的墨西哥北部的运输、生产，借此将墨西哥纳入他的石油—铜帝国。他接收了墨西哥最大的铜矿，买下数片大油田的认购权。古根海姆的 ASARCO 公司则掌控墨西哥的矿物冶炼，不久后成为全球大部分银矿的冶炼厂和铅、铜的生产大厂。

由于这些财阀竞逐墨西哥的野心，美国的对外投资，在第一次世界大战前十五年里，增长了三倍，投资金额远超过其他所有国家对外投资的总和。到 1914 年时，美国投入墨西哥的资金已有十亿美元，占美国对外投资总额的一半。但墨西哥之所以重要，不只是因为直接投资资金流入该国和美国企业家在该国创设了初期跨国企业。美国金融家参与墨西哥建设，还改变了美国在国际资本市场上的角色。华尔街银行家首度运用欧洲资金于国外，首度由他们的代理人代为投票。施派尔、库恩洛布两家银行，运用欧陆和美国资金，买下墨西哥各大铁路的控股权益。然后，施派尔在墨西哥创立了最早由美国人掌控的国外银行之一。1904 年，这两大招商银行与其他几位大金融家联手，以发行债券的方式募款四千万美元，贷给墨西哥政府（最早指定使用美元的对外贷款之一）。不久，这些债券在欧洲得到认购，成为有史以来第一个在巴黎上市贩卖的美国债券。有家报纸写道，这笔贷款"标志国际金融上的新纪元"。四年后，施派尔集团为墨西哥国营铁路公司发行五亿美元的债券，是 1920 年代之前美国史上发行的最大一笔债券。

美国所掌控的资本大量流入墨西哥，促成美国建立经济霸权。这是美国得以从世界列强手里夺下的第一个重要地盘。英格兰、德国、法国在墨西哥都有可观的投资。但 1910 年时，他们不得不承认，套句德国公使的话，美国人已开始"执行不折不扣的（强国对弱国的）保护关系"。美国人主宰了矿业、铁路之类的关键领域，最终拥有墨西哥整整五分之一的领土。美国顾问左右了墨西哥货币、银行、铁路改革的施行。而随着啤酒开始取代龙舌兰酒，棒球、拳击开始和斗牛相抗衡，墨西哥连文化上都日益美国化。

迈入 20 世纪才一些年，德国人、法国人就承认，在美国经济、政治势力的笼罩下，他们在墨西哥不得不屈居次要角色。随着纽约开始慢慢挑战伦敦国际金融中心的地位，英国投资人开始通过美国金融业者将大笔资金投入墨西哥。欧洲人早就一直担心这新兴北美共和国的潜力，担心它削弱他们的势力。在迈入 20 世纪后的墨西哥，这股潜力首度爆发出来。德国公使警告道："'美国威胁'不是幻觉，而是具体的事实。"

6.7 俱乐部、赌场与崩盘：
1820 年以来的国家债务与风险管理

> 如果你想向发行者索取费用，
>
> 发行者想被评定为高等级，
>
> 你就会挡不住利诱而忽略风险，高估证券等级。

所有现代政府都借钱。在市场发展完备的富国，政府大多向本国人民借钱。（即使今日，大家不时在谈外国持有多少美国国债，不过美国的外债有超过三分之二由美国人持有——但美国在世界经济上独一无二的地位，使其得以承受多年的庞大贸易赤字，寻找再投资机会的海外美元可以回流美国。）此外，富国的政府不需多大帮助就能卖掉本国债券。就连外行人都很清楚持有美国、德国、日本或法国的国债债券能有什么好处，因此中间人的作用微乎其微。

但还有许多政府，包括过去和现在的政府，需要向外国人筹得资金，而这些外国人对还款可能性所知甚少，且知道政府往往将重要信息秘而不宣。基本上，政府有三个办法来解决这个借款难题。

首先是千百年来在许多地方最为盛行的做法，即统治者找某银行或银行团借款，银行或银行团私下看过账目后将钱借给他们。第二个做法让政府能有庞大许多的资金可利用，政府令某些受信赖的中间人——19 世纪的罗斯柴尔德银行或巴林银行、20 世纪的 J. P. 摩根——相信，借钱给这个国家的风险很低。这些中间人成为国库债的承销人，而由于他们的背书，投资人愿意放心购买债券，于是债券一般会销售一空；如若不然，承销人或许会自行买下未售出的债券，以支持自己的判断。第三个做法自第二次世界大战以来愈来愈重要，即要求某个据称中立的实体向借款者提供再保险。这个实体或许是针对贷款而设立的国际货币基金会之类的准政府国际机构，或是针对债券而设的穆迪（Moody's Investors Services）或标准普尔（Standard and Poor's Financial Services）之类的民间信用评级机构。

最后一套做法或许让人觉得最为现代、理智、透明、客观：毕竟谁会宁可信赖以卖掉债券为本业的人，也不愿信赖专门提供信息的人？但国际金融已有所"进步"了吗？揆诸历史，并不是那么清楚。今日的做法较富竞争性，为突然窜起的银行和摇摇欲坠的政府都提供了更多机会，此一做法为金融家带来了更多利润，但很可能是通过让世界经济蒙受更大风险来办到的。

本文的重点在于金融史家马克·弗兰德鲁（Marc Flandreau）——及其合著者们——所谓的"违约悖论"（the default paradox）。1815 至 1930 年，各大国际债券市场（伦敦、巴黎和后来的纽约）都被一些债券承销人把持：前三大商行总是拥有至少 50% 的市占，有时逼近 75%。但违约危机来袭时，这三大商行受到的伤害相对却较小。光是罗斯柴尔德银行在 1820 年代就为新成立的政府（大部分在拉丁美洲）承销了将近一半的债券，泡沫破掉时，它的借款人没一个拖欠债务。19 世纪中叶另一波主权违约期间，拥有 60% 市占的前两大商行，只有 5% 被违约。就连 1920 和 1930 年代波及层面更广的乱局中，承销将近 60% 贷款的几家商行，也只有 25% 的贷款被违约。这些商行所承销之债券风险较低，客户事先已有所了解：其客户所支付的平均利率要低上许多。因此，不管是买家还是卖家，找罗斯柴尔德、巴林或摩根合作，都很上算。对这些商行来说也很上算：它们的背书极受看重，得以索取比今日承销者所能索取的高上许多的费用。

吊诡之处在于，这一颇为有用的分层（stratification）体系里，承销者的名字清楚表明了涉及的风险程度，但这一体系如今已经消失。20世纪大萧条期间，国际债券承销停摆，数十年后才重出江湖。在此期间，富国直接销售债券，较穷的国家（包括许多摆脱殖民地地位的新国家），往往直接向银行或国际机构借钱。1980年代，债券承销重出江湖，当时许多这类借款变成坏账，需要国际担保债券上场，债务人才能（在有所打折的情况下）还清债款，银行才得以销掉其资产负债表上的坏账。

如今，市场比以往任何时候都大，看起来却大不同于以往。前三大承销者控制了不到40%的市场，它们所承销的债券，利率和其他承销者的一样，没有哪个承销者的违约率低于其他承销者多少。由于没有承销者提供可靠的"质量"标记，借款者在它们之间游走、寻找最划算交易的情形，比以往频繁许多。（先前，凡是与前几大承销者合作的，都不会傻到琵琶别抱；那些商行或许收费较高，但由于利率较低，两相权衡还是上算。）如今，费用下跌，承销者若要获利，首要考虑就是冲量。

简而言之，守门人已去，留下以不法手段牟利之人，因此产生的做法，风险大上许多。1920至1930年在纽约售出的国家债券，不到10%被评级机构定为"投机级"；1993至2007年，即使用较宽松的标准来衡量，都有超过60%是"投机级"。（直到2009年12月底，穆迪才将希腊债务降级为"投机级"：那时，距金融危机爆发、雅典暴乱发生、希腊承认其官方财务报表多年造假，已过了许久。）此间有件事肯定不变：在另一波违约潮中不觉得痛的，只有那些在经济回升时期获利的人——乃至主要是这类人。

那我们怎会采用这个堪称较不可取的做法？首先，旧做法算不上完善。崩盘之事发生，造成周期性的大破坏，"本来可能更糟"的庆幸之语，安慰不了人，尤以1930年代为然。欧洲人所建造的帝国解体后，主权国家暴增，加上"发展型"（developmental）国家雄心更大、更不惜血本的发展计划，可能使相当排外的老派做法变得左支右绌，即使曾有人非常努力重建该做法亦然；而且旧做法的精神也与激发1930年代和之后银行业改革的较为平等主义、较讲究透明的理念相抵触。老牌大商行力主应该继续让它们自己管好自己，即使突然窜起的商行需要外力监管亦然，但那一提议无缘付诸实行。由于国会听证会所揭露的种种内幕——包括摩根有份的"优先名单"，名列其中者都是富有影响力且以打折价拿到公债的"友人"，以及国民城市银行（National City Bank）把拉丁美洲的坏贷款抛售给不疑有他的投资人——人们理所当然对老牌大商行所谓有资格不受监管的说法存疑；而且这种两级做法与"新政"标榜的平民主义背道而驰。在此期间，信用评级机构（CRA）的兴起，似乎提供了更好的解决办法——而且有一段时间，这办法大抵奏效。

前几大信用评级机构（穆迪、标准普尔、惠誉国际［Fitch Ratings］），一开始都是服务性事业，收集可公开取得的借款公司信息，凑集为一整套好用的建议，供潜在的债券购买人参考。从1910年左右开始，它们也开始分析数据，对债券的风险提出整体评估，评定其等级。不久后，其业务从公司证券扩及公债，例如市政债券；1920年代，它们又开始针对外国公债评定等级。作为 1930 年代改革的一部分，银行必须把一定比例的资产放进被信誉卓著的机构认为安全的信用工具里（但何谓信誉卓著的机构，直到 1970 年代才有清楚的界定）；许多养老基金管理机构、慈善基金会和其他组织，不久后把类似的规定写进它们的章程，为这些评级业务提供了一个强健的市场。

信用评级机构倚赖公开信息，因此可能永远不如前几大债券承销商可靠，毕竟这些承销商能坚持先看过借款机构的不公开资料，再出售它们的债券。但一般来讲，信用评级机构手中的信息质量相当好；它们的评级结果可轻易取得，且涵盖每次债券发售，而不只是前几大承销商的债券发售。至关紧要的一点是，穆迪、标准普尔的获利来自购买它们信息的人，而非来自债券发行者；这一安排使信用评级机构不会想要高估证券的安全等级。

只要大部分投资者觉得信用评级机构的评级让他们感到投资很安全（且使受托人免于背负责任），像罗斯柴尔德那样从事债券承销业务，获利空间就会变小——尽管罗斯柴尔德的名字本身意味着高质量，而且会在后续出现麻烦时竭尽所能防止违约（并保住自己的名声）。这也降低了购买二级商行所承销债券的风险，只要该债券被评为良好等级即可；而那反过来又使机构投资者可以更加放心大胆地在特定的评级里寻找最高的投资利润。（如果事实表明某 AAA 级债券根本不够格，你就可以把信用评级机构告上法庭。）

于是，看似理想的保险制度，其实反倒使债券承销人和投资人都可以更具风险地行事——尽管那风险仍旧不是太高（而且并非所有风险都是坏事）。此间，信用评级机构也在转变。1970 年代初的数年里，美元和黄金脱钩；石油输出国组织（OPEC）的兴起和美国日增的贸易赤字，创造出庞大的海外"油元"池和"欧元"池；对美国境内银行业和证券公司的管制开始解除；数个凭借价格据称有看涨前景的原材料生存的较穷国（石油输出国组织是组成卡特尔卓然有成的典范，而且这些国家愈来愈清楚天然资源并非取之不尽），开始以大上许多的规模借款。这些变化意味着有待评级的投资产品变得更多且更为多样；同时，便宜的影印法和其他新技术，使订阅信用评级机构的刊物来买得信息之事变得更难。不久，所有信用评级机构都开始向发行证券者收取评定证券等级的费用。这是穆迪的创办人曾告诫会危害该公司廉正形象的事：如果你想向发行者索取费用，发行者想被评定为高等级，你就会挡不住利诱而忽略风险，高估证券等级。诚如从其他市场（例如靠抵押品支持的证券）所认识到的，这种马虎的监督时有所闻。

因此，不可能回到 20 世纪大萧条前由少数机构把持国际债券承销的世界，那个罗斯柴尔德家族和摩根家族叱咤风云的世界。那些旨在限制风险行为的机构，在这一更加随心所欲的制度里变得更加无力。而其他数种要人放心的作为——主要是 1980 年代到 2008 年间一再听到的保证：当今的金融机构比以前的大了许多且更加老练，能安然驾驭这个更复杂多变的世界——最终证明华而不实。新的承销制度有其可取之处：穷国更易取得信贷，而且有些穷国运用信贷很有成效。自新一波全球放款荣景（印度尼西亚、俄罗斯、巴西、阿根廷、尼日利亚、波兰、墨西哥等）开启以来，违约和重整之事屡见不鲜，但还没有哪个国家制造出类似 1930 年代的危机。但这表明的很可能是运气好，而非进步，而且好运从不长久。

6.8 更新鲜没有更好

最后，世界变得和两百年前完全相反。

远地的产品通过广告而为人熟悉，

近旁的产品反倒变陌生。

在万圣节前夕，大人会提醒小孩，收受邻居自行准备的水果或食物时要提防有诈，厂商包装的糖果则安全得多。我们一再听到这样的耳提面命，以致觉得那已成常识。我们觉得，由远方不知名且很有可能属不同国籍、种族、宗教信仰的陌生人所制作的食物，比邻居分发的食物更为安全，但对生活在 20 世纪以前任何时期的人，乃至今日许多人而言，却会觉得很荒谬。我们怎么会这么信任遥远异地的制造商？

人类历史的绝大部分时期里，大部分人只吃自己猎杀或采收的东西。若是从他人处取得食物，也是通过当面实物交易，且仍知道该食物为何人所制造。在那大段时期里，来自较远处的食物很罕见，且这类食物大部分是以原料形式买进（例如稻米、小麦），买者了解它们，因而可以自行加工处理。为数甚少的食物制造商，例如面包师傅，受公会监督，以确保品质。在冷藏设备问世之前，产地愈近的东西愈新鲜，愈新鲜则愈好。

19 世纪时，由于人口急遽增加、运输革命、国际贸易暴增，传统的新鲜观念动摇。主食（例如谷物）的大量生产和肉类的异地运送，让国际分工得以形成。较低的价格，在某种程度上，降低了消费者对遥远异地制造者的疑虑，但进口食物引发的纷争仍不少。本国农民用关税保护农产品，肉品制造商则诉诸口蹄疫的危险，以限制国外肉类进口。

复杂的长距离食物贸易之所以增加，有一部分得归功于技术。盐腌食物和脱水食物，人类早已知道，但条状牛肉干之类的盐腌食物，虽可以下咽却难吃，因而过去只有奴隶和牛仔吃。19世纪，罐装技术问世，将食物变成适合长程运送的工业原料。1810年，法国发明家阿珀特（Nicholas Appert）开始制作罐头食物，但这类食物烹煮过头，少有人青睐。可想而知，社会地位类似牛仔、奴隶的士兵，成了罐头食物的第一批消费者，一如他们后来成为浓缩食物的试验者。美国南北战争，加上真空烹煮技术改良和马口铁罐头问世，催生出19世纪末期的罐头食品大厂，例如亨氏（H. J. Heinz Company）、康宝浓汤（Campbell's Soup）、法美（Franco-American Company）、博登（Borden）。

远地食品之能进入家家户户厨房，冷藏设备也功不可没。人类使用冰当然已有数千年历史，但在汽轮、火车问世之前，它融解太快，无法用于长距离保存食品。商用冷藏设备于1890年时已普及于工业化国家，但重达五吨，用以运送食物的功能有限。第一次世界大战期间，弗里吉戴尔（Frigidaire）、凯文内特（Kelvinator）两家公司，销售史上最早的家用冰箱，1940年时，美国一半的家庭拥有冰箱。新鲜、邻近、最近生产这三者间的关系为之改变。

但光凭技术不足以将远地食物带到家家户户。即使在保鲜科技有所改良之后，仍有疾病、掺假行为，破坏消费者对他人所生产食品的信心。这一未受规范的市场，也是个肮脏市场。当时的工厂，往往如辛克莱（Upton Sinclair）小说《丛林》（*The Jungle*）所描述，被视为黏腻、污秽的地方，而非如今日有时所呈现的形象——明亮、一尘不染、卫生的实验室。先是州政府，继而联邦政府，出面拯救。美国政府仿效 1880 年代英国所颁行的法律，开始管理食品的生产、运送、营销。1906 年的《纯净食品和药物法》（Pure Food and Drug Act），赋予美国农业部核准工业食物上市的权利。美国消费者信任食物检查官员的科学权威和正直，于是愿意买愈来愈多的加工食品。

城市化和超级市场问世，又起了推波助澜的作用。人搬进城里后，再无足够土地可供自种粮食。但 1950 年代后，他们有了大型超级市场，里面有罐头食品大厂的产品。当地的食品杂货店老板，自豪于熟稔每位顾客，有口碑为自家产品挂保证（店里产品有许多是装在一般容器而非罐头中），然而终究不敌卖场大、没有人情味、便宜且新兴的郊区居民开车可轻易抵达的超级市场。为数较少的一群公司，将资金用于建立商标和利用商标促销其加工食品，而超级市场正为这些加工食品汇聚于一地陈售提供了场所。通过广告，这些商标变得家喻户晓。

最后，世界变得和两百年前完全相反。远地的产品通过广告而为人熟悉，近旁的产品反倒变陌生了。工厂制造、包着玻璃纸的产品变成卫生的，手工制的产品变得不受信任。政府检查官的许可权，变得比邻居的近在咫尺和名声更可信赖。于是，我们小孩丢掉自家制作的万圣节饼干，打开糖果包装纸。

6.9 包装

从制造垃圾的社会观点来看，

包装大可说是浪费，

但它们却是现代世界经济得以缔造的关键要角。

俗话说，不可用封面判断书的好坏，重点在内容，而不在外面的包装。甚至，在一般人眼中，容器和包装物，带有负面意涵。把候选人"包装包装"（package），代表要赋予候选人迷人但不实的公众形象。箱盒则往往被视为不实在的东西，隐藏或扭曲了里面的东西，制造出数不胜数的垃圾。而我们的垃圾场里，的确充斥着包装物。

但在长距离贸易的问世上，在大量生产性商品的市场里，包装都扮演了关键角色。包装不仅是无害的副产品，还在许多产品的生产过程中扮演不可或缺的角色，充当货物的运送者，用于保存食物，以及成为产品的推销员。它们与商标、超级市场、便利产品的问世，密不可分。

过去一百年，包装的使用大幅增长，但它们以某种形式存在，已有数千年历史。自然界以种子、果实的形式，提供包装，保护生命。蛋、橘子、椰子、香蕉，都有天然的外包装。但它们的目的通常不是吸引消费者，反倒是欲在种子成熟前把消费者赶走。昆虫等动物因外包装的阻隔而无法食用种子、果实的内容物。但种子一旦成熟，外包装的功用转而变成鼓励消费者食用，以便通过消费者散播种子，提高该物种存活的概率，或者就蛋而言，外包装得够硬脆，以便小鸡破壳而出。

最早期的人造容器乃是有机、自制，且为特定时期的特定用途而量身定做。兽皮和纤维编织物，在成为市场导向的商品之前许久，就已被用来装运货物。陶器的用处，不只在贮存，还在生产。伊朗西部已发现五千年前的酒瓮和啤酒容器，都是酿酒过程不可或缺的东西。容器制作很费工，制成后都是手艺的心血结晶，因而一再回收使用。它们是个人最重要的家当之一。匠人在它们身上标上自己专属的识别符号，表明出自他们之手，而人类学家、考古学家借由他们所设计的陶器，确认出一个个文化群体。

19世纪的工业革命，带来新的包装材料，随着新材料的普及，包装的本质和功用也改变。机器使人类得以大量生产容器，但也使大规模生产变得不可或缺，因为激增的产品必须保藏、贮存、运送。

19世纪初期，包装量的增长，主要是为了奢侈品，而非民生必需品。漂亮而往往手工吹制的玻璃瓶，装着炫人的香水、成药、葡萄酒。但大量制造这类瓶子和运送这些瓶子，成本奇高，若以这类瓶子装东西（例如水）来卖，连在本地都没有销路；那时候，若有人想到将意大利的 Pellegrino（圣培露）或法国的 Perrier 矿泉水（巴黎水）行销至世界各地，大概会被视为疯子。

19世纪的几项创新和发明，引发包装革命，这些创新发明包括以机器大量制造产品的能力、使大量货物得以快速运送到异地的铁路和汽轮、创造出更大群商品消费民众的城市化，还有，特别值得一提的，制造玻璃瓶、马口铁罐、纸袋、卡纸箱的新技术、新机器问世。20世纪则将出现塑料革命，制造出大小形状各异的无数种容器。

容器不仅促成货物的贮存、运送，还让包装者（往往就是经销商）得以在产品的目的、吸引力、单品供应量的界定上，夺下主导权。消费者购买的是陌生人所制造的产品，看不见、摸不着或闻不到包在袋子里、罐子里、箱子里的东西，这时候，让消费者隔着包装就体会到包装内产品的质量和有益健康的特性，就变得至关紧要。为了使遥远、陌生的生产者、装罐者变得熟悉而可靠，他们用上商标。于是，加工者、包装者、运输者、经销商在最终销售价格里所占的成本比例愈来愈大，农民、牧场主所占的成本比例则愈来愈小。

20 世纪，超级市场兴起，这一趋势更为加快。从桂格燕麦、康宝浓汤到盒装电视便餐[1]、冷冻比萨，消费者所购买的食物，愈来愈多是已调理好而有商标的产品。愈来愈多料理工作在工厂里完成，而非在自家厨房。包装商必须保护这种调理好的食物。

包装变得远不只是为了盛放产品或宣传某商标的特性，还变成销售员。靠着漂亮盒子、亮丽包装纸、造型优美的瓶身，它们成为"自取式"商店的带动者。消费者不再通过店员，而是在受到广告连番诱引后，在店内走道上闲逛，自行拿取所要的商品。生产商和包装商能直接触及消费者。在一般人家中餐桌上永远占有一席之地的托尼虎（Tony the Tiger）早餐玉米片和亨特番茄酱（Hunt's Ketchup），变得比冷淡而流动频繁的店员更为可亲、熟悉。包装拥抱矛盾，同时对矛盾略而不提：早餐玉米片却和一只和善的老虎扯上关系，就是个矛盾。

在"架上寿命"（shelf life）这个观念里，就可见到这一现象。"架

---

[1] TV dinners, 可迅速加热而后端着盒子边看电视边吃的冷冻快餐。——译注

上寿命"所指涉的对象，乃是赋予包装以生命力的生动广告，而非包装盒里活生生的东西。事实上，消费者既想确定包装里的东西原是活的（有机食品比非有机食物更受青睐），也想确定眼前的罐子或盒子里没有残存任何活的东西。

我们恣意享受这种消费自主权。自主意味着可以想买什么就买什么，至少对大部分美国人而言是如此。但他们想要买的东西，很大一部分乃是产品的包装所塑造出来的。从制造垃圾的社会观点来看，包装大可说是浪费，但它们却是现代世界经济得以缔造的关键要角。包装是现代大量消费型社会出现的关键。它们或许碍眼，但无疑很重要。或许，有时我们还是得从封面判断书的好坏。

6.10 商标：名字算什么？

商标具有历史，因而有用；

消费者熟悉商标。

但商标不是老朋友，

而是旨在满足资本需求、不具人格的资产。

深陷爱河的朱丽叶，得知罗密欧的姓是蒙塔古后大为苦恼，随后又思忖："名字算什么？我们所称为玫瑰的，改叫任何名字，芬芳依旧。因此，罗密欧不叫罗密欧，他可爱的完美也分毫不失。"五百年来，恋爱中人都同意朱丽叶的看法，认为本质比名称重要。但版权律师会给你大不相同的建议。名称本身才是应予捍卫的法定资产，本质不是。事实上，名称有时已变得比它所指称的对象重要。显然的，过去五百年里，有了非常重大的改变，而且不只是爱情观上的改变。那个改变源自法人公司与商标的兴起。商业史家威尔金斯（Mira Wilkins）甚至主张，商标与法人公司的出现，两者紧密相关。

进入 19 世纪许久之后，才有商标这东西。在那之前，女裁缝或许靠裁制漂亮连衣裙而为人所知，厨师或许靠精湛的厨艺，农夫或许靠某种美味的番茄或某品种的牛。产品名称若涉及生产者，也只涉及产地地名。来自中国的瓷器，西方人以中国之名一律称之为 china；正反两面可穿的叙利亚织物，西方人以大马士革之名，称作 damask（花缎）；来自科尔多瓦（Córdoba）的皮革，则称之为 cordovan（科尔多瓦革）。农产品虽靠名称来区别，仍会根据原产地取名，例如经由也门摩卡港外销的咖啡，称作 Mocha，来自西班牙瓦伦西亚（Valencia）的橘子，就叫 Valencia。葡萄酒之类的半制造品，遵循同样模式：来自葡萄牙波尔图（Oporto）地区的几种甜葡萄酒，以几座输出港的名称得名；雪利酒（sherry）之名，则源自这类酒的原产地西班牙赫雷斯（Jerez）；法国的香槟区（Champagne），则成为一种气泡饮料的名字。产品所取的名称，提及产地，而不提及制造该产品的公司或个人，当然也不提及与该产品有关的特性（例如"热情"或"提神"）。而在那时候，这些都是例外。大部分产品一离开产地，从其名称都看不出出身。

商品的独特性——甜度、精美度、浓度——内在于产品本身。鲜有商品被包装，更别提广告了。它们的美名得以散播靠的是口耳相传，以及商人对新市场的开拓。

那时候，没有商标，消费者不受法律保护。在"买主自行小心"（意味买主对所购商品的质量自行负责）的原则下，卖方的个人商誉和消费者检测品质的能力，是唯一的保障。销售受限，买卖双方的关系为私人关系。

随着更大型公司针对大众市场制造商品，设立营销和广告网，这一情势才开始改变。19 世纪的工业化，伴随出现了能生产大量外观相差无几之商品的公司。真正的生产者是不知名的工人，挂名生产者是公司。随着运输业的发展，非奢侈品销售于广大地区变得有利可图，购买者的分布范围愈来愈广。一家公司在数个地方设工厂，于是产品和特定地方失去关联。

当然，这意味着生产者与消费者间的关系不再是私人关系。产品是以公司之名，而非生产者之名为消费者所知。大众市场是从每次交易中获取小额利润，而这也意味着愈来愈多公司致力于供应同样的产品，满足继续购买他们产品的消费者之需要。要达到这一目的，不只需要好产品和好价格，还需要标准化的品质。因为这一理由，洛克菲勒选择取名"标准"石油公司，其他许多早期财团替公司取名时，也用到"标准"或"通用"这类字眼。

19世纪，包装、装罐日益普及，消费者愈来愈常购买基本上看不见内容物的产品。他们不得不信赖包装上的信息，特别是公司名字，以确定内容物。欲让消费者信赖产品质量，公司名称就必得受保护，免遭仿冒者、造假者鱼目混珠的伤害。这种不具人格性的商业关系，要求人们信赖这样的生产者，即那是家家喻户晓的公司，有商标来代表它，但该公司的产品是哪个人所制造，则没人知道。换句话说，法人公司的兴起，意味着真正生产者的名字变得极不受重视，公司名称则变得至高无上。

遗憾的是，对最早期的大型制造商而言，有些首开先河创立商标者，信誉并不尽然受到肯定。以迷人瓶子、花俏名称吸引顾客而有时含有致命成分的成药，不只在卖产品，同时还在利用人们希望药到病除的心理来谋利。旨在兜售成药、秘方的药品宣传巡回演出，是最早的广告形态之一。这些药有些获利非常可观。但公司本身通常不讲信誉，产品只要名声败坏，他们就到别的地方，换上不同的名称，照卖同样产品。

投下大量资本的大公司，经不起随意抛弃原有的名字。他们得保护自己的名字。一如今日通常所见，当时提倡自由企业者，不得不求助于州政府，以防止自己公司的名称遭竞争者侵害。1840年代，美国数个州首度保护商标，1870年，根据宪法保障版权、专利权的条款，国会通过第一个商标注册法。但最高法院以商标不同于版权和专利权，推翻这一立法："一般的商标不必然与发明或发现有关……在普通法里，商标的专有权产生自商标的使用，而不仅是商标的采用。它不倚赖'新奇、发明、发现或任何的脑力劳动成果'。它纯粹建立在抢先采用上。"因此，商标不是建立在发明上，而是建立在习惯上，在公司使用某标志代表特定产品而这一用法得到大众的接受上。于是，尽管商标已在美国专利局和外国类似机关注册，商标的战场却大部分在法院。

联邦政府运用不同权限，在 1880 年、1950 年先后通过立法，保护商标在国际贸易和国内贸易上的地位。这一保护法不被视为是为了促进发明（一如今日对专利权的看法），反倒被视为是对财产权（有形资产）的保护。

随着商业的大众化和随后的全球化，产品如果广获接受，潜在的广大利润就在眼前。这时，法人公司有两项要务。首先，促进消费者对他们产品的需求，而这得动用庞大的广告开销。广告的重点，愈来愈不在于教导大众了解产品的用处和成分，而在产品区隔，以及将产品与往往和该产品的固有特性极不搭边的感觉或观念联结在一块儿：百事新一代（Pepsi Generation）、万宝路牛仔（Marlboro Man）、百威啤酒蛙，都是例子。消费者忠于商标的同时，附加成本也转嫁在价格上，商标产品因此较昂贵。凡是在超级市场买过东西，且将商标产品与非商标产品比过价者，都知道这点。

法人公司的第二项要务，是避免让自己的产品过度畅销，以免商标名变成非商标名。痛失阿司匹林这一专用名称的拜耳，就是个活生生的例子。舒洁（Kleenex）、施乐（Xerox）、可口可乐，都曾为了阻止自己的名称成为通俗化的非商标名而大力反击。（可口可乐赢得了 Coke

这个名称的争夺战，却输掉可乐市场。）

法人公司商标的"商誉"，常是这些公司的主要资产。桑德斯上校和肯德基炸鸡没有关系，或像 31 冰激凌连锁店（Baskin Robbins）易主，对消费者无关紧要。在消费者心中，产品依旧没变。商标使特许加盟店得以问世，协助促成商业的财团化。公司只要借由买下畅销品牌，就可进入完全非自己专业的领域。

商标具有历史，因而有用；消费者熟悉商标。但商标不是老朋友，而是旨在满足资本需求、不具人格的资产。事实显示，玫瑰改叫别的名字，或许芬芳依旧，甚至，换了名字后，玫瑰可能予人以更迷人的形象，然而却是价值较低的公司资产。名字算什么？"它不是手，不是脚，不是臂，不是脸。"但它如今是公司利润所在。

6.11 开始觉得不干净：全球营销故事一则

对今日大部分人而言，
需要肥皂似乎是再自然不过的事，
但在一百年前可非如此。

对今日大部分人而言，需要肥皂似乎是再自然不过的事，但在一百年前可非如此。20世纪，在全球各地，卫生清洁用品一直是广告做得最厉害也最有创意的一类产品。最早以寄回外包装换取奖品来促销的产品，就是卫生清洁用品，还有最早承诺将一定比例销售额捐作公益的产品，带给我们电台、电视"肥皂剧"的产品，也是卫生清洁用品。为什么？因为当时许多人认为用到肥皂的机会不多。

人类一直有清洁身体的习惯，但往往没用到多少肥皂。19世纪的化学工业，使欧美人得以买到便宜肥皂，而新出现的细菌致病理论，对肥皂的使用起了推波助澜的作用：在没有有效抗生素（还要数十年才会问世）的情况下，更用心擦洗身体似乎是最佳保健之道。但并非每个人都信这一套，于是，其他呼吁上场，主要从社会角度而非生物学角度切入。

1887年某英国杂志上的梨牌（Pears）肥皂广告，就是很好的例子。广告中，一箱肥皂冲上海滩，箱子裂开；一名几近全裸的女黑人握着一块肥皂（和一根矛）。广告标题是"文明的诞生"；广告页最底下写着："肥皂消耗是衡量财富、文明、健康、人之纯洁的标准。"梨牌的广告，有许多以奇异古怪的"非洲"为场景，但在那些广告问世许久以后，该公司卖到非洲的产品仍寥寥可数。他们锁定的对象是中下阶层的英国消费者，广告告诉他们如何向更优秀者（和他们功绩辉

The first step towards lightening

The White Man's Burden

is through teaching the virtues of cleanliness.

Pears' Soap

is a potent factor in brightening the dark corners of the earth as civilization advances, while amongst the cultured of all nations it holds the highest place – it is ideal toilet soap.

梨牌肥皂的广告说明"白人的负担"

煌的帝国）看齐，与"野蛮人"划清界限。在美国某些广告里，那些
被认为不爱干净的移民取代了非洲人的角色，但所要传达的信息相仿：
文明人该使用相应的肥皂，清洁肌肤、头发、碗盘、衣服等诸如此类
的东西。

跳脱出自己所处的时空环境，最能清楚看出肥皂需求的人为炮制
痕迹。殖民地时代的非洲就是个理想的例子。20 世纪厂商进入非洲营
销之前，已有传教士和殖民地学校先做了营销工作，前者在非洲倡导
清洁仅次于圣洁的观念，后者则倡导西式的卫生习惯。许多营销人员
自信于他们率先提供了解决非洲"肮脏"的办法，但他们的前辈其实
比他们更了解事实。1870 年之前来到南非洲的欧洲人，不认为原住民
肮脏，且指出原住民有多种相当有效的祖传除污办法，包括使用当地
的油、兽脂、黏土。只有在殖民活动增多（且许多原住民被迫放弃迁
徙生活）后，"肮脏的非洲"才成为必须用新商品予以解决的问题。广
告特别针对原住民女性进行开导，指"她们"是自己男人事业有成的
推手，男人的衣着、身体、头发、牙齿、口气、妻子，若不符合欧洲
人的标准，就别想得到好工作或升迁。这些广告还说，女人如果未用
对产品，别人决不会直接告诉她们的丈夫这就是他们没机会升迁、受
冷落的原因。在旧的身份地位指标正消失，而新身份地位指标仍叫人
困惑的社会里，这样的广告很能诱发消费者的忧患意识。渐渐地，这
办法奏效了，到 1970 年代，非洲大部分地区的人，不仅大量购买有品
牌的肥皂，还把这当作理所当然的事。

这问题不独出现于跨文化营销领域。历史上就曾发生过一个与我
们（美国）国内关系密切而已遭遗忘的"危机"，危机源头来自第一次
世界大战后担心美国境内肥皂产量过剩的心态。美国人在战争期间所

攻占的海外市场，随着战争结束而有失去之虞，国内市场亦面临同样威胁。制造商担心，柏油路取代泥土路，汽车取代马，煤气炉取代煤炭，电灯取代油灯之后，肥皂的需求会降低。于是，他们未努力推广个人品牌，反倒联合发起行动，"以说服美国人相信自己仍然很脏"。

行动的结果之一，就是产业界支持成立了干净协会（Cleanliness Institute）。该协会除了发起一些稀奇古怪的运动（例如不握手运动），还成功促成肥皂使用量的增加，特别是在年轻人身上。该协会鼓励学校要求学生勤洗手，有些学校更设置盥洗室纠察，由他们发证明给洗过手的学生，学生得出示这证明才能进食堂。该协会视女人为理所当然的宣讲对象。协会发布的一份新闻稿说道，"从哪个地方可以最早知道春天已经来到？不是知更鸟出现于枝头，也不是番红花长出嫩叶，而是女人开始有了要将房子从阁楼到地下室全部打扫干净的冲动。"另一份新闻稿则说，擦洗冰箱是绝佳的运动，表示那是"跪倒在美丽与健康的圣坛之前"。新祸害遭人为炮制出来，传统疗法遭遗忘，于是口臭有了极专业的称呼——"halitosis"，原用于清洗伤口的李施德林漱口水，取代了吃荷兰芹之类清香口气的传统办法（大概因为荷兰芹有这功效，如今餐厅里仍有这道菜）。1920 年，几乎无人知晓漱口水是什么东西，到了 1930 年代中期，却已变得无所不在；牙膏、除臭剂之类物品的使用，也散播开来。去头皮屑洗发水、漱口水、除臭剂广告还灌输给美国人一种观念，即清洁用品用得不对，会失去工作、约会、配偶等等，而且没有人会告诉他们为什么。在某些广告里，有个不懂人情世故的小孩，告诉她亲切但孤单的姑妈，她身上有臭味。但人不能指望随时有这样的侄子适时出现，因而这些广告所要传达的主要信息，乃是人要如何确认自己够干净，办法就是信赖专家，例如干净协会的专家。这些专家通过广告同时向每个人宣讲，因而，最稳当的做法就是购买、使用其他每个人都在用的清洁用品。

如今每个人都养成使用肥皂的习惯。这是件小事，且大概是件好事。但在养成过程中，广告所连带灌输给人的更大原则（即开始懂得倚赖广告里的陌生人，而非倚赖现实生活中的同伴，以了解得宜的作为），已对社会、经济、心理产生巨大影响。那些告诉我们如何看待、评价他人，如何与他人交谈、相互竞争的信息，不是出自殖民强权之口时，表达方式或许较为拐弯抹角，但很管用，卖出的肥皂反倒多得多。

6.12 玩味全球史：箭牌、亚当斯与犹加敦半岛

> 仍盛行于美国的口香糖，被忽视了其墨西哥出身和玛雅传统。
>
> 1893 年芝加哥世博会的游客无法想象，
>
> 他们塞进嘴里嚼的黏性甜物会创造出这样的曲折故事。

1893 年芝加哥世博会（又称哥伦布博览会），旨在纪念哥伦布抵达美洲四百周年，前来参观的两千七百万人，头一次见到将成为美国招牌零食的新食品。就我们要讲述的故事来说，最重要的是箭牌公司（Wrigley）的黄箭（Juicy Fruit）口香糖。

嚼口香糖源于墨西哥犹加敦半岛存在已久的习俗，举行这场世博会时，在美国已流行约二十五年。当时最红的品牌是制造芝兰（Chiclets）口香糖的亚当斯（Adams），但使口香糖大为流行，成为美国主流文化里历久不衰的一部分（并留在数百万教室桌椅底下）的，乃是箭牌。在美国工厂和城市急速扩张的时代，这个被大量制造和营销且一般人都吃得起的平民小零嘴儿，乃是摩登与美国人身份之新定义的一部分。这个只有糖分、不含营养的零嘴儿，表明了针对该国急速增长的都市人口生产、配送、宣传产品的新方法。

与此同时，箭牌公司参与打造了一个让人联想到美国人的品牌产品。（小时候住在维也纳时，我惊讶于在奥地利人面前嚼口香糖竟让他们大为不快。对维也纳人和其他许多欧洲人来说，口香糖是粗野丑陋

的美国人的象征。）借由将作为美国象征的棒球球员卡与箭牌口香糖的包装结合在一块儿（箭牌公司创始人里格利还买下芝加哥小熊队，建造了里格利棒球场——2016 年世界大赛冠军赛的主场——从而与棒球运动捆绑得更为紧密），借由创造新潮摩登的人工制品，以协助加快物流或彻底改变广告手法，例如用来贩卖口香糖的史上最早的贩卖机，在建筑、棒球场和有轨电车侧面张贴形形色色明亮、花俏的广告牌，乃至装设电灯，以及通过在箭牌公司赞助的广播节目上播出最早的广播短歌来宣传其口香糖的魅力——口香糖成为迈克尔·雷德克利夫特（Michael Redclift）所谓的“美国偶像”。

借由抹除口香糖主要成分的出身——人心果树（chicozapote/sapodilla）或糖胶树（chicle tree）的胶乳——口香糖的美国国籍也得到强调。例如，箭牌的白箭（Spearmint）口香糖有一则早期广告，告诉目标顾客，它是“绝佳的口香糖，味道持久，要把它放在舌下转，品尝真正的薄荷味。有从薄荷叶榨出的汁液为其提味”。广告中完全没有直接或间接提及它曾有段历史或含有来自异国的成分。亚当斯牌的另一种口香糖“加州水果”（California Fruit），的确以自豪口吻宣说其调味香料的来历，但还是未交代来自何处。广告中未交代的，乃是箭牌的产品（和比它更早的品牌的产品）如何通过一场涵盖大不相同的多种环境、社会、工作的大陆性交换来到芝加哥世博会，并经历充满暴力地缘政治脱颖而出的不凡故事。

但对消费者来说，黄箭和白箭似乎是从箭牌的工厂冒出来的，没有历史或先驱。这相对来讲不难让人相信，因为人心果树或糖胶树的胶乳，一如橡胶，具有弹性且尝来无味——没有墨西哥所特有的味道或香气。此外，尽管在犹加敦半岛人们嚼这种胶乳已有数百年，甚至数千年，这种胶乳与玛雅人或犹加敦半岛并未有普遍的关联。再者，19 世纪下半叶的大部分时候，犹加敦半岛深陷人称"等级战争"（Caste War）的激烈族群内战，广告商自然不想在广告中以该半岛的异国魅力吸引顾客。因此，强调此产品的美国特性较为稳当。

但在墨西哥、中美洲和北美洲，为了通过仪式性行为展现身份地位而嚼食数种树胶，即使没有数千年也有数百年的历史。（玛雅人鄙视成年人在公开场合嚼食树胶的行为。）调制这种胶乳的过程很简单：玛雅人或阿兹特克人开采野生心果树或糖胶树的树胶，将树胶煮到要求的黏稠度即可。（北美印第安人嚼的是从云杉汁液提取的树脂。）原住民制作这种胶乳主要供自用；19 世纪之前，这种胶乳是天然产品，而非商品。

1860 年代，由于人、事、市场力量三者不可思议的和合，情况有所改变。安东尼奥·洛佩斯·德·圣安纳（Antonio López de Zanta Anna）将军，如一道阴影笼罩了墨西哥 19 世纪上半叶的历史。他先后当过将军、总统、企业家，领导墨西哥士兵打败西班牙、法国军队，但先后败给得克萨斯人和美国军队，颜面无光。他以自由党党员和保守党党员身份出任总统十一次，支持某些政府，推翻别的政府。到了 1869 年，他已被逐出墨西哥，流落纽约的斯塔滕岛。他想得到金援，试图再度凭借武力重登总统之位，结果遇到一位奋发进取的发明家，即有抱负但不得志的托马斯·亚当斯（Thomas Adams）。这位将军给了亚当斯一份上述胶乳的样品，两人都希望这东西能替代橡胶；当时，橡胶这种具弹性、经烟熏硫化过的树汁，拜查尔斯·古德伊尔（Charles Goodyear）1844 年发明的硫化工序之赐，刚开始被大量用为防水衣物、防水橡胶套鞋和脚踏车轮胎的原料，硫化过的橡胶既有延展性又耐高温和低温（见 4.2 节）。令亚当斯和圣安纳感到遗憾的是，人心果树或糖胶树的胶乳虽然和橡胶一样以热带树的汁液制成，却不适于制成衣物或轮胎，于是这位将军怏然返回墨西哥，资金依旧短缺。令人意想不到的是，这种胶乳未助圣安纳武装其部队，却为犹加敦半岛上的其他造反者提供了资金，且在二战期间美国士兵很高兴能在随身口粮包和美国军事基地的商店里找到口香糖时，成为重要的战略物资。

在圣安纳退出我们的故事之际，失意的亚当斯最终为这种异国材料找到另一个用途。他注意到一个小女孩在嚼用石蜡（石油副产品）制成的柯蒂斯白山口香糖（Curtis White Mountain Gum），灵机一动，看到了上述胶乳的另一种用途。通过实验，他掌握了将这种胶乳塑成条状并加上欧亚甘草或香草之类调味香料的制作流程予以工业化的方法。随着对于这种廉价零嘴儿的需求增加，他盖起了工厂。

很幸运，他推出这类产品的时机已经成熟。当时美国正快速城市化，而且工业劳动力的购买力正在成长，能使用国内运输系统的美国人占全国人口的比例愈来愈高，便宜的糖（使这种胶乳变得可口的关键所在）开始变得到处都买得到（见 7.1 节）。

其他的文化趋势也为亚当斯和其他许多口香糖制造商（例如突然登场以满足这一急速增长之需求的里格利）助了一臂之力。到 20 世纪初，口香糖已不只是零嘴儿、糖果，还被当成健康食品、神奇万灵药来卖。广告宣称咀嚼它能镇定紧张的神经（19 世纪晚期人称 neurasthenia 的一种常见病痛），能解渴（对于想减少烈酒消费的禁酒社会来说，解渴是件大事），能减轻饥饿感，能清新口气和洁牙，能舒缓喉痛。

咀嚼，向来被认为充其量是种必要之恶——而且肯定没礼貌、令人不悦——这时却被人气作家霍拉斯·弗莱彻（Horace Fletcher）推崇为身体健康和消化良好所不可或缺。他劝人把每片口香糖放进嘴里嚼三十秒钟。咀嚼这时变得有益健康且无失礼之虞，还有助于减肥，因为口香糖没有营养价值，唯一的卡路里来其所含的糖。消费者不是为了消化口香糖而嚼它，但嚼口香糖之举变得——在劳动阶级或乡村居住区——较为人所接受。著名礼仪专家艾米莉·博斯特（Emily Post）1922年的礼仪指南告诫读者，在上流社会，嚼东西不得体："看人嚼口香糖……就像在看乳牛嚼反刍的食物。"

但拿口香糖替代其主要竞争者——烟草——却为人所乐见：男人很欣赏嚼烟草这件事，尤以美国南部和西部为然。19世纪，据某位烟草史家的说法，美国境内消费烟草的男性，90%是拿来嚼，而非抽其烟。那是不折不扣的美国习俗，往往令外国访客不悦。著名英格兰小说家查尔斯·狄更斯1842年去过美国后写道："在美国所有公开场合，都可看到这一肮脏的习惯。在法庭里，法官有他的痰盂……在公共建筑里，访客被请求……将他们嚼烟草块产生的汁……吐进国民痰盂里，而勿吐在大理石圆柱柱基周边。"对美国男人来说，嘴里嚼烟草是男子气概的表征；但女人并非总是欣赏这种行为。它在牙齿或它所碰到的其他任何东西上留下污痕，把地板和墙壁弄脏，即使设了"痰盂"，还是杜绝不了这一乱象，而且它可能导致口腔癌。所以，一如鼓吹禁酒者乐见可口可乐等"软性饮料"取代烈酒，提倡健康、纯净食物者，把口香糖视为不折不扣的进步之物予以接受（尽管艾米莉·博斯特并不接受），而未像欧洲人往往认为的那样，视之为带来脏乱的东西。

随着人口趋势和社会趋势皆朝有利于嚼口香糖的方向走，数十家新公司问世。这些公司把这款零嘴儿的生产、包装、运送过程机械化，设计出响亮花俏的产品名（这些名称都与墨西哥毫无关系）和包装、广告牌、赠品，以招徕更多顾客。销售量随之暴增。1905 年托马斯·亚当斯去世时已是百万富翁，就当时的标准来看，他的确非常富有。威廉·里格利以将口香糖当成免费赠品搭配他所卖的发酵粉一起配送起家，很快就成为美国最大口香糖公司的老板。亚当斯的过人之处在于发明了口香糖，与他不同，里格利的创新表现在销售方面，例如发明新的广告、包装手法。他说口香糖谁都能做，那很简单，但"怎么卖是个问题"。他找到了解决办法。1932 年去世时，他已是美国十大富豪之一。（如今他的曾孙拥有数十亿美元的身家。）

懂得如何制造、营销口香糖很重要，但胶乳货源充足也不可或缺。那得克服墨西哥境内其他意想不到的因素。当时大部分胶乳采收自今天的犹加敦州、金塔纳罗奥州（Quintana Roo），而这个区域的发展前景不佳。由于玛雅人分布稀疏、交通不便、热带气候让人却步，要找人去采野生树的树胶，无论何时都很棘手。19 世纪下半叶，长达半世纪的"等级战争"，令这问题似乎更显棘手——许多玛雅人在这场战争里与西班牙裔地主（墨西哥当地所谓的克里奥耳人 [Creoles]）为敌。这场袭卷乡间并夺走多达二十万人性命的战争，既体现了一个信仰千禧年主义的团体欲重拾遭西班牙人征服和天主教传入之前当地自主地位的心态，也是对犹加敦半岛上的甘蔗园和后来的剑麻种植园里受压迫劳动情况的反抗。

但有些参与者趁此机会发了战争财。当地玛雅人酋长（cacique）要底下的人采收、输出胶乳，以取得资金购买造反所需的军火。军中将领成了胶乳的供应者。在犹加敦半岛糖胶树生长区的西南边，坐落着英国殖民地——英属洪都拉斯（今伯利兹）。英国人打算接管墨西哥土地，或至少从这场战争中得利，于是卖武器给反叛分子，也运出胶乳。

但诚如史学家艾伦·韦尔斯（Allen Wells）所探明的，总统暨将领波费里奥·迪亚斯（Porfírio Díaz）的独裁政权，派出联邦军队前来平乱，然后将大片土地授予美国投资人和墨西哥上层人士，供他们开采胶乳和其他作物，借此终于平息了这场叛乱。迪亚斯将金塔纳罗奥抽离犹加敦，自成一州，实质上将它纳入了联邦政府的控制。1902 年"等级战争"的结束，有利于胶乳出口增长，因为美国的需求继续急速增长。随着胶乳在美国销路增长和价格上扬，六千名来自邻州、中美洲数国、加勒比海地区的男子，乃至一些朝鲜契约劳工，进入犹加敦半岛成为季节性的移工（chicleros）。这些人往往因背负债务而不得离开工作地点。胶乳这时明显是种商品，其主要市场在美国，工人已不再以玛雅人为主。

这些移工在金塔纳罗奥和犹加敦两州丛林里采收野生树的树胶，在树干上划出相交的口子，等胶乳从树干流下，做法一如橡胶的采收。他们配合大自然的生息来作业，因为要等树汁从口子冒出，每棵树五年才采收一次。他们在丛林里开出小径以找到野生树，然后用骡子或轨道手推车运送采得的胶乳。供应链另一端则呈现大不相同的景象：亚当斯的黑杰克（Black Jack）、芝兰口香糖或箭牌的黄箭口香糖都在利用 20 世纪初最先进的技术，按照机器时间（"时间就是金钱"）在北美洲推动生产、配送和营销，以获取惊人利润。

一战结束前后，墨西哥革命进入犹加敦半岛，墨西哥季节性移工的处境有所改善。1920 年代两位有心改革社会的州长通过劳动法保护劳工，并改善他们的薪资。最重要的是总统拉萨罗·卡德纳斯（Lazaro Cardenas，1934—1940 年在位）在全国层面的作为，他推动了土地改革和劳动者合作社的成立。二战时，作为美国士兵口粮的口香糖需求大增，墨西哥的胶乳贸易短暂臻于鼎盛。但那需求很快就非季节性移工和天然树林所能满足。为解决严峻的需求问题，胶乳采收者更频繁地采收树胶；许多树因此油尽灯枯而死。令人意想不到的是，靠墨西哥工人努力而得以为士兵所享用的便宜口香糖，被美国大兵带到欧洲，分给那里的小孩，从而留下口香糖是地道美国货的印象。

战后，口香糖兜了一圈又回到原地。最初，亚当斯完成了一项史上罕见的成就，用天然物质（胶乳）替代合成原料（石蜡）。1905 年起，福利尔（Fleer）口香糖公司想制出泡泡糖，但天然胶乳不适合用来吹泡泡。这需要合成性材料和一段摸索过程。第一批原型物口味不错，且能吹出泡泡，但常破掉，粘在顾客脸上，得用松节油才能清掉，这是因为它以石油为基底。这样的消费体验并不愉快，如果脸上有八字须或胡子（当时许多男人如此），更是如此。直到 1928 年，才有人找到一种适合作基底的东西，它既不会粘脸或毛发，也用替代胶乳的合成物制成。但要等到大萧条和二战结束，泡泡糖才真的流行起来；那时，天然胶乳的销路随之减少。到了 1950 年代晚期，尽管口香糖销量达到历史新高，天然胶乳的销路却大减。如今，只有几家标榜特制产品的小公司，以可永续的天然原料为要求，打动了这类原料的粉丝。大部分口香糖则以乙烯基树脂或微晶蜡制成，而这两样原料一如石蜡，是石油派生物。

1893 年芝加哥世博会的游客和更早时亚当斯牌口香糖的消费者嚼口香糖的经验，其实是一则故事的一部分，而这则故事涉及国际交换、大不相同的社会、政治制度、技术变革、一桩偶遇以及历史。出售胶乳以换取军火保护本地自主地位的玛雅人，最终要面对金塔纳罗奥州已是墨西哥国牢不可分割之一部分的事实。如今，除了以境内的古玛雅废墟引来观光客，该州事实上还以坎昆、马雅里维拉（Mayan Riviera）两处海滩吸引数十万外国人前来。仍盛行于美国的口香糖，则被忽视了其墨西哥出身和玛雅传统。1893 年芝加哥世博会的游客无法想象，他们塞进嘴里嚼的黏性甜物会创造出这样的曲折故事。

6.13 有了红、白、蓝，销售更上层楼：可口可乐如何征服欧洲

不可一世的美式作风，令某些人反感，

但可口可乐进攻欧洲的行动大为成功。

不管是好是坏，这开启了新式的营销手法。

少有品牌像可口可乐那样，把"美国"说得那么清楚，又那么成功。但可口可乐初进入欧洲后，形势并未变得对它较有利（或者说形势并未因它而变得更有利）。经过一场战争、外交干预、一些高明的营销，它才扭转形势，立下一个改变过去六十年全球商业与文化的模式。

可口可乐于 1880 年代在美国初上市时，被认为是有益健康的饮料。它的市场魅力，有部分来自它不含酒精，因而是合适的戒酒饮料。但 1920 年代，该公司试图将市场扩大到欧洲，却发现其产品遭怀疑有害健康。毕竟它含有糖和咖啡因，销售对象又特别锁定年轻人，且含有一种该公司不愿泄露的秘密成分。管制官员和药物协会心存疑虑。而在欧洲，拿可口可乐是酒的替代饮料来反驳，效果不如在美国来得大。

以酒类替代品为诉求，未有助于拉抬可口可乐的业绩，反倒使它除了面临医界的不利论点，还多了来自酒商和酿酒业者的保护主义压力。（至少在法国，酒商以美国海关管制葡萄酒和烈酒出口，理直气

壮要求可口可乐也应接受它所拒绝接受的法国饮料规定。）这一营销
诉求还有别的影响——模糊但重大的影响——那就是触痛了民族主义
者的敏感神经。这些人提醒同胞"什么样的人吃什么样的东西"，担
心年轻人舍葡萄酒或啤酒而就可乐后，会变得比较不像法国人或德国
人。到1939年，可口可乐在欧洲的销售额增长有限（在拉丁美洲反
倒增长更多）；但1945年，可口可乐再度大举进攻欧洲，情况却大幅
改观。

一方面，冷战意味着凡是大举展开营销攻势的美国公司，都要面
对新的怀疑，特别是来自政坛部分左派人士的怀疑。有些共产党和报
纸宣称可口可乐是毒药，其销售人员是情报人员，其装瓶厂可能被改
造成原子弹工厂。法国流传多则不利于可口可乐的谣言，其中一则所
散播的危险，虽然较没有世界末日的恐怖气氛，却同样令法国人觉得
受辱，那就是谣传可口可乐公司打算在巴黎圣母院的正立面上张贴广
告。战后大部分欧洲政府管制对外投资（也管制食物、饮料的成分），
因此，反可口可乐联盟加入一支新力军，对该公司影响甚大。在丹麦，
该饮料短暂遭禁；在比利时、瑞士，因健康问题官司的耽搁，迟迟才
打入两国市场；在法国，经过好一番折腾，才得以在不必透露其秘密
成分的条件下，得到管制官员的核准上市。

另一方面，战后，美国国力遽幅增强，华盛顿当局极力为这家从
亚特兰大发迹的公司拓展地盘（共产党员的积极反对，自然使美国政
府的决心更为坚定）。美国政府以多种明示和暗示的手法，告知欧洲各
国政府禁止可口可乐进口可能产生的不利影响；法国外交部开始担心
马歇尔计划的援助可能岌岌不保。欧洲各国政府虽担心可口可乐的进
入乃是他们所不乐见之美国化浪潮的一部分，但又怕因小失大，纷纷

撤销反对立场。

一如其他许多公司，可口可乐公司靠着与美国的深厚关联，得到极大好处。事实上，第二次世界大战本身大大促进这一关系的紧密。战争期间，可口可乐公司耗费巨资，让美国大兵能以低价喝到他们的汽水，甚至到了西欧局部地区一解放，他们就迅速进入设立装瓶厂的地步。可口可乐瓶子造型特殊，解放区的人民不必凑近看（或不必懂英语），就知道美国大兵在喝什么。

可口可乐公司不惜巨资，让军队能喝到他们的汽水，可能出于爱国赤忱，甚至为了塑造其在国内的良好形象，但也借此打开了欧洲市场。这么做不仅使人一看到可口可乐，就想到美国对欧洲的一大正面贡献，还协助化解了健康上的忧虑：如果将希特勒赶出西欧的大军（事实上很可能是史上吃得最好、最健康的大军）都那么猛灌可口可乐，那其他人喝了哪会有什么坏作用？

不管这一正面关联究竟是刻意炮制还是无意中产生，该公司不久就拼命利用这一关联性促销自家产品。过去，试图将食物卖到国外的公司，往往竭力用当地品牌隐藏自家产品的外地出身（既为化解产品不新鲜的疑虑，也为消除"什么样的人吃什么样东西"这种观念所产生的疑虑），但可口可乐反倒大肆宣扬它与"美式生活"、与主宰全球顾盼自雄之美国精神的关联性。该公司甚至针对1952年的赫尔辛基奥运会，整修好一艘诺曼底登陆时的登陆艇，驶入该港，但艇上载的不是军队，而是七十二万瓶可口可乐和各种宣传资料。美国人又来了。

不可一世的美式作风，令某些人反感，但可口可乐进攻欧洲的行动大为成功。不管是好是坏，这开启了新式的营销手法。那些忧心舍啤酒就可乐会淡化德国民族本色的人，观点并非全错，因为，从这一过程中，诞生了一种国际消费文化（特别是在年轻人身上），在这种文化里，人们愈来愈把眼光瞄向国外（特别是瞄向美国），以找到消费习惯为"酷"文化之表率的同侪。而对数百万这类人而言，可口可乐就是"酷"。

6.14 抢先者得以生存

在核子时代的今天，仍有一些最先进的火车，

行驶在沿袭自古罗马战车和英国运煤车的 4 英尺 8.5 英寸轨距上。

在商业领域，竞争未必促成最适者生存，反倒往往促成抢先者得以生存；优先比本事更胜一筹。最先推出的产品攻占某一市场后，往往接着攻占全球市场。

就拿铁路（现代最重大的科技发明之一）来说，1825 年在英国境内最初启用的火车头，行驶的铁轨轨距有数种，因为每条铁路可自行决定要用多宽的轨距。从一条线转到另一条线，就成了很头痛的问题。接着，其他国家的铁路也采用多种轨距。过了一段时间，多种轨距遭淘汰，一种轨距胜出。但胜出的轨距却不是最适合运货载客的轨距。

第一条铁路采用的是 4 英尺 8.5 英寸宽（约 1.44 米）的窄轨，但这轨距并不是因为符合哪种高明的技术标准而雀屏中选，反倒是因为优先的缘故。附近煤矿的马拉煤车，其轮距长久以来都是 4 英尺 8 英寸（约 1.42 米）。如今甚至有人主张，那些运煤车的轮距，沿袭自将近两千年前奔驰于英国土地上之古罗马双轮战车的轮距。因为习惯，这一规格由上古流传到工业时代。第一条行驶蒸汽火车的铁路，即连接斯托克顿（Stockton）、达林顿（Darlington）的铁路，主要用来将煤由

矿场运到港口。政府授予特许权时，规定铁轨必须能让矿场的马拉运煤车在其上行驶。斯蒂芬森（George Stephenson）设计第一条主要用于运货载客的铁路时，采用了这一既有的轨距。

但其他铁路选择了较宽的轨距，以能承受更大、更高的蒸汽货运车厢，建造较大的火车头。从任何技术标准来看，斯蒂芬森设计的窄轨都不是最理想的轨距。但因为两大理由，最后它成为主流。

首先，所有铁路线的营运公司不久都体认到，轨距统一有利于整合出更广的铁路网。英国面积不大，铁路线稠密，因而很早就遇上这问题。斯蒂芬森所立下的轨距先例，促成想与该铁路线相连的其他铁路线采用了相同轨距。随着采用最早轨距的铁路网日益扩大，最早轨距也愈来愈占上风。但仍有其他轨距与之竞争。大西部铁路（Great Western Railroad）采用较宽的轨距，实际运行结果证明，较宽的轨距优于既有的窄轨。但英国政府最后决定，轨距较宽虽较有利于载客，但与铁路网整合的益处相权衡，弊多于利。采用较窄轨距的路线占绝大多数，因而英国政府明令新路线一律采用窄轨。

运煤车轮距得以胜出的第二个原因在于，久而久之，技术迁就窄轨而发展，而非铁轨改变轨距以配合技术要求。火车头和车厢扩大，悬吊、车轴、轮子方面做了许多改良，使它们在窄轨上运行快速，能承受愈来愈重的负荷。

在美国，轨距问题稍有别于英国。由于国土广大，地区性铁路网众多，许多铁路线刻意采用与众不同的轨距，以独占所在地区的运输生意。南北战争后，仍是如此。然后，人口往西部迁移和铁路网的建立，使长距离贸易的需求变大。随着货物直达的需求、获利升高，统一轨距一事也变得日益迫切。19世纪最后十年时，美国境内铁路已几乎全采用英国轨距。

　　事实上，19世纪末期，英国轨距已几乎是全球规格。欧洲陆续采用英国轨距，但在某些例子里，例如在法国、西班牙交界处，不同轨距被当作国防手段。在其他地方，轨距统一较容易。英国有独步全球的技术，又在其遥远殖民地和其他第三世界地区初萌芽的铁路建设里投入大笔资金，使英国得以将其轨距规格传播到世界各地。从马拉货车到蒸汽、柴油驱动的火车头，再到今日的高速火车，大体上一直沿用这一轨距。采用这一规格不是因为它最理想，而是习惯使然。因此，在核子时代的今天，仍有一些最先进的火车，行驶在沿袭自古罗马战车和英国运煤车的4英尺8.5英寸轨距上。

6.15 势所未必然

综观历史，需要与发明间的关系，
一直是错综难解且不尽然令人满意。

迫切需要乃发明之母。的确如此。我们一再听到这句格言，而且是从小时候就一再听到，以致我们把这当作理所当然、不证自明的道理。但这一格言真正的意思为何？谁决定什么时候某样东西是迫切需要，而那需要又孕育出哪种发明？综观历史，需要与发明间的关系，一直是错综难解且不尽然令人满意。

拿罐头这个不起眼的例子来说。它于 1810 年在英格兰首度问世，用以为皇家海军补充营养，使他们有充沛体力与敌厮杀。与过去水手所吃的那种粗劣、问题百出的食物相比，罐头配给品是一大进步。当然，每个解决办法本身，都会衍生新难题。就罐头来说，第一个待克服的明显难题就是开罐。在这里，我们无疑看到了一项迫切需要。但实用开罐器却要再等五十年才发明出来！

当然，并不是说这些罐头就这么堆着，等五十年后开罐器问世再打开。最初，水手用小刀、刺刀或锤子加凿子，尽管不是很好用，但管用。数十年间，没有人想过改善这一开罐方法。有部分是因为初期的罐头是又大又重、罐壁很厚的铁罐。作为战争工具，它们得能挨过艰困的环境，且能大量供应水手所需。买罐头者通常备有小刀，此外，他们是有力气用小刀刺穿罐头或将凿子锤进罐头的男人。

要使更为方便使用的开罐器成为迫切需要，得有两项改变。首先，冶金术改良，使质地更轻的马口铁罐头、钢罐头得以问世。其次，包装技术改进，使大量食物可以被安然制成罐头，而没有肉毒中毒或腐坏之虞。此后，愈来愈多家庭主妇愿意购买罐头食品。但她们手边通常没有小刀或锤子、凿子，她们也不想用这些东西。直到1870年，才有美国发明家莱曼（William W. Lyman）替开罐器这个后来彻底改变食品营销业的东西申请专利。

有时，解决办法的出现早于需要。1880年代，伊利诺伊州的约瑟芬·科克伦（Josephine Cochrane）苦恼于仆人洗碗盘时常打破她的珍贵瓷器，于是发明了洗碗机。那是个大型铜锅炉，炉内平放一个带有数个金属格子的大轮盘，杯碗盘一个个放在格子里，马达驱动轮盘，同时锅炉底部往上喷出热肥皂水，洒在碗盘上。实验证明管用。

但这项新发明却未受到家庭主妇的青睐。技术问题无疑是一大原因。许多家庭没有足够的热水来运作这一机器，且水质往往太硬（含太多无机盐），使肥皂无法起泡沫，碗盘无法洗干净。但洗碗机之所以要更晚才会成为"需要"，还有一个大概更为重要的因素，那就是难以跨越的观念障碍：当时女人并不反对用手洗碗。在还未有大批妇女进入职场的年代，女人大部分是专职家庭主妇。此外，洗碗盘被视为忙碌了一天后，纾解身心、联络情谊的活动，一家人往往是在这共同参与的家务中聚在一块儿。要到1950年代，女人进入劳动市场，有钱购买洗碗机，科克伦太太的发明才成为众所需要的东西。

有时，需要所催生出的解决办法快速却不好用，但因为它最先出现，虽不好用，仍幸存下来。打字机键盘就是个例子。第一部打字机由伯特（William Burt）于 1829 年发明，但打字速度慢。那是个笨拙的圆形装置，使用钢琴按键的原理制成，打字速度只跟速度最快的抄写员一样（1853 年有人创下每分钟三十个字的最快手写纪录）。电报问世后，这就成为严重问题，因为电报传送信息的速度，快过任何人写下那些信息的速度。1872 年，肖尔斯（Christopher Sholes）创造出能让打字速度加快许多的机器，并把那称作"type-writer"（打字机）。但这机器有个缺点，打很快时，按键会连续卡住。试用这机器的最早期速记员，毁掉一台又一台的原型机，考验了发明者的耐心。肖尔斯想破头欲解决这一问题，一再地对这装置东修西改，就是无法让按键不致一起卡住。最后，他想出了脑筋急转弯式的解决办法：如果无法让打字机速度加快，何不放慢打字员的速度。经过多次试验，他想出了我们今日所熟悉的键盘。按键刻意摆在不合道理、不顺手的位置，强迫打字员放慢速度，机器随之不会卡住。即使后来经过几次改良，使按键往里缩，解决了卡住的问题，键盘格局基本上没变。电动打字机和今日的计算机，全采用刻意不顺手、不方便的键盘，只因为习惯如此。发明家未配合打字员的需要而改造键盘，反倒要数百万打字员在寻找 b 或 e 或 i 上耗费许多时间。

唉，需要不尽然是个好母亲。她有时不孕，有时善变，有时早慧。问题、解决办法、发明家、顾客，全是能够导向许多不同方向（或导向无何有之处）而共生并存的互动媒介。

6.16 地点、地点、地点：
在安道尔与巴拿马，历史如何赢过地理

安道尔和巴拿马乍看之下南辕北辙，

其实都受益于既强化地理因素又凌驾地理因素的几种国际漏洞。

地点，而非资源，把某些地方推到世界经济的中心位置。但说到它们的地点，不能只考虑其地理位置。技术和法律制度使原本受忽视的区域不再偏远，从而也使这类区域变成重要的国际市场。它们变得重要，不是因为有强大、可靠的政府，反倒是因为它们的领导人善用国际法的漏洞（灰色地带）。

以安道尔（Andorra）为例，这个小国位于横跨法国、西班牙两国边界的比利牛斯山的陡峭山峰上，原本被世界经济打入边陲，直到20世纪下半叶才改变处境。互联网是这一改变的推手。另一方面，巴拿马（Panama）受益于其中心位置。巴拿马地峡湿热的气候更有利于病媒昆虫和毒蛇滋生甚于农业发展，而且境内也没有重要的矿物蕴藏，但在20世纪最后几十年之前，这块地峡之所以重要，主要是因为提供的东西很少——因为它很窄——以及它的地点。

安道尔

窝在世界屋顶上且似乎被历史潮流忽视的一个小公国，怎么从中

世纪跳到后现代，从封建跳到国际化，中间略过了现代阶段和国家阶段？这个没有海港、没有机场、没有铁路，只靠少许的狭窄公路与外界联系的中世纪香格里拉，怎么成了国际贸易与商业的中心？

安道尔历史悠久。五千至八千年前就已有人类居住在其约四百六十平方公里的土地上。战争间接让这块土地上的巴斯克人（Basque）有了国家。它是信仰伊斯兰教的摩尔人征服伊比利亚半岛（Iberian Peninsula）期间最晚占据的地区之一，也是他们最早撤离的地区之一。查理曼大帝封了许多边境国，作为伊斯兰世界与基督教世界之间的缓冲，安道尔是其中之一。如今安道尔仍在国歌里表达对他的崇敬。剽悍、独立自主的安道尔牧羊人和战士，挡住而非促进了其与外界的往来。于是，历史似乎遗忘了安道尔。它成为仅存的边境国。

迟至 1900 年，仍有访客指出："安道尔保有其中世纪的习俗和建制，几乎没变。"安道尔的五千六百名居民继续靠农牧业过活。这位访客论道："当地产业是最原始的那类，完全是家庭式，一如中世纪。"由于缺乏资本、煤和交通系统，这个孤立的公国窝在欧陆深处，几乎与世隔绝。除了一条可通汽车的联外道路，其他的交通"动脉"是不通车辆的马道。把安道尔的少许进口货带进来的骡子，就是走这些马道。

一般人眼中与主权国家密不可分的那些特性，安道尔大部分都欠缺。它直到 1954 年才有预算，除了关税没有普通税，没有自己的货币——原本都以法郎和西班牙比塞塔为法定货币，晚近才改用欧元。此外，这个前战士国没有真正的军队，因此，马尔维娜·雷诺尔兹（Malvina Reynolds）1960 年一首很红的民谣，就是用安道尔来表达反战主张。除了六名职业军人，军队成员都是志愿民兵。那不构成什么问题，因为安道尔已经七百年没打过仗了。法国和西班牙负责安道尔国防。其小小的领土只有 2% 的土地可耕种，而且境内天然资源很少，因此法国和西班牙愿意让安道尔人拥有很大程度的自治和国家语言——从南邻借来的加泰罗尼亚语（Catalan）。

但它是个奇怪的主权国，因为实行双国君制，而且这两位国君都非安道尔人。自 1278 年起，它就由法国富瓦伯爵（Count of Foix）——后来改为法国国王，如今则是法国总统——和西班牙的休乌赫尔（Seu d'Urgell）主教共同统治。安道尔人每年向这两位国君缴纳象征性的税，以表达对其宗主权的承认。这两位国君如今对安道尔的国际条约仍拥有最终决定权。

安道尔人直到晚近才开始扩大他们的公民权。1970 年，女人才拥有选举权。1993 年，该国才制定宪法，政党、民选议会和工会才终于合法化。到那时，安道尔已加入外部世界。

安道尔的人口从 1954 年的 5 800 人增加为 2011 年的 84 825 人（其中只有四分之一是合法公民，其他都只是居民），房地产价格飙涨。或许更切合我们讨论主题的是，一年约九百万观光客（该国人口的一百倍），沿着蜿蜒惊险狭窄的道路到访。警力已增加为原来的三十倍，以便指挥安道尔城（Andorra la Vella）和其他城镇堵塞的交通。这个对外交通不便且天然资源不多的国度，有什么可给予大批到访游客？

安道尔作为法、西两国之间小规模走私的路径已经很久，如今则成为自由港和重要的走私中心。它生产的东西很少，但脆弱的主权迫使这个公国对货物课征很低的关税或是零关税。免税期催生出观光业。安道尔实行自己的传统制度，例如中世纪的共有财产制和加泰罗尼亚的习惯法，但免税品要能离开这个僻处山区的小国，还是需要邻国的默许。毕竟它的道路由法国人和西班牙人维护。凡是从安道尔驶入境内的汽车，法、西两国警察都会搜寻违禁品，尤其是香烟。

随着安道尔想借由提供免税期来成为国际银行业和金融业中心，国际认可变得更为重要。对消费所课的税取代了关税，使所得税的课征变得没有必要。没有投票权的那些居民，有四分之三是为了避税而来，而非为了干净空气或是滑雪。

为了能加入国际社会，尤其是加入正寻求税制一体化的欧盟，这个公国必须起草宪法。1993 年，安道尔终于首度派使节驻外，揭示了国际主义在此时的新重要性。它未将外交使节派驻他国，而是派到联合国。两年后的 1995 年，安道尔与美国建交，但美国驻安道尔的代表驻在距安道尔有数小时路程的西班牙巴塞罗那（Barcelona）。

美国派外交官到这么远的地方，反映了安道尔的商业实力，而且这实力既存在于真实世界，也存在于虚拟世界。例如，在加州大学的图书馆，只有 772 份刊物以安道尔为主题。但在全球信息网上，有超过 8 380 万个与安道尔有关的网站！这些网站大部分与商业、金融、观光业有关。这个国家也以信用卡诈骗中心而著称。

这一兼具古代与后现代、本土与国际的特质，令安道尔人民受益良多。他们生产的东西很少，但 16 岁以上公民个个识字；人均年收入达 4.6 万美元；平均寿命超过 80 岁，在世界上名列前茅，婴儿死亡率极低，为 3.8‰。

安道尔没有机场、铁路、海港，但有互联网和国际认可。安道尔人使税法比地理还重要。偏处一隅的安道尔如今是世界中心。

巴拿马

与安道尔不同，巴拿马未受忽视，反倒自西班牙人宣称该地为其所有且致力于连接大西洋世界和亚洲世界以来，就很受看重。在那之前，它无足轻重，因为巴拿马地峡的险恶环境未能促进贸易与迁移，反倒把哥伦布到来之前的南美洲文明和中美洲文明隔开。

1513 年，瓦斯科·纳尼斯·德巴尔博亚（Vasco Nunez de Balboa）和一批西班牙人、原住民盟军横越此地峡，看到被他称作"南海"的那片海域时，巴拿马开始变得重要，而当时它之所以重要，源于其所在位置，而非资源。巴拿马城变成西班牙人征服南美洲的滩头堡。西班牙人在当地居民那儿未找到多少财富，因此，1536 年弗朗西斯科·皮萨罗（Francisco Pizarro）等西班牙人大胆南进以征服印加人时，这个边远据点作为新移居地，仍然相当不重要。随着冒险家受秘鲁的财富吸引而南去，巴拿马的小殖民地变得空空荡荡。巴拿马继续作为秘鲁白银和其他财富横越这个狭窄、险恶陆桥途中的小停靠站，这个地区本身却无足轻重。它曾在加勒比海滨的波尔多贝洛（Portobello）港办过短期商展，但巴拿马已被西班牙官员遗忘，相较于其他西属美洲殖民地的富裕，其重要性大减。对此地冲击最大的外国人是弗朗西斯·德雷克和亨利·摩根（Henry Morgan）之类的英国海盗。德雷克于1572 年劫掠农布雷德迪奥斯（Nombre de Dios），并放火烧毁该地，摩根则在 1671 年烧掉巴拿马城，迫使西班牙人建造堡垒和有城墙环绕的城市，以防外国人入侵。

西班牙人成立新格拉纳达总督辖区（viceroyalty of Nuevo Granada），统辖其在南美洲北部的领地，数年后才想起巴拿马，把它纳入该辖区，1824 年巴拿马独立后，成为哥伦比亚一省。遥远的加利福尼亚发现黄金，促成横越此地峡的横贯大陆铁路——史上第一条横贯大陆的铁路——于 1852 年建成，这时巴拿马才又开始受到关注（见 4.3 和 4.4 节）。在有铁路横贯美国之前，走陆路横越美国国土，比起坐船还是慢了许多，而且更危险、成本更高，因此许多移民偏爱从纽约或波士顿走海路到巴拿马，再坐火车穿过地峡，然后前往旧金山，尽管那比起从纽约走陆路到加利福尼亚，多了数千英里。（还有些移民全程坐船，途中绕过合恩角［Cape Horn］。）把货物卖到加利福尼亚的那些发货人，大部分也这样走，在加利福尼亚急速成长的初期，该地所需的东西几乎样样进口。但有少数旅人在这个热得叫人难受的热带地区停下脚步，就此住下。

1903 年巴拿马再度赢得独立，得归功于外力帮助。美国船只的阻挠，使哥伦比亚海军无法平定这股小型的独立运动。美国总统西奥多·罗斯福夸称"我拿下了巴拿马"。然后，拜工程与医学方面的进展、数万加勒比劳动者移入和北美洲资本注入之赐，巴拿马运河问世了——至当时为止耗费金额最高的美国政府工程。1914 年港口迎来国际海运，当地人赫然发现他们还是受外人控制，只不过控制者由哥伦比亚换成了美国。直到 1977 年，巴拿马通过谈判争取，才完全控制运河，申明其享有某种程度的独立地位，1999 年控制权正式转交给巴拿马人。但事后的发展表明，这一独立地位只是假象。1989 年，为了逮捕巴拿马总统暨独裁者曼纽尔·诺列加（Manuel Noriega），美军入侵巴拿马，杀死数百巴拿马人，说不定多达数千人。美国官方的说法是诺列加与毒品走私贩有瓜葛，但巴拿马会招来美军入侵，也因其主张独立自主的外交政策。（2011 年他被送回巴拿马，以其他罪名服刑。）

如今，巴拿马对外国人、观光客和海盗都张开双臂热情欢迎。来

巴拿马运河在建期间的加通船闸（Gatun Locks）
（琳达·哈尔科学、工程与技术图书馆藏）

到巴拿马城的外地人，惊叹于高耸的商业大楼和住宅式公寓。特朗普
海洋俱乐部（Trump Ocean Club）酒店楼高七十层，有一千多间客房。
如今，巴拿马拥有令人赞叹的市容，宽敞的马路、一条兴建中的地铁、
空调（有钱人才得以享用）和堵塞的交通，但巴拿马仍是个以提供权
宜之利作为经济支柱的地方，仍是个供人摆脱既有身份束缚的地方。
它的繁荣，一如安道尔，源于其作为离岸自由港的地位。国际性大银
行和其他从这个避税天堂获利的公司，在此将来源可疑的外国钱（大
概有很大一部分来自哥伦比亚毒枭和避税）漂白。2015 至 2016 年，从
某家法律事务所泄漏出来的"巴拿马文件"——该事务所协助客户利
用巴拿马来隐藏资金，使其不为国内的监管机关、收税机关、执法单
位发现——令两百多个国家的政治人物、商界人士、名人大为难堪，
其中包括英国当时的首相、五位前首相，以及六十一位与现任或已卸

任之国王、总统、首相有近亲关系的人。从北边（尤其是美国）过来，身份较普通但还算有钱的退休人士，在此购买免税公寓，也享受低税率。美元是巴拿马的官方货币，因此投资人不致受到巴拿马民族主义性质的立法或通货膨胀的危害。经济控制权大抵不在当地人手里。

官方管制付诸阙如，也吸引数十万外国购物客前来巴拿马境内的免税大商场、赌场和合法妓院。外籍船东挂巴拿马旗航行世界各地，因为登记在巴拿马旗下相对容易且便宜。巴拿马的权宜旗使该国成为世界上最大的船只注册地。事实上，巴拿马旗的保护已是供出售的商品。

若没有允许利润从本国往南流，且目前为止拒绝对从离岸体制里获利而课税的世上诸大国政府的暗地（或公开）纵容，这些不可能发生。世界贸易当然涉及实体货物的交换。但存在于几乎虚假之国家里的虚构法律，也引导了商业的流向和世界财富的分配。安道尔和巴拿马乍看之下南辕北辙，其实都受益于既强化地理因素又凌驾地理因素的几种国际漏洞。它们让世人认识到古典经济学家称为"市场不完美"（market imperfections）的东西，其实推动着国际经济中某些享有特权的部门。

VII

世界贸易、工业化与去工业化

World Trade, Industrialization, and Deindustrialization

•

已工业化地区和大体上仍属农业经济的地区贸易所产生的影响，

是极富争议的问题，特别是这类贸易在什么样的情势下，

使"较不发达"的贸易伙伴更容易或更难工业化？

将近一百年前，史学家克拉潘（J. H. Clapham）就已称工业革命为"榨了三次汁的橘子"，意即已几无汁液残余的东西。但他仍另外写了本书谈工业革命，引发新的辩论。所谓工业革命，指的是大部分劳动力走出农、渔、林业，投入使用愈来愈强的机械装置以改造物品的行业。如今，对于工业革命如何发生，或贸易在那改变过程中扮演何种角色，我们仍几无共识。已工业化地区和大体上仍属农业经济的地区贸易所产生的影响，则是更富争议的问题，特别是这类贸易在什么样的情势下，使"较不发达"的贸易伙伴更容易或更难工业化？如今所有富裕经济体几乎都是工业国或后工业国，因而这问题，换个角度来看，几乎就等于是在问以下这一更根本的问题：参与国际贸易真有益于参与各方，或者财富、权力的不平等导致某些参与者出局？从过往历史来看，这一问题错综复杂，而这有一部分源于一项事实，即基本经济理论告诉各国该怎么做对自己有利（亦即不管本国与他国的经济发展落差多大，都应与世界所有国家自由贸易），但实际照这样做的国家，少之又少。因而，必然有人（或许是每个人）感到困惑。

世界贸易与早期工业化

人类制造东西已有数千年历史，因此，"工业化"始于何时？雇用大批工人的作坊，数百年前就存在，它们大部分是国王、皇帝所设置，用以制造武器、制服、某些奢侈品。大部分制造过程依靠人力和兽力，但对于水力、煤炭、其他机械力、化学力来源等，过去的人并非一无所知。中国四川省的制盐场，在将近两千年前就燃烧天然气制盐。现代工厂的原型，乃是有大量工人非常专注且分工明确地在工作（而非在同一屋檐下工人一个挨一个但各忙各的），并且根据大量运用燃料的生产过程生产出标准化产品所需的体力，制定工作时间。但史上第一个这样的地方，可能要到一个跌破众人眼镜的地方才能找到，那就是拉丁美洲的糖厂。糖厂将（若不尽快加工处理很快就腐败的）甘蔗压碎，烹煮，制成糖，以便运往大西洋彼岸（见7.1节）。就此而言，不只最早的工厂出现于欧洲以外；最早适应工厂生活的工人，也不是靠工资生活者，而是奴隶，不是欧洲人，而是非洲人。

相对而言，在西欧，劳动者不是奴隶，光靠强制无法逼迫他们更长时间、更卖力地工作。但有许多证据显示，在工业化开始之前的两百年里，西欧部分地方、东亚，或许还包括其他地方，境内有许多自由人愈来愈集约地工作，也就是更长时间、更卖力、更专注地工作。这一转变，使这些社会在某种程度上预先适应了日后降临的工业世界，即使其中许多社会要在许久以后才走上工业化的道路。

这一改变出于多种原因，然而对于获取无法家庭生产，但量小、负担得起的日常奢侈品的需求日增，似乎是其中一个重要原因。这些奢侈品包括：咖啡、烟草、茶叶、糖、烈酒，以及珠宝首饰、廉价娱乐等等。这些东西赋予人以某种身份地位，往往有助于社交往来，在某些例子里则减轻了工作本身的折磨——它们值得人们为其献出某些闲暇，或是为自身家庭服务的时间。诚如读者们此时已经知晓的，其中许多东西是舶来品——人们为何得赚钱以获取它们，而不自行制造，这是原因之一。

对于工业化历史的较传统说法，总是从英格兰的纺织业开始讲起，而贸易在此扮演了重要角色。有很长一段时间，印度布料一直是奇货可居的商品，特别是在拿布料换奴隶而战略地位重要的非洲市场。英格兰早期的纺织厂，有很大一部分市场在海外。这些市场的开辟，至少在两个层面上与帝国有关。首先，在一个大部分国家致力于保护本国和殖民地市场，排除外国竞争的时代，英国强大的海军，对于在全球各地（特别是在美洲）打开市场，降低货物运往遥远市场的航运成本（有一部分借由扫荡海盗），以及在某些情况下，防止外来者在英国殖民地与英国货竞争上，扮演了关键角色。其次，英国之掌控印度，特别是掌控孟加拉这个首要的纺织品出口地区（南亚次大陆上第一个落入英国掌控的地区），对于英国之能打开海外纺织品市场非常重要。英国就是靠着印度产品，得以首度打进奥斯曼帝国、波斯、东南亚、非洲数个地区的纺织品市场，从而重重打击了这些地方至少一部分的本土纺织业。英国人不只倚赖印度纺织品，更努力发展自己的纺织业以取而代之。机械化最终使英国生产者在这方面取得极大优势；但拜英国东印度公司几项政策之赐，这一天更早降临。该公司只是致力于让印度织工以非常便宜的价格将产品独家卖给他们，但他们的计划却反而促使许多为外销而织造的孟加拉人，完全离开这行业（见 7.5 节）。19 世纪晚期，英国纺织品在世界许多地区失去竞争优势，这时，印度为英国提供了一个没有竞争者的大市场，让兰开夏郡的纺织业得以继续存活。

最后，贸易是促成英国工业化的最大功臣，因为纺织业革命所倚赖的主要纤维物质，棉花，一直是自外进口，英国本土无法种植。羊毛、亚麻的纺织，比棉花的纺织更晚机械化；但更重要的是，英国如果用亚麻或羊毛来发展纺织业，因为无法取得足够的亚麻或羊毛，产量将无法扩张到像棉纺织业那么大。亚麻种植极费人工，而且对土壤极为挑剔，因而，在当时的西欧，亚麻大体上是园艺作物，以非常小的规模种在人口稠密而能提供人力和粪肥的地方。有两百多年的时间，英国国会多次借由补助试图将亚麻栽种扩及不列颠群岛和北美殖民地，结果都不尽理想。至于羊毛呢，要取得羊毛，就得养绵羊，而仅仅以1830年（仍是工业时代初期）英国所进口的棉花数量为基准，就差不多要把大不列颠岛上所有的可耕地和牧草地全投入饲养绵羊，才能得到足够取代这些棉花的羊毛（见7.2节）。

老实说，工业时代初期所涉及的，远不只是纺织品。但从几乎所有记载来看，棉织业一直是最重要的工业化产业之一，因而，在工业化的发展过程里，对外贸易一直是极关键但有时遭低估的环节。审视其他产业，我们往往再度发现，自外进口初级产品是关键因素。

从更为根本的层面来说，我们得切记，社会（而非某个特定货物的产业）的工业化，几乎必然倚赖其他货物的大量进口。除非农业以外人口的急速增长，靠着同样急速的农业生产增长而抵消，否则，若不增加粮食进口，工人肯定要挨饿，届时更不能去购买种类大幅增多的各式消费品（全含有某种原材料），进而不可能通过这些消费品的诱导，接受陌生环境、往往严苛的纪律、工业时代怪异的新生活习惯。因此，一如本书第四章对于商品更为深入探讨后所见到的，工业化几乎总伴随着贸易的遽增。工业化后，各种货物的需求大增，造成货物短缺，工业发展陷入瓶颈，于是商人开始赴全球各地搜罗替代品。电气化后，铜线需求暴增只是其中一例，今天，这一故事又在重演，新一轮的电气化促使已关闭的铜矿重新启用，并且电子革命催生出对各种所谓稀有地矿的与日俱增的需求。20世纪全球各地的工业化，最终靠全球石油贸易来推动，而全球石油贸易已使生产社会和消费都彻底改头换面（见7.9—11节）。更晚近，我们所谓的"后工业"经济极度倚赖计算机，而计算机本身倚赖"稀土"原材料；除了中国，所有高科技产品的生产国都通过贸易取得这些稀土，而非自行生产（见7.13 节）。

对某种进口品乃至某类进口品的倚赖，很有可能是短期现象。例如欧洲在 1830—1950 年间进口了数量前所未有的粮食，但自第二次世界大战后，已差不多恢复自给自足。但有些产品的长期进口却是不可避免。这就引发一个不同性质的问题：如果工业化国家（通常是强国）需要某些国家一直以农、林产品和原材料为出口大宗，他们是否采取了行动来防止其他国家工业化？如果有，这些行动有效吗？或者说，相反的，其他地方因为与已工业化国家往来，加速了当地的工业化，至少对那些未面临特别严重之内部阻碍的国家而言是如此？

世界贸易与工业主义的散播：两类问题

在将工业扩散到其他国家上，世界贸易扮演何种角色，更为复杂而难论断，因为有太多问题值得探讨。但这些问题至少可以归为两大类。

其中一大类着墨于贸易如何催生出有利于工业化的经济环境。其他国家将初级产品输往出得起高价的工业国家，是否有助于这些国家积累工业化所需的资本？一国进口工业产品，意味着该国建造工厂者连自己产品在国内市场能否有销路都没把握，因而不利该国的工业化？比起那些因农产品输出大增而得利的地主，工匠本来较有可能投资于早期工业化，但工业产品的进口反倒使这些工匠陷于贫困？

第二大类问题着墨于工业科技的散播本身。最初，全球贸易对科技扩散的最终影响，看来似乎是利多于弊。世上有人发明出某新科技后，别人也发明出该物的概率不会因此降低；因此，加进那不可改变的或然率之后，人从他处学得该科技的概率，终会想办法获得该科技的概率，必然提高。但事实绝非那么简单，至少一旦专利权强制执行，使用他人所抢先发明出的方法变得非法时，就是如此，即使很快就自行研发出该方法亦然。更明确的（以及在大部分时期里更重要的）是，我们得观察不同时期的全球贸易，如何影响最优秀的科技方法在全球各地的分布：除了通过散播知识和刺激竞争，还通过某些一心欲垄断或继续垄断某些最佳做法的公司或国家所特意制定的政策。这类作为如何执行（和取得什么效果），如今已大不同于从前，而这有很大一部分归因于人所试图掌控的科技，其本质有所改变。在本章最后，我们会再探讨这些问题。

贸易、全球分工与工业化前景

假设有两方坐下来协商，双方都追求自身利益，但彼此财富、权势差距悬殊，协商出来的条件会有利于哪一方？在大部分情形下，人们大概都会认为结果很有可能不利于弱势的一方，使弱势一方的处境更为艰难。但自从亚当·斯密、李嘉图提出其经济理论以来，经济学一直告诉我们，在国际贸易领域，这类忧心根本是多余的：自由贸易迫使买卖双方专注从事于对自己最有利可图的活动，同时使创造出的总体财富极大化，因而会使双方都得利。对某些国家而言，这很有可能表示专门从事初级产品外销的时期拉得更长，但只有在这样对它们有利的情况下，才会出现这种情况（一旦情势变成工业化对它们较有利，它们决不可能继续独钟于初级产品的输出）。李嘉图所举的著名例子，以英格兰、葡萄牙间的葡萄酒、羊毛贸易为例，说明两国各自锁定一项商品生产，比双方都试图自行生产两样商品，更大有益于两国经济。在课堂上，即使某国样样都比另一国有效率，这论点仍然站得住脚（相较于实行自给自足，落后国在自己众多不如人的东西中，挑出与他国差距最小的东西来专攻，而让其他东西都进口，还是能有所获益）。从理论上讲，保护主义是损人不利己，没有理由实行。

但现实情况并非总是如此黑白分明。事实上，李嘉图那个例子就可能引发一个疑点，即葡萄牙与英格兰自由贸易的那几百年里，葡萄牙经济景况如何？如果它不是实行自由贸易，情况就一定较差？当我们理解到历史上几乎没有实行"完全"自由贸易（或者完全自给自足）而成功工业化的例子后，这问题更显复杂。即使在众所认定自由贸易的黄金时期，美国、德国都是靠着高筑关税壁垒，取得 19 世纪末期、20 世纪初期的惊人成长；当时其他许多国家也有某种保护措施。

就连英国本身的记录，都不尽光彩。19 世纪的大部分时期，英国鼓吹自由贸易，但 17 和 18 世纪时，它本身的纺织业却是靠着差不多百分之百的关税保护，排斥廉价的印度纺织品进口；直到成为全世界最有效率的生产国，英国才拆掉这些壁垒。即使在 19 世纪末自由贸易的最盛期，英国的印度帝国仍是自由贸易的化外之地，多种工业产品的市场，基本上只准英国人插足。随着英国工业渐渐不敌美国、德国的竞争，这一形同最低保证的市场，对英国愈来愈重要，而非愈来愈不重要（见 2.9，3.7，7.6 节）。

奇怪的是，有个靠农产品、原物料输出挹注工业成长的绝佳例子，来自我们未必料想得到的地方——日本（见 7.7 节）。日本天然资源贫乏，但在 19 世纪末期输出大量白银，丝织品输出甚至更多。趁着欧洲养蚕业发生病虫害，同时利用本国的技术创新（基本上借由替蚕棚加

19 世纪末、20 世纪初的世界经济

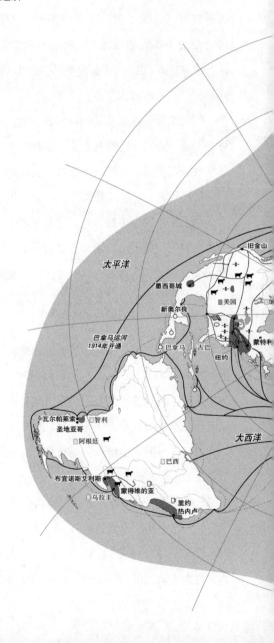

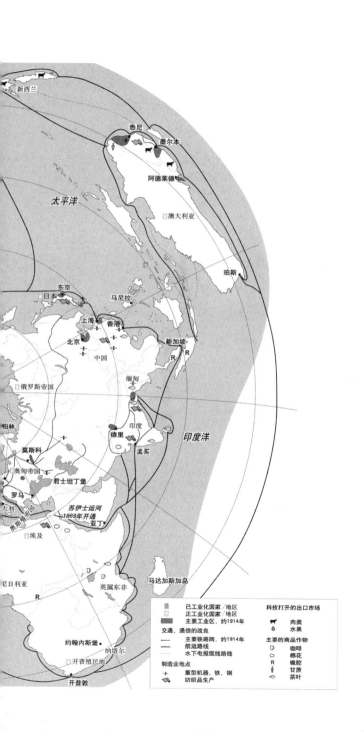

新西兰

悉尼
墨尔本

阿德莱德

太平洋

澳大利亚

珀斯

东京
日本
马尼拉

上海　香港
北京　　新加坡
中国　　　　R

缅甸

俄罗斯帝国

印度
德里

柏林
孟买
印度洋

莫斯科
奥匈帝国
君士坦丁堡
罗马
大利

奥斯曼帝国
苏伊士运河
1869年开通
埃及　　亚丁

尼日利亚
马达加斯加岛

英属东非
R

约翰内斯堡

纳搭尔
开普殖民地

开普敦

▦	已工业化国家／地区		科技打开的出口市场
▦	正工业化国家／地区	▨	肉类
▧	主要工业区，约1914年	✿	水果

交通、通信的改良
—— 主要铁路网，约1914年
—— 航运路线　　　　　主要的商品作物
⋯⋯ 水下电报缆线路线　　D 咖啡
　　　　　　　　　　　　　棉花
制造业地点　　　　　　　R 橡胶
✛ 重型机器、铁、钢　　　　甘蔗
✛ 纺织品生产　　　　　　　茶叶

温，诱使蚕提早在非农忙期吐丝，使种稻与养蚕两者较不冲突），日本
农民攻占下一大块世界市场，为日本提供了大量外汇；在这同时，他
们所付的高额租金，既为地主提供了设立纺纱厂所需的资本，也成为
国家税收，为国家实行小规模实验性计划（大部分属重工业）提供了
资金。因此，我们根据更晚近的经验，认为日本（和韩国、中国台湾）
的农业，乃是靠工业强国金援所扶植起来、不符经济效益的遗物，但
事实上，在该世纪更早之前，情形正好相反。不管我们如何评价1945
年前的"日本奇迹"，这个奇迹和往往被视为东亚发展典型的1945年
后模式看来大不相同。（它和战后模式不同之处，还在于1945年前的
日本经济里，与政府关系最密切的重工业部门，虽协助打造了强大军
力，从经济角度来看，却是最不成功的部门。反倒是较未受到政府呵
护的轻工业部门，在经济上成功。）

　　在其他许多例子里，我们看到工业产品输出有更大幅的增长，却
未能替工业化奠下基础。本书7.5节所探讨的菲律宾，或许是极端的
例子，却一定不是绝无仅有的例子。在这个例子里，英国领事罗尼
（Nicholas Loney）的目标乃是摧毁菲律宾的手工纺织业，让英国纺织
品能打进该地市场；开辟甘蔗园基本上不在他最初的构想之列。他开
辟甘蔗园，起初大抵上是为了运布来的船不致空船而回。甘蔗园工人
工资微薄，位居社会上层而人数不多的地主，爱用欧洲货更甚于本地
货。人数较多的族群，如码头工人，所得的确增加，但他们往往是单
身汉，把相当多的钱花在娱乐和服务上，与女织工有天壤之别。女织
工的所得往往支应家庭开销，而在罗尼到来之前，她们的所得还更高
得多。在这些情形下，出口收益的增加，毫无助于工业化，甚至反倒
阻滞工业化，也就不足为奇。不只贸易对国民总收入的影响攸关工业

化，对分配的影响也是。在没有明确规则可资依循下，运用归众人所有的大量劳力或资源或劳力加资源（例如斯堪的纳维亚的木材或堪称轻工业产品而非"天然资源"的日本丝织品）所创造出的出口激增，似乎比运用归少数人所有的资源所创造出的出口荣景，更有助于营造出有利长期发展的环境。

初级产品外销对政府的影响，或许更为重要，但这类影响难以预料。庞大的石油收益，使数个政权远再不必像过去那样靠向老百姓收税支应财政支出，同时使与外国公司和特定工人群体的关系变得至关紧要。因此造成的结果，从民粹政治、政府为推动工业化而实行补助（如墨西哥，见 7.10 节），到给予人民众多福利但完全不给政治权利的体制、外国制造品的大量输入、国内工业化水平非常有限（如沙特阿拉伯，见 7.12 节），非常多样。靠着征收石油开采权使用费而暴然致富，也使石油输出国觉得自己和外国工业国客户利害攸关的程度更甚于和自己的人民，特别是如果那些外国人还给该政权提供军事安全的话。但他们也可能觉得，生产工业所不可或缺的产品，使他们能对抗他们所认为不与己有共同利益的外国人。叫人困惑的是，大部分例子同时牵涉这两种倾向。

科　技

加入国际经济，未必能增加可用于工业化的金融资源或有助于产生推动工业化的诱因，但必然会对替代性科技有更深入的了解。但了解别种方式，不必然表示将其付诸实行。有时候，新科技未必较有利，例如昂贵的省人力机器，在人力非常便宜的经济体，可能带来反效果。工人的困境（和健康）遭忽视，特别是如果他们未组成工会的话。墨西哥下加利福尼亚（即加利福尼亚半岛）所发现的铜矿，供应了电气革命所需的铜线，进而在 19 世纪末期点亮了美国等工业化国家的夜晚，为这些国家的机器供应了动力，但在那些矿场工作的矿工，却以蜡烛照明，靠人力干活。在其他例子里，新科技或许符合经济效益，却被认为危害到其他方面。即使是益处鲜明可见的科技，也未必受到青睐。新技术需要的原材料或人力技能可能会在某些关键时刻供不应求，对此的恐惧会妨碍私人投资和政府规划。有时，即便是回过头看似乎相当明显的一次改进，例如从煤到油的转变，也需要一次出于高度本土化的，甚至有些怪异的因素的助推（见 7.10 节）。

早期工业科技的转移，往往受阻于不同工作场所间文化、组织上的差异；更先进科技的转移，则更往往受制于法律、金融上的障碍。早期工业科技所用到的工匠知识，往往不只体现在设备上，也体现在人上。在这情况下，建造必要性“机器”（如果用这字眼来指称那其中许多设备贴切的话）所需的成本，通常不是模仿的主要障碍；专利保护即使白纸黑字，绝大部分形同具文（特别是跨出国界的话）。知晓窍门的工匠，到了别的地方，往往能照样造出同样的设备。某些国家，特别是英国，竭力禁止“技工”外移，最终徒劳无功。利之所趋，只要是有丰富报酬可拿的地方（亚洲部分地方、欧陆、美洲），他们就前去效力。外移的技工多到使这类立法毫无作用。

另一方面，复制了必要性设备，不必然表示完成了技术转移。史学家哈里斯（John Harris）提供了一组绝佳的例子，说明即使是在英格兰、法兰西这两个体制上较类似的国家间，技术转移都失败了。18 世纪和 19 世纪初期的法国人，仿制以煤炭为燃料，用以烧制出铁、玻璃及其他许多基本材料的英国火炉，且仿制得毫厘不差，但几十年下来，这些新设备几乎全不管用。事实证明，要能制造出合乎标准的材料，几要各种几乎只能意会而不能言传的知识：借由眼见和耳听，精确地拿捏对象是否烧得够久、用什么角度握住该对象、转动该对象的速度要多慢、哪一种异音表示烧制有问题。事实上，这些细微但不容忽视的小地方，截然不同于习惯用烧木头火炉工作的法国工匠所熟知的小细节，因而，技术熟练的英格兰工匠，甚至都不清楚他们视为理所当然的众多作为中，有哪些需要拿出来跟别人解释。一直到 1830 年后，一整组一整组英格兰工人过来，技术才真正转移过来。如果隔着窄窄的英吉利海峡，都可能发生这么严重的沟通不良，跨越更大地理阻隔、文化隔阂的技术转移往往失败，又何足为奇？在这时期，科技的传播往往不理想，但这大概不是因为"先进"国家蓄意独享该技术；制作方法本身的特性往往就是一大阻碍。

随着工业化日益加深，科技与科技领先优势所具有的这种"天生不易转移"的特性，也日趋薄弱。新机器、新制作方法的设计者，愈来愈多是拥有共通工程语言的人，而非工匠出身的人。这类机器的操作，愈来愈不需要工匠知识；甚至有些机器乃是专门为了让没有工艺本事的人操作而设计，以让他们取代工资较高、较不听摆布、具有专门技术的工匠。许多新设备，需要学习许多技巧才会操作，但那些是重新发明的技巧，就记录于书上，无法隐藏不让人知。但如果说这些科技转移障碍正逐渐销蚀，新的障碍却正继之而起。

首先，科技愈来愈体现在昂贵大型的机器上，于是，对于欲迎头赶上的国家而言，取得科技的成本愈来愈难以负荷；科技愈来愈倚赖多种网络，而这些网络有时极其昂贵。计算机、调制解调器或许相对来讲不贵，但稳定的电力和不受静电干扰的电话线路则颇昂贵。

欲界定由设备（而非技艺）构成的发明，进而替这类发明申请专利，变得容易得多；取得专利一事，变得更值得一为，因为发明物本身的成本和其潜在市场价值上涨了（18世纪时，仍有许多发明人未费心替自己的发明申请专利，即使在英格兰亦然），另外，由于信息变得更容易贮存，智慧财产法趋于一致（有时是通过改变态度，有时是通过较富国家的施压），专利保护的执行变得容易得多。科技上的改变，变成是刻意计划、投资而促成（研发经费本身乃是19世纪末期的发明），它随之成为全球政府和公司的政策目标之一；这涉及既要促进更进一步的创新，同时要采取措施控制技术的扩散和他人的竞争，以免辛苦的研发血本无归。

在世上许多地区，曾有许多年，因为殖民行径而使情势更为复杂。英国人的入主，促成印度出现难得一见的铁路兴建热潮（见2.9节）和亚洲最早的机械化纺织厂，但两者都未能创造出本应可以促成进一步增长的那种联结。印度铁路全使用英国设备、英国工程师，甚至大部分使用英国煤。因此，这两项建设未刺激出新产业，也未促成许多新技术的转移。第一次世界大战期间，船舶不足，印度纺织业得以摆脱欧洲货的竞争，因而孟买的纺织厂，一如稍晚成立的大阪、上海的纺织厂，生意大好（见7.7节）。但船舶不足同样意味着拼命生产的纺织厂，无法进口足够的备用零件，更别提进口扩充产能所需的机器。在中国，特别是在日本，早就基于国家安全理由建造了钢铁厂和兵工厂，这些原本无竞争力的产业，到了第一次世界大战期间，突然间投资有了回报：它们所培养的机械师（制造机器者）、机修工、工程师，利用欧洲人无暇东顾的机会，制造纺纱机和织布机，一个本土资本财货部门随之诞生。身为殖民地的印度缺乏类似资源，于是丧失了这一宝贵机会。当时世界许多地区开始与已工业化的经济体开展贸易，同时，其中许多国家又正处于政治上受列强摆布的时期，因而，我们永远无法弄清楚，如果当时较为兴旺的贸易未披上帝国主义外衣，那贸易会对工业化有多大的促进作用。

但有时，就连蓄意为阻碍工业发展而推出的措施，都未能如愿，至少长期来看是如此。在殖民地时代的北美新英格兰地区，漫长的冬天本来极有利于推动手工业，但英国的重商主义立法阻止该地手工业成长。因此，那些光靠自己种田无法发达致富的人，若非离开（大部分迁移到土地更多、土质更肥沃的纽约州北部地区），就是改行投入当局所允许的商业、航运、造船业。独立革命后，在这些行业所打下的人脉和在造船厂学得的技能，正好很合早期建厂者的需要，而手工业未能发展出来，正代表他们不会面临低工资的竞争。由于有丰沛水力和偷来的设计图来完成发展大业，新英格兰很快崛起，成为美洲第一个工厂云集的工业中心。

最后，但绝非最不重要，我们应该留意当今的一种新式的去工业化。在这个世界最富有的经济体中，过去几十年里，大部分劳动力已经开始快速转移到服务行业，致使许多制造业只能在中低收入国家发展，那里薪资更低，环境监管也没那么严格，而且基础设施（例如高速公路和电网）通常日渐完善。美国的制造业如今只提供少于总量10%的就业岗位。

我们不应夸大这一趋势。大量的制造业，尤其是那些技术最先进的类型，它们普遍产出最高的利润率，依然是富裕国家的产业核心；更进一步而言，富裕国家肯定不会放弃消费低科技制造品，不像工业化过程中放弃对农产品的消耗那样。说得更绝对一点儿，美国、德国和日本的制造业产出在 2008 年金融危机前都维持了增长趋势，尽管就业率有所下降。只是相对于发达经济体中制造业过去所占的份额，以及其他地区（尤其是中国）工业产量的增长而言，"去工业化"才称得上引人注目。并且，在计算机科技的助力下，工业自动化已经削减了工厂中工业化劳动者的数量，即便他们的产出依然稳定或有所增长。简而言之，是工业化"雇佣"正在大多数"发达"国家缩水，而非工业本身。但工业本身已经足以在几个世界上最悠久的民主政体中引发社会和政治震荡；更多的或许正在酝酿中。（例如，可以想想无人驾驶的交通工具对于大量收入可观的蓝领工人可能意味着什么。）

至于政府决策多大程度上影响了这一趋势，以及在多大程度上政策应该尝试去抵制这一趋势，都会在接下来持续热议。无论人们对这些问题持怎样的观点，一个与 19 世纪的手工业危机相较至关重要的差异一定要被考虑进去。本书 7.14 节中描述的美利坚联邦和各州的政策并非来自外部强加，就像英国的政策损害了 18 世纪晚期和 19 世纪印度的产业发展那样；这些政策对美国制造业者的不良影响（以及为东亚制造商们带来的福利），都是为保护其他本国利益所做的努力的副产品。

简要而言，同样是"去工业化"这个词，或许可以适用于过去与现在两种情境，而某些家庭和社群所感受到的痛苦，可能与早些时候手工业者普遍失业的经历有至关重要的相似性。但是整体情况并不全然相同。能源密集型的、资本密集型的、高速的生产，当然并非以两百年前手工纺织业开始消逝的方式在消逝：这类生产的成果对于人类生活的重要性一以贯之，而对我们所在星球的影响很可能比以往都要巨大（尽管分布上有差异）。但是工业的社会、政治和文化场域的变革的确迅猛，会对那些生活与其联结得最为紧密的人带来巨大影响。没有人可以预言其后果，但是我们可以在本书"结语"中简要触及一些可能性，以及历史告诉我们该如何检视它们。

7.1 蔗糖业：最早的工厂

糖厂的庞大成本和其贪得无厌的胃口，

意味着有大批奴隶被迫一天工作二十小时，

以喂饱这只嗜甜怪兽。

　　一提到史上最早的工厂，我们通常想到的是欧洲，特别是英格兰。毕竟，工厂是"现代"的表征，而欧洲是现代化的先驱。我们想当然地认为，工厂首度出现于欧洲，资本、机器、劳力三者的结合，在欧洲创造出愈来愈有效、生产力愈来愈高的生产方法。欧洲人的巧思和创业精神，加上先前积累的资本和初兴的市场，催生出让欧洲得以主宰世界经济长达数百年的工业化。根据这一说法，全球分成两大部分，一是工业欧洲和后来加入其行列的美国，一是输出农产品的世界其他地区。在这种国际分工体系下，农业国要更晚才工业化。事实上，我们有充分理由倒转这一说法，亦即最早的工厂出现于出口导向的殖民地世界。

　　其实，美洲殖民地对工业兴起的贡献之大，早就得到承认。一百五十年前，马克思评论道："同机器、信用等等一样，直接奴隶制是资产阶级工业的基础。没有奴隶就没有棉花；没有棉花就没有现代工业。奴隶制使殖民地具有价值，殖民地产生了世界贸易，世界贸易是大工业的条件。"更晚近，则有古巴史学家弗拉吉纳尔斯（Manuel Moreno

Fraginals）呼应这一看法："蔗糖在资本的开发上得到强力援助，也强力推动了资本的开发：蔗糖基本上是加速英格兰工业成长的大发动机。"但根据这些说法，殖民地促成英格兰迈向工业化，乃是因为它们提供了资本和市场。

事实上，有个很有力的论点，可以说明史上最早的工业工厂乃是美洲的糖厂。不足为奇的是，韦氏辞典对"factory"一词的诸多定义中，有一则直接提及殖民地："代理人居住所在，以供他们替雇主执行交易的场所，例如英国商人在殖民地设有的这类场所。"但殖民地里也有较合乎我们今日对"factory"一词之定义的场所："制造货物的机构，包括必要的建筑和机器。"一提到货物的生产，我们通常认为那涉及运用机器，以大规模且分工的形式，从原材料制成成品。分工是关键。大型作坊自古即有，它们汇集了数十名制鞋匠、裁缝或武器制造工人，供他们在此利用工具将原材料制成成品，但它们没有专业分工。每个制鞋匠包办整双鞋子的制作；没有合力完成制作这回事。一名工人所完成的产品，不须倚赖隔壁同事的帮助。

工厂的问世，通常归因于领工资工人的出现，他们能驾驭工业化所需要的较复杂技术。在马克思眼中，工业化和资本主义乃是同时并进。但事实上，大西洋岛屿（例如圣多美）和后来加勒比海岛屿上的糖厂，堪称史上最早的工厂。它们不只不是为本国市场而生产、资本积累的自然结果，而且没有雇用许多领工资的工人，没有创造出技术纯熟劳工的大需求。与之相反，糖是由大批奴隶所精炼，用来外销到欧洲。

17 世纪时，一座甘蔗园可能已动用两百名奴隶和自由人，加上压榨机、蒸煮室、加工处理室、朗姆酒蒸馏室、仓库。这不只要用到一部分当时最先进的技术、大批人力，还要投入数千英镑的资金。

　　没错，甘蔗园的劳动力，90% 是在田里干粗活的农工。但剩下的 10%，在压榨室、蒸煮室、蒸馏室工作的，却是非常专业的工人。更重要的是，糖厂的规模、复杂、社会组织，使它们成为史上最早的工厂。制糖流程中，时间是无情的主子。甘蔗一采收，就得尽快送到糖厂，以免糖分流失。在糖厂里，特别是在较大的糖厂里，掌控温度丝毫不可马虎。锅炉的火得不断添加燃料拨旺；蔗汁从一个锅移到另一锅的过程中，不容许无谓的结晶，同时要在正确时间排出沉淀的杂质。然后，糖浆得尽快送到加工处理室，将废糖蜜排掉。甘蔗除了生产糖蜜和朗姆酒，还生产多种品质的糖。生产过程愈细心照料，成品质量愈好，收益愈大。

　　我们一想到工厂，就想到能节省人力的机器。的确，16 世纪起的科技进步，意味着糖厂能以远比过去少得多的压汁人力，加工制造出更多的糖。但糖厂的庞大成本和其贪得无厌的胃口，意味着有大批奴隶被迫一天工作二十小时，以喂饱这只嗜甜怪兽。科技进步，创造出对更庞大、更讲究纪律之劳力的需求。这绝不是充满热带悠闲风情的事业。巴巴多斯一名殖民者在 1700 年如此谈论糖厂："简而言之，那要人生活在噪音不断、永远匆忙的环境中……奴仆（即奴隶）日夜站在庞大的蒸煮室里，那里有六或七座大锅或火炉日夜不断在煮……在整个制糖季期间，一部分人日日夜夜始终待在工厂里。"19 世纪技术变革和政治变革的共同发力，使全球各地经济体紧密联结更甚以往，同时也把"穷""富"经济体在财富和政治影响力上的差距拉开到前所未有的悬殊程度。欧洲人及其后裔 1800 年时统治约 35% 的全球领土，1900 年时统治约 85%，世上最繁荣的诸多贸易路线，大部分衔接在西欧诸港口。但另有一些机械化工业、国际金融节点也在慢慢成形；到了 20 世纪晚期，每年横跨太平洋的贸易比横越大西洋的贸易多上许多。

这使糖厂成为最早以工业时间的纪律治理的工厂。各有所司的工人得协调彼此的工作：甘蔗成熟就得有人将其尽快砍下；得有人用推车将砍下的甘蔗运到糖厂；得有人不断将甘蔗喂进压榨机；得有人将蔗渣运到蒸煮室，替炉子添加燃料。生产过程中时间的紧迫，意味着奴隶得同心协力，角色一如润滑良好之机器的众多零件。在这里，我们看到糖厂既讲究效率，却又以奴隶为劳力，既用机器节省人力，又极力剥削人力。

这一方法所制造出的大量蔗糖，使糖价直线下坠，使这一度昂贵的香料和药变成大众食品，最终成为食品添加物。1650—1830 年间，英格兰工业化的初期阶段，人均糖消耗量增加，面包、肉类、乳制品的人均消耗量则停滞。糖不只促进了工业革命，也强化了欧洲的工业劳动力。

我们把糖当作娱乐消遣性的产品，当作从风光宜人之加勒比海岛屿进口的东西，但它其实是最早的工业产品，是奴役数十万奴隶，驱使他们将汗水化为甘甜的残酷主子。马克思论道："以领工资的工人为幌子的欧洲奴隶制，是以新世界赤裸裸的奴隶制为基础的。"照他的思路，他很可能还会说，加勒比海的工厂正握着一面镜子，让欧洲能从那镜子里看到自己的工业化未来。

7.2 我们为何这么拼命工作：勤劳革命与现代早期的世界

明明得更辛苦地工作才能买到足够的食物，

为何还买这些并非必要的东西？

而且怎么买得起？

如果加班工资很优渥，人们会比较愿意加班，如今这似乎是再简单不过的道理。比起时薪十美元，为时薪二十五美元而志愿加班者更多。但愿意加长工时与否，也取决于是不是靠平常的工时"日子就过得去"，因而能拒绝加班——而且自认"日子还过得去"，既取决于人们赚钱的多寡（因而低薪资会使人更愿意加班），也取决于何谓"过得去"这个很主观且受文化制约的疑问。

事实上，在世界上数个地方，对于工作、闲暇、消费的看法，从约 1400 至 1800 年，似乎有剧烈改变。通过两个令人费解的历史故事就可以理解这一点：一个叫作"既富又穷的情况"，另一个叫作"需求扩增之谜"。这两个故事都透露了一般人与哥伦布、达伽马（Vasco da Gama）远航之后所出现的且有增无减的奢侈品贸易之间令人意想不到的关系。有钱人自然而然用掉大部分的皮毛、香料、糖、贵金属和从遥远之地运来的异国物品，但有时候即使稍稍接触这些物品，都大大影响人的经济行为。

15 世纪的整个欧亚大陆上，食物占了大多数人消费的绝大部分——

不管是自己种还是买来，可能占到家庭预算的 80%（即便到了 1800
年，在欧洲和东亚，淀粉类食物仍占较穷人口总消费的约 50%，在中
东和印度这一比例可能更高）。此外，在欧亚大陆两端，劳动者每日劳
动收益的食物购买力，曾持续下滑数百年。在欧洲，劳动者（不管是
农场劳动者还是都市工匠）工资的购买力，在黑死病暴发之后劳动力
缺稀而土地甚多的 1400 年左右，达到高峰：劳动三十至四十小时，就
可以买下满足四口劳动家庭约一个月所需的面包；五十至一百小时，
则能满足他们一个月所有的基本需求。但随着人口于 15 世纪晚期和 16
世纪渐渐恢复，在 18 世纪达到前所未有的水平，用更多时间劳动却
只能赚到足够买下四人所需面包的钱；接下来的几个世纪里，这个数
字在一百至两百小时之间游移，也就是说，要买到足敷需求的面包所
需付出的劳动力，比 14 世纪晚期多了 1.5 至 4 倍。例如，在法国的斯
特拉斯堡，直到 1930 年代，一小时的非技术性工作能买到的面包，才
和 14 世纪晚期一样多。而如果用肉类（劳动者最爱的奢侈品）来判断
（每卡路里的价钱是面包的十一倍，而由于牲畜需要吃掉好几磅的谷物
才能长出一磅肉，这贵得有其道理），会得到劳动者日子更不好过的迹
象。例如，在德意志，14 世纪至 1800 年，人均肉消费量似乎下跌了约
80%，肉的质量也下滑了——随着人口更加稠密，人们吃的肉更多得
从远处运来，那表示其并非鲜肉，而是以大量盐或烟熏处理过而保存
并不完好的肉。

欧亚大陆另一端，零星证据显示有类似的趋势。如果把中国劳动
者的工资除以米价，最好的时期似乎是 1100 年左右（绝非偶然，这差
不多也是耕地／人口比例最大的时候）；然后工资下跌（大部分时候相
对缓慢，而且几次短暂反转上扬），直到进入 20 世纪许久才止住跌势。

劳动者这么辛苦工作只能取得基本的卡路里，应该会削减非民生必需品的消费，或者至少不会增加这类东西的消费。实际情况却与此推测大不相同，反倒发生了某些历史学家——尤其是扬·德·弗里斯（Jan de Vries）和速水融（Akira Hayami）——所谓的"勤劳革命"（industrious revolution）。

历史学家研究人们死后的遗物清册，发现至少在西欧，从1550年（或许更早）起，一般人（农民、铁匠之类）所拥有的物品开始有增无减，而且这一趋势持续至今。首先是衣物变多，从每个家庭成员只有一两套衣物，增加为数套便服和一些供特殊场合穿着的衣服，就连许多穷人也是如此。然后，家具（昂贵物品）变多：约1500年时只拥有一张床（可能全家挤在一块儿睡）、两张长椅和一张餐桌，然后普通农家开始增添床、一些椅子、一个五斗橱之类。随着用手吃饭的人变少，锅、盘、刀叉也变多了。17世纪荷兰境内生活较优渥的农民，甚至买进亚麻桌布、供挂在墙上的画，以及其他小型奢侈品。

有一小块农场或店铺的人，当然算不上最穷的劳动者，至于最穷的人，名下物品增加甚少。尤以最穷的中国劳动者为然，他们结婚成家的比例非常低。（适婚女子很缺，因为弃杀女婴和允许某些有钱男子娶妻又纳妾的习俗。）但即使在社会最底层，我们都发现"小奢侈品"大增的现象，其中许多这类物品与1500年后印度洋和跨大西洋贸易扩张有关联。有些是耐久品，例如银带扣或发簪，但大部分是某些人所谓的"致瘾性食物"：烟草、咖啡、糖、巧克力、茶叶。最初，较穷的人只在非常特殊的场合才食用这些东西，但渐渐地它们变得更为常见，至少以少量的形态更为常见，而正因为与特殊场合密不可分，拿它们与人共享或招待他人变成社交的重要一环。（烈酒这种更为人熟悉的"致瘾性食物"，当然老早就如此。烈酒消费量同样日增，尽管那既可能表示成功发达，也可能表明穷途潦倒。）

其中有些食物，例如咖啡和巧克力，在东亚所产生的冲击甚小；当地人继承遗产时很少用到书面遗嘱，可供我们利用的文献也就比较少。但一般模式似乎差不多：例如，在中国，我们发现穷人典当银发簪和蜡烛架（意味着他们有东西可典当）的记录多了许多，布匹（包括丝织品）消费量大增，药草销售规模大，尤以 18 世纪为然。现代早期的日本，化妆品购买量大增，连穷家妇女也是如此；家具变多（大概比欧洲少）；中国和日本的社会各阶层对糖、茶叶、烟草的消费都大增（18 世纪晚期来到中国的欧洲人，震惊于当地人抽烟量之大）。至少在中国，我们也看到，连相当穷的人花在仪式性活动（婚丧喜庆之类）和进香之类宗教活动上的费用都大增。到了 16 世纪晚期，向来喜爱走访风景名胜的上层人士，首度抱怨"普通人"黑压压一大群，这时还出现了营销低价套装行程的组织。客栈、餐厅和茶馆之类商家都变得更为常见，为各阶层的人服务。

由此产生至少两个谁都看得出的疑问。明明得更辛苦地工作才能买到足够的食物，为何还买这些并非必要的东西？而且怎么买得起？

部分答案在于，"必要"与否，由人主观认定（也就是由买家自己决定）。糖、含咖啡因的饮料，尤其是烟草，一旦开始食用，就不容易戒掉。（它们被称作"致瘾性食物"不是没来由的。）而且它们具有心理上止饥、去寒、提振精神的效果。但或许更为重要的是，这些东西不只满足身体上的需求：它们是人借以表明属于某个群体，借以向可能成为朋友、配偶、姻亲、生意伙伴或冲突中之敌友的人发出信号的工具之一：它们既有助于确立身份，也有助于办好事情。例如，用有银带扣的皮腰带系住裤子，牢靠程度或许和用绳子系住一样，但它传达了大不相同的信息，提升了觅得工作、贷款、朋友或妻子的机会。此外，愈是不为人所知，这类信号愈是重要：移动，尤其是移入有许多素未相识之人的城市，令人更加看重以符合自身所追求之身份地位的物品来彰显自己。

社会流动的增加——包括向上的和向下的——带来类似的效应。出身愈是无法决定你会居住的地点、从事的工作、嫁娶的人、急难时必须帮助你的人，借由戴上皮毛衬里的帽子或一起喝茶来确立你的身份、地位、人脉，就显得愈加重要。（相对而言，面包或米饭较常被人在家中共享，而且共享者是已有亲缘关系者。）

同样重要的是，借由使用这些新的消费品，你告诉他人你不是哪种人；此举不只确认了你在别人眼中的身份，也确认了自己认定的身份。例如，在 18 世纪的萨克森，乡村的丝带制作者属于最穷的工匠，但他们仿效城市时尚而非乡村中较有钱者的衣着打扮：似乎借此来表达对瞧不起他们的有地邻居的鄙视。更一般地来讲，欧洲的证据显示，把最高比例的所得花在烟草或银带扣之类"日常奢侈品"上的是乡村工匠；18 世纪的一份年历描述有些乡村工匠"很少吃得饱"，但又说"如果早上没有咖啡和糖，他们会觉得自己活得比较不像个人"。在日本，花费最大者（同样从比例的角度来讲），似乎既有通过参与新乡村买卖（例如酿清酒）而突然致富者，也有最穷的旧武士阶层成员。绝非偶然的是，这两种人都置身经济剧烈变动时期，他们的地位在变动，都不想单单依凭拥有土地多寡（或就丝带制作者来说，名下没有土地）这个传统的地位指标来决定自身地位，还想取得比那更高的地位。

并非所有新消费品都来自异地，但有许多如此则绝非偶然——来自遥远异地的东西，不为人所熟悉，特别容易被人赋予新意。（在某些国家，有禁奢令约束那些能够拥有某些奢侈品者，而在这些国家，来自异地的东西特别重要，因为新东西未被列入这些管制范围。）有时，异国气息增添了东西的魅力，使人一想到它们，就想起浪漫的地方和神秘的力量。（就连如今微不足道的马铃薯［见 4.12 节］初抵欧洲时都被视为强力春药，价格随之甚高。）简而言之，欧洲或亚洲社会里日益激烈的地位竞争，或许不是促成这些东西自外输入的因素，但这些东西是参与该竞争的绝佳利器，肯定更快受到采用。

因为如上和其他一些因素，新消费品令许多人大为着迷。而对于这些东西的大部分消费者来说，它们非本地所能自产：这些作物需要特定的土壤和气候，带有皮毛的动物只生活在某些地方，而凡是能在自家后院开采白银的人都不需要担心自己的地位。因此，它们得通过使用钱才能入手（而与比如自家农场的一些多余食物或自家织的布不同）。

既已探索了"需求扩增之谜"，接下来就该谈谈"既富又穷的情况"：明明日工资所能买到的面包（或米面）不如以前那么多，怎么还额外买得起这些东西？

答案的第一部分很简单：花更多时间工作。在欧洲，16 至 18 这三个世纪间，许多节日渐渐消失。在中世纪的意大利，一年有大约一百天因为是圣徒日而不用工作，但接下来的两百年里，圣徒日减到大约二十天；在改信新教而不接受圣徒崇拜的国家，这类节日消失得更快。其他几种让人享有大量闲暇的习俗，例如放长周末（在英格兰被戏称为过"圣周一"［Saint Monday］）也减少了，但减少得较慢。

在中国、日本和韩国，节日可能也有所减少，但比较难以确定少了多少：我们的确知道，至少在中国，官方明订的放假日长久以来逐渐减少。有个改变因为影响了更多人而更为重要，那就是在中、日两地的数个地区，一年收成两次而非一次的情况愈来愈多，这意味着农民一年的工作时数多了许多；有些农民也改种每单位面积所需投入的劳力多于旧作物（金钱收益也更多）的新作物。随着人口增长，农地平均面积变小，但人们以更集约的方式，特别是以更多的除草、施肥来耕种土地；因此把农田的生产力发挥到极致，同时细心维护为人辛苦卖命的土壤。

此间，欧洲、中国、日本三地的数个地方，愈来愈多的妇女和小孩为市场而工作，制造出非常多样的手工制品，或到其他人家里帮佣。不同于以往之处大概不在于工作本身，而在于为自家消费而做的工作变少，且专门化的工作变多。家户不再自制布匹、蜡烛、酱菜之类，反倒会增产其中一样拿出去卖，然后买进另两样东西。因此，这一专门化让人省下花在家活上的一些时间，但没什么理由认为省下了很多；整体来讲，一般家户的工作时数几可肯定有所增加。

此外，在欧洲许多地方（中国、印度并非如此），为市场工作的时数变多，似乎创造出不止一个，而是两个恶性循环。首先，为钱而工作的妇女、小孩变多，工资受到更大的下调压力——争取工作机会的人变多，工资随之降低。其次，随着更多年轻人靠雇佣工作（而非靠在自家农场或店里工作）为生，他们就比较没有理由等到继承自己那份家产时才结婚：平均结婚年龄下降，意味着每对夫妻有更多小孩，从而财务压力较大。（东亚父母对自家小孩前途的控制较强，不管对于小孩来说那是好是坏。）这一切意味着工作时数极多，尤以某些最"先进"（商业化）的经济体中为然。有位学者估计，英格兰的年平均工作时数在1800年左右达到高峰，每名劳动者每年工作3300至3600小时（一年52周，每周65至70小时），但劳动者的生活水平几乎没变，要到五十年后才会有所改变。

可是，更加"勤劳"，不只是工作时数变多而已。随着为钱而（直接或间接）从事的某项特定工作占工作的比重变大，家庭杂活的比重变小，"工作时间"与"闲暇时间"的区隔比以往鲜明许多（从而更类似我们今天所习惯的情况）。工作期间为了聊天、喝东西、吃长时间的午餐或只是骑马溜达而停下（放慢）工作的情况似乎变少了，傍晚结束一天工作的时间可能变得更明确：此时至少对那些在自家房子外工作的人来说是如此。这一看法不易证实，但数份欧洲工匠的回忆录（我们手上没有东亚的类似数据），以及身为老板者的某些著作，间接表明了此事。这些老板的著作显示，让员工专心工作是他们的目标之一。

不管原因为何，新的"工作意识"似乎真的使人更为不懈地工作：就连在田里干活，几乎未受直接监督者亦然。例如，在英格兰，尽管未有新的收割工具可使收割更为容易，土地所有人所估计的收割一英亩小麦所需的劳动日数，从1500至1800年缩减了不少。在遥远的中国，虽然种植一英亩稻子所需的劳动天数估计值持平，没有减少，但由于每英亩地需要插的秧苗、施的肥料、最后收割的稻谷都大增，似乎意味着要专门针对这些农活投入更多劳力。

把这些小细节拼凑在一块儿，我们就渐渐掌握了整体情况。更多人为了钱而工作，更少人为了自用而制造东西；更为专门化；更用心于取得基本维生所需以外的东西，包括来自遥远异国的物品，即使那

意味着闲暇变少、受到更多规范亦然；更加意识到工作和通过工作取
得的物品，让人在社会上占有一席之地。不管这是不是件好事，都肯
定让人感到熟悉。

7.3 值钱纤维：棉花如何成为工业时代的织物

棉花若未取代亚麻、羊毛，

成为欧洲最主要的布料来源，

很难想象工业革命会走上同样的路。

根据某标准版教科书的说法，"凡说到工业革命，就必定要说到棉花"，棉纺织品是最早由可确认系现代工厂的机构生产的产品之一。但一如该教科书的论述，我们通常将焦点放在机器上，而非棉花纤维上；工厂问世和欧洲主要纤维作物易主，两者同时发生，似乎只是巧合。事实上，绝非如此。棉花（长久以来亚洲大部分地区最喜爱的纤维作物）若未取代亚麻、羊毛，成为欧洲最主要的布料来源，很难想象工业革命会走上同样的路。当初，欧洲人若得在自己土地上种植这种作物，而非倚赖美洲棉田取得棉花，对欧洲土地、水、人力的需求势必增加，进而很可能使工业革命受挫。

两千多年前，印度人已知棉花，也懂得使用一种很近似现代轧棉机的机器；然后，棉花慢慢往东、北、西方散播。棉花比大麻纤维更容易纺成纱，且织成的衣物穿起来舒适得多。到了约 1300 年，棉花已散播到从西非到日本的广大地区。当时欧洲没有栽种棉花，但也知道棉花这东西；中世纪某次羊毛短缺，威尼斯商人从阿勒颇（Aleppo，今叙利亚境内）引进了这种新纤维。在阿勒颇，人们以棉花、亚麻为材料，合制出名为棉亚麻混纺粗布的代用布料，但进口量有限。接下来的四百年，正征服非洲、亚洲的棉花，大抵过欧洲大门而不入。（一个独立的棉花品种也在南美地区被培育起来。）

在中国，棉布渐渐成为几乎每个人所最爱用的织物；小农穿较劣质的粗棉衣，就连非常有钱的人，都是棉衣和丝绸衣轮流换着穿。棉布的品质（和价格）分成许多等级：18 世纪一份文献记载，寺庙仪式所用的有些棉布，其每一码的价格是大部分老百姓所穿的那一级棉布的两百倍。在印度，不只有所有等级的棉花，还有许多种棉丝混纺布。在欧洲、亚洲、非洲，棉丝混纺布成为最上等布料。远在西非、东南亚的买家画出花样，交由商人带回印度，然后，由印度境内某个与该商人有往来（通常是间接往来）的村子，按照买家所要的花样制成织物，在下一个贸易季时交货。17 和 18 世纪，欧洲人也加入这买卖，还因为买了太多价廉而质优的印度棉花，引发英格兰羊毛工人暴动，促使国会通过多项法案，保护国内业者。

欧洲人不遗余力想学会将丝纺成纱，以自行生产丝织品，相对的，棉花植株却从未大规模进口欧洲。对欧洲而言，这或许是万幸之事，因为亚洲多个地区为了在棉花纤维上达到自给自足，生态环境付出了相当大的代价。在中国的长江下游地区（今上海附近），为了让过度使用的土壤恢复地力，不得不进口大量的大豆肥料饼（大部分进口自满洲）；18 世纪末，这一买卖达到巅峰，为施肥而进口的大豆，多到可供约三百万人食用一年。

在日本，种植棉花所需的生态救济物来自大海。18 世纪和 19 世纪初期，日本渔业大幅增长，特别是在库页岛海域（为此与正往东扩张的俄罗斯发生多起激烈冲突），但渔获大部分不是拿来吃，而是用作肥料，且大部分用在棉田上（中国、日本产量最大的粮食作物稻米，只要一点肥料就有非常高的单位产量）。

而且棉花也是需水量大的作物。19世纪初期，种棉花的华北小农发现，由于地下水位下降，大部分水井不得不重挖。如今，华北地区地下水位下降的问题已到危机程度。

与此同时，欧洲人使用亚麻、羊毛仍大大多于使用棉花，即使在18世纪中期亦然；17和18世纪的大多时候，英格兰国会一再通过补助，鼓励亚麻生产（但成效很有限），却从未想去提高原棉的供应量。但两件彼此相关的事，即工业化和人口增长，使亚麻、羊毛这两种纤维的生产，差不多无法再继续下去。首先，18世纪的诸多发明，使欧洲人得以用机器将棉花纺成纱，将纱织成布，成效惊人——每小时的纺纱量，在短短几十年间增长了约百倍。而用机器将含油而坚韧的亚麻纺成纱，较为棘手，欧洲人花了更久时间才解决这问题。

欧洲人很快就懂得用机器将羊毛纺成纱织成布（只是纺织质量没棉花好，速度也没棉花快），但羊毛还有别的问题。首先，在许多重要市场上，毛织物没有销路，特别是在热带地区（在非洲热带地区，拿布来换取奴隶，在美洲热带地区，奴隶穿布质衣物）。更糟糕的是，羊毛生产面临严重的生态限制。同样是生产一磅纤维，饲养绵羊所需的土地远大于种植纤维作物所需的土地，而且随着人口增长，根本没有足够的土地用于这种单位收益较低的产业。事实上，光是欲用羊毛取代1830年英国所进口的棉花，就需要超过九万三千平方公里的土地，也就是拿全英国的农地、牧地来养羊都不够！而且如继续以羊毛取代棉花，这问题只会愈来愈严重，因为英国的棉花进口，从1815年至1900年，增长了十九倍。

当然，解决之道就是从美洲进口棉花，特别是从美国南部。进口的奴隶负责棉田粗活，欧洲乡村则吐出人力，成为工厂工人。棉花对土壤非常挑剔，但在美洲，土地供应似乎几可说是取之不竭。英格兰的新纺织厂隆隆作响，预示新经济时代的来临，而那些在自家附近生产棉花的人，则在和环境退化、土地与水不足这些问题搏斗，还要想办法增加农业劳动力，以使本地的纺织机不致停摆。

7.4 到全世界寻找棉花

尽管在多年前就未雨绸缪，

预为因应，且投入极大心血，

英国在防范"棉花短缺"上成效依然有限。

全球最大的工业国（和其他大部分工业国），倚赖一种不可或缺的进口原材料。这原材料大部分由某个地区供应，而那地区政治局势不稳。趁着局势还未到不可收拾的地步，这个全球首要强国开始着手开发替代来源。

这段文字指的是美国和中东石油？不，指的是 1850 年代的英国，正思索美国一旦爆发内战，可能大大危及英国的棉花供应。从某些方面来看，这比寻找石油的替代来源容易；毕竟棉花可以换地方种，而石油只有在有蕴藏的地方才开采得到。但尽管在多年前就未雨绸缪，预为因应，且投入极大心血，英国在防范"棉花短缺"上成效依然有限。从其原因，我们可以深刻了解 19 世纪的世界和今日世界有多大不同。

1850 年时，英国已开始想方设法增加棉花供应量。但不像近几十年的美国，（通过水力压裂法和可再生能源）实质性地提升了国内的能源输出，并在几个国家鼓励这种做法——英国只能尝试在海外扩大棉花种植。尽管首要任务如此，"原材料的供应……还是极缺乏弹性"。

英国人将主要目标锁定印度。1850 年代，印度殖民政府实行"以并吞和兴建铁路为手段的棉花导向政策"，锁定适合种棉花的土地予以征服，投资大笔资金于交通运输，但前十年几无成效可言。1861 年，印度的棉花输出的确大幅增长，但这增长有一大部分是靠着牺牲印度国内消费和原本要运到中国的棉花，而非产量有所增加，1861 年，印度出口到英国的棉花仍不到美国所出口棉花的一半。此后，印度的棉花出口只再增长了 8.6%，那还是在美国北军成功封锁南方棉花出口，棉价暴涨之时发生的事。

相较之下，埃及推广棉花栽种较成功，而且远较少倚赖外力。这得归功于 19 世纪初期改革者穆罕默德·阿里（Mohammed Ali）当政后，埃及政府本身一直致力于扩大棉花生产，而且他所下令兴建的纺织厂建好后，赫然发现不具竞争力，于是棉花转而移向输出。1821 年开始出口，1824 年运出约一万两千吨棉花，1850 年代时，将近两万三千吨。埃及政府受兰开夏郡的成就鼓舞，支持地主栽种棉花，地主则施压棉农增产，尽管如此，成就有限。即使是 1850 年代的棉花产量，都只和美国 1803 年（惠特尼的轧棉机问世只十年）时的产量约略相当。事实上，直到 1860 年代时，埃及的棉花栽种都只限于穆罕默德·阿里的后代和其亲戚所拥有的土地和附近。即使在美国南北战争期间，埃及棉花输出达到巅峰，也只有九万吨（约美国 1860 年出口量的 12%），价格也比美国棉花高得多。更重要的，即使是那种程度的产量，都大概无法持续下去，更别提进一步增产。

美国内战期间，在尼罗河三角洲，不管哪个季节，都有约 40% 的土地种植棉花；由于采取轮种，在 1863—1865 年间的某个时期，三角洲上的每块农地似乎全栽种棉花。在埃及，水源充足的土地有限，因而上述情形大概意味着，那是在没有 20 世纪大型水利工程所能提供的那种灌溉下所能达到的最大耕种面积。即使在这地区，栽种成本都迅速攀升，以致只有在 1864 年棉价达到史上最高时，埃及棉才有利润可言；而在那种价格下（甚至在 1862 年更低的价格下），原棉价格其实比粗纱还高。

此外，巴西、西非、昆士兰、缅甸也是前景看好的棉花替代产地，但在促进这些地方输出棉花上，英国付出的心血较少，因而即使棉价暴涨，这些地方仍几无产量可言。因此，尽管美国棉花输出只中断了三年（北军到 1862 年中才得以有效封锁南方棉花输出，而南北战争在 1865 年结束），英国的棉花消耗量在 1861—1862 年却下跌了 55%。相较于羊毛价格，棉价在 1860—1864 年增长了两倍多。纺织厂雇用的工人，在 1862 年少了约一半，总工时掉了将近 80%。许多商行破产。

英国人为防范棉花供应中断，付出了那么大的心血，成效为何这么差？这有部分得归因于美国在棉花业影响力庞大：美国生产的棉花不可能永远隔绝于世界市场之外，因而，叫其他地方投下原本不需投下的大笔固定投资（例如灌溉设施上的投资），以改种棉花，根本不明智。还有一部分得归因于许多小农，对于更倚赖市场存有相当疑虑：由于有些地方有了运输设施和营销机构，农民开始担心靠棉花所赚的钱，未必能确保他们买到谷物。与此同时，英国人推广棉花栽种的强势作为，有时也激起反弹。在印度，英国人所选定开垦以种植棉花的土地，有许多是森林，森林的骤然消失往往激起民怨。为获取更多棉花，英国人在印度如火如荼扩建铁路网，而 1857 年的印度反英暴动——20 世纪前最严重危及英国在南亚次大陆统治地位的事件，扩建铁路就是其一大肇因。

最后，19 世纪工业看似已臻现代，其实仍属自然界的一部分。英国的富强让它能想办法增加棉花生产；英国的科学却仍无法造出人造纤维，也无法快速生产能在新地方长出棉花的种子，或生产能长出较长纤维棉花以符合纺纱机需要的种子，以取代世界上许多地区的短纤维棉花。

新问世的杂种种子和能长距离抽水的廉价动力，最终解决了这些问题；但这要到 20 世纪才出现。中国、印度许多地方的棉花种植因此改观，并使加州、亚利桑那州变得可以种植棉花。（如果棉花的栽种和随之而来的奴隶制，在 1850 年代就已扩散到美国西南部，南北战争的导火线可能大不相同。）那些新品种棉花，乃是埃及棉花贸易兴盛时期所流出之埃及棉花的后代：一个看似以失败收场的插曲所衍生出的迟来产品。

7.5 杀掉金母鸡

印度纺织品的霸业最终毁在什么手里？

长期来看，英格兰的工业革命即是凶手。

1498 年葡萄牙探险家达伽马抵达印度的卡利卡特（Calicut）时，找到一些北非穆斯林充当通译。那些穆斯林在该城已待了一段时间，懂得当地的风土民情。传说他们把他带到一旁，告诉他他所准备送给该港官员的礼物贴笑大方，还说下次最好带金子去。达伽马问去哪里弄来金子，他们答道，去东非沿海地区的基卢瓦（Kilwa）王国，且提醒他带古吉拉特（印度西北部纺织业中心）所产的纺织品去换金子。

当然，不久之后，欧洲人在拉丁美洲发现比基卢瓦所产还更多的大量贵金属。达伽马远航的一个世纪后，荷兰人抵达摩鹿加群岛（今印度尼西亚境内），欲拿在美洲所掠夺的东西购买香料，却吃了闭门羹。当地贵族和商人希望他们拿东印度科罗曼德尔（Coromandel）的纺织品买香料；不久，荷属东印度公司就体认到，必须在科罗曼德尔设商站，以便收购东南亚的货物。那之后的两百年里（一直到 1800年），欧洲列强发现用印度纺织品购买非洲奴隶，较受奴隶贩子青睐（见 1.13 节）。以 1775 和 1778 这两年（现存的法国奴隶买卖记录完整的年份）来说，法国商人用以换取奴隶的货物里，超过 50% 是印度纺织品；有位法国人以懊丧语气记述道，加勒比海地区说法语的甘蔗园主，经过施压，会同意用法国货换取他们的糖，然而非洲贸易商却不吃这一套，坚持要法国人拿上等货品来换。英国人在非洲的遭遇类似，直到该世纪快结束时，英国工匠终于开始制造真假难辨的孟加拉、科罗曼德尔织物的仿冒品，情形才改观。（美国高中教科书里以美国人为中心的叙述，通常告诉我们那是由"糖蜜、朗姆酒、奴隶"所构成的三角贸易，但欧美那些有害的货品，其实远不如高级织物、家具之类产品，能让非洲部落酋长看得上眼：英格兰人用以换取奴隶的货物中，酒只占约 4%，枪支占约 5%。）

当时，在世界许多地方，印度纺织品比货币还管用。它们大概也是史上最早行销全球的工业产品。上等印度织物的销路，不只及于东南亚、非洲，18 世纪时，它们把奥斯曼帝国的大部分丝织业逼到绝境，征服了波斯，拿下一大块欧洲市场；事实上，要不是 1697 年斯皮塔菲尔德（Spitalfield）的织工暴动后，英格兰对各级印度纺织品采取严格配额和高关税政策，上等印度织物说不定已横扫英格兰的织造业。（《鲁滨孙漂流记》一书，如今常被视作自由贸易的宣言，且反映了日益壮大之英格兰商人阶级的集体精神，但该小说作者笛福，就在这时为保护主义者效犬马之劳，出版了一本小册子，宣扬反对进口布料的主张［见 5.5 节］。）18 世纪时，全世界大概就只有一个王廷未用印度布料来替自己增添光彩，那就是中国清朝。在这期间，较廉价等级的印度布料，同样遍及世界各地，从东南亚到北美洲，许多地方的工人穿着这种布做的衣服，包括被人用更高档印度布料买来的许多奴隶。（粗质棉布在欧洲的销路，一如上等织物，几乎要攻占欧洲市场，迫使重商的君主、国会出手干预，限制印度货的市占比例。）总之，印度大概生产了超过全球产量 25% 的布料，而由于印度人（1800 年时占全球人口顶多 15%）穷，大部分住在热带，至少有三分之二的布料可供外销。

印度靠什么得到这样惊人的成就？有一部分得归功于他们用心配合顾客变化不定的需求。早在 15 世纪时，印度商人似乎就常从东南亚带回贸易伙伴所指定的新图样草稿，供他们织造次年的织物时参照。还有一部分得归功于印度得天独厚，能取得大量高品质棉花。在美国独立后，美国棉花行销各地之前，除了中国，没有哪个地方具有这样的优势。但最重要的功臣是技术高度纯熟的工人，其中有许多是以极低价就能雇得的工人。

当时的印度工资，整体来讲大概低于中国、日本或西欧的工资；在孟加拉，大量过剩的稻米使粮价常保低廉，名目工资尤其低。（事实上，随着印度西海岸地区和孟加拉的粮价差距于 17 世纪末和 18 世纪期间变大，印度和其他地区的商人，将许多粗布订单由西海岸地区的古吉拉特转向孟加拉。）但同样是织工，工艺水平却有数级之分，对于讲究成本的商人而言，不同等级的织工带来的问题各不相同。

粗布织工有许多是兼职的农民，高级布料的织工则往往是全职工作者，住在一些大城里或其附近（特别是今孟加拉国首都达卡）。织工几乎全从商人那里收取预付工资；这些钱不只用于购买所需原料，还用以支应布料织成、交货前织工的生活开销。当然，商人总想利用预付工资占织工便宜，且最终让许多技术熟练的工人债务缠身，永世不得翻身，再无讨价还价的余地。但对于技术更胜一筹的织工而言，他们的产品是市场上的抢手货，他们可以有恃无恐地接受预付工资，不必担心吃亏。如有必要，他们通常能替自己的布料找到新买家，以偿还欺人太甚的商人所预付的工资；或者更理想的情况，他们能在签约后反悔，且不想偿还预付工资时，找到新的雇主保护他们。他们就是有把握在最后一刻找到新买家，把自己的产品卖出，相对而言，粗布织工在这方面就大不如他们这么自信；但如果农作收割季节看来非常忙碌，他们可能干脆不卖布，回头全心全意投入农事，且雇请旺季临时工，替自己的农田增加人手。就连朝中有人的印度商人，面对这种情形，都未必管得住合作的织工；18世纪欧洲商人的通信里，处处可见他们在抱怨预付工资泡了汤。

印度纺织品的霸业最终毁在什么手里？长期来看，英格兰的工业革命即是凶手，毕竟工业革命的开启者，乃是以仿造印度棉织品供销售于非洲、美洲市场为主要业务的商行。但在那之前，试图抵拒兰开夏纺织业进逼的在印度英格兰人，就已开始杀掉这只会下金蛋的金母鸡。英属东印度公司于1750年代征服孟加拉后，立即着手铲除收购棉纺织品外销的其他所有买家，最后将织工纳入其牢牢掌控之下。该公司祭出多项歧视性措施，以削弱其他商人的势力，包括颁布一项新法，明令若有人从东印度公司拿了一大笔预付款，同时又替别的买家工作（即使他把两买家交付的工作都完成），就算犯法。凡是与该公司签合同受雇的织工，该公司驻印度代表都有权派人到织工家门外站岗。该公司坦承，它所支付的工资低于其他买家15%—40%，但希望通过这些措施，取得它所需要的所有布料；该公司一名官员于1766年告诉英格兰国会，东印度公司现已统治孟加拉，希望在数年内将孟加拉的布料出口增加一倍。

但面对这形同国家垄断的情势，织工未乖乖就缚，反倒采取他们唯一的反抗手段，那就是丢下织布机，移民他乡或当农工。不到一个世代，达卡周遭的专业织造社群就消失了，达卡城本身萎缩到只剩原来规模的一小部分。各小农家里，无数织布机仍在唧唧运转，但产品不再供外销，而是卖给自己村民。东印度公司的目标，和先前这一行商人所追求的目标并无二致，但他们所采取的手段无情而严苛，因而虽一心要保住那时代的首要产业，结果反倒出乎他们预料，毁掉了那产业。

7.6 甜美成就

对菲律宾伊洛伊洛而言，

就连蔗糖贸易畅旺的年代，

都是利弊相抵或弊大于利。

对于初抵菲律宾的世界贸易商罗尼来说，一开始就出师不利。他于 1856 年 7 月 31 日抵达菲律宾中部伊洛伊洛省首府伊洛伊洛（Iloilo），他的马车却到来年 2 月才从马尼拉抵达此地；一年一度的季风使道路无法通行，海面也太危险而无法航行。他所希望建造码头的地方，是个遍布鳄鱼的沼泽地。

对他而言，结局也不圆满。十三年后，他在发抖、发烧当中死于疟疾。百辆马车和据某位在场者所述的"多辆牛车"组成送葬队伍，送他长眠于地下。这时候，世界贸易所促成这地区的转变，已如火如荼了好一阵子。原雇用了当地一半女人的本土纺织业，不敌罗尼所代理的曼彻斯特纺织厂，日薄西山。为让运布料来的英国商船不致空船而回，罗尼开发另一种贸易，即出口附近西内格罗斯省（Negros Occidental）所产的糖，后来这一贸易的规模变得比纺织品贸易还大得多。这一附带发展的贸易，使内格罗斯的甘蔗园主致富，造就出至今仍在菲律宾蔗糖贸易里独占鳌头的内格罗斯制糖业。因为这一贡献，罗尼受到内格罗斯人民的尊崇。但在伊洛伊洛市，罗尼的历史评价却是毁誉参半。

西班牙殖民当局原要求菲律宾所有对外贸易一律得经由马尼拉，暂时取消这些规定几个月后，罗尼以英国第一任驻伊洛伊洛领事的身份来到这里。他还担任英国几家纺织厂的代理人，以及自家贸易公司的合伙人。当时，就连强大的大英帝国，文职官员人数都不多，因而愿意远离家乡来到这么偏远地方生活的生意人，政府欢迎他们身兼二职。而罗尼则身兼不止二职。曾有一段时间，罗尼是这里唯一一位"盎格鲁-撒克逊人"，因而他还替几家美国商行效力，为香港总督写作的一本书搜罗资料，甚至接下英国某人类学家委托的任务，从当地墓地里挖出三具颅骨。

他所探索而最终予以改造的地方，是个充满强烈矛盾的谜样地方。一方面，伊洛伊洛常叫罗尼大为感动，以至于他将这地方比拟为伊甸园，称这里的居民是未丧失人类质朴之美的"野蛮人"；他似乎喜欢他们更甚于喜欢西班牙官员和教士。另一方面，这里又有许多事物叫他想起约一个世纪前的英格兰。几乎家家户户有台织布机，有些人家甚至有多达六台。数千名妇女操作织布机，制造出"美丽非凡"的布料，而"由于生产成本的限制，这种布料在欧洲根本不可能仿制得出"。梅斯蒂索（Mestizo）商人，即男性华商与当地妇女所生的混血后代，供应棉、丝、用大麻纤维纺成的纱，提早数个月付给女人工资，使她们的地位"形同奴隶"。她们的劳动结晶先运往马尼拉，然后船运到东南亚其他地方、中国，乃至欧洲和美洲。

事实上，当地生产的布实在太好，以致罗尼对于英国纺织品打进当地上层阶级市场，根本不抱希望。但他推断，便宜的英国纺织品可以得到"劳动人口"的青睐，前提是他得降低航运成本。但那意味着得把远洋汽轮直接带到伊洛伊洛，取代数百年来该地区贸易所一直倚赖的帆船，即取代采贴近海岸方式航行而逐岛停靠的帆船。那也意味着得找出货物供这些大型货轮离开伊洛伊洛时载走，以免空船返英。

身为业余自然学家的罗尼（他就是在探索当地一座火山时感染后来要了他命的疟疾），找到了那东西。他了解到附近人烟稀疏的内格罗斯地区用来种植甘蔗非常理想；该地也已种了一些甘蔗，供当地人消费。在罗尼恳求下，英国、美国商行借钱给他，供他开辟甘蔗园，在伊洛伊洛建造码头，将伊洛伊洛打造成该地区的散装货船港。他所大力引进的英造汽轮，使船期不再只能诉诸猜测（对于布料贸易商而言，船期不确定从不是大问题，却会让易坏的蔗糖损失惨重）。罗尼自己的贸易行和他所代理的其他商行，在此收购蔗糖，行销于澳大利亚、欧洲、美国。

这些商行还进口英国、美国布料，不久，就打败了伊洛伊洛这个地区性的强劲对手，连伊洛伊洛的本地市场都遭它们攻占。原倚赖女人织布、务农维持生计的家庭，逃离萧条的纺织村，却在内格罗斯背上难以脱身的债务。内格罗斯的甘蔗园主（往往是布料商出身），常常利用贿赂、不实的地契、骗人的借贷协议，让这些出来闯天下的农民沦为无地的工人；然后，由带着鞭子的工头管教其中桀骜不驯的人。事实上，罗尼鼓吹改革该地区的借贷法，以促成他所说的，让伊洛伊洛的经济现代化。但新的借贷法最终只是使负债者更难摆脱债务，进而强化了近乎回到封建时代的劳动关系。内格罗斯贸易大为兴盛，1932年时蔗糖出口超过一千万吨。如今该省仍为菲律宾创造许多外汇，菲国最有钱有势的诸多家族，大部分仍以蔗糖为家族产业的基础。

对伊洛伊洛而言，就连蔗糖贸易畅旺的年代，都是利弊相抵或弊大于利。蔗糖贸易发达之前，织造业薪资虽然微薄，但让家庭成员聚在一块。女人赚得的现金足够缴税，让男人得以专心生产粮食。罗尼的码头带给伊洛伊洛不同的气氛。那是个各为生活打拼而不讲究规矩的地方，成群年轻力壮的男子，早上 5 点就聚集到那里找活干；工资按日发，午餐是倒进各人"帽子"里的米饭和蔬菜。伊洛伊洛因其特别的劳动阶级文化而闻名全国，工人经常光顾酒吧、餐馆、杂耍剧院、妓女户，因为自认没有成家的希望，也就没有存钱的必要。1920 和 1930 年代码头工会壮大，货运业者开始跳过伊洛伊洛，直接到甘蔗园装货。因为罗尼的计划，先是毁掉伊洛伊洛的织造业，接着毁掉了伊洛伊洛港。但在抽干沼泽所开辟、以他的名字命名的伊洛伊洛码头区附近，如今仍立着一座他的纪念碑。将贸易视作文明开化使命的罗尼，若地下有知，应会感到骄傲。

7.7 没有哪座工厂是孤岛

第一次世界大战给了印度没有西方人竞争亚洲市场的短暂喘息时间，
也给了出口的新契机，这是孟买纺织业起飞的天赐良机。

请你猜一猜，亚洲最早的机械化纺织厂坐落在哪个城市？大阪、
上海或孟买？答案是孟买，比大阪还早了约二十年；1914 年，印度的
棉纺织业已是全球第四大。1910 年时哪个国家拥有亚洲大陆将近 85%
的铁路网？英属印度。印度当时的铁路网是全球第三大。因此，当第
一次世界大战给了印度没有西方人竞争亚洲市场的短暂喘息时间，也
给了出口的新契机，有点头脑的人大概都会认定，这是孟买纺织业起
飞的天赐良机。结果，大阪获致了重大的工业突破，上海获致了持久
不衰的重大收益，孟买却只得到随着和平降临即消失、昙花一现的
成长？

靠着第一次世界大战期间，西方国家无暇东顾，这三个城市的工
业利润都大幅增长，但除此之外，孟买和远东那两座同性质的城市，
却际遇殊途。在一战期间和战后几年，大阪、上海的现代纺织厂，产
能都暴增，国内产量的增加，弥补减少的进口量还绰绰有余。在孟买，
纺纱机的总数在一战期间几无变动，印度境内机器制布料的消耗量掉
了超过 20%。

或许更为重要的是，一些中国商行和许多日本商行，利用对纺织机的需求增加和进口不足的机会，开始在国内生产设备；其中至少有一部分商行熬过市场竞争，成为最重要的新资本财货生产者。这样的发展不见于印度。当全世界陷入战后经济的衰退期时，大阪、上海纺织业的增长，虽然慢于1914—1918年间，但仍有成长；孟买纺织厂的产量则退回到战前水平，市占比1913年时还低了甚多。

为何有此差别？有些英国人将其归咎于缺乏企业精神，但那几乎说不通。毕竟孟买纺织厂的经营者没变，仍是先前几十年把英国纱赶出低档市场的那批人，而不只印度如此，东亚也是。另外，很清楚的是，大战期间，印度不缺棉，不缺积极肯干的工人。

印度这一吊诡性的发展，主要得归咎于一点，即印度不是独立国家，而是殖民地。举例来说，英国人所加诸印度的关税政策，长久以来鼓励孟买纺织厂专门生产较粗劣的纱，市场锁定亚洲其他地方，而把较有利可图的国内市场留给曼彻斯特纺织业者；这意味着一旦到了战时，孟买纺织厂得将市场转向国内以取代短缺的进口时，就得面临棘手的调整问题。但上海、大阪设法完成了这变革。从那些乍看似乎是优势，实则是劣势的地方去观察，最能清楚看出殖民地身份如何阻碍孟买发展；特别是如果再去思索印度如何获致兴建过早而效益不大的铁路网，思索它欠缺过早创建而无竞争力的重工业（例如中国、日本政府替军方创建的那些重工业）对后来的影响，更有助于我们看清问题的根源。

一方面，拜英国的统治之赐，印度在货运量还未大到足以让庞大铁路网获利的许久以前，就拥有庞大的铁路网。而英国不惜巨资建设铁路网的动机，有一部分是为了让军队能快速机动到各地。（在仍保有独立地位但饱受列强干预的中国，铁路的遭遇正相反。在某些中国人眼中，铺设铁路，从某个方面来讲，正利于外国军队长驱直入，因而遭到他们抗拒。）但同样因为殖民地的关系，面对英国要求所有铁路设备、工程师、钢材从英国进口，印度无力反对。事实上，让英国的资本财货借此有出路（和让英国投资人有投资标的），一直是英国大力铺设铁路的另一个主要原因。但由于样样都进口，这庞大的建设工程，几无助于扶植印度的钢铁厂或机械加工车间，从而使后来孟买纺织业欲添购现代纺纱或织造设备时，无法从印度本土业者得到。

另一方面，身为殖民地，印度从未建造接受政府补助的兵工厂，或建造煤矿场、钢铁厂之类相关设施，作为以国防为目的之工业化计划的一环；反观日本和中国都有这方面的建设。粗略核算，这或许对印度有利，因为建造兵工厂所费不赀，甚至日本的钢铁业，要到第二次世界大战之后，才具有国际竞争力（中国的钢铁业则迟至1990年代才具国际竞争力）。但这些看似大而无当的东西，在1914—1918年，却让中国、日本获益良多。当孟买因为西方制造的资本财货输入中断而陷入发展瓶颈，中国、日本境内由兵工厂培养出来的机械师、技工和其他技术人员，开始将注意力转向上海、大阪的纺织厂、火柴厂等轻工业的需求；供应这些工厂机器所需的钢材或许昂贵，但有总比没有好。（在这期间，日本的军事工业还以另一种方式自筹财源，即侵占邻国具经济价值的土地，向邻国索取赔款，最终促成1940年代的连天烽火。）没有了外来竞争，就连生产成本相当高的产业都获利，从而使他们有钱取得更好的技术，进而在第一次世界大战后有能耐保住市占：上海的工业投资就在1918—1923年竞争日益激烈的时期达到巅峰。第一次世界大战期间，孟买纺织厂只增加人力而未扩厂，外国纱和布一度再进口，他们就只能裁员（和降低工资）因应。对于各个纺织厂而言，这是再合理不过的决定，但整体来讲，这些决定标志着他们丧失了称霸业界的大好良机，而且是至今未再降临的大好良机。

7.8 喂蚕吐成长

19世纪末和20世纪初的日本农民，

为建设现代日本做出贡献，

所得到的回报却大多是苦难。

一提到今日的日本农业，脑海里浮现的印象，无非不具"竞争力"，非"出口导向"，或者未曾"挹注工业成长"。大家都知道今日本强大的经济，乃是其惊人工业成就所促成，于是，我们往往把这现象套用在并非如此的更早年代。事实上，从1850年代日本向西方开放，一直到第二次世界大战，替日本提供大部分出口品的产业，为新兴的日本城市提供廉价粮食的产业，为日本政府提供兴建基础设施所需税收的产业，都是农业。19世纪末和20世纪初的日本农民，为建设现代日本做出贡献，所得到的回报却大多是苦难，境遇与日后不具国际竞争力的日本农民天差地别。

第一次世界大战之前，制造品只占日本出口约四分之一；白银和木材又占了一部分，但农产品是最大宗。尤其值得一提的是，日本对外开放后的头六十年里，进口品（包括最后在1920年代创造出具竞争力之工业输出品的纺织机器）都是靠丝来支付；1900年前，光是丝这项产品就贡献日本每年40%的出口额，第二次世界大战爆发前夕，仍贡献了30%以上。在这期间，人口虽翻番，稻米进口量从未超过国内消费量的 20%。在农民人数几乎不变的情况下，这一切如何达成？

一些新的进口品（1920 年代后主要是化学肥料），无疑是获致这农业成就的功臣，但关键仍在农民的勤奋和一些较不起眼的科技创新。插秧这项费工的劳作有了新方法，从而提高了产量；收割后，未像老一辈农民放几天假庆祝丰收，而是更勤于收拢、焚烧稻壳，使害虫更难繁殖。这些创新和其他创新，使单位稻米产量从 1870 至 1940 年增长了一倍。但最重要的是，被高税、上涨的地租和其他负担压得喘不过气的农民，想到办法利用同一块田生产蚕丝和稻米，增加了他们所亟需的现金收入（1878 年时地租约占平均收获量的 58%，1917 年时上涨到占 68%）。

养蚕、种稻共有一个优点，使它们极适合在地狭人稠的日本发展，那就是它们的单位产量都高。但它们也共有一个足以抵消该优点的难题，那就是都极费人工，而且每个阶段的人力需求不平均，大部分人力需求压缩在一些特别需要人力的时期。春季稻田注水后，就得在几天内插秧完毕，而且秧苗必须插得整整齐齐；即使是田地不大的农家，都必须竭尽所能抽出时间，才能完成这工作。

至于养蚕，如果能顺利养到大，在最需要照料的时期，还更累人。蚕快成熟时，得一天喂八次（蚕在最后阶段一天要吃下相当于体重三万倍的食物），而且饲养盘得一天至少清理三遍。更麻烦的是，蚕每次都需要喂以新鲜的桑叶，因而，在最需要照料的时期，即使只是要喂饱一小群蚕，一天二十四小时时时都要人照料。按照自然规律，蚕是在 4 月至 6 月间完成孵化到吐丝的过程，而这时正是需要插秧的时期。因此，日本农民生产蚕丝、稻米虽已久远，却少有农家既养蚕又种稻。大部分日本蚕丝来自住在丘陵地上的农家，而他们种的是稻米以外的作物。

19世纪初期，这情形开始慢慢改变。有人发现了两者可以兼得的窍门，那就是控制蚕棚的温度，借此使蚕提早孵化（更早摄食）。这么做带来更为繁忙的数周和不小的风险，因为当时仍是烧柴的时代，没有温度计，要控制温度并非易事，温度弄错可能使蚕全军覆没，而大部分人是借钱来养蚕。但如果这办法奏效，至少就缩短种稻、养蚕两者重迭的时期；运气好的话，可以让负责喂蚕而只在最需要帮忙农活那几天下田的妇女，不必同时两头忙。渐渐地，愈来愈多种稻的农家开始试着兼养蚕。然后，1870年后，有了真正的突破：新蚕种问世。这种蚕若照料得法，加上施用某些化学药物，可以使其改在7月至9月间孵化。这所费不赀，也不容易，但奏效。1880—1930年，蚕丝产量增长了将近九倍，而农民一年中干活的平均天数却只增加约45%。

工作更卖力且更懂得动脑筋，农民从中得到什么？得到的并不多。事实上，米价在1880年达到高峰；1930年时，下跌了将近三分之一。没错，农民的稻米销售量增长了一倍，但因为要购买肥料、杀虫剂之类东西，他们的开销也多了许多（尤其是1900年后）。稻产增加让消费者大大受益，但大部分农民靠种稻的净收入却未增加，劳动的每小时收益还有所降低。有很长时间，养蚕都是贴补农家生计而前景看好的事业，但它也有其极限。经济大萧条时期，美国人对长筒丝袜的需求急跌，日本的蚕丝出口随之陡降；稍后，人造丝问世，再送上致命一击。从大部分指标来看，第二次世界大战前夕的日本农民，生活水平和七十五年前的日本农民一样。他们辛勤付出，成果由后面几代人享受，包括那些在新工厂觅得工作的人，那些卖农地给新兴郊区的人，还有那极少数仍在土地上干活，而如今靠着前辈付出无数辛劳所建立的现代部门营生的人。

7.9 化岩石和局限为财富：
劣势如何助新英格兰早早工业化

艰困天然环境和不得发展工业的禁令，乍看是"不利条件"，

结果新英格兰地区反倒拜这些不利条件的相互作用之赐，

取得大局部重现早期工业革命的绝佳条件。

欧洲人"发现"北美洲时，希望发财的人迅即奔往南部，或到纽约或费城；只有把宗教信仰看得比物质享受重要的人，才对新英格兰地区感兴趣。有些资源贫乏的地区，的确靠着工业而致富，但当时的新英格兰地区面临了数项人为障碍：英国的殖民政策，把北美殖民地限定为原物料的供应区和制造品的进口区。因此，新英格兰最后成为英格兰以外，第一个娴熟驾驭从机械化纺棉到黄铜生产等多种领域之新科技的地区。这究竟是如何办到的？有一部分原因在于该地天然和人为上的劣势，共同促使它免走了一些前工厂时期制造业的冤枉路。

乍看之下，新英格兰地区似乎足够让一些自给自足的拓荒者安然活着，但发展潜力差不多也就是如此。这里的生长季节短，地质多岩，西边的丘陵、森林不适人居；煤、铁矿也缺乏。移民结合当地原住民和自己的农耕方法，开始生产足够温饱的粮食。事实上，作物收成颇丰，而且该地区既没有旧世界的传染病，且没有肆虐南方诸殖民地、以蚊子为媒介的疫病，因而，到 17 世纪末期，新英格兰人可能是全世界预期寿命最高的人。（另一个可能荣膺此头衔者是日本人。）新英格

兰地区的人口增长也很可观，从 1660 年的三万三千人，增加为 1780
年的七十万人。

　　但人口迅速增长也可能意味着生活变得艰苦。事实上，在头几波
清教徒狂热分子移民来新英格兰后，尽管这里可以让人活得很久，再
吸引来的移民并不多：1790 年的人口，超过 90% 是 1660 年前移民来
此者的直系后裔。（大西洋岸中段的殖民地，吸引到的移民更多，美国
南部则当然引进大批非志愿的移民。）新英格兰人很早就知道，他们的
收成扣掉自用，剩余非常少，很难有余钱再买许多别的东西。1646 年，
马萨诸塞地方议会已开始呼吁居民提高衣服、鞋、靴、玻璃、铁器的
产量，因为该殖民地与英格兰的进出口贸易处于入超。（南方外销烟
草，后来外销棉花，大西洋岸中段的殖民地，作物产量更大，外销西
印度群岛上的种植园。）

　　这计划如果成功，新英格兰大概很快就会发展出"原始工业"风
貌，也就是当时在西欧许多地区（和亚洲许多地区）愈来愈普见的风
貌：村子里许多人家由于自有土地太少，光靠种田无法过活，但借由
纺纱、织布、制造屋瓦和其他生产活动供应市场所需贴补生计，而这
些生产活动往往受商人的指导，由商人借予他们必要的工具、原材料，
该商人也购买他们所产的部分粮食。事实上，冬天漫长的新英格兰地
区，正适合从事这些生产活动。

　　但两项关键因素破坏了这计划。首先，西边（特别是日后成为纽
约州北部的那个地方）有许多空地，提供了虽不大受欢迎但还可以接
受的出路。其次，英国国会禁止北美殖民地从事大部分的营利性制造
业：若要发展制造业，所需的原材料（从棉花到铁）必得进口，因而
这禁令执行起来出奇顺利。新英格兰地区的农民从事削木头、编织等

活动，自行生产自家所需物品，压低生活开销，但在乡村，以贩售为目的的制造业从未发展起来。如此一来，对某些人来说，生存就有困难。举例来说，有群兄弟，因为原养活父母绰绰有余的农田，已无力再供养他们兄弟个个成家后的所需，于是离开家园，这时就面临了生存难题。

森林和大海为这困境提供了出路。造船业乃是英格兰所乐见在这些殖民地发展起来的产业，因为英格兰本土森林经过长期砍伐，到17世纪时已无法提供足够的造船材料。新英格兰地区多的是树，还有许多便于运送原木和为锯木厂提供动力的河川。新英格兰人造船，也开始积极利用所造的船。最初，新英格兰人从前来他们海岸捕捉鳕鱼的欧洲人手中，抢下了不少捕鳕业。（鳕鱼易于加工保存，在欧洲本土成为愈来愈重要的蛋白质来源，因为欧洲土地愈来愈难取得，肉价随之愈来愈高。）一旦必要的船只和技术有了基础，愈来愈多新英格兰人投入捕鲸业和海上货运业。

如果可以选择，新英格兰人大概比较喜欢从事织布或其他能让自己不必远离家人、朋友的行业。他们从事造船、捕鱼等行业，其实是迫不得已，但这番迫不得已的选择，结果却是塞翁失马焉知非福。北美十三州独立后，英国所立的殖民地法令旋即废除，新英格兰人自此可以自由从事制造业，而且有一大片空白的领域供他们尽情施展。独立后没几年，该地区在不顾英格兰专利权的情况下，建造了第一批纺织厂；与其他地方的早期纺织厂不同，它们在经济上未遭到散布乡间之低阶、低工资织造工、纺纱工的竞争，在政治上也未遭到他们的反对。波士顿、普罗维登斯（Providence）、纽黑文（New Haven）很快就拿下它们所辖腹地的工业市场，新英格兰地区的城市日益壮大，过程中却未涌进遭新工厂摧毁生计的大批乡村居民。发展制造业之前就已打下的海外往来关系，协助确保了原材料来源和市场；贸易利润提供了创业资本；木工运用先前在造船厂习得的技术，仿制早期的工厂设备，成果不凡。在很短的时间内，新英格兰就在许多制造业上取得和英国相抗衡的地位。纽约因水力资源较少，发展落后于新英格兰，美国南方的发展更瞠乎其后。事后回头看，艰困天然环境和不得发展工业的禁令，乍看是"不利条件"，结果新英格兰地区反倒拜这些不利条件的相互作用之赐，取得大局部重现早期工业革命的绝佳条件。

7.10 侧翼突破与转型停摆：
从煤炭到石油的曲折之路（1859—2012）

> 光是一类较佳的燃料，或一个较有效率的发动机，
>
> 本身并不足以推动快速转换别种能源。
>
> 如今依旧如此。

我们需要新的能源体系——新的能量来源和搭配那些能源的新式引擎——这点少有人怀疑。但针对这一说法，世人还是有大量分歧：新能源该是什么样的能源？必须以多快速度换用新能源？如何办到？——靠碳排放税？靠研究津贴？靠市场自身？是否也需要减少能源使用？但大家都认识到有这个基本需要。

于是，审视先前的能源转型，有助于把这个问题看得更清楚。新体系明明更为优越，但各类人还是有理由不转用。他们或许蕴藏有旧式燃料，在倚赖该类燃料的行业工作，或拥有针对旧式燃料制造的机器和适合该类燃料的技能。又或许他们在该体系身上看到了真实存在的和虚构的问题，希望先解决掉那些问题再转换过去。1876 年（距煤在英国成为比木材更大的燃料来源已过了大概两百年），煤和木材的蕴藏量都很丰富的美国，从木材得到的能量仍比从煤得到的多了一倍多。然而一旦来到临界点，改变就能迅速降临：1900 年，煤能源的使用在美国已比木能源多了两倍多。当我们检视下一个仍未完成的变迁——从煤过渡到石油——通往这类临界点的路径，叫人意想不到，就鲜明

呈现于眼前。

从纯技术性的角度看，石油比煤优越许多。每吨石油所提供的能量比煤多了一倍，因此需要的燃料和储存空间都较少（这一点对船而言特别重要）。石油是液体，因此可以用管道输送，把燃料铲入发动机这项又累又热的粗活就变得不再必要。此外，液态燃料与固态燃料不同，可用于内燃机，而内燃机于1860年左右首度上市，就在美国宾夕法尼亚境内的第一座商用油井启用一年后。内燃机的效率比蒸汽机高了许多，而且体型小上许多，从而开辟了靠蒸汽不大可能或根本不可能实现的数种新用途（从汽车到摩托车到电锯）。

但迟至1925年，仍只有墨西哥和苏联这两个国家从石油取得20%的商用能源；富含石油且喜爱开车的美国是11%，工业西欧则离5%还有颇大距离。在英国，石油直到1953年才占燃料消费量的10%——尽管到1973年暴增为50%。

为何迟迟不采用石油？后来又如何克服了这一惰性？

地方的怪习性是重要原因。宾州第一口油井开采后，人们想从中得到的东西其实是煤油：这种照明用的油当时正快速取代蜡烛和油烛，全球各地需求都在暴增（以一位美国煤油销售员为主角的1930年代小说兼电影《用油点亮中国灯》[Oil for the Lamps of China]，当红程度和赛珍珠的《大地》不相上下）。所幸宾夕法尼亚的原油是轻质油，其70%的成分得以被精炼为煤油；还有一些可化为润滑油。较重质的部分，只适合做燃料，敌不过附近盛产的煤，于是被排进大池子放火烧掉。石油被拿来驱动发动机，始于世界上第二个石油盛产地，即里海附近的巴库（Baku）。俄罗斯原油属重质油，因此超过70%的成分只能充当燃料。巴库境内森林很少，而且距供煤地点有数百英里。于是地区性燃料油石场发展起来，且受到巴库半孤立的特性保护——这正是吸引投资人发展有史以来第一个真正的燃料油业的因素。路德维希·诺贝尔和罗伯特·诺贝尔（发明炸药并创立诺贝尔奖的阿尔弗雷德·诺贝尔的兄弟们），因缘际会来到这个地区——建造了巴库的第一座现代炼油厂、世上第一条油管，引进了其他新发明的东西，包括世上第一艘油轮。几年后的 1878 年，俄罗斯在战场上打败奥斯曼人，从巴库到黑海的铁路得以建成，原本只锁定单一地区性市场的投资，这时让巴库拥有了发展一项新兴全球产业的先进技术——曾有一段时间，全球 50% 的石油产自巴库。

最初，燃料油仍是更有赚头的煤油的副产品，但由于巴库生产了大量这项副产品，替燃料油找到了更广大的市场，使煤油只须支应整体生产成本的一部分，就能压低俄罗斯煤油的价格，从而更有竞争力。19 和 20 世纪之交，加利福尼亚、俄克拉何马、得克萨斯及墨西哥州发现大量重原油时，这些生产者合力使石油成为具有竞争力的燃料。地区性市场又是轻易就被攻下：石油大量生产意味着价格低廉，而且这些油田（与巴库类似，但与宾夕法尼亚不同）未面临附近煤炭的激烈竞争。然而，更广大的市场上就没这么顺利了：在美国，直到 1920 年代晚期，石油所产生的能量才开始比煤便宜。

由于价格不够便宜，加上总是担心石油供给会断绝，只有少数人愿意砸钱投资需要使用液态燃料的内燃机——不管内燃料有多优越都是如此。但随着人们采取较低成本且进可攻退可守的办法——把蒸汽机改为既可使用煤也可使用石油的混合型发动机——石油攻入了既有的燃料市场。例如，使用这类发动机的船，大部分时候能靠石油行驶，省下了重量和空间，且使用的轮机组人员较少；海军也喜欢石油所促成的更高航速和排烟更少这一事实（使舰只更易匿纵）。但如果石油用完，混合动力船能回头用煤；这使（未自产石油的）英国、德国及日本的海军特别安心，但也影响了美国的计划制定者。后来，石油所促成的更大性能，加上对手国海军迎头赶上的需要，才渐渐催生出完全靠燃烧石油来驱动的舰队。

商船、铁路、电力设施和其他大型蒸汽机的使用者，诚如前述数据所表明的，更慢才改用内燃机。于是，混合型蒸汽机在历史上扮演了极为重要的角色：它为燃料油确保了逐渐增长的市场，借此促进了石油的开采和提炼、对其应用的研究和习惯于操作燃油机之技师的成长。在此期间，从头建造新工厂（尤以在盛产石油的国境内为然）或从事需要用到内燃机的新活动（例如制造汽车）的人，也缓缓推动着这一转变。

不过，引人注意的是，即使石油已比煤便宜，改变仍非常缓慢，非市场性因素在这一转变过程中也起了很大作用。扮演开路先锋的海军，不大在意燃料成本；当时一如现在，军方把性能放在首位，购置武器时不是很在意价钱。1920 年代初开始，苏联断然舍弃使用燃料油的混合型蒸汽机，转而生产内燃机用的汽油。从某种程度上来说，这一转变乃是为制造拖拉机与卡车而展开的大规模行动的一部分，但也反映了中央计划人员的专断决定——汽油就是个中较优越的产品。奇怪的是，在强烈以市场为导向的美国，发生了类似的事：创立于 1924 年的联邦石油储备局（Federal Oil Conservation Board），把汽油称作石油最佳的、最有效率的用途，（在新技术的加持下）大力推动只使用石油产品的发动机取代混合型发动机。

西欧和日本开始积极改用内燃机时，政治再度发挥了举足轻重的作用。1930 年代阿拉伯半岛发现了巨量石油蕴藏，加上冷战时与美国（及其海军）站在同一边，使不自产石油一事在西欧和日本不再构成国家安全隐患。马歇尔计划（Marshall Plan）施行那几年间，美国力促欧洲更大量地使用石油，马歇尔计划的援助经费超过 10% 花在石油进口上：比起重启受损的煤矿，这能更快取得燃料，而且防止美国盟邦倚赖俄罗斯石油（此前它们就曾如此，冷战于 1970 年代消解后又变成如此），并削弱往往好斗且左倾的矿工工会的势力。随着时日推移，汽车、飞机等科技产品的使用更为普及，而煤在这些产品上根本无用武之地。但对空气污染的日益担忧使得许多欧洲大用户，尤其是公用事业公司，舍弃了煤（在某些情况下是改用核能而非石油）。

简而言之，石油能凌驾煤，源于各种因素的促成：崭新技术、新旧燃料混用、地缘政治压力、特殊地方条件下逐渐发展的新产业、具有特殊需要和庞大经费且求新求变的海军、环保考虑、政府监管人员等。光是一类较佳的燃料，或一个较有效率的发动机，本身并不足以推动快速转换别种能源。如今依旧如此：美国许多公用事业单位仍然烧煤，21 世纪初油价上涨时，有些欧洲公用事业单位也回头用煤。撰写此文时，美国新政府甚至承诺增加煤产量。这一做法似乎不可能持久；但这样的作为提醒我们，即使明眼人都看得出该改用别种能源，仍会何其之难。

7.11 美国石油

石油业与世界经济的增长，

除了要归功于追求获利的心态，

国家的主权、自尊、发展、安全，还有阶级斗争，同样功不可没。

石油成为 20 世纪最值钱的国际贸易商品，也因此使 20 世纪博得"石油世纪"之名。石油的用途从 19 世纪用来制造专利药、照明和取暖、建材、润滑油，变成 20 世纪主要用作内燃机的燃料和制造塑料、肥料的原料。如今，大家一想到石油，就想到中东。但石油成为商品后的头一百年的大部分时期，美洲才是石油舞台上的主角。这不只因为美国是石油的生产、消耗大国，还因为墨西哥、委内瑞拉是早期全球最大的石油产国。此外，这三个国家的石油事业发展密不可分。

一如大家所惯常听到的，这场石油崛起为国际当红商品的大戏，由一些雄才大略的大企业家主导，例如创立标准石油公司的美国人约翰·D. 洛克菲勒、创立皇家荷兰壳牌石油公司（Royal Dutch Shell）的荷兰人德特汀（Henri Deterding）。他们与"七姊妹"[1]其他成员的领导

---

[1] Seven Sisters，指标准石油公司遭强制分割后形成的三家较大的石油公司，以及原本就存在的四家石油公司。——译注

人，在头五十年，主宰了全球的石油生产。如今大家普遍认为，当时整个世界全看他们在表演，他们纵横全场，来自政府的支持或干预少之又少。墨西哥、委内瑞拉之类地方只是石油蕴藏地，而非舞台上的演员。但事实上，政府和石油工人扮演了主角。石油业的决策和利润，仍受供需、得失这些单纯的考量所制约。随着石油取代煤成为工业革命的"生命液"，石油不只是"黑金"，还是"现代"的象征。石油业与世界经济的增长，除了要归功于追求获利的心态，国家的主权、自尊、发展、安全，还有阶级斗争，同样功不可没。

公元前 3000 年，中东，特别是伊拉克，就已知道并使用石油。但要到 1859 年德雷克（Edwin L. Drake）在美国宾州的泰特斯维尔（Titusville）钻探出石油，石油的现代史才揭幕。石油业很快扩及俄亥俄州，南北战争后，洛克菲勒在俄亥俄州创立了标准石油公司。由石油提炼出来的煤油，最初主要供应美国国内日益增长且日益城市化的人口所需，但到了 1870 和 1880 年代，大部分煤油供外销，成为美国第四大输出品[1]。宾州在石油业的霸业，于 1890 年代初期遭遇洛杉矶油田的挑战，然后，1900 年，又有得克萨斯州东部的斯宾德塔普（Spindletop）油井加入挑战。

墨西哥从标准石油公司的一家子公司和海湾（Gulf）、德士古（Texaco）等几家得克萨斯州石油公司进口煤油（但以从标准石油子公司进口居多），借此被带进石油时代。皇家荷兰壳牌这家荷、英合资的企业，也努力欲打进成长快速的墨西哥市场。在这之前，墨西哥总统

---

[1] 煤油用于灯盏，在汽车问世使汽油成为重要炼油产品以前，煤油一直是炼油厂的主要产品。——译注

迪亚兹（Porfirio Diaz，1876—1911 年在任）早已致力于补助墨西哥快速增长的铁路网、保护外来投资、压迫国内工人、将自西班牙殖民统治时期就一直归政府独有的底土使用权（subsoil right）私有化，借以吸引外资。在帝国主义横行的时代，他致力于分散对外国的依赖，以维护国家主权。墨西哥成为欧、美资本交手最激烈的地区之一（见6.6 节）。加州石油业巨子多赫尼（Edward Doheny）在墨西哥坦皮科（Tampico）发现原油后，石油成为国际势力较量的主战场之一。其他的盲目开采油井者和各大石油公司，迅即开始在墨西哥探勘。墨西哥政府开始忧心。墨西哥与美国铁路相通，使两国的贸易关系愈来愈紧密。为削弱这关系，避免正垄断美国经济的那种工业、金融托拉斯入主墨西哥，迪亚兹政府将大量的开采特许权给予由皮尔森（Weetman Pearson）当家的英国营建公司。皮尔森将公司大多数股份卖给皇家荷兰壳牌公司。很快地，其他许多美国公司开始在墨西哥钻油井投产，提炼这黑色燃料，以供应日益膨胀的墨西哥市场。不久，生产量超越国内需求。1921 年，墨西哥成为全球第二大石油产国，而差不多就在这时候，美国地质测量局发出乌龙声明，指美国的石油蕴藏就快用罄。墨西哥受到前所未有的瞩目。

　　墨西哥猝然崛起，成为世界舞台上的要角，着实叫人吃惊，因为就在油井大量喷出石油时，20 世纪最惨烈的革命之一席卷墨西哥。石油公司作为获利特丰的"国中之国"，有钱雇用警卫，收买政府官员，贿赂革命人士。若只看墨西哥的石油输出数据，无法理解这时的墨西哥局势是如何不安。

　　但面对节节高涨的革命浪潮，石油公司（这时几乎全属外国人所有）最终无法置身事外。墨西哥革命[1]的起因和目标为何，如今仍无定论。但可以确定的是，至少有些革命分子是为了民族主义、社会正义而战。1917 年宪法的第二十七条，就宣扬民族主义、社会正义精神，将矿物权的权限交还中央政府。美国的石油业巨子大为惊恐，要求美国政府出兵墨西哥，以推翻该宪法。武力恫吓使墨西哥让步，同意既有的开采特许权仍有效，但新的特许权不再签发。由于外国石油公司仍有许多尚未开发的特许开采地，上涨的油价使既有的油田仍有高额利润，战争危机就此解除。

但墨西哥的民族主义声浪并未平息。美国人、荷兰人领较高的薪水，住较好的房子，占据令人艳羡的管理要职，引发墨西哥人不平，再加上墨西哥人在得克萨斯州、俄克拉何马州、加州所切身感受到的种族歧视，使墨西哥产油区，一如同时期盛产石油的俄罗斯巴库产油区，成为激进主义的温床（斯大林曾协助组织了巴库石油工人的激进活动）。美国的两次入侵，乃是革命后的墨西哥民族主义日益升高的原因之一，第一次是 1914 年入侵韦拉克鲁斯港，接着是 1916 年珀欣（Pershing）将军为追捕革命英雄韦拉（Pancho Villa）而远征墨西哥，结果无功而返。民族主义高涨，促成墨西哥颁行较有利于工人而较不利于外国人的法令。当时正席卷南欧的社团主义天主教思潮[2]，促使墨西哥领导人相信，国家应组织劳工，争取劳工支持，使劳工成为政权的基础，而不应将其视为威胁。政府支持成立的工会，给予墨西哥工人以地位，石油业里最重要的职务最终由墨西哥工人出任。对跨国公

---

[1] 1910—1920 年。——译注

[2] 这一思潮主张把整个社会纳入极权国家指挥之下的各种社团。——译注

司的征税也提高。

苏维埃政权成立，将大量俄罗斯矿场国有化之后，外国石油公司开始担心劳资冲突，担心墨西哥政府实行激进措施。这一忧虑，加上墨西哥最多产的几个产油区油源开始枯竭，油产量降低，1920 年代，标准石油、壳牌石油开始将目光转向委内瑞拉。双方都不愿让步，最终促使墨西哥总统卡德纳斯（Lázaro Cárdenas）于 1938 年将国内石油业收归国有，创立由墨西哥人经营的国营石油公司——"墨西哥国家石油公司"（Pemex）。面对北方邻国的威胁，墨西哥人要成功申明主权，时机拿捏至为关键。渴求石油的纳粹德国市场，为墨西哥的石油出口提供了在美国之外的另一个出路，这大喜过望的出路，也让"七姊妹"抵制墨西哥的行动以失败收场。

1930 和 1940 年代，墨西哥的石油出口持续下滑。当时一般人认为，这是失去欧、美技术人员后墨西哥无力经营石油业所致。标准石油公司的管理阶层尤其普遍这么认为。事实上，石油出口下滑，正局部反映了墨西哥政府以进口替代策略遂行工业化的政策成功。在初期下滑之后，产量即超越先前的产油激增年代。但墨西哥石油以低于国际市价的价格出售，以补助国内的产业。后来，墨西哥国家石油公司成为全球最大的石油公司之一，特别是 1970 年代在塔巴斯科（Tabasco）、坎佩切（Campeche）两地发现油田之后。进入 21 世纪，墨西哥是全球第五大产油国，墨西哥国家石油公司是全球第二大石油公司。墨西哥的年收入，三分之一来自该公司的获利。

能源跨国公司最后发现，委内瑞拉只是让他们短暂躲避墨西哥民族主义浪潮的避风港。最初，委内瑞拉大受他们青睐，因为该国掌权已久的军事强人戈麦斯（Vicente Gómez）将军，即墨西哥民族主义教

育家暨作家瓦兹孔塞卢斯（José Vasconcelos）所称的"委内瑞拉的迪亚
兹"，大肆发出开采特许权给外国公司。1928 年时，标准石油、壳牌、
海湾三家公司，让委内瑞拉的产量超越墨西哥，成为全球最大产油国。
1948 年，它们供给了将近一半在国际上买卖的石油，其中大部分卖给
美国、西欧。

　　这些石油公司将它们在墨西哥发展出来的管理方法，照搬到委内
瑞拉。诚如某观察家所指出，美籍员工有乡间俱乐部可用，其他员工
则住简陋的热带木屋。石油收益让戈麦斯将军非常满意，因为这让他
有钱收买潜在的政敌。但他于 1935 年去世。继任者与跨国公司继续保
持友好，但也无法忽视日益高涨的民族主义声浪。卡德纳斯将墨西哥
石油业国有化的举动，举世瞩目。墨西哥油田区里那些四处可听到的
针对外国人的侮辱性话语，这时，在委内瑞拉的本国籍石油工人群中
也可听到一些，因为从墨西哥转移到委内瑞拉的不只是管理阶层和工
程师，还有工人和工会组织人。随着阿根廷、玻利维亚、巴西、古巴
也将石油业收归国有，要求向石油公司征收更高营业所得税，改善石
油工人待遇的呼声，也高涨到再不容忽视。就连保守的军方领袖，都
被保卫国家主权的要求和增加政府税收的可能所打动。冷战时期，委
国军方与美国站在同一阵营，但他们对这份友好关系的维持，索价愈
来愈高。国家对石油业的掌控愈来愈强。1976 年，终于创立国营石油
专卖事业，名叫委内瑞拉国家石油公司（Petróleos de Venezuela S. A. /
PDVSA）。

　　委内瑞拉效法墨西哥，但青出于蓝，更胜于蓝。除了将石油业收
归国有，他们还与中东产油国协商，以管理国际石油市场。1960 年，
他们共同组成石油输出国组织（OPEC）。1973 年，他们牢牢掌控了全

球最赚钱的商品贸易，在 20 世纪结束后仍维持不坠。2000 年时，全球前十大石油公司里有六家是国营。墨西哥、委内瑞拉两国的国家石油公司分居第二、第三位，为两国的财政支柱。至此，掌控全球石油业者，不是"雄才大略的大企业家"，而是国家领导人。但他们并非总是扮演将全民福祉放在第一位的公仆角色。他们支配这些石油公司，以使其实现"全民利益"，打消其"国中之国"的特权地位，此举在墨西哥引发紧张，新千年的开端，查韦斯（Hugo Chávez）总统当政下，在委内瑞拉造成了激烈的罢工和冲突。

总结来说，丰富的石油蕴藏最终不只促成出口经济。巴西和墨西哥已名列全球最大经济体、汽车生产大国之林（尽管在巴西，汽车制造业领先重大石油发现半个世纪，从而导致一个以生物燃料为主的产业）。美国、欧洲、日本的汽车公司，在这两国设立年产超过百万辆的大汽车厂，已使巴西成为全球第十大、墨西哥成为全球第四大的汽车生产国。2002 年，巴西人通过选举，将工人党（Workers Party）的社会民主主义者卢拉（Ignacio Lula da Silva）送上总统宝座。但汽车工人和工会组织者出身的卢拉发现，他欲大张旗鼓进行的改革计划，受阻于国际银行业者的威胁。这些银行有许多与仍足以左右世界经济的民营大型石油公司沆瀣一气。

美洲石油业一直非常蓬勃，而它所导引出的走向，全超乎 20 世纪开始时欧美投资者的构想。它的曲折多变，使人难以预测未来发展。但它在世界贸易里的中枢角色非常安稳，至少在未来几十年是如此。

7.12 石油致富，沙漠建国

即使今天，沙特阿拉伯仍未向国民征收所得税，

超过一半的劳动人口是外国人。

煤、铁路、汽轮在 19 世纪所扮演的角色，到了 20 世纪由石油、汽车、飞机取而代之，它们成为动力的来源和进步（与恐惧）的象征。事实上，全球石油消耗量超过煤消耗量，乃是 1965 年后的事，如今，煤仍占全球能源蕴藏量的重中之重。但早在石油成为全球主要燃料许久以前，它就被用来制造煤所未制造出的东西：国家。

产油国（如今谁还提产煤国）里最重要的成员，大概非沙特阿拉伯莫属。而沙国的诞生过程，处处惊奇。

审视两百年前（或更早之前）的阿拉伯半岛，可以很清楚看出日后统一这地区的力量可能来自何处。半岛西缘（濒临红海）的长条形地区，名叫汉志（Hijaz），住着半岛上最多的人口，穆斯林圣城麦加、麦地那（Medina），都在这里。第二个可能的地方是半岛东缘名叫哈萨（Hasa）的地方，其上住着富裕的印度洋商人。至于极干燥又贫穷的半岛中部地区，包括沙特族（Al Sa'ud）阿拉伯人的根据地迪里耶（Dir'iyyah），其一统半岛的可能，则照理小得多。

奥斯曼土耳其帝国虽将半岛中部纳入版图，实际上几未费心治理，因为该地能带给他们的肥水不多。阿齐兹（Sa'ud ibn 'Abd al-'Aziz）与该地区的瓦哈比教派（Wahhabi，主张谨守传统教规的伊斯兰教派）结盟，1803 年带领一队贝都因（Bedouin）士兵进入麦加时，奥斯曼人确曾予以关注。凡是他们所认为会危及正统伊斯兰教的"创新"作为，他们一律禁绝（但对数百万教徒而言，这些是正常的伊斯兰仪礼）。他们还挑战奥斯曼人作为圣城保护者的角色。但人口更多、更富强的埃及派出部队，很快就将这支贝都因部队赶出麦加，且进而劫掠了沙特阿拉伯人的根据地。沙特阿拉伯人、瓦哈比教派第二次联手扩张，转向东方，结果，1891 年，仍以落败、流亡收场。在这期间，全球局势的长期走向（特别是人口日增和土地利用日趋集约），无疑有利于农民和城居者，而较不利于游牧民族。从当时情势看，沙特阿拉伯人崛起的时机似乎已经消逝。

不久后，英国人带着充沛资金到来，补助奥斯曼帝国边陲地区的地方统治者。他们似乎不看好沙特阿拉伯人，因而，最初将扶植目标锁定卡塔尔、科威特、巴林和其他沿海国家，大抵上忽略阿拉伯半岛内陆地区，直到第一次世界大战才改弦更张（于是而有"阿拉伯的劳伦斯"时代）。但这时候，已于 1902 年从科威特流亡返乡的伊本·沙特（Ibn Sa'ud，1880—1953），展现了他的政治、军事才华，充分利用英国所发的小笔薪给和奥斯曼帝国瓦解后的政局动荡，在 1925 年再度征服一百多年前他的先祖曾短暂掌控的地区，包括圣城麦加。他向英国承诺不危害英国在伊拉克、约旦的较重要利益，借此在来年得以令英国承认其王国；而其他大国也跟进承认。

但沙特阿拉伯人的统治，在某些方面，和 1803 年一样脆弱。他们规避民族主义，代表瓦哈比教派实行君主政治，而他们的宗教执法者很不得民心，甚至激起伊本·沙特底下之贝都因人部队的叛变。（英国皇家空军协助镇压，骑马战士在沙漠上的机动优势，终究不敌飞机的空中制压。1930 年，叛变者向英国人，而非向伊本·沙特，投降。）在这同时，英国已撤回对伊本·沙特的补助，仅留给他一项重要的收入来源，即向赴麦加朝圣的信徒（和随之而来的商人）征税的收入。经济大萧条期间，一年一度的朝圣客少掉 80%，这个新国家几近破产，而且这时该国仍没有行政官僚机构可言，收入大部分流入王室，以及用来赠予重要支持者，以维系他们的效忠。无力再进行这类赠予，国家岌岌可危。

这时，吉星高照，助沙特阿拉伯转危为安。1911 年，英国人已在沙特阿拉伯的吉达盖了世界上最早的海水淡化厂之一，生产供通往红海、苏伊士运河区的水域巡逻的英国皇家海军舰只使用的淡水。该厂生产的淡水也有一部分供给通过吉达（最接近麦加的港口）的朝觐者。

随着沙特王朝想增加朝觐人数——部分出于真诚的宗教信念，部分因为朝觐者愈多，沙特王朝愈有赚头，愈有威望——多出来的淡水变得益发重要。诚如前文提过的，他们乐于和英国人合作，但又不想太依赖他们，因此，1920 年代伊本·沙特巩固其权力时，请了一家美国公司来探勘地下水。这家公司未能完成所托，反倒发现大油田。这谈不上十足的意外——先前就有人在沙特阿拉伯发现了石油，参与探勘工程的美国地质学家卡尔·特威切尔（Karl Twitchell）早就猜测，在这地区钻探水源说不定会挖出石油——但特威切尔找到的油田面积之大，使整个局势改观。沙特王朝这时有了另一个外国伙伴，可让自身从此国与英国的互斗中得利（英国人已涉入较早发现的较小油田）——此事对局势的影响一样大。

对沙特王朝来说，好运还不只如此，因为这一发现生于世界石油市场正经历重大转变之时——需求面和供给面皆然。大部分工厂、火车头、远洋货轮仍靠煤驱动，汽车、飞机、大型高速军舰则以石油为燃料，石油于是成为军事必需品。加州油田产量开始下降时（约 1920 年），美国地质测量局宣布石油供应即将不足。探勘活动大兴，加州的标准石油公司和盎格鲁—波斯石油公司（Anglo-Persian Oil Company），向沙特阿拉伯争取在其境内的探勘权。美国人提供的预付款较高，1933 年伊本·沙特将探勘权给予美国公司。石油于 1938 年开始量产上市；第二次世界大战期间，该王国受美国保护。1945 年，国家岁入已增加八倍，几乎全拜石油之赐。自此，财源滚滚不断，美国（1945 年时已是全球首要强国）继续保障其安全。（1970 年代之前，美国进口中东石油甚少，其西欧盟邦则进口得多。）

沙特阿拉伯的国家地位自此屹立不摇，而这几乎全建立在来自外国人的收入（先是英国补助，继而是朝圣客，接着是石油公司）、外国的承认与军事支持，以及（在命脉所在的油田和其他地方的）外国工人之上。即使今天，沙特阿拉伯仍未向国民征收所得税（许多国民还领取政府津贴），超过一半的劳动人口是外国人。

这一发展过程，处处叫人惊奇，至少，凡是认为民族国家的建立乃是靠动员本地族群才得以成功的人，都会有这样的感受。1950 年代初期，美国人经营的阿美石油公司（Arabian American Oil Company/ARAMCO），员工数是沙国政府公务员的五倍以上，该公司除了经理石油业务，还替沙国建造了许多基础设施。外籍员工住在一个据说类似加州贝克斯菲尔德市（Bakersfield）的"美国人聚居区"里，与大部分当地人几无往来。理论上，这让美国人可以照自己的方式过活，而不致与受瓦哈比教规严格规范的社会起冲突。(事实上,这道围篱时有漏洞。例如阿美石油公司自营电视台,让美国人能观赏自己喜爱的节目,同时不让沙特人收看到。但可想而知,当地人想出办法接收该频道的信号。更严重的是,"美国人聚居区"与隔壁"沙特人聚居区",生活环境差异极大,引发极大民怨。)沙特人民既不提供国家基本税收,也不提供基本劳动力和基本国防兵力,因而统治者几未受到人民要求政治权的压力。没有缴税,就没有议会代表权,有人或许会这么说。

1971年起全球油价的暴涨暴跌,起初凸显了这些情势,继而开始改变这些情势。1971—1974年,沙特的国内生产总值,随着油价的飙涨,增长了四倍,而浩大的开发计划(其中许多策划于1960年代)开始陆续落实。人口急速增长,教育补贴和其他补助费用大为提高,进口品(其中许多与瓦哈比教派的清规格格不入)大量涌进;在某些人民眼中,这个王国变成必须着手予以改变的政治势力,民智较开的老百姓开始提出新要求。石油业本身遭收归国有,然后,1980年代,油价崩跌,根据1970年代的经济条件施行的社会福利措施,还有王室的生活豪奢,造成预算捉襟见肘的长期问题。(王国比以往更缺乏水资源也无所助益——约15%的沙特石油产量被用于海水淡化装置的运转,即便这些装置远比英国一个世纪前在吉达建设的那个高效。)这问题,加上激烈的文化对立、邻近国家的战争、对美国驻军的日益不满,使得沙特阿拉伯迈向"正常"国家(以税收为财政基础,士兵来自平民百姓)之路,可能会崎岖而坎坷。但至目前为止,外国人和他们所钟爱的碳氢化合物仍在,因而,沙国的未来可能还会有更多惊奇。

7.13 不怎么稀有，但相当奇怪：
稀土金属如何成为中国"专卖"

"稀土到底是什么东西？

中国在这个领域怎么变成了独大？"

"稀土"金属是格外柔韧、耐高温、能导电的金属，用于手机、GPS 系统、激光、硬盘、喷射引擎、飞弹导引系统和其他许多高科技产品。2010 年，全世界的稀土金属产量，中国占了 90% 以上，无数人问："稀土到底是什么东西？中国在这个领域怎么变成了独大？"

连第一个疑问都难以清楚回答。例如，事实上，许多稀土（包括镝、铽、钪等有着怪异名字的元素）在地壳中的含量和铜或铅一样高，尽管其他稀土的确非常稀有。此外，一般来讲，人们以非常少量的形态运用它们，和较常见的金属制成合金。（2016 年全球每开采出一吨稀土，就同时开采出约两万五千吨铁。）因此，即使需求大涨，短缺也不是必然。另一方面，它们在任何工序或产品上只需用到极少量，因此价格大涨也不会扼杀需求。（如果占某产品价格 1% 的东西，其价格涨了两倍，成品价格只须涨 2% 就能弥补多出的成本。）最后令价格回落的因素，反倒通常是新矿的启用或威胁。

但富集的稀土大矿的确很少见；它们往往分布零散，与其他元素共存于岩石中。此外，有些稀土很难与共存的其他元素分离，而且这些其他元素里，有许多具有放射性。这意味着稀土开采往往对环境有特别不利的影响：许多种类的稀土，即使只为取得少量，都需要搬运大量岩石，用高温和／或强酸加工处理，从而产生许多极具毒性的废料。于是，由于环境问题，稀土开采在许多地方并不可行，即使明知当地有稀土元素存在亦然。(最新的技术能大大降低这些冲击，但会令开采成本大增。)中国的稀土几乎全产于内蒙古，而内蒙古人烟稀疏。多年来，美国最大的稀土矿区位于偏远的加利福尼亚东部，但即使是该矿区，都不符合环保标准。2010 年后价格大涨期间，有些美国投资人和官员曾考虑月球的稀土开采计划。

18 世纪就曾发现数种稀土，但在 1880 年代之前，它们用处不大。然后，维也纳化学家卡尔·奥尔·冯韦尔斯巴赫（Carl Auer von Welsbach）发现涂了稀土铈的纤维能制成绝佳的提灯：纤维加热后烧掉，留下质地如陶瓷的东西，而再度加热时，这种陶瓷般的东西发出强光且未浪费多少能量。冯韦尔斯巴赫的"煤气灯白炽罩"（gas mantle）不久就被用于世界各地的街灯；到 1930 年代已卖出超过五十亿个，其中有些至今仍在使用。他还发现，将制作灯后留下的铈与铁结合，可制成几乎无懈可击的电石。这一合金如今仍被用于从香烟打火机到汽车点火开关等各种东西上。

然后，有人发现了稀土的其他用途，尤其是在武器上。有些稀土燃烧剧烈，可制成绝佳的导火线（包括用于核弹的导火线）；其他稀土超乎寻常地耐高温，极适合用于射弹、喷射引擎之类的东西。1980 年代，人们认识到某些稀土极不寻常的特性使它们极适合用于需要磁性强但重量轻的磁铁的电子仪器，这时稀土迎来更大的荣景。如今我们生活周遭充斥着这类物品，全世界每年使用的稀土金属大约是 1960 年代的二十倍之多。

早期，稀土的产地分散于世界各地，而且往往具有浓厚的跨国性质。例如，过去世上最大的钍矿位于英属印度，但该地产出的钍几乎全在德国加工，直到第一次世界大战爆发才打破这一局面。更普遍地来看，1914 至 1945 年激烈的战略竞争，使国家更着力于将这类物质牢牢地掌控在手里，冷战期间，这一情势未变；例如美国一度想要完全掌控攸关原子弹（或原子能）生产的所有金属，包括数种稀土。

中国的稀土综合矿区——内蒙古白云鄂博矿区，1920 年代才开始开发，当时中外联合考察行动发现数种战略性金属（以及恐龙化石和曾被短暂视为某一独立原始人支系的遗骨）。1930 年代继续开发，大部分在与德国地质学家、工程师的合作之下——中国的国民政府得到了技术和资金援助，德国则得到有助于其重整军备的矿物。不久后，开发这些矿场就与将更多人移入该地区定居、防止受日本支持的蒙古独立运动团体染指密不可分。

1949 年新中国成立后，苏联成为中国开发白云鄂博的伙伴（1945 至 1949 年美国曾短暂取代德国之位）。稀土产量剧增，但基本上依旧着重于军用的重工业。白云鄂博战略地位重要，因此中国政府予以大力支持，分派技术性员工时将其列为优先派用地；品控得到重视，而制造消费品的产业则并非如此。1950 年代末，苏联技术人员被撤走，白云鄂博的矿物攸关中国制造原子弹计划的成败（中国于 1964 年引爆其第一颗原子弹），这些模式变得更为牢不可破。

1980 年代，需要用到稀土的个人计算机等新设备销路猛增，太平洋两岸政府政策的改变，提升了中国稀土的独大地位。改革开放时期鼓励中国国有企业追求获利，并减少对多项国防导向的重工业补贴。

改革开放时期的中国政府想得到外援以发展经济，但又不想放掉控制权，于是新的规定鼓励附带技术转移的外国投资，同时坚持让中国继续保有基本资源的所有权。

在此期间，有些开采、提炼稀土的美国公司难以符合环保标准——例如输送有毒废水的管子一再破裂。他们看到将稀土提炼作业外包的好处；于是，在美国境内的矿场完全关闭之前，有一段时间，加利福尼亚开采出来的矿石被运到中国提炼。（爱德华·尼克松，即1971年重启中美外交关系的美国总统尼克松之弟，在其中某些交易里扮演了重要角色；说来奇怪，水门案特别检察官的儿子，小阿奇博·考克斯［Archibald Cox, Jr.］亦然。）

随着时日推移，以稀土金属为基础的磁铁，其生产也愈来愈多地被外包给中国，而且外包者不只美国公司。这使富国不再有环保问题，但这只是把问题转移到别国，而非予以根绝。1980和1990年代，中国的稀土矿区变得更大，但日益加剧了环境问题。

久而久之，中国公司在制造更多含有稀土的电子产品上变得更有竞争力；中国的计划制定者助其跻身生产链里更高科技的区段。原材料出口税退税制度大部分于2004年被废除，转而追求利润更高的下游生产。中央政府制定了矿物生产、出口配额，想将林立的采矿公司整并为更少几家且大部分为国有的公司。令外国买家恼火的2010年配额，乃是想要将民营采矿业者纳入控制的努力的一环，这些民营业者往往特别无视环境所受到的伤害（原因之一是它们的资金不如国营企业充足，而且长期来说前景较不明朗）。

在此背景下，旧矿场，例如加州东部的矿场，被重新启用；有人在数个地方寻找新矿床；有人计划在多个偏远（且往往生态脆弱）的地方开采已探明的矿床：亚马孙河上游、格陵兰岛、深海海床下，乃至月球。其中有些计划已进展到引发投资热和产生巨额账面利润的程度，但大部分未有可观的产量——至少目前为止没有。

　　事实上，如今这项产业已差不多回到2010年前的"常态"。大部分稀土的卖出价比2009年时高，但也高不了多少；中国境外的大部分矿场（包括美国所有的矿场）再度歇业，有些大公司破产。（美国生产商MolyCorp的股价最高时涨到将近八十美元，后来跌到三十六美分，不久后破产。）如今中国仍支配全球市场，但支配力不如以往。

7.14 注重商店，忽视工厂：
二战以来的美国"公平贸易"法与离岸制造业的兴起

"不必跟沃尔玛报价，沃尔玛会告诉你价格"：

在此之前，即使难得有零售商势力够大而且能尝试这么做，

公平贸易法都禁止如此。

五十年前，在制造业工作的美国人比在零售业工作的多两倍；如今零售业的职缺却比制造业多了许多。沃尔玛（Walmart）是美国最大的公司，一家零售商——其创办人家族的六名成员所拥有的财富，比底层九千两百万美国人的财产总和还要多。许多最知名的美国品牌，例如苹果、耐克、戴尔、盖璞（The Gap），都属于设计、营销产品但不制造产品（不在美国，也不在其他地方制造）的公司。与此同时，从某些衡量标准来看，东亚已成为全球最大的制造区。

这些改变背后有许多故事。其中一个极令人意外，涉及最初似乎有利于美国制造业者，最后反倒促成美国大零售业者和东亚贸易、制造公司建立新伙伴关系的法律。更令人觉得反讽的是，这些法律叫"公平贸易"（fair trade）法——如今赞成立法（修订"自由贸易"协定）限制某些制造品进口的人同样祭出"公平贸易"这一术语。

公平贸易法允许制造商为其产品设定最低零售价，店家不得为了抢生意把价格订得比那还低。加利福尼亚于1931年最早通过此类法律，大萧条期间，作为限制割喉竞争和通货紧缩压力的办法，这一观念大行其道。某些有意走折扣路线者提出反垄断异议，但 1936 年联邦法院力挺公平贸易法，视其为保护制造商的合法工具；国会于来年跟进，修订反垄断法，以除去残留的含糊不清之处。

联邦法院提到要协助制造业者，但国会议员保护小零售商的用心，则大概至少同样强烈，或更有过之。他们所担心的乃是伍尔沃斯（Woolworth）之类的连锁店会答应大量进货，比如大量采购某制造商的烤面包机，但前提是制造商给他们折扣；制造商需要让自家产品上架贩卖，一旦同意上述要求，伍尔沃斯就能以无法要求类似折扣的乔氏电器（Joe's Appliances）绝对敌不过的价格贩卖烤面包机。

事实上，除了大萧条时期的特殊情势下，当时大部分的美国制造商不需要这样的保护。一般来讲，它们比自身所往来的零售商大，在大部分领域里，相对较少数的几家大公司说了算。汽车业是极端例子，通用的市场份额占到45%，福特与克莱斯勒瓜分了剩余市场份额的绝大部分，而且各车厂控制着自己的经销网络；而大部分电器由通用电气（General Electric）、美国无线电公司（RCA）和西屋（Westinghouse）等数家大制造商生产（这些制造商也有自己的零售店）。在经济学家所谓的行业集中指数（concentration ratios，前四大、八大、二十大、五十大公司的市占份额）上，大多数种类的制造业比零售业高上许多。

但 1950 年代，在国民汽车拥有数持续增长、州际高速公路系统兴建、郊区化、有利于投资零售业的税法改变、大商场兴起的加持下，零售业开始变得更为集中。1953 年，美国全境只有十家大型购物中心，但到 1964 年已增加为四百四十个（若加计较小型的商业中心，总共有七千六百家）；大部分这些商场希望有西尔斯（Sears）或彭尼公司

（Penney's）或华德公司（Montgomery Ward）之类的著名百货商店作为"支柱"。而随着日益壮大的零售连锁店想方设法利用其规模来获利，它们觉得公平贸易法束手束脚。有些连锁店在州内打官司或游说以废除公平贸易法，收到部分成果，但大部分公平贸易法直到1970年代才被废掉。其他连锁店则找到办法规避这类法律，即推出"自家品牌的商品"。

由于公平贸易法，以西尔斯百货公司为例，它无法以特殊价采购通用或西屋的电器，但能卖自家肯磨牌（Kenmore）的电器。它所需要的乃是制造那些电器的人、能不受公平贸易法的框限与其商谈的人、不会因为既得利益而维护美国几大制造商所要求之价格的人。而那往往意味着要在海外才能找到。

对于想要在二战后东山再起的日本公司来说，这是千载难逢的机会。今人或许已记不起来，战前日本公司在大部分消费品上都不具竞争力，只在纺织品、圣诞树饰品、廉价玩具之类等非常劳力密集的产品上例外；就它们在西方市场的质量观感来说，那是负面的，而且当时仍未消除的战时敌意，大概也无助于日本产品打入西方市场。（1947年有人问日后出任美国国务卿的约翰·福斯特·杜勒斯［John Foster Dulles］，战后日本哪些产品能卖到美国，杜勒斯答以：只有丝织衫、睡衣和鸡尾酒杯垫。）但承制零售店自家品牌的商品，让承制业者有机会进入世界最大的市场，又不必砸大钱做营销——美国人会买这些商品，因为有西尔斯或彭尼挂保证，而且根本没人需要知道它们是谁制造的。美国店家拼命压低价格且极力要求品控，因而日本从业者的利润极其微薄（尽管日本当时的工资相对较低），但有这么好的机会了解市场、改良制造技术（往往是在零售业者的协助下）、扩大生产规模，实在不能错过。事实上，许多订单大到没有哪家日本制造商能独力吃下——美国人大部分时候与日本大商社（尤其是三井）打交道，然后大商社再把订单视需要外包给许多公司。

当然，一段时日之后，许多日本公司会以自己的品牌打入西方市场，而随着日本工资上涨，削价拿下美国零售店自有品牌商品的承制合同变得不具吸引力。渐渐地，日本商社把韩国、中国台湾等地的承包商拉进来；到 1970 年代中期，这些国家和地区已有自己的贸易公司来处理这些交易，而美国几大零售业者也已在台北、首尔等地设立自己的采购部门。在此期间，百货公司以外且与特定种类商品有密切关系的美国公司，看到这一策略的好处：为何不把重心摆在高利润率的产品设计、营销活动上，而把制造留给别人？只要消费者信赖的是你的品牌，只要能找到许多能按照你的具体要求制造产品的公司，你就会拥有比自己的供货商还要大的议价能力，就能得到制造成本低且有效率，同时不必砸钱取得自行制造能力的好处。对于式样更动频繁，因而成败关键在灵活变通而非产量庞大的产品来说，尤其如此；这些产品可外包给许多小公司，而且如果它们达不到零售商的条件，随时可将其甩掉。差不多从 1880 年代到 1960 年代，都是大制造商说了算，零售商只能配合，这时则颠倒了过来。诚如某纺织业巨头所指出的，"不必跟沃尔玛报价，沃尔玛会告诉你价格"：在此之前，即使难得有零售商势力够大而且能尝试这么做，公平贸易法都禁止如此。

当然，更晚近时，许多生产活动移到了中国大陆，但推动力量依旧类似，许多参与者也和过去差不多。沃尔玛开始购买许多中国货时，有位高阶主管解释道，该公司觉得这么做完全不碍事，因为它仍和以往一样，与台湾地区的供货商打交道；想办法把中国大陆的事情搞定的是台湾人，不是美国人。（如今，光是沃尔玛一家所买进的中国出口货，就比英国或俄罗斯全国所买进的还要多。）

当然，代工零售商自家品牌的商品并非东亚制造商赖以进入美国市场的唯一凭借，甚至对以此方式突飞猛进的东亚公司来说，这类商品也并非不可或缺。最成功的公司，例如三星、索尼，最终靠己力成为世界名牌。三星之类的公司结合设计、营销和制造，其类似老通用或西屋的程度，更甚于后两者类似苹果的程度。相对而言，想想富士康（Foxconn）这家鲜为人知的台湾公司。它为苹果、惠普、索尼、戴尔等多家公司代工品牌商品，2011 年时销售额稍高于苹果，员工数是苹果的十五倍，但获利不到苹果的十分之一。简而言之，酷帅比勤劳吃香——或至少更有赚头。

同时发生的改变太多，要用一则故事来充分解释卖东西为何凌驾造东西，根本不可能，至少就美国境内的情况来说是如此。不过，美国零售商、零售商自家品牌商品、代工业者的故事深具启发性，让人间接认识到官方政策和民间对官方政策的因应如何能产生巨大且出人意表的影响。国会议员阻止大型零售商与大型国内制造商达成特殊交易——未预期到它们会往海外寻找其他合伙人——从而或许加快了国内制造业职缺的流失，他们虽努力想要保护自己的小型商业机构，使其不受"零售革命"伤害，却未能为阻止该革命出多少力。这里面还是有赢家——但大部分都在太平洋彼岸。

结语：21世纪的世界经济

我们为本书前一版撰写结语时（2012年初），国界愈来愈无关紧要且必然变得无关紧要的说法四处可闻；当时我们力排众议，强调"全球化"受到何等的夸大，可能会如何停摆或反转。2017年初，我们完成本书的最新版时，世界局势的发展无疑已证实我们当初的看法无误，尽管我们未声称预见了（更别提赞同）那一看法将以何种方式成真。但承诺强化国界的政治人物，已在许多国家掌权，而且似乎还有数个这样的政治人物可能会掌权——但他们个个都未交代要以其他什么可行的制度来管理全球贸易与迁移。事实上，其中有些领袖似乎存心无视他们所批评之制度本身的复杂性。

然后，就连对他们的敌人来说，货物、人员、资本、观念的跨国流动，依旧是不可少的——没有这一敌人，他们自己也会失去存在的意义。除非人类彻底毁掉自身和所处的环境，否则全球性、国家性、地方性力量的互动必然不会停止。而那些互动在特定地方借以展开的方式，继续攸关无数人的生死。即使我们自认了解"大势"，许多较小的情势并未变得无关紧要；更别提一大堆地方情势能取代总体分析。

本书诸多短文的用意，不在于结束讨论，而是要开启讨论。

尽管不少人反对"全球化"，绝大多数人则同意我们仍然生活在"全球化"时代。但"全球化"的意涵为何，却争议颇大。我们无意在此彻底解决这一问题，但我们深信，以更早期全球化时代为背景，检视现今跨地区往来日益密切的现象，不仅可以更深入地理解何谓"全球化"，还可以至少厘清关于"全球化"的一些谬误。今日的世界是个立即满足、即刻通信、风潮短暂、流行歌手一夜成名的世界，是鼓吹"形象即是一切"的广告大行其道的世界，生活在这样的世界里，学生，特别是有钱人家的学生，看到的、关心的，可能只有眼前短期的趋势和争议。我们之所以推出这本书，是因为我们认定，即使在后现代时期，世人除了会想了解这个更刺激、更繁忙而瞬息万变的世界，也会想了解支持社会、经济变迁但隐而不显、演变缓慢的重要结构，以及大时代环境中的循环变化。我们以过去五百年在全球各地发生的事件为焦点，搜罗探讨这些事件的文章，试图更清楚了解世界如何演变成今日的风貌；继而可以提供一些关于未来之可能性的提示，不论是好还是坏。

因此，从反向切入，我们要问："全球化"不是什么？首先，全球化的过程，并非一直由经济主导，政治、文化因素有时也扮演主导角色。正如先前所阐述的，过去，传教士、战士、科学家，以及其他不以取得物质为主要目的的人，往往加强了全球不同地区的交流；同样，今日的国际特赦组织、红十字会、红新月会[1]，也全代表着几无获利心态的更新型跨地区性（甚至是相当全球性的）网络。但它们无疑协助

---

[1] 伊斯兰国家中类似红十字会的组织。——译注

强化或抑制了跨地区的往来。追求获利的企业与较非市场导向的组织
相冲突时，企业并非永远能压过后者的影响力。例如，针对实施种族
隔离政策的南非所开展的国际抵制行动，让某些全球级的跨国大企业
遭受实质性的成本负担，促成这一非人道政策的废除；始于美国进而
波及发达世界的禁烟运动已经取得了意义非凡的成功，尽管烟草公司
在广告以及律师和"专家"队伍上投入巨大；从俄罗斯到中非等多个
地区，从纯粹物质的角度（例如天然资源丰富或劳工教育程度高，但
成本低，或两者兼而有之）来看，似乎是前景看好的投资对象，结果
外来投资却一直付诸阙如，——这表明，不管是好或坏，本土的体制
的确会影响全球网络渗透的程度。因此经济力量虽然强大，却远非
全部。

　　其次，诚如上述例子所表明的，全球化的主要特色既非过去所认
为的，在于国家与公共领域不可阻挡的扩张，也非如今日较为流行的
看法——在于国家的萎缩。事实上，诚如某位教授语带嘲讽的说法，
国家只在一个地方真正地萎缩，即在某些政治科学家心里。如今，中
央银行或许无法随心所欲设定利率，但它们能这么做的时期其实甚短，
而且只出现于某些国家。即使是五十年前已列强国之林的国家，如今
仍有许多更新且更大的发展空间，例如在互联网和遗传学之类新领域
施行知识产权。现有或即将诞生的侦察科技，使人类更有可能在更大
程度上掌控社会、市场。但几乎每个地方，人们都因为从事信息的
"自由"交换，而向有心了解并操控他们的政府、法人团体、盗用他人
作品者敞开大门。（诚如某位评论者所说："你如果不花钱买，你就是
产品。"）此外，无人机可以在距离指挥中心数千英里处瞄准（或处死）
敌人。民意调查和数据挖掘（data mining）使今日的领导人，比罗斯

福、丘吉尔或斯大林更能掌握民意动向，更懂得如何让人民相信新观念或新奋斗目标。（至于他们运用这些工具是否纯熟或符合公意，则是另一回事。）如果将一两个世代前国力薄弱的一些国家（或不存在的国家）纳入思考，会发现这些国家所具有的影响人民生活的力量，增长幅度往往非常显著。第二次世界大战后摆脱殖民统治的国家，其儿童大部分（虽非全部）已享有小学义务教育，甚至往往享有初中义务教育；全球各地仍过着游牧生活的民族，大部分已被迫定居生活，接受国界与土地私有的观念，且在某些例子里，因为筑水坝和政府在偏远地区开展的其他工程而被迫迁居他处。

此外，与世界经济更进一步的接轨，同时强化又弱化了国家的力量，即使在晚近亦然。一方面，我们应思考，有些产油国家在靠石油收益而得以由上而下建立国家之前，往往没有办法向人民征税，进而无法在其他方面影响人民。1970年时仍然只能粗略掌握境内人口数目的沙特阿拉伯，只是其中几个例子之一，如今它已拥有世界上某些最先进的军事和警用技术。诸如迪拜和阿布达比等酋长国，也已利用石油岁入或是通过向邻近的石油酋长国提供服务而赚取的钱，来补贴少数公民相对较高的生活水准，同时准许大量临时移民入境干脏活儿，却只享有有限的权利。对于定居公民而言，这并非万全之策，发生在巴林的紧张冲突已经说明了这一点。最莫名的吊诡之一，就是在伊拉克战争期间臭名昭著且在美国身陷各式法律问题的黑水（Blackwater）安保公司，其创始人埃里克·普林斯（Erik Prince）后来以阿布达比为基地又经营起一家新的安保公司，并已为当地政权抵抗包括恐怖主义到外来契约劳力暴动等任何动乱做好了准备。这些唯利是图者本身当然就是外来契约劳力，尽管属于一种精英类型：大多数人的军衔和档案都来自哥伦比亚（通常是在那里参加过毒战的老兵），其他的则是南非人；训练官基本上都是美国和欧洲特种部队的退役军人。后来，普林斯卖掉该公司，创立了总部设在香港的新公司。该公司以在非洲数个地方寻觅投资机会和提供安保服务为业务。他和他的家人坚定支持学校私有化，也极力支持唐纳德·特朗普竞选总统；普林斯似乎曾代表特朗普在塞舌尔（Seychelles）与俄罗斯总统普京的俄籍朋友会晤，他的姐姐贝琪·德沃斯（Betsy Devos）则出任特朗普政府的教育部部长。

　　因此，加速的全球化中的外部联结，通常可以令国家更为强大、更无拘无束，以致无视国内的选民。但另一方面，我们应思考，有许多国家为取得国际信用，而不得不接受"结构调整"政策，从而被迫拆掉其福利国家体制。在这些国家里，往往可见到人民的效忠对象由国家转向种族—宗教运动组织（包括中东地区伊斯兰基要派组织的分支、印度的印度教民族主义团体、美洲的新教福音派），这些组织提供一部分的基本医疗、教育，以及国家已不再提供的其他服务。在其他地方，例如哥伦比亚、萨尔瓦多，乃至美国部分城市地区，贩毒组织和街头帮派已担负起社会福利、保险的职责。但即使在这些例子里，国家仍得保护私人财产，维持公共秩序。事实上，由于福利国家的安全网严重失灵，已有人再度强调国家的宪兵角色，例如在伊拉克、叙利亚和阿富汗这些地区，国家似乎唯一能做得相对较好的就是暴力。更复杂的情况是，作为局外人的我们很难区分哪些政府屈从于全球经济压力，还是借由这些压力获得了更多权力：人们怀疑（尽管很难证实）精英群体时常欢迎那些削减他们更贫困同胞之利益并弱化曾经强大的同盟的机遇，却声称事实上是银行家

们逼迫他们如此。总体而言，"全球化"对政权的影响相当复杂，且
远非那么明朗。

再次，我们应该知道，"全球化"不是单向的"西化"，更不是
"美国化"。从经济上看，众所周知，过去四十年增长最快速的地区乃
是东亚、东南亚，更晚近则是南亚；但比较少人知道的是，这份增长
除了得益于亚洲与西方的贸易增长，还得益于亚洲内部贸易的增长。
事实上，从1870年代起，亚洲内部贸易的增长速度，绝大部分快于
全球整体贸易的增长速度。从文化上来看，没错，几乎每个地方都认
得米老鼠，但跨国流行文化的增长有许多部分是地区性的，例如韩国、
中国台湾地区的流行文化在中国大陆的风靡，拉丁美洲国家与南欧国
家间电视小说（telenovela）的交流，印度电影在亚洲的普受欢迎。从
咖喱到寿司到漫画等各种事物的流行，显示西方在文化上除了影响他
人，也接受他人影响。事实上，我们正在经历的飞速且彻底的文化融
合，令"西方"究竟意味着什么，也成了问题。

从种种角度来看，推动当代"全球化"的动力，其存在似乎比我
们有时所认知的还要早几十年、几百年。例如，我们在前文已指出，
致瘾性食品贸易乃是现代早期世界经济里重要但普遍未获承认的一环，
而这一贸易如今仍是规模最大的国际商业活动之一。陆上的劫掠和互
联网上的仿冒、大海上的劫掠，一如多种形式的奴隶制和强制性劳役，
如今仍然非常普遍。（以绝对数值来看，当今或许比19世纪的解放之
前存在更多的奴隶，这取决于人们如何定义"奴隶"这个词。）但五百
多年"全球化"的积累效应，无疑已使今日的世界迥异于1492年的世
界。其中许多改变肇因于世界经济的增长和渗透。这两个世界间有哪
些主要差异？

首先，今日世上的人口无疑比当时多了许多。地球人口在1800年左右才突破十亿大关。再过一百二十年，才增长至二十亿。然后，再过八十五年，人口就超过七十亿！在世界上的大部分地区，预期寿命几乎是一百年前的两倍，因而人存活于世的时间比过去长了许多。在每个阶段，世界贸易都是人口增长的推手：将玉米和马铃薯带给非洲、欧洲农民，将鸟粪和其他肥料带给更往后几代的农夫；在19世纪创造出辽阔的小麦、稻米输出地区，在20世纪散播绿色革命科技和新医学方法。

与此同时，人均消耗量急遽增加，每个人对环境的冲击变大。人类竭尽所能扩大个人和集体收入，从而主宰了全球的动植物，那种主宰程度绝非五百年前的明朝官员、西班牙探险家、达荷美酋长或阿兹特克战士所能想象。自最早的人科动物问世以来，人类所消耗的能源，一半以上消耗于1900年迄今。每年最终为生物所使用的太阳能中，大概有将近40%最后为人类所占用。人类对地球的了解，细微到每平方米的程度，天上的卫星提供地面上精确的位置，深海潜水器探索大洋深处——但藏身在巴基斯坦、阿富汗边远地区或亚马孙河流域的叛乱分子，行踪至今几乎无法被掌握。有人认为，现今地球上无一处能免于人类喧嚣的侵扰。

随着人类充斥于地球各地，自然万物与人类财产的分界正逐渐泯灭。人类将愈来愈多生物据为己有、驾驭、复制，与此同时，将动植物驯化或灭绝。人类破解基因组和制造合成物的举动，不只为了像过去一样增加自然的产物，享受自然的成果，还为了控制、取代自然。有些经基因改造过的种子，商品化程度高到天生就具有过时的特性，以至于农民若不向跨国性种子经销公司再购买种子，就无法收成，无法再使用。我们发现许多解决办法，例如为提升蜂蜜产量而引进外来昆虫（非洲蜂），为清除水道而引进外来鱼种（蟾胡子鲶），为提供动物饲料而引进外来植物（野葛），结果它们本身尾大不掉，反而成为几乎无法解决的问题。世界变得愈来愈不是菜园或农田，而愈来愈是个庞大市场。人类所建构、发明而非本然固有的财产权，不断被发明，且不断被扩展。财产权除了将既有的植物、牲畜、地表土地纳归己有，还变得更为无中生有。大型期货市场拿预期的产量来赌注；职业球队拿签下球员，使其不得改投其他球队的权利来买卖。企业拿污染配额来买卖，制造污染较少的企业将自己的美德善行卖给制造污染的别地企业，让后者取得污染权限，得以继续污染它们设厂生产的所在地。互联网域名成为买卖目标。年轻人购买虚拟的互联网身份和工具，供在线游戏使用。网址名称成为买卖标的。有些网民玩"魔兽世界"等在线游戏一玩就是数小时，积聚游戏币卖给想迅速进到更高等级的玩家，以换取真正的钱。

简而言之，新型财产权的创造——通常是观念而非物质实体方面的产权——已经成为利益和冲突的新的重要源头。同时，正如我们已经从 2007—2008 年的大萧条中看到的，诸如合成抵押债务等新型金融工具，以及诸如对冲基金等未受监管的机制，在带来利润和繁荣的同时，也能造成毁灭。将各种各样的权利变成可以在市场上交易的商品，可以鼓励对有价值资产的创造、谨慎监管、安全性提高，但也可能全然相反，将才华转移到对投机策略的钻研上，或是以投机导致的涨落（例如炒股）取代储蓄、房产及其他资产的价值。

太平洋岛国瑙鲁是商品化走火入魔的最怪例子之一。瑙鲁起初一块块地出售领土，领土卖完后，转而卖它身为主权国家所具有的特权。最初，靠着贩卖磷酸盐开采特许权，在海外积聚可支付给其人民的资产，让人民过了几年较为富裕的生活。也因为磷酸盐的开采，该岛大抵上消失，这些支付款变得愈来愈重要。如今，该岛90%的土地是荒地，因而该国基本上成为纽约、伦敦、墨尔本所掌握的一组金融资产，公民权成为这些资产里的一部分。由于管理不良，这些资产缩水，该国朝着抽象化之路又迈进了一步，即将该岛化为商品以弥补损失：它让外国人不必亲赴该岛就可设立"瑙鲁"银行，成为（俄罗斯黑手党等组织的）洗钱、避税中心。据称，它还曾向美国兜售在中国设立"大使馆"的权利，供美国情报机构以该使馆为掩护，从事各种情报活动。这种拿逐渐耗竭的资源来买卖，同时在外国银行里累积财富的做法，也可见于波斯湾某些产油公国，只是行事没那么极端。

因为那股愈来愈商品化的势头，某些人主张今日的世界经济乃是完全不受束缚的独特经济，不管那束缚是来自国家，还是文化上对贪取行为的限制，或是来自未受抑制的人性。但同样因为那股势头，另外有人怀疑我们的经济是否注定要和这些束缚中的一个或多个起严重冲突。这些论点几乎是形形色色，不可胜数，但可约略归为三类。有些人关注不平等的问题，预言若任由当前经济肆无忌惮地发展下去，可能导致消费不足或政治反对势力升高或两者皆有的危机。还有些人关注文化问题，指出反对商品文化趋于同质，可能催生出反向运动。另有些人关注自然，指出不管是关键资源的供给有限还是大规模污染的可能发生，都会使地球变得远比今日更不适于人类活动。在此，我们不提出预测，而是简要检视这三大类论点，以了解当今的世界经济与我们所认为的过去的世界经济有多大的差异。

长期来看，不平等现象愈来愈严重，乃毋庸置疑。有人估算，1800 年时，最富裕诸国与最贫穷诸国的人均所得比率，可能仍只有三或四比一。但到了 1900 年，该比率达到十二或十五比一；2002 年时，超过五十比一。

当然，各国国内的财富分配也不平均。如果从个人角度切入，有人估算，1988 年时在全球财富排行榜上居前 5% 者的所得，是后 5% 的五十七倍之多；数年之后的 1993 年，这一比率遽升到一百一十四比一。即使在以拥有民主中产阶级文化而自豪的美国，21 世纪开始时，微软创办人比尔·盖茨一人的资产净值，据估计比美国国内后一亿人的资产净值总和还要多。而沃尔玛百货的沃尔顿家族（Waltons），总体而言又比比尔·盖茨更为富裕。如此刺目的不平等导致了 2011—2012 年的占领华尔街运动，公开谴责人口中最上层的 1% 的特权地位，也间接地将余下 99% 都归并为（比较而言地）没有钱的人。财富集中在一小撮大型企业手中，这些企业不只主宰了世界经济里最有利可图的领域（例如石油业、能源业、航空业、电子业、汽车业），还将势力伸进银行业、保险业以外的服务业，打造出沃尔玛百货之类的庞大国际连锁店。从中国进口美国的耐久品里，有三分之一由沃尔玛百货输入。一小撮公司掌控了报业、广播与电视媒体、出版、电信业。如此少数人如此紧密掌控如此多的产业，这在史上前所未有。

但马克思在一百五十年前所预测的资本主义危机，却未以他所预想的形式发生。1930 年代的经济大萧条和 1970 年代的油元震撼，1980 年代金融泡沫化和高速起飞的日本经济在 1990 年代突然失速，都危及世界经济。但消费不足的情景并未出现：这得部分归因于信用卡、自动提款机之类新金融工具的问世，有利于较有钱者增加消费和借款；还得部分归因于穷人所采取的集体行动，使至少一部分穷人得以更容易获得世界的财富；更有一部分得归因于在最穷的那些国家国力江河日下的同时，庞大的消费性"中产阶层"如今已在一些穷人居多的社会（诸如印度、巴西和墨西哥等国）里成形；以及，最后，部分归因于北美人在钞票已经因房价遽增而缩水的情况下，直到近期仍在增加消费，即便他们的收入已经大幅停滞。他们间接地从东亚节俭者那儿借来了这些钱，特别是中国。美国公债中的外来剩余投资，尤其保证无须同等程度地减少政府支出就可以实现反复的税收削减。自从房产泡沫爆破，美国的个人贷款就开始下降，由此导致的需求缩减被政府债务的进一步增长所部分抵销。如果"赤字鹰派"（deficit hawks）在政府借贷遽减上最终获胜，会发生什么，目前尚不明朗，但很可能结局并不乐观。

如上所述，我们正在一个充满不确定性的世界形势下为本书的这一版收尾。国际危机已经令发达世界中持续增长的不平等显而易见得多。大衰退带来了数百万被取消抵押权的房产持有者，上千被迫关停的工厂和商铺，以及急剧减少的公共服务设施，然而针对富有的个体和企业的税率在很多情况下都处于数十年来的最低水平。或许最显著的发展会是对现状不满的程度和多种多样的性质。改革方案千差万别，有人提出减少政府赤字（一般是通过减少服务和削减公务员薪酬）某种程度上会刺激投资和消费者需求（经济学家保罗·克鲁格曼［Paul Krugman］称之为"依靠信心童话"），有人呼吁强化对新型税收的凯恩斯式刺激（通过加大基础设施支出和/或扩大公共事业）和金融交易的监管，也有人提倡旨在弱化金钱在政治中角色（一直在扩大，尤其是在美国）的政治改革，还有人表达了更为激进的财产权、劳力市场等方面的基本变革诉求。相对而言，似乎很少有人认为我们可以如帝国时代的古典自由派那样静静等待"体制"（不论如何定义它）去修正自身。

与此同时，消费，以及对总体消费水平的调控，已经成为经济学讨论中更为核心的议题，在富裕国家尤其如此。过去三十年左右，政策分析家和政客们已经表达了愈来愈多对于政府是否应该尝试规划"产业政策"以鼓励某些类型的生产的疑虑，尽管这一做法还在继续（例如，就像美国许多关于免税代码的条款所反映的）。举例而言，政府对非军事研究的支持，在许多富裕国家已经明显减少，然而对"自由贸易"（至少是在理论上）的信奉，令人很难公开拥护鼓励选址某地开展某种生产的政策。（即便是在全球变暖时代似乎没有争议的清洁能源技术，在大多数富裕国家也只能得到极少的支持，而确实存在的那些项目通常补助的是对这些技术［例如太阳能电池板］而非其产品的购买。）那些高科技产业的相对后来者，例如韩国和中国，更倾向于让公共政策注重促进某些产业，而老牌工业化国家这么做也会从中获利：2009 年对美国汽车业的解救以及关于英国（服务业和制造业之间）"再平衡"的对话，都是实时案例。不过大多数公共讨论仍旧是关于政府到底应不应该调控需求。在美国，尽管几乎所有政治人物都说他们支持以某种形式着手兴建和维护基础设施——长久以来被认为是政府特别能胜任的工作——但就连为此而提出的法案都难以通过。

其间，私营部门——同样，尤其是在富裕国家——也愈来愈关注需求的调控，在这种情况下，通常是通过增加需求（政府至少有时希望减少需求以抑制通货膨胀）。一个世界浸没在需要被再投资的利润中，促使大量高功率的机器生产出供远大于求的产品让人们购买，这样的旧日梦魇如今已不像在上一个年代能够激起那么大的焦虑了。这部分是由于最近数十年许多扩散最为迅猛的技术，例如电视、计算机、手机等等，制造的是词汇和形象，而非物件。它们可以借由广告来制造更多的热情消费者，并为人们创造全新的服务和体验以供消费。脸书（Facebook）在本书第2版上市时才刚刚兴起，如今已拥有超过十亿世界各地的用户，以及超过四千亿美元的市值。此外，它和其他社交媒体让用户更容易接收到广告，而广告能日益精准地锁定在使用这些软件时透露出特定偏好的人。换句话说，现代世界经济已表明，人类不只有能力制造愈来愈多的商品，还能相反地借由强调人所欠缺的东西制造出不满，进而制造出愈来愈难餍足的欲望。为满足日益高涨的消费欲，资本家、商人、政府官员发明出易于借款的方法。在某些例子里，这类借款方法让较不富裕的人得以从事最终缩小贫富差距的投资，例如1950和1960年代美国政府补助自用住宅贷款的政策，就发挥了这一作用，而助学贷款大概仍在继续发挥这样的作用；在其他例子里，低利率的借款只扩大了负债和不公平。但更晚近时，许多人发觉借钱不管用，因为许多助学贷款——往往因为政府对公立大学的支持减少和曾由政府与工会主办的职业培训计划变少而必须办理这类贷款——未能让人找到高薪工作，而2007年前买下的房子，有一些还未恢复到金融海啸前的价值。

批评者指出，消费、广告对人类生活的影响愈来愈大，并预言最终将遭到文化的反扑。有些批评家指出，恪守非商业价值观的团体（例如宗教团体、环保团体），面对这些价值观遭到多种商品化活动的

威胁，起而反抗。还有些人反对性意涵浓厚的广告，或者反对营销业
者鼓励年轻人以其他地方的同侪为师，而非以自己社会之大人为师的
作为。还有人指控零售业者亵渎文化，例如墨西哥沃尔玛百货在特奥
蒂瓦坎（Teotihuacán）两座两千年历史的神圣金字塔近旁设立百货
商店。有些人撰文指出，对休闲文化的强调，破坏了工作伦理，导致
社会里充斥着消极、肥胖的观众。手机和计算机正在促使人们成为害
怕孤单的难以集中精神的多任务处理者，有些人担心职业伦理已经被
沟通（或八卦）精神所取代。然而另一些人认为，适应了恒常的网络
化和观念"众包"（crowd-sourcing）的人，会成为未来创新的宝贵
源泉。

　　生态团体强调人类对于其他动物与生态系统的亏欠与责任，并提
醒我们，我们正在污染的世界并非只有我们人类居住。他们主张，最
珍贵的商品是集体共有的，且或许应该是不可买卖的：干净的空气和
水、未遭污染的海洋、未受破坏的土地。相对而言，还有人担心消费
主义可能走火入魔，亦即世界经济将创造出其实和经济学基本原则里
的"理性行动者"一样心胸狭窄、只关注自身利益的人，进而将破坏
经济领域以外的机构（例如家庭、国家），从而危及社会的正常运作。
新自由派宣称服膺自利挂帅之市场的效率和解放力量，但就连这些人
也常强调，爱国精神、社群行动主义（community activism）、宗教规
范，乃集体社会生活存续所不可或缺。总而言之，市场需要竞争，也
需要合作。

　　文化冲突在今日无疑处处可见，但诚如本书先前所阐明的，那并
非现在才有。营销者和消费者都以符合自己所属文化的方式，而非拒
斥其所属文化的方式，不断在利用市场强化大量制造的商品为人所认

定的价值。基督教摇滚乐团的音乐下载到 iPod，银行推出可为某些人的母校或最喜爱的社会运动提供收入的 Visa 联名卡，中国乡村农民将新式消费性商品纳入古老赠礼仪式的现代精致翻版中（从而重申自己在所属社群里的地位），都是说明这一趋势的例子。全球经济在某些方面变得同质，但人们仍不断在想方设法区别彼此，标榜差异。事实上，世上许多最成功的企业，其成功有一部分得归功于它们懂得回应这些差异。因此，我们发现，在穆斯林人口众多的地方，麦当劳贩卖斋戒月饼干，在斋戒月期间营业至深夜，开在印度的麦当劳没有牛肉食品；而在另外一些国家里，由于可供年轻人长期逗留的休闲场所不多，麦当劳成为他们时常逗留的地方，麦当劳顺应当地民情，鼓励顾客久留，从而不再是"快餐场所"。

　　另一个涵盖层面甚广的文化忧虑——随着每个人愈来愈热衷消费，我们将失去担负其他重要社会角色的能力——则带来较难察觉的问题。市场模式似乎正入侵其他领域，且正改变"公民"这类语词的意涵。例如，美国各级政府如今动不动就提到要满足其"消费者"的需求，就是非常鲜明的例子。在半个地球外，我们看到中国媒体群起鼓励零售业者弘扬雷锋精神（雷锋是一名战士，20世纪五六十年代宣称以"为人民服务"为其人生宗旨的英雄），但这些运动的目的不在鼓励他们以自家店里的货物为广大人民提供立即而讨人喜欢的帮助，其所要改造的东西，远比这更为深层。这些趋势和许多国家似乎愈来愈不愿意通过税收支付集体财产有关，而两者间有多大关系则难以断定；而那趋势可能走多久，则更难以确定。套句社会学家丹尼尔·贝尔（Daniel Bell）的话，这些是所谓的"资本主义的文化矛盾"，而这些矛盾无疑确有其事，且必然会不断制造冲突。这可能会在未来数年进一步干扰正如火如荼的全球化。马克思、恩格斯更为激进的预言——随着几乎每样东西都被商品化，摧毁了其他赋予事物以意义的方式，使"人与人之间的关系只剩下赤裸裸的自利关系"，进而揭露工人遭剥削的真相，在这种情况下，造反是必然的结果——似乎没有发生的迹象。但是受宗教因素影响的反抗政府暴行的运动，例如中东和北非的"阿拉伯之春"，以及拉丁美洲发生的追求社会民主的红色浪潮，挑战了不受约束的市场和"经济理性"人的胜利，尽管目前看来挑战并未成功。我们也看到在俄罗斯、匈牙利、印度、美国、英国、菲律宾等地方，日益好斗且有时作风暴力的民族主义反全球化团体，如今声势大涨。

有时，连要厘清某种新情势是否代表跨国性寻利组织的进一步渗透，都很难——就在我们确信该情势削弱了各层次社群所倚赖的信赖之时。例如，想想 2016 年美国大选期间靠传播假消息赚钱的马其顿企业家和其他外国企业家：其中大部分人这么做似乎出于贪婪，而非出于意识形态，但他们对某一外国政府（俄罗斯）和跨国非营利性行动主义机构（维基解密）的作为起到了加持作用，有助于一位主张"美国优先"的反全球化总统候选人当选。

欧盟将愈来愈多的欧洲国家纳入，美国试图将其邻邦纳入"自由贸易"区，在这种情况下，建立以资本跨国界自由流动为特色的全球市场，似乎也变得不如前些年那样全然的乐观。首当其冲的就是那些戏剧性的、不可预见的事件的冲击。2001 年的"9·11"恐怖袭击事件，摧毁掉的不只是世界贸易大楼。新"和平世纪"的梦想破灭（"和平世纪"一词出自社会理论家和历史学家卡尔·波兰尼［Karl Polyani］，指称自拿破仑落败后到第一次世界大战爆发间的一百年）。突然间，世界经济里的逆流跃然浮上台面，这些逆流虽然没有"9·11"事件那么壮阔，对结构的影响却可能更大，且更有可能削弱迈向全球化的势头。2011 年的海啸和随后的核电站泄漏摧毁了日本的部分地区，这不仅凸显了世界经济体的全球性互赖，也挑明了过度依赖少数几家高科技产品制造商的危害。这再一次将那些持久性的问题提到眼前：我们究竟能否假定私人企业或公共部门监管者正在充分考虑工业化技术的风险和副作用。

美国一向主张应让资本和产品（但不包括人）毫无阻碍地流动，且以政治手段推动这一体制的建立。美国在这方面的积极，向来非他国所能及。但如今，美国却有史上任何国家未曾有过的最高贸易赤字；这是否会终结美国对全球新自由主义的支持不得而知，但无疑有这种可能。警戒力量会在至少某些州政府的默许下巡逻南边国界，就是美国境内反向而为的早期且鲜明的例子。我们撰写此文时，以反移民和反贸易政纲为要求的美国特朗普政府已上台两个月左右，但要知道官方政策在这两个领域的改变会有多大或多持久，为时尚早。（目前为止，反移民作为远超过反贸易作为。）

欧洲虽打造了凌驾于国家之上的超级地区，对于全球化暧昧含糊的态度，相较于美国，只能是有过之而无不及。2005 年，法国通过公民投票否决欧盟新宪法。投反对票者大部分表示他们反对不受节制的跨国资本主义。这并不令人意外，真正叫人吃惊的是，有相当多投赞成票者也说，他们是在投票反对全球资本，认为唯有更强大的欧洲才能在今日世界经济里捍卫人道的社会契约。当今在较富裕的欧盟国家中，有人大声疾呼取消欧盟，而英国已投票赞成退出欧盟（尽管赞成一方在公投时只是险胜）。在较富裕的欧盟成员国里，也有人说只有欧盟从诸如希腊、爱尔兰、西班牙和葡萄牙之类较穷成员国那里得到更多让步，他们才愿意继续待在欧盟；与此同时，这些国家中有抗议者认为，如果留在欧元区的代价是进一步的节衣缩食，那么他们的国家就应该退出。还有些人则认为，扩大后的欧盟一定要保留并运作起来，但唯一可行的是更加紧密的一体化：它是共享货币联合体，然而得放弃在制造当下这些麻烦的其他层面（例如财政政策）上做更紧密的协调。主张欧盟更紧密整合一派，目前处于守势——而且为了何谓"更紧密的协调"而陷入分裂——但如果过去几年已经给了我们什么教训，那就是突然的政治反转有可能发生。简而言之，追求"同一个世界"的运动，如今在最富有的那些国家里越来越具有争议性。其中的某些走向在本书上一版付梓时就已显明，但当时只是来自最显而易见的"边陲地区"的抱怨罢了：在东南亚，人们为了大型采矿或能源计划而将未受监管的货币投机弃置一旁，受害者们的公民权已遭被外来武装强化的政权剥夺，如此等等。

全球化之所以在较富裕国家遭到排斥，有一部分源于移到海外的工作机会不再只限于制造业；信息科技已使许多服务业可以外包。跨国性服务业的营业总额据估算为 3.6 兆美元，仍远逊于国际商品贸易的 14.9 兆美元，但前者成长迅速，意味着有一技之长的中产阶级在服务业的工作不再安稳。服务、生产两个领域里愈来愈常见的外包，激起较富国从业人员的敌意，而这敌意里往往还掺杂了对移民和外国人的沙文主义式（有时是种族主义）的怀疑，激发出反国际主义的民族主义情绪。

与此同时，较穷国家为保护自身利益所采取的新行动，也使情势更为复杂难解，不管那行动被视为"支持"或"反对"全球化皆然。

在世界贸易组织于 2003 年举行的坎昆（Cancun）回合全球贸易谈判
上，（由印度、中国、巴西和南非领军的）一群发展中国家反将富国一
军，令全球前几大富国的领导人（其中许多人常爱宣说自由贸易有何
好处）当场难堪，谈判随之破裂。这些国家毫不客气地点出，富国大
幅补贴本国农产品，对农产品贸易设立严重障碍，使较穷国家难以和
它们竞争。当时，发达国家对本国农场主的补贴比其花在开发援助上
的金额多了数倍，尽管晚近几年补贴已大幅减少：这代表向有利于较
穷国的开放性迈出了一步，而且似乎不可能倒退。

　　在地方层级，已有小农和少数族群暴动，以对抗他们所感受到
的全球化后果。玻利维亚的艾马拉族（Aymara）和盖丘亚族印第安
人，智利的马普切族（Mapuche）印第安人，墨西哥的玛雅人，还有
其他许多原住民族，都抗议外来投资，抗议他们的家园遭商品化。反
对声浪的发出，往往诉诸民族主义口吻，从而重启并强化了例如中国
与日本、法国与阿尔及利亚、韩国与日本、俄罗斯与苏联各加盟共和
国之类国家间的世仇宿怨，以及更为普遍的反美情绪，特别是在中东
地区。

　　还有一个领域，在某些人眼中遭少数最有权势之大国最牢牢掌控
的领域，也已出现反全球化现象：军权。毁灭性力量前所未有地集中
在一些国家手里，但贩卖先进武器和自杀炸弹以及相对简易的土制爆
炸装置来谋利的国际军火掮客，已削弱这一集中现象，使各种叛乱分
子得以令军事强权都无法我行我素。在像伊拉克这类国家中，以这些
廉价武器武装起来的部队已经妨碍了大国所需的出口增长；另一些国
家，如哥伦比亚、阿富汗和墨西哥，则在保护大国希望叫停的非法贸
易。还有一些情况，与全球化贸易的联系很脆弱，但对文化全球化和

仰仗国际支持却不得民心的政府的反抗则日渐彰显。

　　我们还应切记，人与信息的流动虽然速度惊人，但这世上仍有很大一部分地区，只有局部和这一流动网络接轨。我们常听人说，这世上仍有一半的人从未打过电话，几可确定这是夸大之词，但若说是四分之一人未打过电话或许并不离谱。这并不是说那些人完全与全球网络无关，事实上，当全球商品价格或货币汇率变动时，他们可能是受影响最厉害的人之一，因为他们往往是勉强维持生计的人。但根植于地方者与非根植于地方者间的互动，仍在形塑我们的世界，一如这互动已左右世界至少五百年。

　　那一互动使我们难以将改变归因于任何一个过程。过去二十五年里，虽然国家内部的贫富差距日益悬殊，地球人口持续增长，但经济增长已使全球赤贫人口减少了约十亿（至少世界银行的统计数据如是）。而中国境内赤贫人口的减少则占其中最大一部分。这告诉我们什么呢？在此期间，中国的确大幅开放，拥抱世界经济。中国的商品输出额占全球商品输出额的比重，由1990年的1.9%增长为2014年的18%。赤贫人口的减少，与这有莫大关系：不只因为出口创造了就业机会和收入，还因为进口原材料和农产品使原本会日益稀少的初级产品之价格不致因繁荣刺激需求而大幅上涨。但同时，中国施行了一些与市场决定论不同的政策，从管控货币到通过政府支出、官方大幅干预投资（从汽车到绿色能源等部门）决策以达成凯恩斯式刺激，再到多种国有或部分国有体制（包括地方和全国性）的经营方式。此外，中国官方曾非常积极且强势地限制人口增长，控制国内人口迁移。这些政策的利弊得失见仁见智，但近些年中国快速的资本积累，大概至少与这些政策中的某一些脱不了干系，我们从中看不到国家力量有衰弱的迹象。此外，在改革开放前，人均经济增长虽大逊于改革开放后，但在预期寿命、识字率和健康方面却有大幅增长（1945年后全球预期寿命的改善，有将近一半归功于这期间中国的贡献，成就之大可见一斑）。因而，眼前的"中国奇迹"很难完全归因于1978年后的市场化，或者在坚决反全球化、反市场时期所积聚的人力资本，对于日益全球化时期中国的繁荣究竟有何贡献，也就远更难以断定。

当然，从世界贸易增长中得益、受害的，不只是人类。其他物种也受到大规模影响。许多物种消失，或变得罕见（但拜其他种类的全球网络之赐，其中有些物种现正受到保育）。还有些物种，例如乳牛、鸡，变得远更普及，但其生活环境与一个世纪前生活在较不工业化的养殖场里的先祖（更别提更久远以前的野生祖先）大不相同，因而已几乎变成了别种动物。过去一百年生物多样性的降低，已大到可察觉的地步，即使是以十亿年为观察基准亦然。简单举例来说，自有生物以来所消失的陆栖脊椎动物的种类，超过一半消失于1880年以后。这通常肇因于土地利用的集约化和由此造成的栖地丧失，其次肇因于狩猎活动增加；当然，这两个趋势都与人口增长、生活水平提高、市场扩大脱离不了干系。

人类自身所处环境的未来吉凶（和在世界经济日益增长下环境的永续问题），特别无法预测。这些议题指向两个问题：一是如果人类活动继续加剧全球变暖，整个地球的健康会受到何等影响；二是人类从事那些活动所使用的资源，能供应到何时。能源供应问题尤其受到重视。大量石油和天然气仍然存在（更别提海量的煤炭），但许多能源所在地区环境告急（例如需要用到深水钻井法或在更难开采的海域用到风险更大的钻井法，2010年"深水地平线"钻井平台石油外溢事件就是由此造成），需要专门的垃圾分解处理（就像开采沥青砂岩油所要求的工序或开采天然气所用的压裂法），不然就是在政治方面也相当敏感（比如在亚马孙部分地区或尼日尔三角洲钻探）。与此同时，工业文明的存续，很大程度上仍然仰赖将煤、石油副产品转化为几乎所有东西，包括取代土地的肥料，取代各种金属、纤维和诸如此类东西的塑胶，以及众所周知的动力。现阶段，我们显然比此前任何时候的人类更接近在悬崖边缘滑行，但那并未能让我们确知未来会发生什么。一方面，科技仍可能有新的发展，使人类在全球生产和消费持续增长的同时，减轻其本会带来的冲击。晚近可再生能源技术的进步，特别让人看好，但——诚如本书探讨从煤转换为石油一文（见 7.10 节）所表明的——新技术被人采用的快或慢取决于诸多因素。另一方面，环境的变迁可能突然加遽，因为许多科学家警告说，现今自然界看似缓慢、稳定的变化，一旦跨过某些个仍然不为人所知的临界点，可能会突然加快。因而，即便我们可以满怀信心地说，更加绿色的技术会问世，并以某个时段为限被逐步采用，或者说政治选择（例如一定规模的碳排放税）会以某个未知量加速对于环保技术的采用，我们仍然无法确知，在持续增长所象征的如此高风险的博弈中，那是否可以给我们充分的安全保证。（当然，增长放缓也会带来一定程度的风险，尤其是如果布局依旧不变的话。）

　　资源吃紧的问题，在淡水供应上已可感受到。最近几十年，淡水供应量的改变尤其厉害：过去一万两千年地球淡水供应量的所有净减少量中，有超过一半发生于 1955 年后。许多地区已出现严重短缺；经济过程有很大范围倚赖水，无数人生活水平改善的指标，就是用水量增加。可以测量地下蓄水层变化的新技术显示，在某些人口稠密的高敏感地区，例如中国北方和印度西北部以及巴基斯坦，水资源消耗的速度已经拉响警报；而从加利福尼亚到哈萨克斯坦，许多重要的地表水源的消耗和污染甚至更为严重。水的许多功用，很难找到替代品；将水视为商品，通过大规模国际贸易供应水资源特别吃紧的地区，是行不通的，至少现在如此。

然而现今大量的水资源正在被浪费。在这些情况下，有个众所建议的解决之道，即将自来水业民营化，并提高水价，以鼓励水的存蓄和有效率输送。从更长远的眼光来看，这个办法只会使水成为"天然"商品的一员，也就是成为和过去几百年里变成商品的木柴、土地、矿物一样的东西。而一如过去这些东西在商品化过程中所常发生的，欲将水变成商品的举动，已在玻利维亚、南非、乌拉圭、印度及其他地方引发激烈且往往成功的抗议。反对的动机不仅出于人们自私的考量，即担心这会使他们已然岌岌可危的安全网更形土崩瓦解。在许多例子里，我们还看到观念所引发的义愤，因为那些人坚信水是再基本不过的东西，同生命本身，同人对土地与自身关系的看法，密不可分，因而，将水变成另一种供人买卖的商品，在他们眼中是大错特错的。在大多数社会，用于农业灌溉的水资源每加仑的收入要大大少于其他用途，部分是由于物质浪费，但也有一个原因是农产品价格低，这一事实令这个议题变得愈加棘手。因此就农业而言，更高的水价很有可能会导致用水量的最大规模缩减。但农民又通常是其所处社会中最穷的群体，因此让他们承受更高水价的冲击对很多人来说相当不公平。除此之外，农民可以减少用水量的方法之一就是种植更少的庄稼——这个策略如果在全世界范围内被采用，无疑会带来麻烦。

另一方面，如果发展中的社会不能抑制对水的需求（就如价格增长将导致的），唯一可行的替代可怕剥夺的方案，就是增加供应。但这同样有风险。譬如说中国，目前正在修建前所未有的最大规模的建设项目：长达数百英里的三条引水线路，将中部和西南地区的河水引入更为干旱的北方地区。这个项目承受着巨大的环境和社会风险，而且可能并不起作用，因为有迹象表明，输出地区也严重缺乏干净的水资源，而且西藏地区的冰川，作为这些河流和中国以外超过十亿人口的重要水源，正在以相当高的速度消退。其他扩大供应的技术措施，例如大规模的海水淡化工程，也有自身的难题：现今的海水淡化技术仍属能源密集型，会制造恶劣的副产品。沙特阿拉伯用掉其庞大石油产量的 15% 驱动海水淡化厂，以满足两千九百万人民所需——而中国和印度（印度水资源短缺情况比中国还严重）的人口，都是沙特阿拉伯的约五十倍。另一种愈来愈常见的策略是购买海外农田，伴随而来的就是水的使用权：近年来这类销售有增长趋势，大多发生在非洲或是东南亚，并且大多数买主要么是从富有但干旱的国家而来（尤其是中东产油国），要么就是来自人口密集的工业大国（例如中国和韩国）。但是这种解决办法显然会让其他人更加岌岌可危，或许也会更加愤怒。

因此，欲了解我们所处的世界，除了要考虑市场经济，也应将道德经济纳入考量，也就是应考虑到什么是人们眼中正当的事，考虑到影响人们评判货物、劳力之价值的文化倾向。在某些例子里，文化差异赋予同一物在不同地方以不同的用途和价值，使套汇行为有利可图，从而推动了交易；在其他例子里，文化差异抑制交易的发生。有时这是一个两步走的过程。墨西哥农民发现，从 1990 年代起，他们就被排除出本国玉米市场了，取代他们的是美国中西部更为高效（且接受补贴）的资本密集型农场，还有一个原因就是北美自由贸易协定（NAFTA）的签订：无法因应市场竞争而实现增长，许多农民丧失了自己那本来也可提供一些市场外储备以果腹（因为不能售卖获利的还可以拿来填饱肚子）的小农场。至少从美国进口的玉米似乎压低了食物的价格。然而大量的玉米被改用来生产乙醇——美国的政治性保护燃料，然后价格就上涨了。许多墨西哥人因此发现，他们无法用自己种植的食物保障最低生活，也无法买到足够的玉米圆饼（tortilla）——它们既能满足生理需求，也是墨西哥人贴近自身文化的象征（就像其他国家的面包或米饭）。

　　但各地的文化仍在影响经济，且往往以出人意表的方式。与此同时，一度似乎快要完全臣服于人类需求、技能之下（简而言之是通过市场臣服于文化之下）的自然，也已重现于舞台。或者更贴切地说，我们已重新发现"自然"其实一直在舞台上：现代社会通过大规模运用能源，替几乎任何东西都找到了替代品，如今却愈来愈理解到，制造那些能源的过程，其实一直在改变地球，且是以可能根本危及自然栖地和人为栖地的方式在改变。自然和文化继续在限制世界经济的发展，即使世界经济继续在改造它们。我们知道未来会是不同面貌，但现今，无法确知那会是多大的不同。贸易所打造的世界未来会变成什么样，我们只能耐心等着瞧。但消极等待事态自行发展，并不可取。或许，着手了解世界和着手改变世界有利无害。

参考书目

Adas, Michael. *Prophets of Rebellion: Millenarian Protest Movements Against the European Colonial Order.* Chapel Hill: University of North Carolina Press, 1979.

Adas, Michael. *Machines as the Measure of Men: Science, Technology and Ideologies of Western Dominance.* Ithaca, NY: Cornell University Press, 1989.

Adejumobi, Saheed. *The History of Ethiopia.* Westport, CT: Greenwood Press, 2007.

Al-Rasheed, Madawi. *A History of Saudi Arabia.* Cambridge, U.K.: Cambridge University Press, 2002.

Andrews, Kenneth. *Trade, Plunder, and Settlement: Maritime Enterprise and the Genesis of the British Empire, 1480-1630.* Cambridge, U.K.: Cambridge University Press, 1984.

Anscombe, Frederic F. *The Ottoman Gulf: The Creation of Kuwait, Saudi Arabia, and Qatar.* New York: Columbia University Press, 1997.

Appadurai, Arjun. *The Social Life of Things: Commodities in Cultural Perspective.* New York: Cambridge University Press, 1986.

Arrighi, Giovanni. *The Long Twentieth Century: Money, Power and the Origins of Our Times.* London: Verso, 1994.

Austin, Gareth. *Labour, Land and Capital in Ghana: From Slavery to Free Labour in Asante, 1808-1956.* Rochester, NY: University of Rochester Press, 2005.

Aveling, Harry, ed. *The Development of Indonesian Society.* New York: St. Martin's

Press, 1980.

Baer, Julius B., and Olin Glenn Saxon. *Commodity Exchanges and Futures Trading.*
New York: Harper, 1949.

Bairoch, Paul. *The Economic Development of the Third World Since 1900.* Trans.
Cynthia Postan. Berkeley: University of California Press, 1977.

Bakewell, Peter John. *Miners of the Red Mountain: Indian Labor at Potosi, 1545-*
1650. Albuquerque: University of New Mexico Press, 1984.

Barlow, Colin. *The Natural Rubber Industry: Its Development, Technology, and*
Economy in Malaysia. Kuala Lumpur: Oxford University Press, 1978.

Barlow, Colin, Sisira Jayasuriya, and C. Suan Tan. *The World Rubber Industry.*
London: Routledge, 1994.

Bayly, C.A. *Imperial Meridian: The British Empire and the World, 1780-1840.*
London: Longman, 1989.

Beckert, Sven. *Empire of Cotton: A Global History.* New York: Penguin Random
House, 2015.

Bennett, Alan Weinberg, and Bonnie K. Bealer. *The World of Caffeine.* London:
Routledge, 2001.

Blackburn, Robin. *The Making of New World Slavery.* New York: Verso, 1997.

Blussé, Leonard. *Strange Company: Chinese Settlers, Mestizo Women, and the Dutch*
in VOC Batavia. Dordrecht, Holland: Foris, 1986.

Boxer, Charles R. *The Dutch Seaborne Empire, 1600-1800.* London: Hutchinson,
1965.

Braudel, Fernand. *The Structures of Everyday Life.* New York: Harper and Row,
1981.

Braudel, Fernand. *The Wheels of Commerce.* New York: Harper and Row, 1982.

Braudel, Fernand. *The Perspective of the World.* New York: Harper and Row, 1984.

Brook, Timothy, ed. *Opium Regimes: China, Britain, and Japan, 1839-1952.*
Berkeley: University of California Press, 2000.

Brook, Timothy. *Vermeer's Hat: The Seventeenth Century and the Dawn of the*
Global World. London: Bloomsbury Press, 2008.

Burke, Timothy. *Lifebuoy Men, Lux Women: Commodjfication, Consumption and*

Cleanliness in Modern Zimbabwe. Durham, NC: Duke University Press, 1996.

Chandler, Alfred D., Jr. *The Visible Hand: The Managerial Revolution in American Business.* Cambridge, MA: Belknap Press of Harvard University Press, 1977.

Chaudhuri, K.N. *Trade and Civilization in the Indian Ocean: An Economic History.* New York: Cambridge University Press, 1985.

Chaudhuri, K.N. *Asia &five Europe.* New York: Cambridge University Press, 1990.

Chew, Samuel C. *The Crescent and the Rose: Islam and England During the Renaissance.* New York: Octagon Books, 1965.

Clarence-Smith, William G., and Steven Topik, eds. *The Global Coffee Economy in Africa, Asia and Latin America.* New York: Cambridge University Press, 2003.

Cochran, Sherman G. *Encountering Chinese Networks: Western,Japanese, and Chinese Corporations in China, 1880-1937.* Berkeley: University of California Press, 2000.

Cooper, Frederick, Thomas C. Holt, and Rebecca J. Scott. *Beyond Slavery: Explorations of Race, Labor, and Citizenship in Postemancipation Societies.* Chapel Hill: University of North Carolina Press, 2000.

Cortes Conde, Roberto. *The First Stages of Modernization in Spanish America.* Trans.Toby Talbot. New York: Harper and Row, 1974.

Cronon, William. *Nature's Metropolis: Chicago and the Great West.* New York: W.W. Norton, 1991.

Crosby, Alfred W., Jr. *The Columbian Exchange: Biological and Cultural Consequences of 1492.* Westport, CT: Greenwood, 1972.

Crosby, Alfred W, Jr. *Ecological Imperialism: The Biological Expansion of Europe, 900-1900.* New York: Cambridge University Press, 1986.

Curtin, Philip D. *The Atlantic Slave Trade: A Census.* Madison: University of Wisconsin Press, 1969.

Curtin, Philip D. *Cross-Cultural Trade in World History.* New York: Cambridge University Press, 1984.

Das Gupta, Ashin and M.N. Pearson, eds. *India and the Indian Ocean 1500-1800.* New Delhi: Oxford University Press, 1987.

Dean, Warren. *With Broadax and Firebrand: The Destruction of the Brazilian*

Atlantic Forest. Berkeley: University of California Press, 1995.

Deerr, Noel. *The History of Sugar.* 2 vols. London: Chapman and Hall, 1949-1950.

De Vries, Jan. *The Industrious Revolution: Consumer Behavior and the Household Economy 1650 to the Present.* Cambridge, U.K.: Cambridge University Press, 2008.

Dillon, Richard. *Captain Join Sutter.* Santa Cruz, CA: Western Tanager, 1967.

Earle, Peter. *The World of Defoe.* New York: Atheneum, 1977.

Elvin, Mark. *Pattern of the Chinese Past.* London: Eyre Methuen, 1973.

Enstad, Nan. "To Know Tobacco: Southern Identity in China in the Jim Crow Era," *Southern Cultures* 13, no. 4 (Winter, 2007): 6-23.

Farnie, Douglas A. *The English Cotton Industry and the World Market, 1815-1896.* Oxford: Clarendon Press, 1979.

Farnie, Douglas A., and David J. Jeremy, eds. *The Fibre That Changed the World: The Cotton Industry in International Perspective, 1600-1990s.* Oxford: Oxford University Press, 2004.

Ferguson, Niall. *The House of Rothschild: The World's Bankers, 1849-1999.* New York: Penguin Books, 2000.

Flandreau, Marc, Juan Flores, Norbert Gaillard, and Sebastian Nieto-Parra. "The End of Gatekeeping: Underwriters and The Quality of Sovereign Bond Markets, 1815-200." *National Bureau of Economic Research Working Paper 15128*, July 2009.

Flynn, Dennis O., and Arturo Giraldez. *Metals and Monies in an Emerging Global Economy.* Brookfield, VT: Variorum, 1997.

Frank, Andre Gunder. *Capitalism and Underdevelopment in Latin America.* New York: Monthly Review Press, 1967.

Gallagher, John, and Ronald Robinson. "The Imperialism of Free Trade." *Economic History Review*, 2nd series, 6, no. 1 (1953): 1-15.

Gardena, Robert. *Harvesting Mountains.* Berkeley: University of California Press, 1994.

Gately, Iain. *Tobacco: A Cultural History of How an Exotic Plant Seduced Civilization.* New York: Grove Press, 2001.

Gerritsen, Jan Willem. *The Control of Fuddle and Flash: A Sociological History of the Regulation of Alcohol and Opiates.* Leiden: E.J. Brill, 2005.

Gerschenkron, Alexander. *Economic Backwardness in Historical Perspective.* Cambridge, MA: Belknap Press of Harvard University Press, 1962.

Gootenberg, Paul. *Between Silver and Guano: Commercial Policy and the State in Post-Independence Peru.* Princeton, NJ: Princeton University Press, 1989.

Gootenberg, Paul. *Andean Cocaine: The Making of a Global Drug.* Chapel Hill: University of North Carolina Press, 2008.

Green, Julie. *The Canal Builders: Making America's Empire at the Panama Canal.* New York: Penguin, 2009.

Gudeman, Stephen. *Economics as Culture: Models and Metaphors of Livelihood.* Boston: Routledge and Kegan Paul, 1986.

Habib, Irfan, and Tapan Raychaudhuri. *Cambridge Economic History of India.* Cambridge, U.K.: Cambridge University Press, 1984.

Harnashita,Takeshi. "The Tribute System and Modern Asia." *Memoirs of the Research Department of the Toyo Bunko,* no. 46.Tokyo: Tokyo University Press, 1988.

Hamilton, Gary, with Misha Petrovic and Robert C. Feenstra. "Remaking the Global Economy: U.S. Retailers and Asian Manufacturer." In *Commerce and Capitalism in Chinese Societies,* ed. Gary G. Hamilton, 146-183. New York: Routledge, 2006.

Hattox, Ralph. *Coffee and Coffeehouses: The Origins of a Social Beverage in the Medieval Near East.* Seattle: University of Washington Press, 1985.

Hayaini,Yujiro. *The Agricultural Development of Japan: A Century's Perspective.* Tokyo: University of Tokyo Press, 1991.

Hill, Polly. *The Migrant Cocoa-Farmers of Southern Ghana: A Study in Rural Capitalism.* Cambridge, U.K.: Cambridge University Press, 1963.

Hine, Thomas. *The Total Package: The Evolution and Secret Meanings of Boxes, Bottles, Cans, and Tubes.* Boston: Little, Brown, 1995.

Hirschman, Albert. *The Passions and the Interests: Political Arguments for Capitalism Before Its Triumph.* Princeton, NJ: Princeton University Press, 1977.

Hirschman, Albert. *Essays in Trespassing: Economics to Politics and Beyond.* New York: Cambridge University Press, 1981.

Hobsbawm, Eric. *The Age of Capital.* New York: Scribner's, 1975.

Hobsbawm, Eric. *The Age of Empire, 1875-1914.* New York: Pantheon Books, 1987.

Hobsbawm, Eric. *Age of Extremes: The Short Twentieth Century, 1914-1991.* London: Abacus, 1994.

Hobson, John A. *Imperialism: A Study.* London: Allen and Unwin, 1938 [1902].

Hochschild, Adam. *King Leopold's Ghost.* Boston: Houghton Mifflin, 1998.

Holliday, J.S. *Rush .for Riches: Gold Fever and the Making of California.* Berkeley: University of California Press, 1999.

Hossain, Hameeda. *The Company Weavers of Bengal.* Delhi: Oxford University Press, 1988.

Israel, Jonathan. *Dutch Primacy in World Trade, 1585-1740.* Oxford: Oxford University Press, 1989.

Kellwood, A.G., and A.L. Lougheed. *The Growth of the International Economy, 1820-1960.* London: Allen and Unwin, 1971.

Kia, Mehrdad. *Daily Life in the Ottoman Empire.* Santa Barbara, CA: Greenwood, 2011.

Kling, Blair. *Partner in Empire: Dwarkanath Tagore and the Age of Enterprise in Eastern India.* Berkeley: University of California Press, 1976.

Klinger, Julie Michelle. *On the Rare Earth Frontier.* Ph.D. dissertation, University of California, Berkeley, 2015.

Kortheuer, Dennis. *Santa Rosalia and Compagnie du Boleo:The Making of a Town and company in the Porfirian Frontier, 1885-1900.* Ph.D. Dissertation, University of California, Irvine, 2001.

Kuisel, Richard. *Seducing the French: The Dilemma of Americanization.* Berkeley: University of California Press, 1993.

Kula, Withold. *Measures and Men.* Trans. R. Szreter. Princeton, NJ: Princeton University Press, 1986.

Latham, A.J.H. *The International Economy and the Undeveloped World.* Totowa, NJ: Rowman and Littlefield, 1978.

Latham, A.J.H., and Larry Neal. "The International Market in Rice and Wheat, 1868-1914." *Economic History Review* 36 (1983): 260-280.

Lery, Jean. *History of a Voyage to the Land of Brazil, Otherwise Called America.* Trans. Janet Whatley. Berkeley: University of California Press, 1990.

Lewis, W. Arthur. *Growth and Fluctuations, 1870-1914.* Boston: Allen and Unwin, 1978.

Lichtenstein, Nelson, ed. *Wal-Mart: The Face of Twenty-First-Century Capitalism.* New York: New Press, 2006.

Lu Hanchao. *Beyond the Neon Lights: Everyday Shanghai in the Early Twentieth Century.* Berkeley: University of California Press, 1999.

Machado, Pedro. *Ocean of Trade. South Asian Merchants,Africa and the Indian Ocean, c.1750-1850.* Cambridge: Cambridge University Press, 2014.

Madureira, Nuno Luis. "Oil in the Age of Steam." *Journal of Global History* 5, no. 1 (March 2010): 75-94.

Marchand, Roland. *Advertising the American Dream: Making Way for Modernity, 1920-1940.* Berkeley: University of California Press, 1985.

Marcus, Harold. *A History of Ethiopia.* Berkeley: University of California Press, 1994.

Marichal, Carlos. *A Century of Debt Crisis in Latin America: From Independence to the Great Depression, 1820-1930.* Princeton, NJ: Princeton University Press, 1989.

Marshall, P.J. *Bengal: The British Bridgehead.* Cambridge, U.K.: Cambridge University Press, 1987.

Marx, Karl. Capital. New York: International Publishers, 1996.

McAlpin, Michelle. *Subject to Famine: Food Crises and Economic Change in Western India, 1860-1920.* Princeton, NJ: Princeton University Press, 1983.

McCoy, Alfred W. "A Queen Dies Slowly: The Rise and Decline of Iloilo City." In *Philippine Social History: Global Trade and Local Transformation,* eds. Alfred W. McCoy and Eduard de Jesus, 297-358. Manila: Ateneo de Manila University Press, 1982.

McCreery, David. *Rural Guatemala, 1760-1940.* Stanford, CA: Stanford University Press, 1994.

McNeill, William. *Plagues and Peoples.* Garden City, NY: Anchor Books, 1976.

McNeill, William. *The Pursuit of Power: Technology, Armed Force and Society Since*

A.D. 1000. Chicago: University of Chicago, 1982.

Miller, Joseph C. *Way of Death: Merchant Capitalism and the Angolan Slave Trade, 1730-1830.* Madison: University of Wisconsin Press, 1988.

Mintz, Sidney. *Sweetness and Power: The Place of Sugar in Modern History.* New York: Penguin, 1985.

Mitra, D.B. *The Cotton Weavers of Bengal.* Calcutta: S.P. Ghosh, 1978.

Morris-Suzuki,Tessa. *The Technological Transformation of Japan: From the Seventeenth to the Twenty-first Century.* Cambridge, U.K.: Cambridge University Press.

Netschen, P.M. *History of Colonies Essequebo, Demarary, Berbice.* 1888 reprint Georgetown, British Guiana: "The Daily Chronicle", 1929.

Ng, Chin-keong. *Trade and Society: The Amoy Network on the China Coast, 1683-1735.* Singapore: Singapore University Press, 1983.

Northrup, David. *Indentured Labor in the Age of Imperialism, 1834-1922.* Cambridge, U.K.: Cambridge University Press, 1995.

O'Brien, Patrick K. "The Political Economy of English Taxation." *Economic History Review* 41, no. 1 (February, 1988): 1-32.

Oostindie, Gert. *Paradise Overseas.* The Dutch-Caribbean: Colonialism and its Transatlantic Legacies. Oxford: Macmillan Education, 2005.

Ortiz, Fernando. *Cuban Counterpoint: Tobacco and Sugar.* Durham, NC: Duke University Press, 1995.

Panati, Charles. *Extraordinary Origins of Everyday Things.* New York: Harper and Row, 1987.

Pankhurst, Richard. *Economic History of Ethiopia, 1800-1935.* Addis Ababa: Haile Selassie I University, 1968.

Parker, William. *Europe, America, and the Wider World.* New York: Cambridge University Press, 1984,1991.

Perlin, Frank. *Invisible City.* Brookfield,VT: Variorum, 1993.

Perlin, Frank. *Unbroken Landscape.* Brookfield,VT: Variorum, 1994.

Platt, D.C.M. *Business Imperialism.* Oxford: Oxford University Press, 1977.

Polanyi, Karl. *The Great Transformation: The Political and Economic Origins of Our*

Times. Boston: Beacon Press, 1957.

Pomeranz, Kenneth. *The Making of a Hinterland: State, Society and Economy in Inland North China, 1853-1937.* Berkeley: University of California Press, 1993.

Pomeranz, Kenneth. *The Great Divergence: China, Europe, and the Making of the Modern World Economy.* Princeton, NJ: Princeton University Press, 2000.

Rabb, Theodore. *Enterprise and Empire: Merchant and Gentry Investment in the Expansion of England, 1575-1630.* Cambridge, MA: Harvard University Press, 1967.

Raleigh, Sir Walter. *The Discovery of the Large, Rich, and Beautiful Empire of Guiana.* 1595.

Redclift, Michael. *Chewing Gum: The Fortunes of-Taste.* New York: Routledge, 2004.

Reid, Anthony. *Southeast Asia in the Age of Commerce.* New Haven, CT: Yale University Press, 1988 (vol. 1), 1993 (vol. 2).

Richards, John F. *The Unending Frontier: An Environmental History of the Early Modern World.* Berkeley: University of California Press, 2003.

Rosenberg, Emily. *Financial Missionaries to the World: The Politics and Culture of Dollar Diplomacy, 1900-1930.* Cambridge, MA: Harvard University Press, 1999.

Sahlins, Marshall. *Stone Age Economics.* New York: Aldine Press, 1972.

Sahlins, Marshall. *Culture and Practical Reason.* Chicago: University of Chicago Press, 1976.

Sauer, Carl. *Agricultural Origins and Dispersals.* New York: American Geographical Society, 1952.

Schechter, Relli. *Smoking, Culture and Economy in the Middle East: The Egyptian Tobacco Market, 1850-2000.* London: I.B.Tauris, 2006.

Schivelbusch, Wolfgang. *Tastes of Paradise: A Social History of Spices, Stimulants, and Intoxicants.* Trans. D. Jacobson. New York: Vintage, 1993.

Schottenhammer, Angela, ed. *The Emporium of the World: Maritime Quanzhou, 1000-1400.* Leiden, Netherlands: E.J. Brill, 2001.

Schwartz, Stuart. *Sugar Plantations in the Formation of Brazilian Society: Bahia, 1550-1835.* Cambridge, U.K.: Cambridge University Press, 1985.

Shepherd, James, and Gary Walton. *Shipping, Maritime Trade, and the Economic Development of Colonial North America.* New York: Cambridge University Press, 1972.

Slatta, Richard. *Gauchos and the Vanishing Frontier.* Lincoln: University of Nebraska Press, 1983.

Smith, David, Dorothy Solinger, and Steven Topik, eds. *State and Sovereignty.* London: Routledge, 1999.

Steensgaard, Niels. *The Asian Trade Revolution of the Seventeenth Century: The East India Companies and the Decline of the Caravan Trade.* Chicago: University of Chicago Press, 1973.

Steensgaard, Niels. "The Dutch East India Company as an Institutional Innovation." In *Dutch Capitalism and World Capitalism*, ed. Maurice Aymard, 235-258. Cambridge, U.K.: Cambridge University Press, 1982.

Stein, Stanley. *Vassouras: A Brazilian Coffee County.* Cambridge, MA: Harvard University Press, 1956.

Stross, Randall. *The Stubborn Earth: American Agriculturalists on Chinese Soil, 1898-1937.* Berkeley: University of California Press, 1986.

Subrahmanyam, Sanjay. *The Political Economy of-Commerce: South India, 1500-1650.* Cambridge, U.K.: Cambridge University Press, 1990.

Subrahmanyam, Sanjay. *The Portuguese Empire in Asia, 1500-1700.* New York: Longman, 1993.

Subrahmanyam, Sanjay. *Three Ways to be Alien: Travails & Encounters in the Early Modern World.* Waltham, MA: Brandeis University Press, 2011.

Taussig, Michael T. *The Devil and Commodity Fetishism in South America.* Chapel Hill: University of North Carolina Press, 1980.

Thompson, E.P. *Customs in Common: Studies in irmlitional Popular Culture.* New York: New Press, 1993.

Tilly, Charles. "Food Supply and Public Order in Modern Europe." In *The Formation of National States in Western Europe*, ed. Charles Tilly, 380-455. Princeton, NJ: Princeton University Press, 1975.

Tinker Salas, Miguel. *The Enduring Legacy: Oil, Culture, and Society in Venezuela.*

Durham, NC: Duke University Press, 2009.

Topik, Steven. *Trade and Gunboats: The United States and Brazil in the Age of Empire*. Stanford, CA: Stanford University Press, 1996.

Topik, Steven, Carlos Marichal, and Zephyr Frank. *From Silver to Cocaine: Latin American Commodity Chains and the Building of the World Economy, 1500-2000*. Durham, NC: Duke University Press, 2006.

Topik, Steven, and Allen Wells. *The Second Conquest of Latin America*. Austin: University of Texas Press, 1998.

Tracy, James D. *The Political Economy of Merchant Empire*. New York: Cambridge University Press, 1991.

Tracy, James D., ed. *The Rise of Merchant Empires: Long Distance Trade in the Early Modern World, 1350-1750*. New York: Cambridge University Press, 1990.

Trouillot, Michel-Rolph. "Motion in the System: Coffee, Color and Slavery in Eighteenth-Century Saint-Domingue." *Review* 5, no. 3 (Winter 1982): 331-388.

Ukers, William H. *All about Coffee*. New York: Tea and Coffee Trade Journal, 1935.

Vinikis,Vincent. *Soft Soap, Hard Sell: American Hygiene in an Age of Advertisement*. Ames: Iowa State University Press, 1992.

Vlastos, Stephen. *Peasant Protests and Uprisings in Tokugawa Japan*. Berkeley: University of California Press, 1986.

Von Glahn, Richard. *Fountain of Fortune: Money and Monetary Policy in China, 1000-1700*. Berkeley: University of California Press, 1996.

Wallerstein, Immanuel. *The Modern World System*. 2 vols. New York: Academic Press, 1974, 1980.

Wells, Allen. *Yucatan's Gilded Age*. Albuquerque: University of New Mexico Press, 1985.

Williams, Eric. *Slavery and Capitalism*. New York: Capricorn Books, 1966.

Wills, John E. "Maritime Asia, 1500-1800: The Interactive Emergence of European Dominance." *American Historical Review* 98, no. 1 (February 1993): 83-105.

Wills, John E. *Mountain of Fame*. Princeton, NJ: Princeton University Press, 1994.

Yergin, Daniel. *The Prize*. New York: Free Press, 1992.

致　谢

本书作者希望在此感谢如下几位对于第 4 版的协助:

Alex Borucki

Vinayak Chaturvedi

Maureen Graves

Mathew Restall

Allen Wells

文景
社 科 新 知　文 艺 新 潮
Horizon

贸易打造的世界：
1400年至今的社会、文化与世界经济（第4版）

［美］彭慕兰　史蒂文·托皮克 著
黄中宪 译

出 品 人：姚映然
策划编辑：李 頔
责任编辑：李 頔
营销编辑：胡珍珍
封扉设计：许晋维
版式设计：周伟伟
审 图 号：GS（2022）4232号

出　　品　北京世纪文景文化传播有限责任公司
　　　　　（北京朝阳区东土城路8号林达大厦A座4A 100013）
出版发行　上海人民出版社
印　　刷　山东临沂新华印刷物流集团有限责任公司
制　　版　北京百朗文化传播有限公司

开 本：890mm×1240mm　1/32
印 张：19.5　　字 数：360,000　　插页：2
2022年10月第2版　　2025年9月第5次印刷
定 价：108.00元
ISBN：978-7-208-17558-7/K·3187

图书在版编目（CIP）数据

贸易打造的世界：1400年至今的社会、文化与世界
经济：第4版/（美）彭慕兰（Kenneth Pomeranz），
（美）史蒂文·托皮克（Steven Topik）著；黄中宪译
. -- 2版. -- 上海：上海人民出版社，2022
书名原文：The World That Trade Created:
Society, Culture, and the World Economy, 1400 to
the Present, 4th ed
ISBN 978-7-208-17558-7

Ⅰ.①贸… Ⅱ.①彭… ②史… ③黄… Ⅲ.①国际贸
易 – 贸易史 Ⅳ.①F749

中国版本图书馆CIP数据核字（2022）第016046号

本书如有印装错误，请致电本社更换 010-52187586